U0077195

2012全球重要暨新興市場貿易環境及風險調查報告

2012 Survey on Global Trade Environments in Key and Emerging Markets

首度公布「2012 IEAT 成長新興九國」

黃金十年
經貿興商機

Opportunities in the
Next Golden Decade

世界經濟正處於一個「無錨的年代」，並存在著許多向下沉淪的風險，
諸如：面臨債信危機的歐洲、經濟下滑的美國、成長極限的中國，以及地中海之冬……。
在這個充滿變數的不平衡復甦時代，本書是貿易業者尋找成長動力的「定錨心法」；
是貿易業者轉向新興貿易的「孫子兵法」；是貿易業者佈局全球策略的「模式2.0」；
更是貿易業者可持續發展的「黃金十年」新標竿。

作者◎台北市進出口商業同業公會

台北市進出口商業同業公會

2012全球重要暨新興市場貿易環境與風險調查

審查委員名單

理　事　長◆劉國昭

貿易政策委員會
主　任　委　員◆李世文

研　究　顧　問◆許士軍

計　畫　主　持　人◆呂鴻德

審　查　委　員◆方文昌、王鉑波、吳中書、李永然
　　　　　　　　杜紫軍、卓士昭、林維邦、邱平和
　　　　　　　　凃如肯、施中懷、柯富元、洪德生
　　　　　　　　范良棟、高希雄、高碩泰、陳達雄
　　　　　　　　童益民、黃呈琮、黃定方、黃俊國
　　　　　　　　黃振進、黃教漳、楊炯浩、葉雲龍
　　　　　　　　趙永全、賴杉桂
　　　　　　　　（依姓氏筆劃排序）

研　究　人　員◆吳長廷、吳穗泉、李仁傑、汪育正
　　　　　　　　林怡余、陳至柔、陳冠如、陳麒任
　　　　　　　　楊思嘉、詹堯婷、劉韋琪

研　究　助　理◆吳雅雯、林妤濃

〈出版序〉
再探台灣新實力　放眼全球展新機

　　金融海嘯曾使全球經濟陷入奄奄一息中，所幸各國努力搶救經濟、在祭出各種振興經濟方案下力挽狂瀾，終於讓景氣走出谷底；然而隨之而來的歐債風暴也讓全球各經濟體無不繃緊神經。台灣向來透過國際經貿和全球有著深刻的連結，因此，任何經濟議題上的風吹草動，都會影響我國的經濟成長，亟需政府與業者共思良策，加以因應。

　　台灣過去的自由開放，為台灣建構起完整的產業優勢、締造了經濟繁榮。只是國際經濟局勢瞬息萬變，國際政經板塊已經重組，傳統重要市場式微、而新興市場越來越舉足輕重；區域貿易風起雲湧，正快速改變過去的經貿互動；而糧食危機、資源短缺、天災地變等也讓全球經貿內涵產生質變……。面對這些新的課題，台灣貿易業者要有所認知的是：貿易也必須不斷進化，中介價值的提升、以及創新的商業模式，才是貿易與經濟成長的驅動力。我們過去的優勢可以延續，但要持續擴展與深化，台灣產業界必須以新視野、新思維去因應，才能化危機為轉機、確保榮景。

　　台灣經貿新氣象就從兩岸經濟合作架構協議（ECFA）開始展開，在追求兩岸和平共榮的基礎上，打開了台灣的國際發展空間。馬英九總統曾表示：「ECFA重新定義了台灣在世界經濟舞台上的角色。」確實我國去年已成功走出金融海嘯陰霾，繳出了10.88%經濟成長率的亮麗成績。

　　然而，今年我們依然面對很多的挑戰，需要更明確的方向指引。台北市進出口商業同業公會係台灣最具影響力的商業團體之一，我們認為有必要清楚傳達企業的聲音作為政府施政的參考，因此公會連續四年投入大量資源進行《全球重要暨新興市場貿易環境與風險調查》，更從去年開始將台灣納入調查評比。主要就是希望將台灣與其他45個貿易地區放在同一平台，讓我們能夠以更宏觀的視野看待台灣在國際經貿版圖中的地位。

　　從今年的調查報告中，我們發現台灣在「四度構面」評價中，「貿易自由度」與「貿易便捷度」的評價與排名皆有進步，但由於全球經濟有二次衰退的隱憂、且全球貿易保護主義有死灰復燃的趨勢，加上台灣的關鍵資源短缺、人才流失情況日益嚴重等因素，使「貿易風險度」與「貿易難易度」評價雖略有下降，

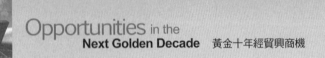

但排名還是上升。貿易環境的優化讓我國成為外商眼中的瑰寶，但關鍵性資源與人才流失，以及外貿過度集中倚賴美國與中國大陸等，仍是我未來經貿發展的隱憂。本調查報告一一點出這些問題，就是希望朝野共同面對，在群策群力下許台灣經貿一個亮麗的未來。

本調查報告進行期間，承蒙經濟部國際貿易局的全力支持與指導，使《2012 IEAT調查報告》得以順利出爐；當然若沒有許士軍顧問以及計畫主持人呂鴻德教授與研究團隊的努力、以及來自產官學研各界的審查委員貢獻其洞見，本調查報告不可能有如此前瞻的格局，本人在此代表公會全體理監事對所有為此報告奉獻心力的長官及工作夥伴致上誠摯的謝意。

在全球經貿局勢持續動盪的時刻，期盼本調查報告能提供政府施政的參考，也為征戰國際經貿舞台的貿易商找到升級與轉型的方向。僅以本調查報告獻給所有關心台灣經貿前景的可敬讀者。

台北市進出口商業同業公會理事長　

〈出版序〉

正視困境突破僵局　黃金十年現輝煌

　　台灣以蕞爾小國躋身全球第十六大貿易國，足以證明在台灣經濟發展過程中，進出口業者擁有不可磨滅的貢獻。成立超過一甲子的台北市進出口商業同業公會（IEAT）一直是政府與貿易業者間的最佳橋樑，為服務廣大會員，經常向主管機關提出經貿施政建議，其中規模最大、最引人注目的便是自2009年開始執行的《全球重要暨新興市場貿易環境與風險調查》，尤其從去年起，將台灣納入評比，更清楚地刻劃出台灣在全球經貿版圖中的座標以及前進方向，而引發各界廣泛的重視。

　　在今年的調查報告中，我們的研究範圍持續擴大為46個貿易地區，其中紐西蘭第一次評比就列入「極力推薦」等級；其他同列「極力推薦」等級的仍以重要市場居多，而新加坡已連續三年列入「極力推薦」等級榜首；至於台灣的排名又比去年進步，在最佳前十個貿易區中名列第八。

　　《2012IEAT調查報告》除了一貫提出趨勢做為貿易業者導航外，我們也注意到了傳統貿易方式已經產生典範轉移，例如服務貿易、區域貿易、綠色貿易、資源貿易、南南貿易等新型態貿易，逐漸成為支撐全球經貿復甦與成長的驅力。而新的貿易型態必然帶來新的風險與機會，這也是貿易商們不得不加以警惕的。

　　面對新風險與新趨勢，需要政府與民間齊心面對，繼ECFA打破兩岸僵局帶來繁榮前景後，我們也欣見政府在許多國際事務推動上，展現企圖與雄心，如洽簽自由貿易協定、強化國際合作、增進與國際組織的互動、擴大與外國簽訂避免雙重課稅協定等。

　　而在天助自助下，貿易業者更該積極思考，如何在新經濟趨勢中洞見商機，做好本身體質的調整，朝向大型化、專業化發展，繼而發展新的業務與服務型態。我們在調查報告中提出由「傳統勞力密集轉六大新興產業＋四大智慧型產業＋十大服務業」與「經營模式變化—由製造業到服務業、從低科技到高科技」兩大自主轉型動力，做為台商的參考方向。

　　在台灣黃金十年的擘畫上，明確指出「製造與服務雙軌並進」及「製造服務化」是下一波主要競爭力的來源，而且這也正是台灣黃金十年與ECFA效益的最有力連結。而隨著全球貿易市場競爭白熱化，產業間的相互滲透與融合，也衍生

出創新的營運模式，如企業整合、價值鏈延伸以及跨界行銷。此外，在面對全球貿易大戰的當下，我們也建議貿易業者針對幾項重要議題，包括中美貿易摩擦加劇、中國十二五規劃的商機、以及涵蓋中國大陸、印度、東南亞和拉丁美洲的南方絲路興起，宜及早預應以便掌握商機。

　　雖然目前全球經濟深陷歐債風暴的隱憂中，然而企業的轉型與升級是不可一日停歇的，我們必須快馬加鞭在其他諸如雲端科技與應用、綠色貿易等領域中取得領先地位，透過全球化的貿易服務提升競爭力，也為自己創造經濟上的利益。如果我們能夠以如此豐沛而正面的能量在國際經貿舞台登場，那麼台灣重現蓬勃多元的經濟前景也就指日可待了。

台北市進出口商業同業公會
貿易政策委員會主任委員

〈推薦序〉

致力邁向富民經濟　共組全民安心的社會

　　受歐債危機蔓延、美國復甦力道尚待觀察、中國大陸下修經濟成長目標、中東局勢不安等因素影響，今（101）年全球經濟成長將告趨緩，台灣為小型開放經濟體，難免受國際景氣波動的影響，根據本院主計總處2月最新預測，今年我國的經濟成長率為3.85%，雖較1月之預測下修0.06個百分點，但隨國際景氣逐漸回升，歐債等問題漸次獲得舒緩，經濟成長率可望逐漸攀升，預估第1到第4季的經濟成長率分別為1.19%、3.52%、4.48%及5.97%。

　　面對國際經濟潛存的下行風險，以及國內經濟結構轉型的長、短期課題，政府將以「內需」與「出口」雙引擎來帶動經濟穩健成長，並持續推動「產業有家、家有產業」，引導投資六大新興產業、四大新興智慧型產業及十大重點服務業，促進區域產業適性發展，增加地區就業機會。此外，也已設置「國際經濟景氣因應小組」，將隨時密切注意國際經濟情勢，並適時採取必要之因應對策。

　　本人就任時，提出「富民經濟」的施政理念，所謂「富民經濟」是在安定的基礎上，創建繁榮、共享、永續的成長，讓全民在金錢財富、生活品質、文化水準及心靈發展方面都有富足感，並且得以共享、實現社會公義；具體作法包括：改善產業結構，並透過租稅改革、社會救助，以及加強教育等來改善所得分配。其中，在改善產業結構方面，將推動傳統產業維新方案，並加強服務業發展，尤其是可輸出服務業，同時積極拓展新興市場，分散出口市場，擴大出口動能。此外，並將追求新一波的經濟轉型，不再強調環境的、勞力的低成本，而是強調科技的創新、文化的創意及研發的能量，希望未來在全世界不只有品質優良的made in Taiwan，也更希望有品質優良的made by Taiwan及designed by Taiwan。當然，更要在ECFA的基礎上以及世界貿易組織（WTO）的架構下，建立一個完整的自由貿易協定（FTA）網絡。在改善所得分配方面，已成立「財政健全小組」，並將持續推動稅制合理化，採取量能取向，以強化租稅移轉效果，也將賡續強化社會福利措施、逐步實現居住正義，以達成總統揭示的「黃金十年」國家願景。

　　欣見台北市進出口商業同業公會第四度進行的「全球重要暨新興市場貿易環境與風險調查」出爐，除剖析我國45個主要貿易對象國家與地區的貿易環境與風險外，對於全球貿易發展的新趨勢與新議題也深入著墨，並再次將台灣列入評比

範圍，讓貿易業者與政府相關單位對於自身的處境有更務實的了解。此外，尚針對黃金十年貿易趨勢及黃金十年的新願景、新謀略進行研究，並掌握「海峽兩岸經濟合作架構協議」（ECFA）生效後，兩岸發展與大陸十二五規劃的經貿商機。

　　台北市進出口商業同業公會連續多年針對全球重要暨新興市場貿易環境進行調查研究，已成為廠商在拓展外銷市場最重要之指南。誠盼今後持續努力，為我國進出口貿易再創佳績。

行政院院長　陳　冲

〈推薦序〉

積極擁抱國際社會　優化國內經商環境

　　過去幾年來，政府不斷努力拓展外交空間、加強與各國經貿合作，不僅提高了台灣在國際間的能見度，也給台灣貿易業者更寬廣的發展舞台。

　　尤其兩岸經濟合作架構協議（ECFA）去年開始生效後，啟動商品與服務業貿易自由化，其中由於多項商品降低關稅，使我國去年的貿易增加了十幾個百分點。也因為兩岸和平共榮的氣氛，政府也順利與日本簽訂了「台日投資協議」，並啟動與新加坡及印度的「自由貿易協定」（FTA）洽簽協商，我國與最重要貿易夥伴之一美國的關係也在過去四年逐漸加溫，「台美貿易暨投資架構協定」（TIFA）談判也箭在弦上。

　　出口值占台灣GDP六成以上，對外貿易一直是帶動台灣經濟成長的主要動力，因此對於國際局勢更是動見觀瞻，除了兩岸問題、台美經貿談判外，歐債危機也不容忽視，我政府已組成因應小組，隨時密切注意國際經濟情勢動態。

　　台灣要取得長久的經濟繁榮，不僅要擁抱國際社會，也要加強國內經營環境的改善。為加速台灣產業轉型與進步，立法院在2010年通過了產業創新條例，為企業營造更適宜從事研發與創新活動的環境。

　　在政府大力推動種種財經政策下，台灣經濟活力已然展現。在去（2011）年瑞士國際管理學院（IMD）世界競爭力排名中，台灣排名第六，而在世界經濟論壇（WEF）所公布的全球競爭力評比中，我名列第13，兩項成績都創下有史以來最佳紀錄，顯示政府的努力已經使我國國際競爭力大躍進。

　　面對風起雲湧的國際現勢，立法院將持續秉持職責，尊重及包容多元意見，繼續提升立法品質與效率，為國家立良法，以為台灣開創更大的財經格局。

　　本人對於台北市進出口商業同業公會（IEAT）連續四年投入《全球重要暨新興市場貿易環境與風險調查》印象殊為深刻，其中提綱挈領的揭露了全球46個貿易地區（包括台灣）的重要貿易資訊，對於全球經貿趨勢也有深刻剖析。它可說是政府部門運籌帷幄時的妙方錦囊，同時也是台商在征戰全球、進行佈局時的參

考指南。在此推薦給所有貿易廠商，善用這份資源以收知己知彼之益，在掌握趨勢與積極自我提升下，讓企業長青，也為國家經貿發展貢獻捨我其誰的力量！

立法院院長　王金平

〈推薦序〉

有關本項調查報告之定位與意義

　　在台北市進出口商業同業公會全力支持之下，2009年首度發表《全球重要暨新興市場貿易環境與風險調查報告》，如今報告已邁向第四年度，該報告的宗旨乃是為台灣貿易業者佈局國際市場之際，提供詳實的經貿資訊，減少嘗試錯誤的成本，並且協助台灣貿易業者落實「立足台灣、行銷國際、佈局全球」的策略企圖。

　　然而，隨著2008年兩房危機、2011年歐債危機衝擊，加之亞半球經濟的崛起，全球經貿重心逐漸從重要市場轉移至新興市場，為更有效掌握新興市場環境與風險，《IEAT調查報告》從2009年開始34個調查貿易地區逐年擴大至2012年的46個，以提供台灣貿易商更全面的全球經貿資訊。

　　在此擬加說明者，為有關本調查報告之定位及意義，一般而言，企業企圖開發及成功進入國際市場，最為關鍵之要素應為人才及資訊，有了這兩條件，方能將企業個別之核心競爭優勢與資金，謀求最有效之應用，當然在這些背後，政府也隨情勢扮演其必要之推手與觸媒。

　　在上述條件下，進入國際市場，無論是尋求生產基本供應來源或是拓展市場，資訊之重要不言而喻，但是在這方面，必須指出者，所需要之資訊必須配合兩個軸線而有所不同。一是發展階段或時間面，由一般而深入，以本報告而言，所做不同國家構面之評估與比較，屬於十分基本而概括性質，可供業者利用於初步之掃描與篩選，而非據以進行經營模式之類詳盡之規畫。

　　一是分析之深度，亦即自資訊中所能獲得之決策價值，以本調查所採取之標準化分析方式，事實上，不可能滿足不同產業與採取不同策略之業者之需要。

　　對於個別業者而言，真正可用於本身發展之資訊，必然是個別的、深入也是機密的，有待專案性研究或是顧問諮詢之協助。但由於本項調查報告之提供，可大大減少不同業者之重複投入，這也應該是公會所能提供給會員業者一種有用的服務。

元智大學講座教授暨校聘教授

〈作者序〉

預應關鍵黃金十年・共享兩岸和平紅利

2012年全球正延續2008金融風暴以及2010歐洲債務危機的餘威衝擊。此時，中國大陸正值「十二五規劃」期間，特別揭示「七大戰略性新興產業」，積極改變經濟成長方式，調整產業發展結構。而「九二共識」主張，以「黃金十年」藍圖的馬政府繼續獲得人民的肯定與支持，顯示「和平、發展、繁榮」已成為兩岸經貿互動的主基調。

前有歐美市場需求的驟降，後有新興經濟體低廉勞動力的威脅，兩岸產業如何有效分工、兩岸企業如何策略聯盟，創造互利雙贏的格局，將是兩岸未來黃金十年，政府、產業與企業各層面所必須深切面對的課題。而共創兩岸黃金十年的成功關鍵因素取決於：全球經濟復甦的預期；中國大陸的持續繁榮；台灣新興產業的接續；台商逐鹿全球的企圖，當然最重要的就是，創造一個讓企業能夠信任以及安心的兩岸政經環境，所以兩岸是否能夠共創和平紅利才是決定未來關鍵十年的基石。

2012《IEAT調查報告》賡續2009-2011年的調查架構系統與資料分析邏輯，為能更精準掌握全球經貿版圖推移變遷，凸顯新興市場經貿發展商機以及預應兩岸和平互動前景，2012《IEAT調查報告》特別增加三項新論述：(1)選出中國大陸、印尼、印度、土耳其、巴西、俄羅斯、墨西哥、南非及越南的「成長新興九國」（Growth & Emerging 9；簡稱GE9），作為未來黃金十年台商佈局新興市場的重要參鑒；(2)提出黃金十年台灣貿易發展「六大新趨勢」，其重要性依序為：❶服務貿易；❷品牌台灣；❸區域貿易；❹綠色貿易；❺貿易e化；❻跨界貿易；(3)訂出《IEAT調查報告》的四大策略目標，希冀《IEAT調查報告》在全球經貿的影響力，能與IMD、WEF等量齊觀，此四大策略目標分別為：❶成為企業尋找成長動力的「定錨心法」；❷轉向新興市場貿易的「孫子兵法」；❸佈局全球策略的「模式2.0」；❹掌握可持續發展的「黃金十年」。

秉持從優秀到卓越的心志，是四年來撰寫《IEAT調查報告》的堅持，每次當年度報告完成之際，心中總是會有對未來新報告的期許與壓力，但每次將台北市進出口商業同業公會主管的建言及審查委員的智慧加以結晶，方使每年度的

報告能夠臻於優秀之境，但卓越永難攀峰，亦是本研究團隊傾心戮力之目標，願《IEAT調查報告》能為台灣貿易業佈局全球提供方向與指針。

計畫主持人　呂鴻德

黃金十年
經貿興商機 │目錄│

Opportunities in the
Next Golden Decade

第 **1** 篇 │ 全球經貿新視界 │ 全球經貿展望與困局

第 **2** 篇 │ 兩岸經貿新境界 │ 台灣對重要暨新興市場經貿互動變遷

第 **3** 篇 │ 貿易拓展新疆界 │ 2012 IEAT 46個貿易地區綜合競爭力剖析

Opportunities in the
Next Golden Decade

CONTENTS

第 **4** 篇 │ 貿易商機新遠界 │ 黃金十年台灣貿易業發展新契機

第 **5** 篇 │ 貿易發展新跨界 │ **2012 IEAT** 報告結論與建言

第 **6** 篇 │ 貿易資訊新眼界 │ **2012 IEAT 46**個貿易地區資訊揭露

Opportunities
in the Next Golden Decade

第 1 章

2012 IEAT調查報告策略目標

　　「歷史不會簡單的重複，卻總是驚人的相似」，2008年全球金融風暴看似走入歷史，然不到三年，2011年由歐債引發的全球經濟危機又轟然降臨。2010年12月27日《商業周刊》第1205期以〈無錨的動盪〉一文道出全球經濟發展沒有絕對的重心，世界正處於一個「無錨年代」，像是沒有錨的大船載浮載沉，存在著許多向下沉淪的風險，諸如：病危的歐洲、分歧的美國、極限的中國與地中海之冬。在這個充滿變數的不平衡復甦時代，台灣貿易業者如何在這個最好、也是最壞的時代找到自身的新座標，實為不容忽視的課題。

■ 2012 IEAT報告策略目標

策略目標一：成為貿易業者尋找成長動力之「定錨心法」

　　英國成功學大師Steven Covey（2010）表示：「唯有採用信任，才可使企業適應這深不可測的世界，透過團隊信任、E化與雲端等創意、企業共同目標等定錨心法，才可使企業持續成長。」顯示在龐大市場中，找尋企業的定錨依歸是非常重要的。然而，企業一旦選定踏入的目標戰場，除擬定競爭策略外，若期望在眾多同業中脫穎而出，首先必須思考商品「市場定位」。但在此變化瞬息萬千的經貿環境中，如何正確評估經貿市場、找出適合企業的市場環境，成為貿易業者的重大考驗。因此，2012《全球重要暨新興市場貿易環境與風險調查》（以下簡稱2012《IEAT調查報告》）希冀為貿易業者在這廣大的機運海洋中，成為貿易業者尋找成長動力的「定錨心法」，並透過《IEAT調查報告》開啟國家未來航海之路，在充滿商機的廣大海洋中，協助貿易業者佈局全球、定位成長。

策略目標二：成為貿易業者轉向新興貿易之「孫子兵法」

日本經營之神松下幸之助曾言：「商業是場無止境的戰爭。」《孫子兵法》為世界軍事文化史之瑰寶，其內涵及思想不侷限於軍事範疇，對於商業領域亦有借鑒意義，備受世界各國推崇。美國《企業家》雜誌曾推崇《孫子兵法》表示：「如果你曾感到商場如戰場，那麼這本基於中華古代大師教誨的書將告訴你許多東西。」然而全球貿易版圖瞬息萬變，《IEAT調查報告》如《孫子兵法》中所述的「凡先處戰地而待敵者佚，後處戰地而趨戰者勞。故善戰者，致人而不致於人。」意謂讓台灣貿易業者主動掌握全球經貿契機並能創造機會；又如「故善戰者，求之於勢，不責於人，故能擇人而任勢。」提供給台灣貿易業者全球正確的方向及趨勢以達事半功倍之效。因此，希冀《IEAT調查報告》能成為貿易業者轉向新興貿易之《孫子兵法》，透過《IEAT調查報告》開啟更寬廣的經貿大門，發掘具投資潛力之商機，協助貿易業者佈局全球，再繪成長第二曲線。

策略目標三：成為貿易業者佈局全球策略之「模式2.0」

《周禮‧大宰》有道：「以和邦國，以統百官，以諧萬民。」在這無國界的世代裡，各國政治、經濟互動交流密切，早已進入全球佈局「模式1.0」的動態環境，而為了促進全球市場體系的和諧發展，各國紛紛簽訂合作條款、建立地區經濟聯盟體系，逐步走入全球佈局「模式2.0」的協同發展；跨國經濟合作常具有廣大的利基，也可成為國家遭遇經濟困境最佳的解決之道，有助於提升國家經濟。換言之，全球貿易商應順應國家佈局策略之道，觀察各國簽訂之貿易協定，透過政策發展優勢，為企業於國際市場中開拓前鋒，才能夠「步步為贏」。而2012《IEAT調查報告》有助於貿易商觀察國際動態資訊，使貿易商以「領跑者」之姿掌握全球市場，佈局「模式2.0」之策略，為全球未來的貿易市場帶來和諧、欣欣向榮之美景。

策略目標四：成為貿易業者樹立持續發展之「黃金十年」

台灣走過失落的十年，然「十年磨一劍，今朝顯鋒芒」，如今黃金十年悄然降臨，台灣反覆錘鍊的經貿成就正邁向嶄新的里程碑。2010年台灣與中國大陸簽署ECFA，加之與中國大陸「十二五」規畫使兩岸產業合作產生加乘效應，台灣再次閃耀在全球經濟舞台。2011年10月，總統馬英九先生提出黃金十年的八大願

景，對黃金十年概念擬出具體策略方向，2012年1月31日，交通部政務次長葉匡時表示黃金十年計畫替台灣開啓門戶，台灣貿易與各產業應抓緊商機，除了驅動海運的發展引擎，更帶動經濟發展繁榮。因此，台灣貿易業者應抓緊先機，立足在黃金十年核心概念上，除促使台灣積極加速各項轉型與升級，並延續後ECFA兩岸發展與「十二五」規畫等更多的經貿機會，《IEAT調查報告》特以「黃金十年貿易大趨勢」作爲2012年度的研究主題，並以「台灣黃金十年新願景與新謀略」作爲黃金十年發展新契機的研究方向，爲台灣貿易商提供邁向「基業長青」的可持續發展方針。

第 2 章

全球經貿情勢變遷新論述

　　全球經濟在2011年經歷金融危機嚴重打擊後緩慢復甦，然相繼爆發歐美債務危機、日本311大地震災後復甦力道不足，使財政金融不穩定，引發金融市場震盪，已開發國家失業率居高不下，「屋漏偏逢連夜雨」的全球經濟，加上中國大陸緊縮效果顯現，新興經濟體國家資產及商品價格過熱風險攀升等不確定因素影響下，讓市場復甦頻添變數，令原本已十分脆弱的世界經濟態勢雪上加霜。

■ 2012年全球經濟成長率預測

　　發達經濟體失業率居高不下，歐債危機、日本災後復甦力道不足、新興經濟體經濟過熱風險及美國上半年成長低於預期，使全球經濟成長力度呈現異速趨緩，世界主要金融機構及研究單位紛紛調整2012年全球經濟成長率預測值。茲將主要研究機構的全球經濟成長率預測值敘述如下：

1. **德意志銀行（Deutsche Bank）**：德意志銀行於2011年8月26日指出：「將2012年全球經濟成長率預估調整自4.5%下修為3.8%，歐、美企業信心水準明顯下滑，主權債信影響一直揮之不去，景氣動能趨於疲弱，預估目前發展局勢不致造成二次衰退，但全球景氣近期表現略顯疲弱，故下修調整。」

2. **摩根士丹利（Morgan Stanley）**：摩根士丹利於2012年3月16日表示，全球去槓桿化的趨勢明顯，使得2012年全球經濟成長率只有3.5%，新興市場對全球經濟成長率的貢獻將愈顯重要。

3. **經濟學人智庫（EIU）**：經濟學人智庫於2011年10月20日發布《世界經濟展望》指出：「高油價、通膨壓力、歐元區債務風暴及全球金融市場

擔憂二次衰退危機等，全球經濟適逢一連串事件的襲擊，造成全球經濟成長率呈現走緩的跡象，預測2012年全球經濟成長率將自2.4％，下修至2.1％。」

4. 瑞銀證券（UBS）：瑞銀證券於2011年10月29日發布《2011-2013年全球經濟展望》報告，將2012年全球經濟成長率自3.3％調降至3.1％，並指出2012年年初歐元區雖陷入衰退，卻不代表全球衰退，市場仍對全球成長軌跡持樂觀態度。

5. 環球透視（Global Insight）：環球透視於2011年11月28日發布《World Overview》表示，預估2012年全球經濟成長率自3.0％調降至2.9％，主要是由於歐債主權債務危機財政仍不穩定，歐美消費者信心下滑，民眾消費需求疲弱。

6. 經濟合作暨發展組織（OECD）：2011年11月28日OECD發布《全球經濟展望報告》，將2012年全球經濟成長率從5月預測的4.6％調降到3.4％，主要因為經濟復甦力竭，歐元區無有效經濟對策使其可能步入溫和衰退，而美國也可能步上後塵，導致全球生產和貿易走勢疲弱。

7. 聯合國（UN）：聯合國於2011年12月1日發布《2012年世界經濟情況與展望》報告中指出：「2012年將是經濟成敗的一年，決定未來全球經濟將走向緩慢復甦或者是二次衰退，由於歐美未能防堵債務危機並挽救脆弱的金融體系，因此將2012年全球經濟成長率由先前預測的3.6％調降至2.6％。」

8. 世界銀行（World Bank）：世界銀行於2012年1月18日發布《2012年全球經濟展望》報告，將2012年全球經濟成長率自2011年6月的3.6％調降至2.5％，並且預告全球經濟正處不穩定狀態，不排除爆發另一場2008年金融危機的可能性。

9. 花旗銀行（Citi Bank）：花旗銀行於2012年1月19日表示，歐洲與亞洲成長力道疲弱，全球經濟成長步調緩慢且不均，加上歐盟成員國國債陸續到期，成員國面臨借新還舊之壓力，因此下修2012年全球經濟成長率自原本2.5％調降至2.3％，未來以中國大陸為首的亞洲將扮演全球經濟成長的主要動能、美國成長力道溫和，至於歐洲則將步入衰退。

10. 國際貨幣基金（IMF）：國際貨幣基金於2012年1月24日發布《世界經濟展望》指出：「全球經濟活動明顯趨緩，受歐元區壓力加劇及其他地區經濟脆弱威脅，經濟復甦情況惡化、成長之路黯淡、衰退風險升高，失衡更為嚴重。若美國無法解決財政分歧，歐元區無法改善其銀行體系，則對全球經濟造成嚴重影響，預估2012年全球經濟成長率自4.0%調降至3.3%。」

表2-1　2012年全球經濟成長率預測

發布預測機構	前次預測		最新預測	
	時間	預測值	時間	預測值
❶ 德意志銀行（Deutsche Bank）	2011/07/01	4.5%	2011/08/26	3.8%
❷ 摩根士丹利（Morgan Stanley）	2011/08/19	3.8%	2011/09/28	3.1%
❸ 經濟學人智庫（EIU）	2011/08/15	2.4%	2011/10/20	2.1%
❹ 瑞銀證券（UBS）	2011/08/24	3.3%	2011/10/29	3.1%
❺ 環球透視（Global Insight）	2011/10/15	3.0%	2011/11/28	2.9%
❻ 經濟合作暨發展組織（OECD）	2011/05/25	4.6%	2011/11/28	3.4%
❼ 聯合國（UN）	2011/05/25	3.6%	2011/12/01	2.6%
❽ 世界銀行（WB）	2011/06/07	3.6%	2012/01/18	2.5%
❾ 花旗銀行（Citi Bank）	2011/12/05	2.5%	2012/01/19	2.3%
❿ 國際貨幣基金（IMF）	2011/09/20	4.0%	2012/01/24	3.3%

資料來源：本研究整理

■ 2012年全球重要經濟體成長率預測

世界主要金融機構及研究單位紛紛下修2012年全球重要經濟體成長率之際，巴克萊資本董事總經理黃益平於2011年9月30日指出，歐債危機成了威脅全球經濟復甦命運的頭號殺手，不僅面臨主權債務違約之風險，更演變成銀行業信貸危機，對其他新興市場經濟體持有歐債的直接風險雖小，但仍會重挫市場信心，影響新興市場經濟體的消費，並削弱對歐洲的出口貿易。茲將主要研究機構的全球經濟體成長率預測值敘述如下：

1. 高盛證券（Goldman Sachs）：高盛證券於2011年10月4日指出：「由於歐元區經濟主權債信危機，財政局勢惡化，已開發經濟體經濟成長趨

於疲緩帶來負面衝擊，將2012年歐元區經濟成長自1.3％降至0.1％，更估計已開發經濟體將從2.1％降至1.3％，並將金磚四國預測值自7.8％降至7.3％。」

2. **經濟合作暨發展組織（OECD）**：經濟合作暨發展組織於2011年11月28日表示：「歐元區可能在2012年經濟增長大幅放緩，陷入財政困境之國家若無法短時間內重振信心，將導致發達國家經濟大幅萎縮，故2012年歐元區經濟成長率預估自2.0％大幅調降至0.2％。」

3. **環球透視（Global Insight）**：環球透視於2011年12月1日指出：「先進經濟體以及新興市場國家呈現不等速成長，先進經濟體景氣疲弱，下修2012年經濟成長率至1.2％；新興市場國家則受惠於內需活絡，成長相對穩健，預估2012年經濟成長率為4.9％，持續成為拉抬全球經濟成長的主力引擎。其中，2012年亞洲四小龍以及東協五國的經濟成長率，分別為3.4％和4.7％。」

4. **聯合國（UN）**：聯合國於2012年1月17日聯合國貿易和發展會議中指出：「2012年亞太區開發中經濟體經濟成長率減緩至6.6％，歐洲聯盟經濟成長率會萎縮至1.6％，德國、法國與英國將持續陷入衰退。」

5. **世界銀行（World Bank）**：世界銀行於2012年1月18日發布《2012年全球經濟展望》表示，隨著美、英、日及歐元區發揮核心作用，帶動全球經濟成長，新興經濟體的快速崛起推動已開發及開發中國家間經濟成長的中心移轉，2012年發展中國家經濟成長率預測為5.4％，屬十年內第二低；對歐元區預測為-0.3％。全球經濟環環相扣，「連漪效應」使得歐債問題和美國經濟減緩，漸漸開始影響開發中國家，新興市場出口需求逐漸放緩。

6. **國際貨幣基金（IMF）**：國際貨幣基金於2012年1月24日發布《世界經濟展望》指出：「中國大陸市場信心若全面崩盤，可能對經濟活動造成非常不利之衝擊，下修2012年亞洲新興經濟體的經濟成長率至7.3％；歐元區可能陷入輕微衰退，下修2012年經濟成長率至1.6％；先進經濟體成長幅度太慢，則下修2012年經濟成長率至1.2％。」

表2-2　2012年全球經濟體成長率預測

發布預測研究機構		時間	主要經濟體	預測
❶	高盛證券（Goldman Sachs）	2011/10/04	歐元區	0.1%
			已開發國家	1.3%
			金磚四國（BRIC）	7.3%
❷	經濟合作暨發展組織（OECD）	2011/11/28	歐元區	0.2%
❸	環球透視（Global Insight）	2011/12/01	先進經濟體	1.2%
			新興市場國家	4.9%
			亞洲四小龍	3.4%
			東協五國	4.7%
❹	聯合國（UN）	2012/01/17	亞太區開發中經濟體	6.6%
			歐盟	1.6%
❺	世界銀行（WB）	2012/01/18	發展中國家	5.4%
			歐元區	-0.3%
❻	國際貨幣基金（IMF）	2012/01/24	亞洲新興經濟體	7.3%
			歐元區	1.6%
			先進經濟體	1.2%

資料來源：各研究機構、本研究整理

■ 2012年全球貿易成長率預測

　　隨著已開發經濟體出口上升，全球貿易量於2011年5月恢復至金融危機前之最高水準，開發中經濟體卻慘遭滑鐵盧，連續下滑2個月，貿易流動顯示，全球經濟活動的趨緩不如先前預期般迅速令人擔憂，但面對2011、2012年諸多風險之不確定性，尚須注意新的全球性問題。茲將世銀、國際貨幣基金及WTO的全球貿易成長率預測值敘述整理如下：

1. **世界銀行（World Bank）**：世界銀行於2011年6月7日發布《2011年全球經濟展望》（*Global Economic Prospects 2011*）指出，2011年全球貿易成長率預測值為8.0％，2012年為7.7％，並聲明開發中國家走出全球金融危機後，強勁的成長力度，將導致新的全球性問題逐漸浮出檯面，需透過結構性改革等方法，致力改善因經濟過熱所產生的問題，例如原物料高

漲價格、通貨膨脹壓力節節攀升等。

2. **世界貿易組織（WTO）**：世界貿易組織於2011年9月23日發布，由於全球經濟前景，面臨眾多風險及不確定性，全球貿易增長速度慢於預期，而且集中於發達經濟體，故下修2011年全球貿易成長率為5.8％，2012年為6.5％。

3. **經濟學人（EIU）**：經濟學人2012年1月10日指出：「由於重要國家在2012年大多景氣疲弱，經濟復甦緩慢，進而影響全球貿易成長，預估2012年全球貿易成長率為4.8％」。

4. **國際貨幣基金（IMF）**：國際貨幣基金於2011年9月20日發布2011年全球貿易成長率預測值為7.5％，2012年為5.8％，然2012年1月31日，IMF更指出全球經濟復甦缺乏動能，使得全球貿易活動大幅減弱，下調2012年全球貿易成長率至3.8％。

表2-3　2012年全球貿易成長率預測

發布預測研究機構	預測時間	預測值
❶ 世界銀行（World Bank）	2011 / 06 / 07	7.7%
❷ 世界貿易組織（WTO）	2011 / 09 / 23	6.5%
❸ 經濟學人（EIU）	2012 / 01 / 10	4.8%
❹ 國際貨幣基金（IMF）	2012 / 01 / 31	3.8%

資料來源：本研究整理

■ 全球經濟二次探底論述

2011年國際金融形勢評論指出，全球主要經濟動向分別為美聯儲貨幣政策與債務問題，歐債部分以義大利為主軸加上愛爾蘭、葡萄牙大面積擴散，加上人民幣匯率改革六周年，升值幅度超過20％等問題，撼動全球金融市場導致全球經濟復甦減速，陸續出現全球經濟將遭遇二次探底、雙軌衰退等聲浪。茲將國際各知名研究機構及學者專家對全球經濟「二次探底」之正、反面論述如下：

1. 學者專家反面論述

❶ **環球透視美國首席經濟學家Nigel Gault**：2011年9月6日Nigel Gault認為，

歐洲目前的金融市場陷入混亂中，歐洲債務問題無疑會對處於困境中的美國經濟造成衝擊，至於歐元區的問題對美國經濟的衝擊有多少，尚須觀察。環球透視預測，美國經濟再度陷入經濟衰退的機率為40％，高於世界銀行的估計。

❷ **諾貝爾經濟學獎得主Paul Krugman**：2011年9月8日表示，停滯成長會拖垮全球經濟陷入衰退，發生全球經濟二次衰退之風險機率已升高至50％，Paul Krugman強烈要求發達經濟體改變財政緊縮政策，並呼籲各國中央銀行同時採取更具擴張性的貨幣政策。

❸ **世界銀行首席經濟學家林毅夫**：2011年9月21日世銀首席經濟學家林毅夫表示，6個月前尚對全球復甦保有信心，如今政策制定者面對極大的不確定性，全球經濟氣氛突然急轉直下，發展中國家應透過各種途徑，來替全球探底的威脅做好準備，亦敦促發展中國家積極發掘新的經濟成長點、調整銀行業監管、微調政策以確保生產率及創造就業率。

❹ **國際投資大師Jim Rogers**：2011年9月22日Jim Rogers表示，全球經濟將再度陷入經濟衰退缺口，且此次與2008年那次相比更加嚴峻，屆時，各主要央行將不再有能力向其他市場大舉注入資金，2012年全球經濟將呈現谷底之局面。

❺ **中國大陸國務院發展研究中心金融研究所副所長巴曙松**：2011年9月23日巴曙松表示：「歐美等發達經濟體政策目前已無法進一步刺激經濟成長，加上新興經濟體由於通膨壓力，使得經濟成長放緩，全球經濟陷入溫和的二次探底階段。」

❻ **「新末日博士」經濟學家Roubini**：2011年11月8日，Roubini表示，美國、歐元區及英國都在衰退中，存在嚴重的財政問題，經濟蕭條的可能性大幅升高，短期內全球經濟陷入二次衰退的可能性大於好轉的可能性，歐元區債務問題的惡化導致一些歐洲國家可能脫離歐元區，將決定全球經濟是否陷入較2008年更為嚴重之衰退。為避免「經濟浩劫」再次發生，各國可推出短期刺激市場措施，否則社會及政治動盪將加劇。

2. 學者專家正面論述

❶ **德國經濟研究所預測部主任Christian Dreger**：2011年8月11日，Christian

Dreger表示，標準普爾數月前因美國自身債務問題的惡化，即對美國發出警告，美國評級下調並不突然，世界經濟亦受到影響，但此次降級事件並不會產生當年雷曼兄弟破產的衝擊力，世界經濟也不會再次衰退。

❷ **美聯邦儲備局理事Thomas Hoenig**：2011年8月25日，Thomas Hoenig表示，美國經濟以溫和速度繼續成長，本身不會出現雙底衰退，因為當地經濟仍較歐洲佳，但如果歐洲經濟嚴重惡化，則另當別論，亦表示反對美聯儲超寬鬆貨幣政策。

❸ **世界銀行行長Robert Zoellick**：2011年9月6日Robert Zoellick表示，美國經濟將會在高失業率下緩慢成長，並不會再次衰退，但美國及全球經濟仍面臨高度不確定性，亦強調歐元區不僅是金融和資本市場等方面尚存有信心的問題，這種情形會給全球各地帶來連鎖效應。

❹ **環球透視首席經濟學家Nariman Behravesh**：2011年9月15日，Nariman Behravesh表示，世界經濟二次探底之機率大概25％～30％，相較之下歐美經濟體陷入衰退可能性較大。但如歐美經濟不陷入衰退的前提下，Nariman Behravesh認為中印兩國應該提高利率，對中國大陸來說，緩解通膨壓力更有效的方式是實行更緊縮的財政政策，如削減政府開支、增稅等。

❺ **中國大陸經濟學家樊綱**：2011年12月21日樊綱表示公共債務的危機比私人債務金融泡沫破裂影響範圍較小且相對透明，救助機制亦不斷完善，故全球經濟不會二次探底，但未來美國會有三年低迷期，而歐洲則會有持續五年的低迷期。

第 3 章

全球四大經濟板塊經貿新困局

　　2012年1月11日，世界經濟論壇發布《2012年全球風險報告》指出：「世界面臨遭受經濟衝擊與社會動盪的危險，將削弱全球化帶來的進步」；又兆豐金董事長蔡友才於2012年2月2日表示：「2012年全球總經環境『詭譎難測』」，顯示世界正面臨極大經貿困境，而在全球經濟連結日益緊密與一體化下，任何區域經貿動盪，都將呈現骨牌效應，波及其他區域經濟。有鑑於此，透過世界主要經濟板塊之經貿困局，與全球經濟復甦潛藏之變數，整理分析干擾經貿復甦成長之主要困局。

■ 全球四大經濟板塊困局

　　大前研一（2011）表示：「全球經濟前景一片黯淡，又以歐盟、美國與中國大陸三大經濟體隱憂恐讓全球經濟不穩定，甚至造成全球經貿二次衰退。」蘇格蘭皇家銀行首席中國大陸經濟學家Ben Simpfendorfer於2010年著作《新絲路：阿拉伯與中國攜手引領世界經濟》一書中提及：「阿拉伯世界正在崛起，且阿拉伯世界與中國大陸經貿日益興盛，新絲路將串起阿拉伯世界與中國大陸，共同創造世界最大的貿易中心。」加上石油牽引著全球經濟動脈，而阿拉伯世界擁有全球72%的石油資源、42%的石油產量及70%的石油貿易，可知阿拉伯世界對全球經濟擁有巨大的影響力。然阿拉伯世界民主意識崛起，政治動盪引發石油供給波動，恐將再次掀起全球經濟動盪危機，顯見歐盟、美國、中國大陸及阿拉伯世界等四大經濟板塊的經貿困局醞釀著引起全球經濟危機之可能，茲將上述四大重要經濟板塊經貿困局分析如下：

1. 歐盟

　　歐盟爲世界最有影響力之國際組織，亦爲全球第一大經濟體，而隨著歐債危機爆發，其經貿前景令人堪憂，根據摩根士丹利（Morgan Stanley）2011年8月18日表示：「已開發國家沉重債務負擔威脅著全球經濟，尤其是歐債危機，更是造成歐盟國家驚險逼近衰退邊緣。」顯見曾爲全球經濟支柱的歐洲，正面臨著棘手的新經濟危機。

❶ **困局一【債務危機】**：2009年12月爆發歐債危機，因希臘無力償還到期債務，導致債務危機一路由希臘波及愛爾蘭再到葡萄牙，甚至蔓延至歐元區核心國的義大利，歐盟成員國負債率居高不下，進而導致全球股市受創。根據歐盟統計局（2011）數據表示：「希臘、義大利、愛爾蘭、葡萄牙、德國、法國及英國等國，政府債務總額占該國內生產總值比重分別爲142%、119%、96.2%、93%、83.2%、81%和80%。」在歐債危機不斷延燒下，投資人對歐洲債務的恐慌、歐盟經濟發展前景渾沌，恐再掀起一波全球經貿危機。國際貨幣基金（IMF）（2012）表示，下調2012年全球經濟成長率預期，因歐洲債務危機將使開發中國家擴張速度放緩、已開發國家重回衰退。

❷ **困局二【通貨膨脹】**：由於全球能源與大宗商品價格持續上漲等因素導致歐盟通貨膨脹壓力增大，根據歐洲統計局（Eurostat）2011年8月17日表示：「2011年7月，歐盟和歐元區之通貨膨脹率分別爲2.9%及2.5%，其中愛沙尼亞通貨膨脹率最高，爲5.3%；愛爾蘭通貨膨脹率最低，僅爲1.0%。」歐盟統計局於2012年1月17日公布數據顯示：「歐元區17國2011年12月通貨膨脹率降至2.7%，低於11月的3%。」雖呈現稍有回落的現象，但仍高於歐洲央行訂定2%的目標警戒線。

❸ **困局三【銀行巨損】**：歐洲企業營運仰賴銀行貸款，在歐盟陷入經濟困局之際，歐洲銀行體系之資本是否足以應付經濟危機格外受到關注，根據歐洲銀行管理局（EBA）2012年2月6日指出：「於2011年底針對歐洲銀行進行壓力測驗，結果顯示30家主要銀行的資本缺口高達1,150億歐元。」在歐洲衆多銀行面臨增資壓力下，成爲歐盟國家經濟復甦的另一項隱憂。

❹ **困局四【高失業率】**：高失業率爲約制歐盟經濟成長的關鍵因素，歐盟

統計局2012年1月31日公布數據指出：「歐元區2011年12月失業人數高達1,647萬人，創1995年以來最高水準、失業率10.4％為近14年高點；其中西班牙失業率22.9％高居歐元區榜首，愛爾蘭14.5％、法國9.9％、義大利8.9％、德國5.5％，另奧地利、荷蘭是歐元區失業率最低的國家，分別為4.1％和4.9％。」高失業率直接影響到歐盟市場的消費需求，並嚴重威脅經濟復甦。另歐盟執委會（2011）表示：「歐盟27會員國，24歲以下青年平均失業率高達20.5％。」顯示歐洲青年正面臨第二次世界大戰後最艱困的時期，對歐盟經濟成長與社會穩定造成相當的衝擊。

2. 美國

美國為全球第一大經濟體，對於世界經貿影響力之大，可謂「美國一打噴嚏，全世界就感冒」，2012年3月19日紐約聯儲主席William Dudley表示：「美國經濟發展面臨著強勁逆風，仍然存在下行的風險。」茲將美國經貿發展困局分述如下：

❶ 困局一【國家債務】：美國國債於2008年9月30日首次超過10兆美元，標準普爾（Standard & Poor's）2011年8月5日宣布：「美國債信評等從AAA調降為AA＋，並將美國債信評等展望調為負向」，顯示美國從「全世界最安全的資產」寶座正式退位，另據國際貨幣基金（IMF）（2011）指出：「美國債務高達14.58兆美元，該債務占GDP比率高達92.7％，美國債務堪稱世界經濟最大的深水炸彈。」

❷ 困局二【高失業率】：美國勞工局於2011年9月2日公布數據指出：「美國2011年8月份失業率呈現在9.1％的高位，總計美國有1,400萬人口失業。」美國社會呈現青年高失業率及年長工作者推遲退休的現象，持續的高失業率將促使許多美國青年人生計劃被迫改變。美國總統歐巴馬於2011年9月9日表示：斥資4,470億美元於就業刺激計劃，希望藉以紓解美國低迷的就業市場，而美國國會預算辦公室在2012年1月31日表示：「預測2012與2013年美國失業率將仍保持在8％水平以上。」顯示美國高失業率情況短期內無法大幅減緩。

❸ 困局三【貿易失衡】：過去西方資本主義強國大多為貿易順差國，而美國如今卻成為世界貿易逆差大國，據美國商務部於2011年10月13日公布數據

顯示：「2010年美國貿易逆差總額達5,000億美元，較2009年的3,813億美元成長31％；另2011年1月至8月貿易逆差為3,762億美元，比2010年同期成長12％。」美國商務部另於2012年1月13日公布指出：「2011年11月貿易逆差達477.5億美元，為2011年6月以來最高水準。」顯示美國貿易赤字問題嚴重，製造業前景首當其衝，美國生產減少、就業機會降低，影響就業、國民經濟正常運作與經濟復甦，更使美國成為龐大債務國。

❹ 困局四【消費力弱】：消費開支在美國經濟中占有三分之二的份額，即消費者需求驅動美國70％的經濟活動，但美國消費正由見到喜歡就買的習慣變為非迫不得已絕對不買的保守購物行為。據美國工商協信會（Conference Board）2011年8月30日公布數據表示：「美國2011年7月份消費者信心指數（CCI）為59.2，8月下降至44.5，創2009年4月以來的新低點」，美國大型企業研究會於2012年1月31日指出：「12月份的消費者信心指數從2011年10月份的40.9大幅攀升至64.8，而美國2012年1月份消費者信心指數呈現回落降至61.1。」顯見美國消費者信心指數整體稍有回落的現象。

3. 中國大陸

中國大陸躍上世界第二大經濟體，據世界銀行（WB）首席經濟學家林毅夫（2011）表示：「中國大陸經濟至少還能高速發展20年。」道出中國大陸經濟前景看好，中國大陸已成為全球經濟之火車頭，但隨著經濟快速發展，亦帶來經貿發展之負面影響，茲將中國大陸經貿發展困局分述如下：

❶ 困局一【通貨膨脹】：根據中國大陸國家統計局（2011）數據指出：「中國大陸2011年7月份消費價格指數（CPI）為6.5％，創37個月來新高，8月份則為降至6.2％。」中國大陸在運輸及人工成本上升，加上日本311大地震、利比亞局勢動盪及美國量化寬鬆政策等情況下，將影響中國大陸消費者物價指數（CPI），而食物價格變動則是帶動中國大陸通貨膨脹的關鍵因素；根據《商業周刊》2011年8月出刊第1239期指出：「豬肉價格為中國大陸物價指數（CPI）不斷創新高的元凶，豬肉價格由2005年一公斤8元人民幣，飆漲至2011年的25元，買一公斤豬肉，就必須要花掉基層農工1/40的月薪」，在物價飆漲、薪資越稀薄的情況下，通貨膨脹將會壓垮人

民的生活。中國大陸統計局於2012年1月12日發布數據指出：「中國大陸2011年居民消費價格指數（CPI）較2010年上漲5.4％。」顯示出中國大陸消費價格指數上漲之事實，穩定物價之務不容懈怠。

❷ 困局二【成長壓力】：中國大陸為全球第二大經濟體，一貫仰賴壓低人民幣匯率、國內低消費與高儲蓄率、高出口模式，而對外依存度高的中國大陸，面臨國際大宗商品價格上揚、國內人力成本上漲、美國高失業率、歐盟經濟復甦乏力等因素，都可能成為中國大陸商品出口的阻礙因素。據中國大陸海關統計（2012）指出：「中國大陸2011年貿易順差為1,551.4億美元，較2010年減少263.7億美元，減少14.5％；2011年下半年以來外貿進出口增速持續走低，雖貿易發展更趨平衡，但外貿順差卻呈現逐年減少。」顯見中國大陸貿易順差正在大幅收縮，高成長正面臨著眾多壓力的考驗。

❸ 困局三【地方債務】：中國大陸於2008年，為提振景氣推出4兆元人民幣擴大內需方案，其中中央政府出資30％，其餘由地方政府買單。亞太區首席經濟大師陶冬（2011）表示：「地方債為中國大陸經濟17年以來最大的政治炸彈。」中國大陸審計署審計長劉家義於2011年6月27日表示：「截至2010年底，中國大陸各省、市、縣三級地方政府性債務共10兆7,174.91億人民幣，債務總額占2010年GDP的四分之一，超過2010年全國財政收入」，另根據中國大陸國家審計署（2011）表示：「至2010年底，中國大陸地方債總額為10.7兆人民幣；另外於6月統計顯示，約53％地方政府債務將於2011至2013年到期，其中有79％來自銀行貸款。」顯見中國大陸地方債務為中國大陸急待解決的棘手問題，根據《商業周刊》2011年8月份出刊之第1236期指出：「中國大陸人民平均債務為3,570元新台幣，創下歷史新高。」

❹ 困局四【房產泡沫】：美國《華爾街日報》2011年10月27日報導〈當心走火入魔的中國大陸經濟〉一文指出：「應忘掉希臘、義大利、『占領華爾街』運動，全球眼下真正的壞消息為中國大陸房地產泡沫危機。」根據中國大陸國家統計局（2011）指出：「2011年9月份中國大陸70個主要城市，有46個城市房價呈現停止上漲或下滑，而在2011年1月份時，有10個城市有此現象。」顯示中國大陸在8個月中增加4倍的房價停漲，而中國大陸各省、縣、市、鄉大量投入資金於房地產，一旦中國大陸房地產泡沫，

建築、水泥、鋼鐵、家具、房子整修及運輸等產業將首當其衝，牽涉到中國大陸50％以上的GDP，將影響中國大陸未來的經濟走向。

❺ 困局五【信用緊縮】：中國大陸於2010年10月開始加強實行調控措施，以信用緊縮抑制中國大陸經濟過度成長，而信用緊縮政策同時卻帶來房價降溫與中小企業資金週轉困難，使企業經營資金短絀。中華民國全國中小企業總會理事長林秉彬（2011）表示：「融資是中小企業2011年於中國大陸發展面對最困難的問題。」另全國工商聯（2011）指出：「90％以上受訪中小企業，無法通過銀行貸款；而浙江、瀋陽等地的企業，其企業融資成本增幅最高更可達80％。」顯示中小企業於中國大陸融資之困難度，又中國大陸銀行家數少，更有大型國有銀行將大部分資金貸款給國有企業，故中國大陸實施信用緊縮帶來融資難度增加，更增加中小企業生存困難度。

4. 阿拉伯世界

阿拉伯世界泛指分布於西亞與北非的阿拉伯語國家，總共包括22個國家，阿拉伯世界位於歐、亞、非洲三大陸交叉點，曾經是全球商業中心，如今世界中心再次轉移，「新絲綢之路」促使阿拉伯世界再次崛起，然而，阿拉伯世界仍潛藏著相關經貿發展困境。

❶ 困局一【茉莉花革命】：2010年底至2011年初，阿拉伯國家「茉莉花革命」一發不可收拾，先是北非突尼斯爆發茉莉花革命，引起民眾起而示威、獨裁者下台逃亡，再者為埃及與利比亞，在阿拉伯國家掀起一連串民主運動效應，人民紛紛反對專制政權，逼迫獨裁者下台，而此波阿拉伯民主運動，正在中東地區國家蔓延。

❷ 困局二【糧食危機】：阿拉伯國家主要分布在西亞與北非地區，氣候大多不適宜耕作，且可耕地面積比例又低，阿拉伯國家需透過大量進口以滿足糧食需求，據阿拉伯農業發展組織（AOAD）於2010年發布《阿拉伯國家2007年-2009年糧食安全狀況報告》指出：「2007年到2009年間，阿拉伯主要食品進口額由309億美元提高至346億美元，成長幅度達12.7％，年平均貿易逆差高達274億美元。」又聯合國（2011）指出：「全球糧食短缺日益嚴重，全世界每6個人就有1個人面臨飢餓，糧食危機比金融危機更可怕。」顯示全球糧食短缺的情形嚴重，不僅可能波及阿拉伯世界糧食進口之穩定

供給,更造成國際食糧價格持續上漲,最終甚至干擾國家經貿的發展。

❸ 困局三【水源匱乏】:阿拉伯國家擁有世界最豐富之石油資源,但往往忽略其處在乾旱地區,水資源危機嚴重。由於河流稀少,加上人口成長激增對用水的需求增加,造成地下水資源乾涸,進而引發糧食危機,促使阿拉伯國家高度依賴糧食進口。世界銀行(WB)在2011年表示:「40年內,阿拉伯世界人口將增至6億,加上氣候變遷使氣溫升高,都將是促使水資源成為影響政權的關鍵。」瑞士外交部長Micheline Calmy-Rey(2011)表示:「未來影響中東地區政治關鍵因素將會是水,而不再是石油。」顯見水資源危機對阿拉伯國家有重大的影響。

❹ 困局四【經濟落後】:經濟下滑、通貨膨脹、貧富差距、高失業率等因素加速阿拉伯國內的階級矛盾,而在全球化與國際金融的衝擊下,阿拉伯國家將持續的動盪。聯合國2011年發布《阿拉伯國家發展報告》指出:「失業、貧窮、經濟衰退為大部分阿拉伯國家面臨的最大危機,因阿拉伯國家擁有巨額石油收入,掩蓋阿拉伯國家經濟存在的漏洞。」其報告數據表示,阿拉伯國家失業率在2005年已高達14.4%,遠高於同期全球平均水平6.3%,特別是青壯年失業率更是居高不下,預計到2020年,阿拉伯國家青年失業率將為世界平均失業率的一倍;同時阿拉伯國家貧困率亦居高不下,敘利亞和黎巴嫩貧困率落在28.6%到30%間,埃及達41%、葉門更高達59.9%,約有6,500萬阿拉伯人生活在貧困生活中。

■ 全球經濟復甦變數

花旗集團(Citigroup Inc)駐紐約首席貨幣策略師Greg Anderson(2011)表示:「全球經濟反覆無常的情況令人提心吊膽。」又世界銀行(WB)行長Robert Zoellick於2011年9月14日表示:「全球經濟已經邁入『危險區』警戒,無論是發達經濟體還是新興經濟體,皆須積極應對挑戰。」道出全球復甦之路仍隱藏著許多變數。

變數一:國際安全對全球貿易衝擊與影響

美國前總統布希於2002年1月29日指名伊朗、伊拉克與北韓對世界和平存在

威脅性，根據以色列外交部長Avigdor Lieberman（2010）表示：「北韓、敘利亞及伊朗三國相互合作，製造規模龐大的殺傷性武器，使國際社會安全面臨最大的威脅。」又伊拉克受世界質疑研發大規模殺傷性武器，美英聯軍因而於2003年至2010年8月進軍伊拉克開戰引發「伊拉克戰爭」；法國《解放報》（2012）報導指出：「2012年所有變數中，伊朗最讓人擔憂，爲中東地區最大動盪根源。」一旦三國引發戰亂，世界秩序將受威脅，同時使全球經濟陷入愁雲中。

變數二：人民幣匯率法案

美國國會參議院於2011年10月11日通過《2011年貨幣匯率監督改革法案》，該法案要求美國政府著手調查美國主要貿易夥伴國壓低該國貨幣幣值以提供該國出口補貼之行爲，並對其出口產品徵收懲罰性關稅。據美國國會參議員Sherrod Brown於2011年2月10日表示：「保守估計，人民幣匯率被低估幅度約在40％以上。」南卡羅萊納州共和黨參議員Lindsey Graham（2011）另表示：「中國大陸操控人民幣匯率，取得在出口市場優勢，導致美國至少已損失200萬個工作機會。」因而《2011年貨幣匯率監督改革法案》將矛頭指向人民幣匯率，對中國大陸操縱匯率行爲做懲罰。該法案通過直接受衝擊的無疑是人民幣匯率變動與中美兩國的關係，而中美兩國可謂爲牽動世界經濟之引擎，各國無不惶恐該法案間接對全球經濟的影響。

1. **影響一【人民幣升值】**：2011年10月11日美國通過該法案，而後連三個交易日，人民幣兌美元呈現持續貶值作爲回應，由2011年10月11日的6.3483貶值至2011年10月14日的6.3762，而2011年10月17日升值52個基點，以6.3710終止三連跌。據渣打銀行亞洲區總經濟師關家明（2012）表示：「人民幣兌美元於2012年會持續升值，升值幅度達1.4％。」顯示升值爲人民幣兌美元未來走勢。

2. **影響二【中美貿易大戰】**：《2011年貨幣匯率監督改革法案》通過，將對中、美兩國經濟關係造成傷害，美國共和黨籍的眾議院議長John Boehner（2011）表示：「推動國會立法逼迫人民幣升值是『越權之舉』，尤其是在美國和全世界經濟前景不明朗的局勢下，此舉可能引發中美貿易戰，可稱『十分危險』。」一旦法案生效對中國大陸出口至美國產品將被課關稅，對中國大陸出口造成衝擊，中國大陸勢必會做出反應，可能導致中美

貿易戰發生。

3. **影響三【干擾全球經濟復甦】**：一旦人民幣升值甚至引發中美貿易戰，不僅美國無法再享有中國大陸廉價消費品，更可能引發美國通貨膨脹上升；另一方面，將加劇在中國大陸的企業成本壓力，甚至中國大陸與美國間的投資鏈條將產生缺口，屆時將加重中美的失業率，而在連環效應下，最終將危害全球經濟的復甦與成長。

第 4 章

全球貿易發展新趨勢與新議題

　　全球經濟復甦存在許多不確定因素下，各國為強化或轉型其經濟，創造出多種新貿易型態，如服務貿易、區域貿易、綠色貿易、資源貿易、南南貿易等逐漸浮出，並成為支持全球經貿復甦與成長的驅動力。本研究將進一步探討新貿易型態與議題對於經濟的影響，茲分述如下：

■ 服務貿易

　　管理學大師Peter Drucker（2001）說：「『新經濟』就是服務經濟，服務就是競爭優勢。」伴隨著企業產業結構升級及國際間產業轉移，服務貿易已經成為國際貿易及投資中愈來愈重要的組成成分。世界貿易組織（WTO）在1986年烏拉圭回合談判中，將服務貿易納入議題，並在1993年12月達成服務貿易總協定（GATS），亦設立「服務貿易委員會」負責執行GATS的相關規則。而GATS依服務貿易的特性定義四種提供模式：**(1)跨境提供服務**（cross-border supply）：提供服務者於某一會員國境內提供其他會員國的消費者服務；**(2)國外消費**（consumption abroad）：會員國在其境內提供進入的其他會員國消費者服務；**(3)在他國設立商業據點**（commercial presence）：會員國的服務業者在其他會員國境內設立商業據點並提供服務；**(4)自然人的移動**（presence of natural person）：會員國的服務業者以自然人之身分在其他會員國境內提供服務。另一方面，WTO針對發展服務貿易的國家，每年做出相關排名如表4-1所示。由表得知，從2006年至2010年中，已開發國家的美國、英國、德國三國總合的服務貿易百分比即占全球近30％。此外美國亦連續五年蟬聯服務貿易出口之首，雖2009年從美國引發的金融海嘯事件，重挫當年的服務貿易，但據《匯通網》2011年3月指出，因為經濟復

甦範圍的擴大，美國服務業創2005年來最大增速，服務業能穩定發展，帶動服務貿易發展平穩。如美國十大服務業包括旅遊、運輸、金融、教育、商業服務、通訊、設備安裝維修、娛樂業、信息和醫療保健，涉及服務貿易的重要領域，美國在這些方面保持絕對的領先優勢，具有很強的世界競爭力。

另一個值得關注的是中國大陸， 2006-2010年，中國大陸服務出口總額全球占比從2006年的3.3％成長到2010年的4.6％，世界排名由第八位上升到第四位。其中以金融服務、保險服務、諮詢服務、電腦和資訊服務等高附加值服務貿易成長速度較快，但運輸、旅遊、建築等傳統服務貿易仍占據中國大陸服務貿易的主導地位。雖目前仍為服務貿易逆差國，且與歐美國家相比有些許差距，但就市場而言，中國大陸在「十二五」規畫的啟動下，未來消費力仍將強勁，內需市場亦是服務貿易兵家必爭之地，加上中國大陸政府致力於調整結構，加大對服務業的扶植力度，未來服務貿易實力不容忽視。

服務貿易之所以重要，其主要原因包括以下幾方面：科技技術革命降低了訊息傳遞、獲取及處理成本，使一些原本無法轉移或貿易的服務產品有了轉移或貿易的條件；密集與通暢的網絡連接打破了貿易之空間限制，發展出遠程辦公、遠程服務等業務；在世界貿易組織（WTO）制度框架及多邊貿易體制下，各國在服務領域的開放種類不斷提升，逐步降低服務貿易壁壘，使交易成本大幅降低。故本研究歸納出服務貿易發展之三大重點議題，茲探討如下：

議題一：加速發展的服務貿易

經建會（2010）表示：「服務業貢獻60％的全球產出，以及約20％全球貿易。」可見服務貿易在全球貿易中所扮演的角色愈趨重要。服務貿易的發展代表產業的進步。二戰以後的半個多世紀當中，尤其自1970年以來，因國際分工的深化，使得產業結構不斷調整、科技革命加劇與跨國公司的崛起，促使服務貿易以高成長的速度迅速發展。1970年，世界服務貿易總額只有710億美元，而至1980年則增長至3,830億美元，在短短10年間增長5倍多。1980年以後，服務貿易依然保持著快速成長的趨勢，年平均增長率約為5％，是同期間貨品貿易年平均增長率2.5％的兩倍。雖然2009年受到金融海嘯的波及，全球服務貿易呈現衰退的情況，但此為1983年以來服務貿易首次呈現衰退，不過，據世界貿易組織（WTO）在2011年4月公布資料指出，2010年全球服務貿易出口高達3.67兆美元，較2009年成

長8%。因此可預估，全球服務貿易將持續保持快速增長的態勢。

議題二：外包興起的服務貿易

2011年5月，《新華網》報導指出，印度一直占據全球服務外包市場之領先地位，是承接離岸服務外包規模最大的國家。中國大陸政協委員馬秀紅（2011）亦表示：「中國大陸貿易發展方式轉變的重點，應該放在大力提升服務貿易及技術貿易的比重。而發展服務貿易的切入點應當是發展服務外包產業。」可見未來服務外包產業是服務貿易發展過程的重點之一。90年代之後，隨著企業專業分工日益細化及全球市場競爭激烈，愈來愈多的企業將非核心服務活動外包給其他企業，以降低成本，全球服務外包進入快速發展期。中國大陸商務部部長助理仇鴻（2011）在大連軟件和信息服務交易會上表示，預估2020年全球潛在的服務外包市場需求將高達1.65兆至1.8兆美元。據中國大陸商務部國際貿易經濟合作研究院在2011年指出，「十二五」期間要抓住全球服務業加快轉移的機遇，大力承接全球服務外包，提高中國大陸服務業的發展水平，擴大服務貿易規模。在在可見，服務外包將會是下一波引領服務貿易的重點。

議題三：非均衡化的服務貿易

由於各國在服務貿易發展階段和發展水平的不同，使得規模和競爭力差異懸殊，全球服務貿易仍存在不均衡性。已開發國家的服務業相對發展完善，其經濟規模大，技術及資本優勢亦較明顯，不僅傳統服務貿易具有規模優勢，且在未來服務貿易發展方向的技術、知識及資本密集型服務業中也有明顯的比較優勢。據世界貿易組織每年所公布貿易資料顯示，已開發國家仍占全球服務貿易之絕對主導地位，約占全球服務進出口總額的四分之三以上，其中，美、英、德三國就占據了全球服務貿易總額的近30%。近年來，雖然開發中國家及地區在全球服務貿易中的地位逐漸上升，但與已開發國家相比，仍有相當的差距，且它們大多為服務貿易逆差國。雖已開發國家的優勢地位不會改變，不過從相對規模及新興市場興起等因素，全球服務貿易因地區不平衡性的現象有趨於減弱。

有鑑於此，經建會在2011年3月推出「台灣服務貿易推廣暨商情平台」，建構即時、互動、商機媒合的中英文網路平台，提供全球即時商情發展及分析、各國市場商機、台灣政府相關法規、輔導措施及計畫等資訊，全球服務貿易趨勢

報導、商展訊息與服務，並做為買主與業者之間媒合橋樑，期望以實體拓銷活動如：輔導業者參與國內外展覽等為網站加值。此網站除提供相關服務貿易訊息外，亦將協助業者進行媒合交易，有助於為台灣創造服務貿易發展新契機，以及提升國際競爭力。經濟部長施顏祥（2012）亦表示：「推動服務貿易是非常重要之工作，經濟部將成立服務輸出推動專案辦公室，以『整案輸出』方式協助台灣服務業往海外發展。」

■ 區域貿易

全球經濟瞬息萬變，國際經濟情勢起伏不定，使單邊貿易的風險升高，市場趨勢逐漸由單一貿易轉向區域貿易，以分散過於依賴單一經濟貿易體的風險。2011年4月18日，前經建會主委劉憶如表示：「隨著美債、歐洲信用債等國際風險增加，擴大亞洲間區域貿易日顯重要，並且要擴大區域間貿易，促進亞洲各國間最終產品的銷售往來，應由政府帶著企業主動到亞洲各區擴大其貿易。」另一方面世界各國為掌握全球貿易商機，紛紛擴大區域經濟結盟，以利增加貿易力度。而2011年7月20日，WTO亦表示：「雙邊協定與區域貿易協定的發展，可以滿足全球經貿資源的配置與調控，並可以使簽訂協定的國家因此受益。」顯示出區域貿易的重要性及所帶來的優惠。有鑑於經濟區域整合為世界各國的趨勢，並隱含許多經濟效益。因此，茲整理成三大議題論述如下：

議題一：簽定多方貿易協定增加

根據世界貿易組織秘書處（2011）資料指出，截至2011年5月15日，WTO通報的489個區域貿易協定（Regional. Trade Agreements：RTA）內，297個正在實施，比2010年同期多15件，顯示出世界各國加速全球佈局的策略，跨區之經貿結盟明顯增加，更顯示區域經濟的整合成為經濟發展的趨勢。

表4-1 2006-2010年世界前20大服務貿易出口國

排名	2006年 地區	金額(億美元)	占全球比重	2007年 地區	金額(億美元)	占全球比重	2008年 地區	金額(億美元)	占全球比重	2009年 地區	金額(億美元)	占全球比重	2010年 地區	金額(億美元)	占全球比重
1	美國	3,888	14.1%	美國	4,564	13.9%	美國	5,214	13.8%	美國	4,740	14.1%	美國	5,150	14.1%
2	英國	2,275	8.3%	英國	2,730	8.3%	英國	2,830	7.5%	英國	2,330	7.0%	德國	2,300	6.3%
3	德國	1,688	6.1%	德國	2,058	6.3%	德國	2,416	6.4%	德國	2,270	6.8%	英國	2,270	6.2%
4	日本	1,225	4.4%	法國	1,367	4.2%	法國	1,605	4.2%	法國	1,430	4.3%	中國大陸	1,700	4.6%
5	法國	1,145	4.2%	西班牙	1,283	3.9%	中國大陸	1,464	3.9%	中國大陸	1,290	3.8%	法國	1,400	3.8%
6	西班牙	1,055	3.8%	日本	1,271	3.9%	日本	1,464	3.9%	日本	1,260	3.8%	日本	1,380	3.8%
7	義大利	975	3.5%	中國大陸	1,217	3.7%	西班牙	1,426	3.8%	西班牙	1,220	3.6%	西班牙	1,210	3.3%
8	中國大陸	914	3.3%	義大利	1,105	3.4%	義大利	1,219	3.2%	義大利	1,910	3.0%	新加坡	1,120	3.0%
9	荷蘭	825	3.0%	印度	897	2.7%	印度	1,026	2.7%	愛爾蘭	970	2.9%	荷蘭	1,110	3.0%
10	印度	738	2.7%	愛爾蘭	890	2.7%	荷蘭	1,016	2.7%	荷蘭	910	2.7%	印度	1,100	3.0%
11	香港	727	2.6%	荷蘭	875	2.7%	愛爾蘭	992	2.6%	新加坡	880	2.6%	香港	1,080	2.9%
12	愛爾蘭	680	2.5%	香港	827	2.5%	香港	923	2.4%	印度	870	2.6%	義大利	970	2.6%
13	奧地利	589	2.1%	比利時	755	2.3%	比利時	861	2.3%	香港	860	2.6%	愛爾蘭	950	2.6%
14	加拿大	577	2.1%	新加坡	673	2.0%	新加坡	829	2.2%	比利時	690	2.4%	韓國	820	2.2%
15	比利時	576	2.1%	瑞典	638	1.9%	瑞士	752	2.0%	瑞典	690	2.1%	比利時	810	2.2%
16	新加坡	573	2.1%	盧森堡	623	1.9%	韓國	741	2.0%	瑞士	610	1.8%	瑞士	760	2.1%
17	丹麥	517	1.9%	丹麥	618	1.9%	丹麥	720	1.9%	盧森堡	610	1.8%	盧森堡	680	1.9%
18	盧森堡	511	1.9%	韓國	615	1.9%	瑞典	716	1.9%	加拿大	580	1.7%	加拿大	660	1.8%
19	瑞士	506	1.8%	瑞士	615	1.9%	盧森堡	689	1.8%	韓國	570	1.7%	瑞典	640	1.7%
20	韓國	504	1.8%	加拿大	614	1.9%	加拿大	648	1.7%	丹麥	550	1.6%	丹麥	580	1.6%

資料來源：世界貿易組織（WTO）、經濟部國際貿易局、本研究整理

議題二：亞洲區域體系依賴提升

隨著美消亞長、世界經濟重心轉移等情況轉變，區域貿易逐漸傾向亞洲體系，博鰲亞洲論壇（2011）表示：「亞洲區域內貿易與外商直接投資明顯增加，對於美國與歐盟的依賴程度明顯下降。」另一方面，對台灣而言，截至2011年12月，銷往亞洲出口的貿易總額較去年同期相比增加了11.541％，其中與東協十國的出口貿易總額更增加了22.834％，顯示台灣提升了對於亞洲區域體系的貿易緊密度。有鑑於此，2011年8月28日，前經建會主委劉憶如表示：「未來出口不能像過去依賴歐美，貿易與經濟成長結構已發生改變，全球消費重心逐漸由西方轉向東方，應該加強亞洲區域內的貿易，積極的展現關鍵佈局，透過ECFA的效益，將貿易向外加強。」顯示出亞洲區域貿易備受重視，而台灣更將持續加強區域貿易的發展，並加強區域貿易協定的簽署，以利獲取更多貿易優惠條件。

議題三：全球區域一體化程度增加

中國大陸進出口銀行行長李若谷（2010）曾表示，全球經濟治理正從G7、G8轉向G20，強調僅依靠已開發國家已經無法維持，推動G20走向前台，由已開發與開發中國家共同主導世界變化。顯示出全球區域一體化的概念逐漸產生。2011年4月13日，《博鰲亞洲論壇亞洲經濟一體化進程2011年度報告》內文表示：「亞洲區各經濟體，透過貿易、直接投資、金融體系投資與各國政府之間的合作，亞洲經濟體之間的關係更加密切，相互依存度與一體化程度愈來愈高。」此外，2011年7月20日，世界貿易組織（WTO）《2011年世界貿易報告》表示：「世界的優惠貿易協定日趨複雜，最重要的是，區域貿易協定逐漸延伸成更深層次的一體化，使貿易同時滲透更多地方，並且涉及更多國家的政策。」有鑑於此，各國更應注意他國的服務、投資、知識產權、政策等規定，以利快速形成一個深度的貿易協定，促使全球的區域一體化程度升高，以共同創造一個嶄新的全球舞台。

■ 綠色貿易

自1960年起，西方掀起一股綠色運動浪潮，世界自然保育聯盟（IUCN）2010年公布《瀕危物種調查報告》顯示：「全球的絕種生物將以每年52種的速度迅速增加，若非保育措施之防護，情況將更為嚴重。」儘管各國紛紛提倡綠色貿易政

策，但環境汙染每下愈況，而根據聯合國環境規畫署（UNEP）於2011年所發表《2011年聯合國環境規畫署年鑑》指出：「由於人類活動影響，全球正面臨嚴重的物種滅絕危機。」由此可知，保護生態環境已成為人類最迫切之責任，綠色貿易也成為各國爭相發展之目標，綠色浪潮正席捲全球。

根據1991年經濟學諾貝爾獎得主Ronald Coase對環境經濟提供具系統性之理論架構，並首度將環境與經濟理論做結合，也成為綠色經濟之發展泉源；而根據綠色貿易之組成分為五大架構：**(1)綠色原料**：企業在選擇製造生產之原料與製造過程中，盡量避免造成環境汙染的生產方式：**(2)綠色消費**：引導消費者在選購商品中，選擇對環境較不具破壞性之商品；**(3)綠色包裝**：產品包裝與設計上，減少產品使用後所殘留之包裝；**(4)綠色服務**：以節省資源、降低汙染的環保精神為服務導向：**(5)綠色行銷**：以保護環境及生態平衡做為經營理念、設定綠色消費為主要發展目標。簡言之，「綠色貿易」是為迎合綠色消費所產生，不僅可維護生態環境，促進經濟與生態之調節發展，並兼顧企業、消費者、社會以及地球之利益，將綠色理念體現於產品、銷售及訂價上，並將其發揮至淋漓盡致。而綠色經濟概念是源自美國經濟學家Kenneth Ewart Boulding1989年出版的《綠色經濟藍皮書》，而綠色經濟主張以社會、生態之姿出發，建立一個環境可負荷之經濟發展目標；近年來，人類漸漸察覺生態環境變化之影響，提倡綠色貿易發展，並加強環境外部成本，以減少對自然生態之破壞，而世界各國也紛紛宣導綠色貿易主義，以保護國家境內之生態環境，並建構一個永續發展之地球村，故本研究歸納出綠色貿易發展之三大重點議題如下：

議題一：綠色貿易壁壘逐漸增加

探究全球各國所採取綠色貿易壁壘有五種表現方式，分別為「綠色關稅制度」、「推行綠色標準」、「綠色反傾銷」、「繁瑣的進口檢驗程序」以及「訂定回收利用之規則」。而綠色貿易壁壘不僅有保護生態環境之作用，在貿易與環境方面更扮演重要的角色：另一方面，環境標誌於西方國家中被稱做「生態標籤」，至今國際上已有歐洲、美國、日本等30多個國家實施環境標誌，例如：綠色標章、白天鵝、歐盟之花等。而最早提出施行綠色標誌的國家為德國，於1978年率先推出「藍色天使計劃」，現已成為產品認證種類、標準最多之國家；此外，世界銀行（WB）所發表《世界稅制改革的經驗》報告中建議：「發展中國

家應針對環境的破壞徵收環境稅，以保護及應對國際貿易汙染之行為。」而最早透過立法設立環保關稅的國家為美國，其訂定指標來衡量各國產品進入美國，對於美國的空氣、水質、危險廢物和固體廢物的汙染標準，以限制具汙染性的產品進入美國。在各國紛紛提倡環境貿易保護政策下，也帶動企業、消費者的環保意識，推行以保護生態環境的生活形式，並提升綠色經濟之增長，走向永續發展之康莊大道。

議題二：綠色行銷概念深植人心

根據英國威爾斯大學Ken Peattie教授於1992年著作《綠色行銷：化危機為商機的經營趨勢》一書中表示：「綠色行銷是一種能辨識、預期及符合社會消費需求，並帶來永續經營與超額利潤之管理過程。」另一方面，Media Buyer Planner於2010年指出，超過80％的企業提高環保預算，帶動學校和消費者環保意識的提升，其中有33％的行銷人員，發現綠色行銷較一般行銷帶來更多的效益；換言之，綠色行銷已成為21世紀新的行銷概念。探究綠色行銷有以下七種策略，分別為：建立綠色行銷觀念、設計綠色品牌商品、制定綠色產品價格、訂定綠色行銷之通路策略、強化綠色行銷推廣活動、實踐綠色服務概念與融入綠色管理策略，以滿足消費者對綠色產品之需求，使企業與社會經濟達到長久發展之目標。此外，在現今環保意識高漲下，消費者漸漸傾向購買綠色商品，國際上已有許多產品都標示著「友善地球」、「友善環境」等，如英國的美體小舖（The Body Shop）以綠色做為企業的經營理念，其產品皆萃取自天然物質；而台灣的義美公司秉持著「為下一代留下潔淨空間」的理念，設置工廠汙染處理與節約能源之設施，提倡環保概念；此外，日本精工愛普生（Seiko Epson）是施行綠色行銷的指標企業，旗下產品強調製造材料可「回收再利用」外，並徹底實施「減廢」與「省能」，將這些「綠化運動」做為公司的三大使命。由此可知，綠色行銷已在各企業中蔚為風潮，扮演著企業永續經營之重要角色。

議題三：綠色環保技術持續創新

根據北京綠創集團總裁姜鵬明，於2011年5月18日所舉辦的「中關村創新論壇」上表示：「生態法則為企業綠色創新之魂，在人類使用天然資源後，應勇敢地面對自然之變化，現今應將所有的產品、製程創新，並遵循自然法則。」簡

言之，全球人類應自省，並積極發展綠色技術，以維護地球提供給人類的生存環境，達到永續發展的目標；而綠色技術創新主要分爲四大發展策略，分別爲「結合再生資源」、「強化使用綠色資源」、「提高能源重複使用率」以及「重新定位廢棄物收購」。馬其林集團管理合夥人Jean-Dominique Senard於2011年中國發展高層論壇中表示：「當今世界的發展不可能再仰賴高碳以及非再生資源，此外，綠色技術之革命也不再只是口號，應是盡快實踐的過程。」韓國總統李明博（2011）也表示：「韓國發展綠色低碳經濟，須倚賴科學技術之扶持，因此，韓國將成立『全球綠色增長研究中心』，並建造吸引各國研究機構參與的綠色研究中心」；除此之外，世界自然基金會（WWF）於2011年5月9日所發表《把脈中國低碳城市發展策略與方法》表示：「中國大陸綠色技術所設計生產的產品產值每年以77％成長，是全球增長速度最快之國家。」換言之，在全球各國提倡綠色技術發展的時刻，應充分地互助合作、研發創新，才能快速發揮最大之效益。

■ 資源貿易

聯合國人口基金會（U.N. Population Fund）（2011）指出：「世界人口正以驚人速度成長，2011年10月底全球人口衝破70億大關，各種壓力將接踵而至，70億人共享地球資源，生存危機隱然浮現。」道出地球能源已供不應求，若不善用地球現有資源與開發新能源，人類的生存將面臨嚴苛的挑戰。自然資源對人類生活及發展扮演著重要的角色，而自然資源的可耗竭性、地理分布不均性、波動性、扮演國民經濟主導性等特性，促使世界各國在資源上的爭奪與貿易日趨白熱化，聯合國環境計劃署（UN Environment Programme）（2011）表示：「全球已經耗盡一些優質資源和重要礦產，預估世界人口將在2050年達93億人之多，屆時開發中國家也將更繁榮，勢必消耗更多資源，將超越永續發展的範圍。」可知資源耗竭爲全世界面臨的危機，關鍵資源取得已成爲下一波的貿易關鍵因素。資源貿易議題的重要性受到國際關注，茲將全球重要的資源貿易，整理出幾項熱門關鍵議題，分別爲：(1)碳交易；(2)新能源貿易；(3)稀土資源交易：

1. 關注碳權交易

爲減緩全球氣候暖化，減少地球二氧化碳排放量，1997年於日本京都通過

《京都議定書》，將二氧化碳代表的溫室氣體視爲商品種類，因而形成二氧化碳排放權交易，即爲「碳交易」。據《遠見雜誌》2010年2月號出刊的284期〈掌握全球9成5碳交易額，5年增57倍〉一文提及：「自2005年，歐洲氣候交易中心（ECX）碳權交易額僅9,500萬歐元，至2007年突破10億歐元，2009年達55億歐元歷史新高紀錄，碳權交易5年不到就成長近57倍。」數據印證碳交易的經濟潛力足以帶動一波碳交易風潮。基於全球氣候加速暖化問題，許多工業國家企業被強制要求達到減碳目標，因此更促進碳權買賣及管理的重要性。歐洲氣候交易中心（ECX）執行長Patrick Birley（2010）預估：「隨全球減碳風起雲湧，2020年時，全球碳交易金額將躍升至2兆美元之多。」而世界銀行（WB）（2011）預測指出：「全球碳交易額於2020年可望達3.5萬億美元，超越石油市場成爲世界最大的交易市場。」顯見碳交易興起趨勢已是無可爭議的事實。

2. 發展新能源

人類長期過度依賴能源，地球能源資源快速耗竭，一般而言，能源可區分爲「不可再生能源」及「可再生能源」，不可再生能源包含石油、天然氣、煤炭及核能；可再生能源即爲水力、風力、太陽能等能量來源。世界最依賴的能源爲石油、煤炭及天然氣，而石油及煤炭的世界蘊藏量卻是有限，中國大陸國家能源局新能源和可再生能源司副司長史立山（2011）表示：「全世界每年消費3萬多億立方米的天然氣、40億噸石油、1,160多億噸標煤的能源量。爲應對能源有限性及氣候變遷，全球皆重視可再生能源與開發新能源。」又世界自然基金會（WWF）（2011）提出：「全球能源超過80％來自化石燃料，預計到2050年，化石燃料和傳統生物能源將幾乎完全被淘汰。」顯示全球都將面臨重要依賴性能源的枯竭問題，雖中短期內，石油及天然氣在人類生活中的地位仍是不可替代，但發展新替代能源是刻不容緩，新能源涵蓋核能、太陽能、風能及生物質能等多個領域，皆是全球新能源發展的焦點所在。

3. 追求稀土資源

化學元素週期表中鑭系15個元素，加上鈧、釔共17總元素，稱爲「稀土資源」，又名稀土金屬。稀土元素資源並不稀少，但稀土資源分布不均，大量集中，開採不易，又稀土資源爲高新技術工業的重要原料，顯示稀土在資源貿易的

重要性。素有「工業味精」美譽的稀土，主要集中在中國大陸，全球稀土產量約95％產自於中國大陸，而中國大陸長期扮演低價稀土生產大國，導致稀土儲量快速遞減，據中華人民共和國五礦進出口商會會長徐旭2011年9月15日表示：「2010年，中國大陸生產各類稀土分離產品達11.89萬噸，銷售收入373.7億元；但因快速消耗稀土資源，導致中國大陸稀土儲量五年間下降37％。」一旦中國大陸稀土資源供應吃緊，未來價格走勢將是一大隱憂。新稀土資源開採也成為另一項關注焦點，美國專業雜誌《自然地球科學》（*Nature Geoscience*）於2011年7月3日報導表示：「在太平洋海底發現大量稀土資源，但正面臨開採技術克服問題。」另據美國地質調查所（USGS）估計指出：「阿富汗蘊藏大量稀土，藏量至少有100萬噸，可能為全球之冠，估計可供應全球10年之需，價值高達800多億美元。」一旦太平洋與阿富汗蘊藏稀土資源能夠順利開採，將動搖中國大陸在稀土市場壟斷的地位。

全球資源貿易類型多樣，在資源過度開發及使用下，更加速資源枯竭的困境，進而危害全球經貿的發展，在節約使用能源的同時，尋找新能源與替代性能源成為未來的發展關鍵，而預估碳交易、新能源貿易與稀土資源交易等新資源貿易趨勢，將是企業得掌握的未來商機所在。

■ 南南貿易（South-South Trading）

古語云：「風水輪流轉；十年河東，十年河西。」過去世人所謂的富裕北方與貧窮南方將被改寫，「美國的口袋養全世界」之時代將宣告終結。2011年6月，匯豐銀行（HSBC）發布《南方絲路：南方對南方的經貿交流飛速成長》報告指出，2050年全球前30大經濟體，將有19個在南方絲路上，金磚四國出口至南方絲路各國亦會超過一半之比例，印度、巴西更高達83％，世界貿易重心在燭影搖曳的歐美經濟式微後，將往南方移動逐漸形成一條「南方絲路」。「南方絲路」連接東南亞、東亞、南亞、中東、非洲及拉丁美洲等新興經濟體，是全球經濟最具突破性變化之地區，南方國家的成長性不可同日而語，將逐漸取代歐美先進市場的全球經濟主導權。2011年9月經建會指出，近年來全球生產體系中的新興經濟體日漸活躍，南南貿易占世界貿易比率持續攀升，自1990年6.9％至2009年16.9％，總共上升10％。另外，外貿協會副董事長吳文雅（2011）指出：「2011年上半年

台灣對新興市場出口成長達28％，高於其他市場，領先全球平均數17％。」由此可知台灣早已看準這塊沃土，積極佈局新興市場的龐大商機。

議題一：「Chime」穩坐絲路龍頭

「Chime」一詞最早由《天下雜誌》（2007）所提出，係指中國大陸、中東、印度新絲路的統稱：**(1)【中國大陸】**：「養兵千日，用兵一時」的中國大陸扮演重要角色，2012年2月5日中國大陸海關總署統計指出，2011年中國大陸對外貿易進出口總額創新高，突破3兆6,420億美元；2011年8月《遠見雜誌》亦指出，成長力道最強勁的中國大陸將於2015年躍為世界貿易霸主；匯豐銀行（HSBC）首席經濟學家簡世勳預計2050年人民幣將可能成為全球儲備貨幣，中國大陸屆時將取代美國經濟龍頭的領導地位，穩坐印度洋區域和全球關鍵位置，其商業價值及軍事意義深深威脅美國，一些亞洲窮困國家的港口獲得中國大陸之投資，乏人問津的港口瞬間快速興建，與中國大陸結為相存相依的利益共同體，擴大佈局海上勢力之版圖，掌握了交通要塞；**(2)【印度】**：根據2011年8月《遠見雜誌》內容指出，以中國大陸來說，現今美國仍為最大出口國，但20、30年內將轉為印度。印度是新崛起之大國，擁有人口紅利、龐大內需、豐富天然資源及廉價勞工人力等優勢，2011年10月12日印度財政部長Pranab Mukherjee表示：「印度2011年9月份出口額增長36.3％、進口額增長17.2％，分別達到2,480萬美元及3,460萬美元，持續上漲的趨勢，未受歐美債經濟不景氣影響。」又根據聯合國工業發展組織（Unido）（2011）發布年報顯示，印度製造業在全球經濟衰退浪潮中，穩健且優異的表現令印度成為全球十大工業強國之一，各國貿易商對於投資印度趨之若鶩，但仍須注意印度多種語言問題及28邦繁雜法規。**(3)【中東】**：中東地區地處歐、亞、非三洲之中心，中東海灣國家蓬勃發展，對全球經濟發展有重要影響。其中，與台灣經貿交流頻繁且經濟規模較大國家為沙烏地阿拉伯與阿聯大公國，根據2011年6月世界經濟論壇（WEF）發表的經商便利度（Ease of Doing Business）排名，沙烏地阿拉伯與阿聯大公國在183個國家排名中，分別獲得第12名和第33名，由此可知，中東不僅為全世界石油儲量最大之地區，又具備貿易便捷之特性，不斷發展潛力無窮。

議題二：東南亞具人口優勢

　　根據2012年2月國貿局統計資料顯示，2011年台灣對東南亞十國貿易總值達843.63億美元，同期增長了19.08％。東南亞礦產資源豐富、地理位置鄰近、文化習性相近、勞動力充沛，而成爲台灣經貿發展之重點區域，在2010年東協10+1自由貿易區形成後，此區域經濟整合體適逢金融海嘯卻逆勢成長，開啓了南南絲路貿易圈新時代的來臨。其中，以東南亞最大國印尼備受矚目，摩根士丹利（Morgan Stanley）表示，印尼經濟持續增長，將印尼列入金磚四國（BRIC），成爲最熱門的第五塊金磚。根據2011年9月《貿易雜誌》提及，中國大陸在未來40年於東南亞地區的主要出口國爲印度及印尼，印尼有2.3億人口，爲世界第四大人口國，亦爲新興國家金磚第五國，快速成長的印尼屬華商體系，對台商有一定親近程度。2011年8月30日經濟部國貿局指出，印尼內需市場穆斯林人口有85％之多，可以印尼爲進入穆斯林市場之跳板，搶進龐大的中東市場，預估2050年清真市場將達20億人口，占世界人口三分之一，投資清真市場的20億人口商機報酬率絕對可觀。

議題三：拉丁美洲嶄新亮點

　　在《南方絲路》報告裡，擁有豐富天然資源的拉丁美洲是全球主要商品出口國，爲南方絲路市場中，除了亞洲之外表現最出色的。拉美的內需力度正蓄勢待發，隨著金融風暴的疑慮消除，拉美中產階級收入不斷增長，財富迅速累積帶動龐大內需市場，根據世界銀行（WB）及《南方絲路》報告，預測拉美的巴西與墨西哥將在2050年GDP排名前十名，分別位居第七名及第八名：**(1)【巴西】**：巴西爲南半球最大的發展中國家，就人口及國土面積來講，占拉美地區三分之一，強勁的生產力與消費力吸引全球焦點目光，輔以多元且大規模的工業，使巴西將躍居世界第七大經濟體，巴西對外貿易比例將在2050年過半皆來自南南貿易；**(2)【墨西哥】**：身爲金鑽11國成員之一的墨西哥，爲另一極具發展潛力的拉美國家，礦產及石油資源豐富，白銀產量更居世界之首，墨西哥將於2050年超越英、俄、德，成爲世界第六大經濟體。目前拉丁美洲的基礎建設雖不及多數已開發國家或是其他新興國家，但在拉丁美洲區域正進行一連串可觀的公共工程計畫，2011年5月工程顧問CG／LA指出，拉美發展基礎建設採區域整合，大大小小計畫共300餘個，預估總計劃金額爲2,000億美元，未來五年拉美基建支出每年成長20％，預期在

政府計劃的主導下，國家競爭力將獲得改善，在貿易新世界裡贏得致勝關鍵。

匯豐銀行（HSBC）《南方絲路》報告指出，一條連結新興市場的重大建設由新疆出發，連接阿富汗、伊朗，再向西連接敘利亞、土耳其，東接印度、柬埔寨、泰國等國之泛亞鐵路（Trans-Asia Railway）將在聯合國資助下進行，耗資300億美元，直接將東協大宗農產品及資源產品運往中國大陸內陸，有效取代耗時的水運和公路，進而打通新興國家各連結經脈。2011年5月25日，聯合國（UN）公布《2011年世界經濟形勢與展望》報告指出，全球經濟復甦力度不一，近兩年帶領全球成長仍是中國大陸、印度、巴西等大型開發中國家。此發展與南南貿易快速成長互相印證，若能夠更深層次、多領域地發展，利用南南貿易合作，和南北發展經濟共享、知識共享、技術共享，加上提高自身出口產品的附加價值與競爭力，將國家的資源、資本、經驗及投資機會整合，必定能透過南南貿易走向世界的道路，縮小國家間的發展差距。

第 **2** 篇

兩岸經貿新境界

台灣對重要暨新興市場經貿互動變遷

Opportunities
in the Next Golden Decade

第 5 章

兩岸經貿互動新格局與新思維

2010年台灣與中國大陸簽訂《兩岸經濟合作架構協議》（Economic Cooperation Framework Agreement；ECFA），儘管簽訂初期的反對聲浪不斷，但在政府的努力下，ECFA逐漸邁上軌道。探究台灣2011年發展不難發現，ECFA生效後，兩岸的貨品貿易規模迅速擴大，也加速服務貿易自由化的進程。此外，兩岸的經貿關係也漸漸明朗化，不僅擴大台灣與中國大陸間經貿往來，也為兩岸創造出有利的經營環境，開啟台灣未來經濟發展的一道活水。另一方面，美國總統歐巴馬（2011）也曾公開讚揚：「台灣與中國大陸簽訂ECFA，不僅可打破台灣的鎖國經濟，也能改善兩岸關係，使雙方互蒙其利，深受國際社會的肯定。」以下探究兩岸簽訂ECFA之後，台灣如何尋找新的產業契機。

■ ECFA時代來臨

根據全球競爭力大師Michael Porter於「2010全球領袖論壇」表示：「ECFA是台灣唯一的選項，不僅可使台灣避免邊緣化，更可藉由簽訂ECFA來產生連漪效應，與其他國家簽訂雙邊貿易協定，帶動台灣未來的經濟發展。」自ECFA簽訂以來，受惠產業多達百種，包含石化、紡織、水產品、醫療器材等，圖5-1即為台灣ECFA早期收穫清單之效益。此外，根據國際貿易局（2012）表示：「早收清單貨品關稅調降，關稅利用率由2011年初期的11.29%上升至年底的20.76%，減免關稅為1.14億美元，而2012年有高達94%的早收清單商品關稅由5%至15%降至為零，預估未來效益更為明顯。」另一方面，根據台灣海關進出口貿易資料（2012）顯示，自2011年1月至12月以來，台灣對中國大陸之出口貿易成長8.1%，而ECFA的早收清單中約有95%的貨品享有零關稅，其中機械、紡織、運輸工具等，成長率已走出過去四年負成長之低潮，呈現正成長。

圖5-1 台灣ECFA早收清單產業效益

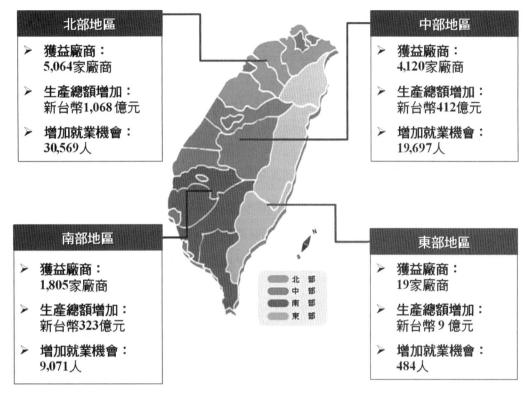

資料來源：ECFA兩岸經濟合作協議（2011/12）、本研究整理

　　根據台灣政治大學國家發展研究所教授童振源（2011）於〈ECFA執行成效評估〉一文指出，ECFA並無強化台灣對中國大陸出口的競爭力，反而是增加中國大陸出口的競爭優勢；此外，台灣在未來與東亞經濟整合上，仍會遇到許多阻礙，導致經貿整合上困難重重。因此，政府為強化中小企業與傳統產業競爭力，提出多項政策來協助產業轉型升級、佈局中國大陸通路，若以優勢面來看，日本野村研究所（2010）指出：「日商直接進入中國大陸投資，成功率為68％，倘若透過台灣往中國大陸投資，成功率則為78％。」此外，國際趨勢大師大前研一（2010）也表示：「ECFA政策為台灣精心調製的『維他命』，台灣有望成為大中華地區的企業樞紐。」由此可知，進入中國大陸最佳的捷徑為台灣，此也大幅提升各國與台灣簽訂投資協定之意願，增加台灣商品出口之優勢。綜觀兩岸簽訂ECFA所帶給台灣之效應，不難發現利多於弊，台灣應主動掌握這塊全球競爭之新興市場，立足先機。

表5-1　台灣政府協助廠商進入中國大陸之主要政策

年份	主要政策	政策內容
2008	兩岸搭橋專案	舉辦兩岸產業合作與交流會議、建立產業平台、推行兩岸產業合作等
2009	「新鄭和計劃」──逐陸計畫	協助台灣廠商拓展中國大陸市場，包含提供市調、商情資訊、品牌輔導、增設駐點等
2009	「新鄭和計劃」──服務業專案	洽邀國際服務業買主來台採購，協助貿易商海外佈局駐點，建立策略聯盟，並辦理海外展團行銷活動
2010	優質平價新興市場拓銷方案	搶占ECFA早收清單商機，籌組採購團、針對中國大陸市場進行宣傳等
2010	因應貿易自由化產業調整支援方案	協助產業轉型升級、輔導廠商參展、籌組拓銷團
2011	經建會「黃金十年，國家願景」	推動兩岸設立辦事機構、擴大陸資來台行動、強化兩岸文化交流、提升旅遊品質等

資料來源：台灣經貿網、經濟部、本研究整理

　　由表5-1所示，台灣政府實施許多政策協助台灣企業，從參展、拓銷團、資訊平台、採購團及品牌系統建立等，不僅積極協助台灣企業至中國大陸市場佈局，也輔導台灣產業轉型升級、品牌建立等，使台灣能更迅速、穩健的搭上ECFA這班列車。根據經濟部國貿局（2012）表示：「2012年ECFA早收清單第二階段降稅，5％至15％的關稅將全降至零，而石化、紡織、運輸工具以及機械業將成為主要的受惠者，降稅利益將會較2011年成長3至4倍，約4至5億美元，同時也會大幅帶動台灣對中國大陸的出口。」此也象徵新ECFA時代的來臨。

■ ECFA時代之貿易新策略

　　兩岸簽訂ECFA後，其經濟效益日益顯現，台灣應充分掌握此一契機。本研究歸納ECFA時代之五大貿易新策略，茲探討如後：

策略一：打開「任意門」，搶占中國大陸內需市場

　　在美日跨國企業主導東亞地區分工體系下，台灣企業逐漸形成「日本技術、台灣接單、大陸生產、歐美銷售」的經營模式。然而，在國際金融危機的影響下，歐美地區消費疲軟，促使新興國家必須尋求內需市場來推動經濟成長，而台灣企業在缺乏核心技術、品牌與通路的狀態下，也使得兩岸以往的產業分工、海

外銷售模式面臨考驗。如今「ECFA時代」來臨，將成為扭轉台灣企業命運的重要關鍵點，而2011年中國大陸開始展開新一波的「十二五規劃」，其經濟成長重心將轉向廣大的內需市場，透過分段降稅將帶動台灣產品出口至中國大陸，進而提高兩岸貿易依存度，並與中國大陸內需市場做連結，提高台灣產業的競爭力。

　　但隨著經濟格局不斷變遷，台灣若要真正進入中國大陸的內需市場，必須擁有強大的銷售網絡和高優質的產品與服務，才能確切地掌握中國大陸市場。而在中國大陸昆山賽格電子市場，即為貿易商打造一個實體與虛擬市場的交易平台，以提供台灣的電子廠商快速打通中國大陸內需市場；另一方面，外貿協會持續協助台灣企業於中國大陸舉辦特展，根據桂冠實業董事長王坤山（2011）指出：「在參加多次台灣名品展中，發現台灣商品具有廣大的熱銷度，代表台灣產品對於中國大陸消費者來說，具有廣大的吸引力。」台灣企業應掌握ECFA的關鍵時刻，開拓中國大陸內需市場。

策略二：開啟金融之門，快速打進中國大陸市場

　　根據全國工業總會推出《2011白皮書—對大陸投資經營環境之建言》顯示，為提供廠商靈活運用資金、活絡資本市場，應籌組以投資台資企業為主的開發銀行，此外，中華信評於2011年發布《台灣銀行業2011年展望》指出：「雖然台灣經濟持續復甦，但未來1至2年，銀行業將面臨市場飽和與高度競爭之現象。」而「ECFA時代」的來臨，將帶領兩岸金融體系進入更高境界。根據永豐銀行董事長邱正雄（2010）表示：「兩岸簽署ECFA，不僅促使貿易量擴增，投資金額相對增加，未來台灣將有機會發展為亞太經貿樞紐。」由此可知，ECFA不僅開創兩岸經濟互動新格局，也強化兩岸金融業之合作體系。

　　自2009年兩岸簽訂《兩岸金融監管合作備忘錄》生效之後，兩岸銀行業合作的制度障礙漸漸消除；而2010年ECFA也將銀行產業歸為「早期收穫清單」內，以促使台灣銀行可透過參股之方式，進入中國大陸的金融市場，對貿易商於中國大陸的投資也有莫大助益。探究兩岸金融產業之發展關係，將發現兩岸銀行產業具有強大之互補性，就台灣而言，台灣銀行擁有豐富的金融人才、產品設計開發人才等先天優勢，而中國大陸的經濟成長強勁，銀行產業市場龐大，因此，台資銀行應發揮自身競爭優勢，充分利用中國大陸金融市場空間與經濟高速發展的成果，逐步壯大台灣銀行之競爭實力，成為亞洲經貿樞紐中心，並嘉惠台商之大陸

營運。

策略三：成為國際企業跳板，打造台灣為亞太貿易樞紐

台灣過往主要出口地皆為歐美市場，因此，當歐美產生金融危機，台灣往往首當其衝，然而台灣與歐美國家未簽訂任何經濟合作條款，此將不利於台灣國際貿易的發展。此外，中國大陸與東協國家的FTA已啟動，以追求經濟一體化，而台灣也逐漸面臨邊緣化命運，因此，台灣與中國大陸簽訂ECFA，對台灣而言，將成為重要的轉折關鍵。而據前經建會主委劉憶如（2011）表示：「在美國債信等級被調降後，台灣應持續出口與內需雙引擎，進行經濟結構調整，擴大亞洲區域間的貿易，提升亞洲地區最終產品銷售。」換言之，台灣應了解如何透過新的策略、行銷手法及創新模式，使台灣成為其他國家進入中國大陸的最佳轉運站。

2011年9月22日，日本與台灣簽訂《台日投資協議》，投資協議的合作立基於台日兩國穩定的經貿往來、雙方產業結構具有較高的互補性等，此也代表日本對台灣未來的經貿環境給予高度的肯定；此外，曾任WTO中心執行長劉碧珍（2011）表示：「台灣應透過兩岸關係良好的情況下，盡速與新加坡簽訂FTA，並透過新加坡進入其他東協國家，儘管仍有一定的困難度，但仍值得一試。」因此，台灣應利用此機會，加速與亞洲國家簽訂FTA，並提升台灣在全球的經貿地位，成為國際企業前進中國大陸之跳板。

策略四：掌握服務貿易，晉升為亞洲現代服務業第一島國

根據中國大陸商務部部長陳德銘2011年6月1日於「中國大陸服務貿易大會」上表示：「後金融危機時代，全球將以發展服務貿易，做為刺激國家經濟成長之主要動力；因此，服務貿易將成為『十二五』規劃主要扶持項目，以迎接中國大陸服務貿易之發展。」另一方面，副總統蕭萬長先生（2010）年指出：「後ECFA時期，服務貿易對台灣中小企業而言，不像過往『不得其門而入』，反倒成為一個『新契機、新商機』，不僅可解決台灣服務市場的飽和，更是提供中小企業搖身成為大企業之途徑。」換言之，台灣服務企業應藉由中國大陸「十二五」規劃的政策扶持以及兩岸ECFA的貿易合作，快速拓展中國大陸服務產業的內需市場，提升台灣服務貿易之競爭力。

而在ECFA中，中國大陸對台灣開放三種模式的服務業經營模式，包含跨境提

供服務、境外消費、獨資設立商業據點，並允許台灣服務產業性質之企業與中國大陸企業合資；例如，兩岸醫院的合作，允許台灣醫院服務業者建立獨資醫院；另一方面，也開放外商企業服務業獨資政策，為服務業發展帶來新的契機。除此之外，根據ECFA服務貿易早收計畫，中國大陸對台灣開放電腦、視聽服務設計、民用航空器維修、證券、醫院等11項服務產業，也將使得服務貿易成為台商熱門的投資項目。若將台灣製造業與服務業進行配套發展，台灣則有機會晉升為亞洲現代服務業之第一島國，台灣應強化服務產業於中國大陸的發展，搶奪中國大陸這塊市場大餅，獲得廣大效益。

策略五：走向精緻體系，打造台灣品牌新商機

台灣與中國大陸簽訂ECFA初期，台灣農業與傳統產業，皆怕面臨中國大陸低價產品之衝擊下失去市場競爭力。因此，政府不斷地鼓吹農業與傳統工業之轉型升級，從低成本走向精緻產業路線，以阻擋這波低價的浪潮。貿協董事長王志剛（2010）也直言：「沒有品牌，台灣不可能打進中國大陸廣大的內需市場。」而松園茶董事長黃茂松表示：「台灣應憑藉著兩岸ECFA之經濟合作優勢，在中國大陸建立良好的產品形象，並推廣台灣之產品品牌，相信將會造成廣大的品牌影響力。」換言之，建立起台灣品牌（MIT），不僅可以吸引中國大陸眾多的消費者，也可以提升台灣傳統產業與農業的競爭力，創造出下一波經濟新亮點。

而ECFA與「搭橋計畫」雙重政策扶持下，台灣與中國大陸將加強雙方產業合作之佈局，以促使中小企業之品牌合作，進而提升中小企業的市場競爭力，此政策除強化產學研合作外，也帶起兩岸產業的研發、行銷發展模式，並建立起兩岸產業與品牌的合作。根據商總監事會召集人王應傑（2010）表示：「台灣憑藉著ECFA，將促使台商迅速擴展中國大陸之市場版圖，逐步建立起『區域性品牌』，接著延伸至『全球性品牌』，創造出獨特的台灣奇蹟。」台灣可結合中國大陸，共同創造合作品牌，透過合作品牌打開台灣企業知名度，也為台灣於中國大陸之市場佈局建立良好基石。

第 6 章

台灣對外經貿新變遷與新推移

　　台灣經濟奇蹟威名遠揚，回顧台灣經貿發展歷程，對外經貿一直扮演著促進台灣經濟繁榮的重要角色，台灣經貿發展耀眼的背後，政府推動政策促進經貿成長，可稱是台灣經貿發展之幕後推手。隨著外部經貿環境演變，台灣經貿史不斷的變遷轉移，政府推行的經貿政策亦不斷演進，致力將台灣經貿推向國際。

■ 台灣貿易政策演進與變遷

　　台灣自古以農業立國，隨著農業生產技術的進步，政府將重心轉至發展工業，並開始推動貿易政策與產業政策的發展，循序漸進的開放台灣經濟市場。自1960年起，台灣的貿易就以促進出口為主，設立三大加工出口區，透過免稅進口提升台灣廠商的競爭力，另一方面，也鼓勵外資進入台灣設廠投資，以提升就業率；接著，台灣施行「雙軌政策」，同時使用進口替代與出口擴張政策，而進出口貿易也成為台灣經濟成長之主要動力；而1980年起，「雙軌政策」造成巨額貿易順差，面臨通膨危機壓力，因此，台灣改採「國際化、自由化」的貿易政策；1990年起，台灣申請成為GATT會員，即為前WTO前身，直至2002年獲准為WTO成員，也為台灣進軍全球貿易市場，開啟嶄新的一頁。

　　台灣自從成為國際貿易市場中的一分子後，開始要面對及預防全球動態市場，然而2008年卻受到全球金融風暴的影響，造成2008年12月份起連續四個月出口呈現負成長，為此台灣政府開始施行許多重大政策，包含「行政院協助企業經營資金專案小組」以及金管會對企業提出的「紓困」等，而2009年由經濟部所推出的「新鄭和計畫」，不僅積極協助海外廠商的融資與徵信，亦強化台灣與新興市場及中國大陸的貿易。此外，台灣也推動「優質平價拓銷方案」，加強平價產

品之研發、建立自有品牌等。另一方面，為著手推動台灣成為亞太地區的重要樞紐，總統馬英九先生開啓「黃金十年，國家願景」政策，希冀讓台灣一舉成為亞洲經濟重要門戶，本章將針對台灣新政策分述如下：

1. 因應貿易自由化產業調整支援方案

台灣自從2001年加入世界貿易組織，便開始大幅拓展國際自由化貿易；2010年台灣與中國大陸簽訂ECFA，成為台灣跨入國際化之重要墊腳石。是故台灣以「與世界連接，參與全球經濟整合活動」為對外經貿政策之主軸，於2010年11月發布《因應貿易自由化產業調整支援方案》，透過此方案解決兩岸簽訂ECFA後，對台灣產業造成之威脅，包含台灣內需型、競爭力弱以及易受自由貿易影響之產業；另一方面，根據中華經濟研究院2009年評估「兩岸經濟合作架構協議之影響」結果顯示，台灣經濟在貿易自由化的轉換過程中，經濟成長率將提高1.65％至1.72％，出口量也將增加4.89％至4.99％，倘若再加上服務業貿易自由化，將有望促進台灣資本財投資成長，帶動外資資金的流入，進一步提高台灣經濟成長率。換言之，台灣政府對於產業貿易，應給予適當地輔導與協助，透過轉型升級、發展台灣自有品牌，來增加台灣產業競爭力以及就業率，以減緩貿易自由化所帶來之衝擊。

政府所發布《因應貿易自由化產業調整支援方案》，主要支援項目包含：**(1)產業升級轉型輔導**：針對產業進行個別普查，擬定振興輔助策略，協助產業推動MIT台灣微笑標章認證、制定市場拓銷策略、培訓專業人才以及推動產業創新聯盟等；**(2)產業技術升級**：透過貿易自由化刺激輔導型產業技術升級與創新，此外，協助中小企業產品與生產技術之研發，並且結合學術界之研究來促進產業快速轉型升級；**(3)提供融資信用保證**：鼓勵中小企業參與台灣國內投資與公共建設、推動重點服務業、新創事業與小店面之貸款等；**(4)協助企業發展群聚**：以技術、科技、知識創新加值等整合輔導模式與鼓勵企業產品、服務及營運模式之合作，來促成中小企業形成規模經濟，以達群聚效應，不僅增加就業機會、帶動新商機，更可將文化品牌行銷國際；**(5)協助拓展外銷市場**：輔導台灣廠商參展、建立拓銷團、引進國外買主來台採購以及提供國內外商情資訊等。透過一系列的配套措施，將有助於台灣貿易自由化之路快速步入軌道，並加速台灣發展成為「亞太產業運籌中心」。

2. 黃金十年，活力經濟

　　總統馬英九先生於2011年9月29日揭開「黃金十年、國家願景」之政策規畫上表示：「全球經濟重心儼然已從西部轉向東部，區域聯盟蔚然成爲風潮，人口老化日益嚴重，氣候的變遷不僅是危機也是轉機，而台灣須持續的改革、創新，才得以永續發展與生存。」因此，提倡以經濟繁榮爲導向之「黃金十年、國家願景」政策，其中以「活力經濟」打頭陣，開啓未來黃金十年之藍圖，並採用「和平十年、建設十年、幸福十年」爲台灣未來主要的政策方向。總統馬英九先生（2011）表示：「台灣屬淺碟式經濟，不但需要快速與世界接軌，也須參與『跨太平洋經濟夥伴關係』（TPP），才能讓台灣徹底走向國際市場。」而根據「黃金十年」的政策理念，未來將以「壯大台灣、連結亞太、佈局全球」爲最大策略，透過「開放」促進台灣企業縱橫全球，帶動經濟創新繁榮，使全民共享豐碩的果實。

　　根據經濟部2011年的《黃金十年願景——活力經濟》政策緊扣六大主軸，分別爲：**(1)開放佈局**：開放自由化市場，接軌國際；**(2)科技創新**：全面提升創新力，推廣科技應用；**(3)樂活農業**：建立年輕、活力、高競爭力並具穩定力之農業；**(4)結構調整**：調整經濟、產業結構，促進區域平衡發展；**(5)促進就業**：增加就業機會，提高全民所得；**(6)穩定物價**：確保主要物資供應，維持物價穩定；表6-1爲《黃金十年願景——活力經濟》六大主軸的政策內容與發展目標之概況。而隨著台灣逐步邁向自由化及國際化市場，政府積極洽簽經貿協議，並透過推動革新、建立創新的法規與制度，打造適合外商投資的環境，吸引跨國企業在台設立營運總部，讓台灣成爲全球企業於亞太地區之最佳門戶；除此之外，爲了促進產業結構多元化發展、「製造」與「服務」雙軌向前，積極推動全球招商計畫，發展新興產業群聚，希冀新興產業占製造產業之比率，由2009年4％提升至2020年30％；另一方面，根據前經建會主委劉憶如（2011）表示：「活力經濟主要在於『開放』，不僅是經濟，還包含國際和人才的開放。」由此可知，黃金十年的第一大願景是「活力經濟」，將成爲台灣未來邁向國際化，創造下一波台灣經濟奇蹟之重要關鍵政策。

表6-1 黃金十年願景——活力經濟

主軸名稱	政策內容	施政目標
開放佈局	➢ 創新開放，讓世界走進台灣 ➢ 接軌國際，讓台灣走向世界	➢ 簽訂FTA、區域整合、連結亞太、佈局全球 ➢ 邁向經濟自由化，吸引企業在台設立營運總部 ➢ 使台灣成為全球企業進出亞太市場的最佳門戶 ➢ 以加入跨太平洋經濟夥伴（TPP）做為努力目標
科技創新	➢ 革新科技決策治理機制 ➢ 提升科技研發價值效能 ➢ 建構創業育成友善環境 ➢ 擘建人盡其才優質環境 ➢ 深化基礎關鍵技術研發 ➢ 轉型為創新型經濟體制	➢ 確保我國科技創新能力維持世界前茅 ➢ 建立世界頂尖研究社群 ➢ 發揮產業效益，促使產業附加價值率大幅提升 ➢ 創造全民幸福安全的生活環境
樂活農業	➢ 建構糧食安全機制 ➢ 推動農民所得穩定政策 ➢ 推動雙院領航創新發展 ➢ 深化台灣農業品牌價值 ➢ 推動農村再生，強化在地農業組織功能 ➢ 強化台灣經濟地理戰略優勢	➢ 形塑農業為活力的樂活農業 ➢ 成為年輕化、高競爭力且所得穩定的產業 ➢ 展現生態、景觀、樂活、文化的農村新風貌
結構調整	➢ 促進投資，擴大內需 ➢ 加速貿易多元化 ➢ 推動傳統產業高值化 ➢ 推動製造業服務化與綠色化 ➢ 推動服務業科技化與國際化 ➢ 推動數位匯流、數位經濟 ➢ 區域產業適性發展	➢ 「內需」、「出口」雙引擎，帶動經濟穩健成長 ➢ 促進產業結構多元發展，「製造」與「服務」雙軌並進 ➢ 建構區域產業發展藍圖，活絡地區重點產業
促進就業	➢ 開發在地就業機會 ➢ 落實合理薪資 ➢ 檢討勞工休假制度 ➢ 營造兼顧家庭與工作之職場 ➢ 加強人力資本投資，提升就業力與就業率	➢ 勞動力參與率自58%提高至60%，婦女勞動參與率自50%提高至54% ➢ 定期檢討基本工資，提高勞工薪資 ➢ 縮短法定工時，配套推動週休二日制
穩定物價	➢ 持續採行妥適貨幣政策，穩定物價 ➢ 建構糧食、原油及重要原物料之安全供應機制 ➢ 維持市場秩序及公平交易	➢ 充分供應國內重要民生物資，維持市場穩定 ➢ 維持消費者物價指數與臺售物價指數相對穩定

資料來源：經建會「黃金十年，國家願景」、本研究整理

　　台灣貿易政策與產業政策密不可分，且緊緊相互影響，不同階段的貿易政策都將隨著政府鼓勵的產業不同，而有所改變。回顧政府在施行「南向政策」之後，大幅提升台灣與東南亞地區貿易之實質關係，而2009年「新鄭和計畫」的啟

航，協助台灣廠商成功佈局中國大陸內需市場，搶攻新興市場之採購商機；2010年「優質平價新興市場推動方案」以及「因應貿易自由化產業調整支援方案」，皆是因應新型態消費模式所推行之政策，而在洞燭先機之謀略下，將對台灣經濟成長有莫大助益；而2011年推出「綠色貿易推動方案」，鼓勵與協助企業開始從事綠色貿易，才能在全球市場中搶占先機；此外，2011年9月發布之「黃金十年、國家願景」之新政策，則將引領台灣開拓新市場，也帶領台灣走進了先進國家的行列。

■ 台灣對外貿易依存度及貿易結構

　　兩岸2010年簽訂ECFA，象徵兩岸經貿關係大幅改善，又中國大陸經濟快速崛起，改變區域及世界經貿版圖，中國大陸已從世界工廠演變為全球市場，面對13億人口龐大的內需市場，將促使台灣更多的商品及服務銷往中國大陸，提升台灣對中國大陸市場的依賴度。根據WTO（2011）統計顯示，台灣出口規模從2009年的第17名，2010年上升到第16；另外根據財政部統計處（2011）統計顯示，台灣2011年貿易總額已達5,443億美元，其中出口總額達3,082億美元，出口依存度達66.03％。

1. 台灣對外貿易依存度變化

　　國際貿易的榮枯對於全球經濟成長有很大的影響力，尤其是貿易依存度較高的國家。「貿易依存度」（existence degree of foreign trade）是指：「一國對外貿易總額與國內生產總值（GDP）的比值。」為能更明確分析一國對於貿易的依賴程度，又可分為「出口依存度」與「進口依存度」。

　　自2001年開始，除2009年受金融海嘯影響外，其台灣貿易依存度大致呈現逐年上升的趨勢，由於台灣為海島型經濟，自然資源有限，是故人力資源成為主要生產要素，必須藉由國際貿易的方式來提升國民所得，此也為台灣貿易依存度一直居高不下的主因。截至2011年，台灣貿易依存度已連續8年超過100％，意謂進出口總值超過當年度的國民總所得，顯示在台灣經濟結構中高度依賴國際貿易；由此可知，國際貿易在台灣經濟體系上扮演極重要的角色。

表6-2 2000-2011年台灣對外貿易依存度一覽表

單位：百萬美元

年份	GDP	貿易總額		出口總額		進口總額	
	金額	金額	依存度	金額	依存度	金額	依存度
2000	326,205	292,681.8	89.72%	151,949.8	46.58%	140,732.0	43.14%
2001	293,712	234,284.9	79.77%	126,314.3	43.01%	107,970.6	36.76%
2002	301,088	248,561.8	82.55%	135,316.7	44.94%	113,245.1	37.61%
2003	310,757	278,610.6	89.66%	150,600.5	48.46%	128,010.1	41.19%
2004	339,973	351,128.0	103.28%	182,370.4	53.64%	168,757.6	49.64%
2005	364,832	381,046.1	104.44%	198,431.7	54.39%	182,614.4	50.05%
2006	376,375	426,715.4	113.38%	224,017.3	59.52%	202,698.1	53.86%
2007	393,134	465,928.5	118.52%	246,676.9	62.75%	219,251.6	55.77%
2008	400,132	496,076.5	123.98%	255,628.7	63.89%	240,447.8	60.09%
2009	377,529	378,045.2	100.14%	203,674.6	53.95%	174,370.6	46.19%
2010	430,149	525,837.0	122.25%	274,600.6	63.84%	251,236.4	58.41%
2011	466,881	544,342.3	116.59%	308,299.3	66.03%	281,605.6	60.32%

資料來源：財政部統計處（2011）、行政院主計處（2011）、本研究整理

　　根據2012《IEAT調查報告》顯示，台灣貿易商在國際市場中，主要的前十大競爭對手依序為：中國大陸、香港、韓國、日本、美國、越南、馬來西亞、新加坡、澳洲與印尼。將台灣與這十個國家相比，據世界貿易組織（WTO）與國際貨幣基金（IMF）的數據顯示，2010年香港（374.69%）、新加坡（297.56%）、馬來西亞（152.77%）與越南（151.58%）的貿易依存度皆高於台灣（122.26%）。另韓國（88.53%）亦屬於貿易依存度高的國家。由表6-3與表6-4可知，金融海嘯造成2009年各國貿易依存度與出口依存度皆低於2008年，而2010年各國「貿易依存度」與「出口依存度」皆高於2009年，據台灣經濟研究院（2011）指出：「在歐、美、日等先進國家陸續推出一系列振興經濟政策，促使2010年全球各國景氣復甦，雖然先進國家仍受龐大公債與高失業率所苦，復甦步伐緩慢，但是新興及發展中國家經濟在投資及消費帶動下，成長力道強勁。」顯示全球經濟已從金融海嘯陰霾中走出，各國經貿皆呈現回溫的狀況。

表6-3　台灣十大主要競爭貿易地區之「貿易依存度」一覽表

經 濟 體	2001	2002	2003	2004	2005	2006	2007	2008	2009	2010
香　　港	235.95%	250.27%	291.32%	324.58%	333.17%	346.66%	347.47%	354.74%	323.72%	374.69%
新 加 坡	271.09%	266.57%	308.60%	330.30%	342.58%	351.91%	318.19%	340.32%	282.95%	297.56%
馬來西亞	174.46%	172.47%	170.60%	185.81%	185.19%	185.82%	172.83%	160.35%	145.77%	152.77%
越　　南	96.07%	103.86%	114.77%	128.61%	130.74%	139.24%	156.44%	158.85%	136.37%	151.58%
韓　　國	57.78%	54.62%	57.89%	66.25%	64.59%	66.70%	69.42%	92.04%	82.48%	88.53%
中國大陸	38.47%	42.70%	51.86%	59.77%	63.00%	64.89%	62.29%	56.71%	44.28%	50.57%
印　　尼	59.07%	49.85%	45.27%	48.89%	56.86%	50.47%	48.77%	52.11%	39.16%	41.02%
澳　　洲	33.54%	32.29%	29.36%	29.75%	31.35%	33.52%	32.22%	36.63%	32.16%	33.51%
日　　本	18.38%	19.24%	20.21%	22.15%	24.40%	28.10%	30.53%	31.61%	22.35%	26.79%
美　　國	18.55%	17.79%	18.20%	19.72%	20.84%	21.97%	22.53%	24.06%	18.85%	22.15%

資料來源：WTO（2011）、IMF（2011）、本研究整理

表6-4　台灣十大主要競爭貿易地區之「出口依存度」一覽表

經 濟 體	2001	2002	2003	2004	2005	2006	2007	2008	2009	2010
香　　港	114.69%	123.29%	144.23%	160.08%	164.32%	169.89%	168.73%	172.09%	156.44%	178.23%
新 加 坡	138.83%	138.10%	166.64%	176.26%	183.09%	187.36%	169.32%	174.92%	148.07%	158.00%
馬來西亞	94.85%	93.27%	95.01%	101.41%	102.14%	102.31%	94.23%	89.76%	81.59%	83.54%
越　　南	46.21%	47.60%	50.93%	58.27%	61.29%	65.36%	68.29%	69.44%	61.29%	69.70%
韓　　國	29.81%	28.21%	30.11%	35.16%	33.66%	34.20%	35.41%	45.31%	43.67%	46.31%
中國大陸	20.09%	22.40%	26.71%	30.72%	33.76%	35.72%	34.93%	31.65%	24.10%	26.84%
印　　尼	35.70%	30.25%	27.30%	27.54%	30.43%	28.41%	27.30%	27.29%	22.15%	22.38%
澳　　洲	16.71%	15.25%	12.96%	13.14%	14.37%	15.75%	14.85%	17.70%	15.51%	17.19%
日　　本	9.85%	10.64%	11.16%	12.28%	13.07%	14.82%	16.32%	16.00%	11.46%	14.10%
美　　國	7.09%	6.51%	6.50%	6.87%	7.13%	7.66%	8.17%	8.96%	7.48%	8.72%

資料來源：WTO（2011）、IMF（2011）、本研究整理

2. 台灣貿易結構分析

　　2010年隨著全球經濟回溫，又2010年簽訂ECFA，使台灣2010年進出口回升力道強勁，由表6-5可知，總貿易額成長39.09%、出口額成長34.82%、進口額成長44.08%，皆創近十年以來的成長率新高。而2011年貿易較2010年比較，總貿易額成長3.52%、出口額成長12.27%、進口額成長12.09%，皆呈正成長，但成長力道明顯趨緩。中華經濟研究院副院長王健全（2011）表示：「台灣40%出口集中在

中國大陸、香港及澳門，並以中國大陸、香港、澳門爲主要生產基地，再將加工後產品輸往歐美市場，出口市場顯然過度集中於歐美市場，未來應以中國大陸爲主要市場，取代舊有低廉的代工基地。」簡言之，台灣貿易業者應把握中國大陸13億人口的內需市場，再創造台灣經貿佳績。

表6-5　台灣歷年貿易結構變化一覽表

單位：百萬美元

年份	貿易總額		出口總額		進口總額		出（入）超總額	
	金額	成長率	金額	成長率	金額	成長率	金額	成長率
2000	292,681.8	24.58%	151,949.8	22.80%	140,732.0	26.56%	11,217.8	-10.52%
2001	234,284.9	-19.95%	126,314.3	-16.87%	107,970.6	-23.28%	18,343.7	63.52%
2002	248,561.8	6.09%	135,316.7	7.13%	113,245.1	4.89%	22,071.6	20.32%
2003	278,610.6	12.09%	150,600.5	11.29%	128,010.1	13.04%	22,590.4	2.35%
2004	351,128.0	26.03%	182,370.4	21.10%	168,757.6	31.83%	13,612.8	-39.74%
2005	381,046.1	8.52%	198,431.7	8.81%	182,614.4	8.21%	15,817.3	16.19%
2006	426,715.4	11.99%	224,017.3	12.89%	202,698.1	11.00%	21,319.2	34.78%
2007	465,928.5	9.19%	246,676.9	10.12%	219,251.6	8.17%	27,425.3	28.64%
2008	496,076.5	6.47%	255,628.7	3.63%	240,447.8	9.67%	15,180.9	-44.65%
2009	378,045.2	-23.79%	203,674.6	-20.32%	174,370.6	-27.48%	29,304.0	93.03%
2010	525,837.0	39.09%	274,600.6	34.82%	251,236.4	44.08%	23,364.2	-20.27%
2011	544,342.3	3.52%	308,299.3	12.27%	281,605.6	12.09%	26,693.7	14.25%

資料來源：財政部統計處（2011）、本研究整理

　　表6-6爲世界貿易組織（WTO）（2011）發布的統計數據顯示，2001年至2008年台灣出口貿易在全球202個經濟體排名中，從第14名退步至第18名，出口額占全球出口總額之比重亦呈逐年下降趨勢，而2010年排名上升至16名，出口額達2,746億美元，出口額占全球出口總額比重已有回溫上揚的趨勢。在亞洲四小龍中，韓國表現突出，從第9名上升至第7名，香港上升至第11名，新加坡出口亦維持全球第14名，而台灣位居亞洲四小龍之末，排名第16名。將台灣與主要競爭手相比，出口占全球出口比重高於台灣的國家依序爲：中國大陸、美國、日本、韓國、香港、新加坡，而中國大陸2009年與2010年連續兩年度成爲全球出口第一大國，美國則退居第二，日本依舊維持在第四名。

表6-6　台灣與主要貿易競爭國之出口占全球比重排名一覽表

經濟體	2001 比重	2001 排名	2002 比重	2002 排名	2003 比重	2003 排名	2004 比重	2004 排名	2005 比重	2005 排名	2006 比重	2006 排名	2007 比重	2007 排名	2008 比重	2008 排名	2009 比重	2009 排名	2010 比重	2010 排名
中國大陸	4.30	6	5.02	5	5.78	4	6.44	3	7.26	3	8.00	3	8.72	2	8.88	2	9.62	1	10.35	1
美　　國	11.78	1	10.68	1	9.55	2	8.84	2	8.59	2	8.47	2	8.20	3	7.99	3	8.46	3	8.39	2
日　　本	6.52	3	6.42	3	6.22	3	6.14	4	5.67	4	5.34	4	5.10	4	4.85	4	4.65	4	5.05	4
韓　　國	2.43	13	2.50	12	2.55	12	2.75	12	2.71	12	2.69	11	2.65	11	2.62	12	2.91	9	3.06	7
香　　港	3.09	10	3.11	11	3.01	11	2.88	11	2.79	11	2.66	12	2.50	13	2.30	13	2.64	11	2.63	11
新 加 坡	1.97	15	1.93	16	2.11	14	2.15	13	2.19	14	2.24	14	2.14	14	2.10	14	2.16	14	2.31	14
台　　灣	2.03	14	2.08	14	1.98	16	1.98	17	1.89	16	1.85	16	1.76	17	1.59	18	1.63	17	1.80	16
馬來西亞	1.42	18	1.45	18	1.38	19	1.37	18	1.34	19	1.33	19	1.26	20	1.24	21	1.26	22	1.30	23
澳　　洲	1.02	25	1.00	25	0.93	26	0.94	27	1.01	27	1.02	26	1.01	27	1.16	24	1.23	23	1.39	21
印　　尼	0.93	28	0.91	28	0.85	30	0.77	32	0.83	31	0.85	31	0.84	32	0.87	31	0.96	30	1.04	27
越　　南	0.24	49	0.26	48	0.27	50	0.29	50	0.31	49	0.33	50	0.35	50	0.39	50	0.46	40	0.47	39

資料來源：WTO（2011）、本研究整理

註【1】：「比重」為該國出口總額占全球出口總額之比重（單位為%）。

　　【2】：「排名」為該國名列WTO資料庫中所有經濟體之出口總額排名。

第 7 章

台灣黃金十年新願景與新謀略

　　「這是最好的時代，也是最壞的時代；這是最光明的時代，也是最黑暗的時代。」此爲英國維多利亞時期的著名文豪狄更斯（Charles Dickens）以法國大革命爲時代背景所撰寫之名著《雙城記》（*A Tale of Two Cities*）開場之引言，用此來形容現今台灣面臨的全球環境相當貼切且適當。歐債危機、美債危機及阿拉伯世界的茉莉花革命，如黑幕般讓世界經濟再度陷入二次衰退憂慮，然而，新興市場的趨勢崛起彷彿如汪洋大海上的燈塔般，指引全球經濟持續成長。國際貨幣基金（IMF）總裁Christine Lagarde在2011年11月訪問中國大陸時提出警告：「目前歐債危機已導致全球經濟前景不明，籠罩在一團迷霧之中。全球經濟正面臨『失落十年』的風險中。」因此，現今全球經濟聯繫性愈來愈強，沒有一個國家或區域可以獨善其身，所以世界各國應團結一致抵禦經濟成長遭遇之威脅。經建會主委尹啓銘在2011年以《佈局》一書指出，過往台灣十年錯失經濟調整、與世界接軌之最佳時機，掉入「失落十年」的泥淖。面對如此不確定的環境，台灣如何逆勢乘風而上且能夠重新佈局，開創黃金十年，將是許多人民殷殷期盼的願望。

■ 台灣黃金十年之新願景

　　2011年恰逢台灣建國百年，不僅是面對一個新的里程碑，更是台灣經濟再度起飛、耀眼在世人面前的關鍵時刻。總統馬英九先生於2011年10月表示：「兩岸和平是台灣繁榮發展的必要條件。」換言之，兩岸和平與否，將攸關台灣安定與繁榮，亦即沒有兩岸和平的發展，台灣的經濟發展就難以穩定、持續。因此，未來黃金十年之「三要願景」將會以和平、發展、繁榮爲基礎，持續打造台灣的競爭力。

黃金願景一：和平

　　諾貝爾文學獎獲獎人德裔瑞士作家Hesse Hermann（2001）曾說：「不爲戰爭和毀滅效勞，而爲和平與諒解服務。」和平是許多人民所企盼且願意共同努力的，若兩岸人民能用最理性的態度、最溫和的方法解決彼此差異，此種模式若能夠制度化，和平可以創造許多紅利，台灣的國際關係亦可以獲得改善。此外，《紐約時報》專欄作家Thomas Friedman於2010年面告前行政院院長吳敦義時表示：「台灣海峽已經風平浪靜，兩岸往來如此頻繁，諾貝爾和平獎應當頒給兩岸人民。」由此可見，和平是台灣成功必要條件，現今兩岸和平機會前所未見，因此如何發揮極致，擴大和平紅利，將爲黃金十年願景之一。

黃金願景二：發展

　　長榮集團總裁張榮發在2008年接受《天下》專訪時指出：「台灣經濟要發展，就要開放。」歷史的教訓言猶在耳，清朝因與羅馬教廷間有關禮儀之爭，實施「鎖國」政策，讓當年的清朝錯失與世界接軌的大好機會，而成爲國力衰退的前兆。總統馬英九先生亦於2011年10月參加台灣的半導體大廠落成典禮時表示：「從世界與台灣的歷史來看，開放帶來興旺，閉鎖一定萎縮。」台灣以進出口貿易立足於世界，沒有貿易，台灣就即將失去出路。因此，爲求台灣經濟能永續發展，所以在台灣與世界接軌的過程中，「開放」成了不二法門，並可促使台灣成爲亞太經濟發展重要「推手」。

黃金願景三：繁榮

　　素有「日本經營之神」美稱的松下幸之助曾表示：「上天賦予的生命，就是要爲人類的繁榮、和平及幸福而奉獻。」2008年6月，第一次的江陳會揭開了兩岸重啓談判亦擴大兩岸交流的頻繁。2010年6月，第五次的江陳會簽署《海峽兩岸經濟合作架構協議》（ECFA），更是奠定兩岸未來攜手共同走向繁榮的新里程碑。中國大陸全國台企聯會長郭山輝（2011）亦指出，兩岸能進一步推動繁榮，應盡速簽訂投資保障協議。此外，英國智庫Legatum Institute於2011年11月公布《2011年全球繁榮指數》報告顯示，台灣在全部110個國家地區中排名第20名，比2010年進步二名，並且位居亞洲第三。可見，台灣正努力逐步向繁榮靠攏。

■ 台灣黃金十年之新動力

2011年為台灣與中國大陸ECFA生效之元年，但因歐債重整震盪、美國債信危機、日本震災海嘯核變效應、北非中東政經危局等，使全球經濟雖然延續復甦型態，但步伐相對明顯放緩，然而新興市場挾帶其龐大人口及內需市場，仍閃耀於世界舞台，亦為貿易商佈局之重點。然而貿易商的自主性轉型，也將台灣經濟及產業帶進下一波成長契機，加上政府政策利多加持下，更使台灣未來的黃金十年指日可期。

1. 全球經貿板塊推移動力

「十年河東，十年河西」，全球經貿板塊經金融海嘯洗禮後，迅速加快變動。過往由歐美日支撐全球經濟已不復往，轉而由新興國家接棒，帶領全球經貿繼續成長。然而，台灣與中國大陸簽署ECFA後，亦使台灣有機會參與區域經濟，將使台灣於世界舞台上重新嶄露頭角。

板塊移動推力一：ECFA引蝴蝶效應

2010年6月29日，海基、海協兩會於重慶簽署ECFA，如一把使台灣更走向世界之黃金鑰匙，亦掀起台灣走向區域經濟之序幕。在2008年8月，《聯合報》報導指出，台灣與新加坡將啟動FTA先期研究，此為台灣參與區域整合的敲門磚。前經建會主委劉憶如（2011）亦指出：「這是一項突破，希冀能產生蝴蝶效應，吸引其他國家來洽談。」2011年9月22日，台灣與日本簽署《台日投資協議》以強化經貿關係，這是ECFA生效後第一份與他國簽訂的投資協議，為台灣在亞太經濟版圖上很重要的一步。此外，台灣和紐西蘭亦於2011年10月共同宣布，雙方將展開洽簽「台紐經濟合作協議」之可行性研究。

板塊移動推力二：歐美衰退亞洲崛起

西風轉弱，東風漸強，歷史轉動著它的巨輪，轉向數百年前的亞洲盛世，促使全球經濟中心從大西洋轉向太平洋。全球經濟經過2008年金融海嘯的洗禮，在驚濤駭浪中逐步站穩復甦腳步。但美國房市及勞動市場仍未見顯著起色；歐洲則陸續發生政府債務危機，導致全球市場再度動盪。反觀亞洲各國與企業充分展現了強勁之活力，已在全世界經濟及政治版圖中扮演更重要的角色。然而，亞洲各國雖經濟保持穩定成長，亦可能受到歐洲債務風暴蔓延變數之影響。此外，亞洲

各國亦有出口轉向內需的成長模式之挑戰，使得亞洲國家必須設法刺激內需，以持續經濟成長。

板塊移動推力三：東協加N立新契機

東協（ASEAN）於1967年在泰國曼谷宣布成立，現今已發展成一個擁有十個國家及6.01億人口，且每年依舊持續增加1,000萬人的龐大市場。在2010年，東協和中國大陸組成「東協10＋1」的自由貿易區（China-ASEAN Free Trade Area；CAFTA）正式啓動，這個由東協和中國大陸組成的自由貿易區，涵蓋了近19億人口、六兆美元的GDP，不只是世界上人口最多的自由貿易區，亦是全世界第三大的自由貿易區。不僅如此，「東協加N」的經濟板塊正逐漸浮現在未來的世界舞台上，若「東協加六」的東亞經濟合作協定組成，將會囊括全世界一半以上人口，成爲產值超過全球GDP三分之一的超級大市場。

板塊移動推力四：北方闌珊南南興起

2008年金融風暴後，房地產市場積重難返、沉重的債務及高失業率，使得美國經濟復甦步履蹣跚；歐洲同樣爲「債」所困，雖然歐盟已在2011年10月決定金援希臘，但最大未爆彈的義大利，即將在歐債下半年登場，因此未來歐盟景氣如何，也沒有人敢樂觀；過往稱霸全球的「日本第一」雖在2011年歷經「311大地震」，但卻對全球經濟沒有重大影響，過往風光似乎已成歷史陳跡。集中在北半球的已開發國家，在復甦道路上顯得欲振乏力，不復往昔風光。全球經濟重心南移，連接亞洲與中東、非洲及拉丁美洲等新興經濟體的「南方絲路」成形。匯豐銀行首席經濟師Stephen King於2011年發表的《南方絲路：南方對南方的經貿交流飛速成長》報告中指出，南方絲路，將是帶動新興市場間的南南貿易，帶來無限商機。

2. 台灣產業自主轉型動力

在1990年代中國大陸經濟開放後，台灣產業結構變遷速度加快，許多勞力密集產業因追求成本降低而外移，資本、技術密集的產業所占之比重大幅增加，服務業亦然。台灣經濟結構面臨調整，以「內需」及「出口」雙引擎及「製造」與「服務」雙軌並進，帶動經濟持續成長，亦促進產業結構多元發展。

自主轉型一：傳統勞力密集轉六大新興產業＋四大智慧型產業＋十大服務業

1990年代台灣產業生態巨變，由傳統勞力密集製造業轉換成需要高級技術人

力的高科技代工業，接手台灣另一個十年的繁榮。然而，台灣在半導體、面板及資通訊產業後，就無具規模性且多元化的新興產業，加上以出口導向者為主及產業過度集中，而易受到世界景氣影響，因此政府為積極推動「產業有家、家有產業」之計畫，且擘劃台灣下一個十年之新興產業，引導投資六大新興產業、四大智慧型產業、十大重點服務業，促進區域平衡發展。此外，前經建會主委劉憶如（2011）亦據國內外招商反映及政府的六大新興產業、四大智慧型產業和十大重點服務業篩選出七大明星產業，並指出：「台灣下一波將出現七大明星產業，包括文創及數位內容、綠能及智慧綠建築、生技及國際醫療、觀光旅遊及餐飲、都更和土地及園區開發及智慧電動車和高科技。」

自主轉型二：經營模式變化：製造業到服務業、低科技到高科技

台灣大學經濟系教授陳添枝（2010）表示：「台灣未來將從以代工為主的製造業營運模式，轉型為重視商品價值及服務提供導向的營運模式，已啟動下一波經濟成長。」經建會亦於2011年指出：「台灣在2009年整體服務業名目GDP約8.6兆台幣，占GDP的比重達近70％，且占總就業人口的比重為58.9％。」可見，台灣經濟活動的主體已由過往製造業轉由服務業為領頭。如巨大機械早期以代工為主，在1981年轉向品牌及服務發展，奠定其腳踏車龍頭之地位。此外，早期台灣以低科技產業為主，現今則紛紛投入研發經費而向高科技靠攏，副總統蕭萬長先生在2011年參加商業總會大會時也表示：「台灣未來經濟仰賴服務、研發、創新。」因此，台灣積極於製造業的轉型和高科技產業的發展，以因應國際市場的競爭。

3. 台灣政府稅制改革動力

為了落實台灣成為亞太籌資中心的可行性，經濟部常務次長梁國新（2009）表示：「台灣在亞太區域與其他國家競爭，而將營所稅從25％調降至17％，遺產稅及贈與稅更從50％大幅調降至10％，均可幫助台灣打造成為國際投資天堂。」此外，資誠聯合會計師事務所（PwC）在2010年12月發布《2011賦稅環境報告》，在全球183個經濟體中，台灣因遺產稅及營所稅下調，在賦稅改善方面表現優異，首次入圍前十名，位居第九。因此，台灣須在賦稅環境改善上加倍努力，才能站穩優勢，促進經濟持續發展。

稅制改革一：遺產稅從50％下降到10％

遺產稅調降主要的思考點在於能否帶動資金回流，進行直接和間接投資，促

進國民所得成長之經濟大餅，且增加國家稅收總額。行政院在2008年釋出利多，除了大舉調降「遺產與贈與稅稅率」，亦提高「遺產稅免稅額」。2009年1月23日，新修正的遺產及贈與稅法生效，將原有遺產及贈與稅最高稅率由50%調降至10%單一稅率，同時將遺產稅免稅額由779萬元提高至1,200萬元。日本前經濟財政政策大臣竹中平藏（2009）參與中華經濟研究院演說時亦表示：「降低遺產稅可讓資本持續累積下去，就中長期來看，將可加強經濟成長力道。」此外，前財政部長李述德（2011）也表示，遺產贈與稅調降後，申報遺贈稅的遺產總額，從過往平均一年4,000億元，增加至7,000億元，顯示資金回流效果相當顯著。遺贈稅一舉降到10%，將有效使台灣資金不再因高額遺贈稅而滯留海外，並兼顧租稅公平，且接軌國際潮流。

稅制改革二：營業所得稅降到17%

2010年5月，《經濟日報》報導指出：「立法院三讀通過所得稅法部分條文修正案，將企業營所稅率從25%調降至17%，預估可替台灣創造約690億元之經濟效益，亦使台灣七成以上的中小企業受惠。」時任經建會主委劉憶如（2010）亦表示，相信台灣將營所稅降至17%，將會給亞洲四小龍中營所稅仍在20%以上的南韓很大的壓力。台灣營所稅調降至17%，在亞太地區鄰近國家已是最低的（中國大陸25%、韓國22%、新加坡17%），將有機會創造有利條件而吸引外國投資台灣。此外，財政部在2011年1月也指出：「營所稅率調降至17%，不分產業皆能獲得低稅率優惠，除創造公平的輕稅環境，亦帶動投資，也是為台灣與產業興大利之具體作為。」然而，營所稅雖降至17%，但依據財政部在2011年10月公布之資料顯示，以2011年1至9月的稅收觀察，2011年的營所稅收將會大幅超徵，較2010年同期增加661億元。

■ 台灣黃金十年之新定位

兩岸直航、ECFA等陸續推出多項利多政策，台灣以新風采重新展現於世界市場，亦成為國外投資者通往中國大陸之樞紐。前經建會主委劉憶如（2011）表示：「台灣憑著高科技以及社會創新活力為基礎，可重拾中國大陸經濟體與世界經濟網絡之橋樑角色。」可見台灣黃金十年之新定位將有別過往，將在世界經濟中角色重新定位。

黃金定位一：台灣全球價值鏈重新定位與新企圖

縱觀世界製造業遞嬗歷史，製造中心在20世紀初從歐洲轉到美國，然後1960年至1980年見證日本之興衰，接續1970年到1990年台灣出口導向使經濟蓬勃，1990年初期中國大陸開始接棒躍為世界工廠。台灣製造業長期以來一直專注於產品製造之技術領域，奠定了具高競爭力的OEM和ODM產業實力，亦扮演台灣經濟之重要推手。然而，伴隨世界新興經濟體力量崛起及全球化的製造發展，價值鏈體系上下的競爭日益增強，因此，台灣可以製造業的雄厚基礎跨足服務經營為新定位，並將觸角延伸且將價值傳遞擴展。

黃金定位二：台灣全球產業分工新地位與新價值

在全球化下，全球產業分工已是大勢所趨，因此更重要的是台灣的產業是否能順利承接，以彌補部分生產部門外移之空缺。然而政府近年來致力推動十大重點服務業、六大新興產業、四項新興智慧型產業等政策，即是要藉由這些高附加價值產業或技術之推動，使台灣整體經濟能繼續保有競爭力，亦降低產業外移所造成之衝擊。此外，兩岸簽署的ECFA亦廣受海內外投資人注目，不僅提升台灣在中國大陸之競爭力，亦拉抬台灣在全球產業分工的關鍵地位，因此許多對中國大陸有興趣之外商，亦正思考如何投資及善用台灣之新價值。

黃金定位三：台商全球佈局策略新格局與新視野

面對經濟全球化及區域整合範圍之擴大，貿易商必須更廣泛地運用全球資源，以提升自己的競爭力，並進行全球化佈局策略，才能因應產業競爭情勢之發展。總統馬英九先生在2010年表示：「『壯大台灣、連結亞太、佈局全球』是經濟發展策略，台灣要成為台商營運總部，也要成為全球創新中心。」因此，台商可將台灣定位營運總部的全球企業，並利用台灣與中國大陸簽署的ECFA力度，加速全球化佈局。此外，新興國家挾帶中產階級崛起與人口眾多市場優勢，進而帶動「平價奢華、高貴不貴、物超所值」之新平實消費模式，已形成龐大的市場商機。因此貿易商亦可以將視野放在新興市場興起的平實消費模式，以深耕新興市場。

黃金定位四：台商全球營運模式新轉型與新創新

「三角貿易模式」是台灣在全球營運模式新轉型與新創新，即為台灣接單、

中國大陸生產、歐美市場銷售，這是台灣企業因應經濟全球化之下，為使生產成本降低，所衍生出來之企業全球營運模式。此外，亦據《台灣新經濟簡訊》在第126期報導指出：「兩岸經合會海關合作小組達成共識，同意兩岸三角貿易適用ECFA早期收穫之關稅優惠，此舉將有助台灣企業爭取更多海外訂單，實質提升台灣的接單能力，預估對中國大陸的早收出口總值亦將提高一成」。亦因台灣企業採用三角模式，也帶動了台灣的關鍵零組件大量出口至中國大陸，使得2010年台灣對中國大陸貿易順差創歷史新高，達到489億美元。

■ 台灣黃金十年之成功要素

台灣黃金十年若要指日可期，除了台灣本身要勤練「內功」外，仍須依靠整體大環境的「外力」加持下，才能使黃金十年非曇花一現。因此，茲將黃金十年之成功因素詳述如下：

成功要素一：全球經貿復甦可期

2011年，全球經貿雖然放慢復甦腳步。但《遠見雜誌》在2011年8月報導指出：「股神巴菲特（Warren Buffet）認為不清楚美國景氣復甦還需要多久，但亦沒有看到任何跡象將發生二次衰退。」此外，國際貨幣基金（IMF）總裁Christine Lagarde亦於2012年1月表示：「若各國能做出包含刺激成長與提升競爭力之正確政策，全球經濟成長有可能將在2012年年底復甦。」

成功要素二：中國大陸持續繁榮

國際貨幣基金（IMF）在2011年4月預測表示：「中國大陸經濟將在2016年超越美國。」這是IMF首次發表「美國時代」即將告別世界經濟龍頭的預期時間。亦根據英國智庫Legatum Institute於2011年11月公布《2011年全球繁榮指數》報告顯示，中國大陸在經濟表現由2010年的第52名大幅躍升至2011年的第十名，且首次超越美國。

成功要素三：台灣新興產業接續

行政院推動「六大新興產業，四大智慧產業，十大重點服務業，產業榮景再

現」，其目的除了使台灣產業能延續，並佈局未來長期產業發展，且使台灣經濟穩定發展。因此，新興產業不但結合台灣過往奠基的優勢和資源，亦掌握並接軌世界的機會和潮流，加上政府未來將投入大量資金協助推動新興產業接續，相信可成為台灣未來產業發展之新藍海。

成功要素四：兩岸創造和平紅利

總統馬英九先生在2011年10月表示：「『和平兩岸、友善國際』是施政重心，必須先確定兩岸和平的前提狀態，才有黃金十年。」兩岸和平讓台灣提供了「創造嶄新情勢，分享和平紅利」之機會，亦使台灣在國際上建立的形象，除自由、民主、繁榮、人權之外，也要新增加「和平」。就讓兩岸向世界做最佳的「和平紅利」示範：戰爭沒有贏家，和平沒有輸家。

成功要素五：台商逐鹿全球企圖

美國殘障教育家Helen Keller曾說：「唯有通過試鍊與苦難的經驗，靈魂才能夠被強化，企圖心才能被激發，才能達到成功。」宏碁創辦人施振榮於2008年亦表示：「台灣內需市場小、資源少，更應該國際化。」因此，台商要靈活區域佈局、拓展全球業務的快速成長企圖，亦要致力學習，成為全球營運之經營者，才能夠擁有在未來生存發展之全球競爭力。

第 **3** 篇

貿易拓展新疆界

2012 IEAT 46個貿易地區
綜合競爭力剖析

Opportunities
in the Next Golden Decade

第 8 章

2012 IEAT 46個貿易地區 經貿環境評析

■ 2012 IEAT 46個貿易地區組成分析

　　《IEAT調查報告》自2009年開始執行，今年已邁入第四年度，調查貿易地區範圍逐年遞增，以2009年的34個貿易地區為基礎，2010年擴大至38個（增加台灣重點拓銷市場的「奈及利亞」及中東地區的「以色列」、「阿曼」、「卡達」），2011年貿易地區再擴大至42個（增加台灣、「新鑽11國」的「伊朗」、「孟加拉」與中東地區的「巴林」），而隨著台灣貿易業者向全球佈局腳步更加深遠，2012《IEAT調查報告》新增非洲聯盟的「安哥拉」、新鑽11國的「巴基斯坦」、中東地區的「約旦」以及APEC 成員的「紐西蘭」等四個貿易地區。換言之，2012《IEAT調查報告》已將調查貿易地區擴大至46個。

　　2012《IEAT調查報告》46個調查貿易地區主要分成兩大類：**(1)重要市場：**包括歐洲聯盟（EU）、七大工業國（G7）、亞洲四小龍（T4）、北美自由貿易協定（NAFTA）、亞太經濟合作組織（APEC），其中包含美國、加拿大、英國、日本、德國、法國、義大利、香港、新加坡、澳洲、荷蘭、西班牙、紐西蘭與台灣等14個經濟體；**(2)新興市場：**包括東協十國（ASEAN）、金磚四國（BRICs）、中印聯盟（Chindia）、新興三地（MTV）、展望五國（VISTA）、新鑽11國（N11）、金賺14國（RDEs）、新七大經濟體（NG7）、兩岸經濟整合平台（Chiwan）、亞洲鐵三角（Chindonesia）、中印印韓四國（KIIC）、新興四力（CITI）、靈貓六國（CIVETS）及ABC集團、非洲聯盟（AU），其中包含中國大陸、俄羅斯、巴西、印度、沙烏地阿拉伯、阿聯大公國、科威特、土耳其、越南、南非、韓國、墨西哥、埃及、印尼、菲律賓、馬來西亞、波蘭、匈牙利、智利、泰國、阿根廷、柬埔寨、以色列、阿曼、奈及利亞、卡達、伊朗、孟加拉、巴林、安哥拉、巴基斯坦、約旦共32個經濟體。茲將上述各經濟體涵蓋的貿易地區，彙整如表所示：

表8-1 2012 IEAT 46個調查貿易地區組成分析

	經濟體		2009 IEAT調查貿易地區	2010新增	2011新增	2012新增	未列入
1	歐洲聯盟	EU	波蘭、匈牙利、西德、荷蘭、法國、西班牙、義大利、英國	—	—	—	奧地利、比利時、保加利亞、塞浦路斯、捷克、丹麥、愛沙尼亞、芬蘭、希臘、愛爾蘭、拉脫維亞、立陶宛、盧森堡、馬耳他、葡萄牙、斯洛伐克、斯洛文尼亞、瑞典
2	七大工業國	G7	美國、加拿大、英國、日本、德國、法國、義大利	—	—	—	
3	亞洲四小龍	T4	新加坡、香港、韓國	—	台灣	—	
4	北美自由貿易協定	NAFTA	美國、加拿大、墨西哥	—	—	—	
5	東協十國	ASEAN	新加坡、馬來西亞、泰國、印尼、越南、柬埔寨、菲律賓	—	—	—	汶萊、寮國、緬甸
6	東協10+1	ASEAN+1	新加坡、馬來西亞、泰國、印尼、越南、柬埔寨、菲律賓、中國大陸	-	—	—	汶萊、寮國、緬甸
7	金磚四國	BRICs	巴西、俄羅斯、印度、中國大陸	—	—	—	
8	新興三地	MTV	中東（阿聯大公國、沙烏地阿拉伯、科威特）、土耳其、越南	—	—	—	
9	展望五國	VISTA	越南、印尼、南非、土耳其、阿根廷	—	—	—	
10	新鑽11國	N11	韓國、土耳其、墨西哥、埃及、印尼、越南、菲律賓	奈及利亞	伊朗、孟加拉	巴基斯坦	
11	金賺14國	RDEs	土耳其、中國大陸、馬來西亞、巴西、波蘭、墨西哥、匈牙利、智利、泰國、埃及、印度、印尼、阿根廷、俄羅斯	—	—	—	
12	中印聯盟	Chindia	中國大陸、印度	—	—	—	
13	中美經濟共同體	Chimerica	中國大陸、美國	—	—	—	
14	亞洲鐵三角	Chindonesia	中國大陸、印度、印尼	—	—	—	

表8-1 2012 IEAT 46個調查貿易地區組成分析（續）

	經濟體		2009 IEAT調查貿易地區	2010新增	2011新增	2012新增	未列入
15	兩岸經濟整合平台	Chaiwan	中國大陸、台灣	─	台灣	─	
16	新七大經濟體	NG7	美國、中國大陸、印度、巴西、俄羅斯、印尼、墨西哥	─	─	─	
17	新興四力	CITI	中國大陸、印度、台灣、印尼	─	台灣	─	
18	新興經濟體11國	E11	阿根廷、巴西、印度、印尼、韓國、墨西哥、俄羅斯、沙烏地阿拉伯、南非、土耳其、中國大陸	─	─	─	
19	2009十大貿易夥伴	TOP 10	中國大陸、美國、香港、韓國、新加坡、日本、德國、沙烏地阿拉伯、馬來西亞、印尼	─	─	─	
20	2010重點拓銷市場	Focus 10	日本、韓國、印度、越南、俄羅斯、巴西、印尼、埃及、中國大陸（含香港）、中東地區	奈及利亞、以色列、阿曼、卡達	巴林	約旦	
21	亞太經濟合作組織	APEC	印尼、馬來西亞、菲律賓、新加坡、泰國、日本、韓國、美國、加拿大、澳洲、香港、中國大陸、墨西哥、智利、俄羅斯、越南	─	台灣	紐西蘭	汶萊、秘魯、巴布亞紐幾內亞
22	非洲聯盟	AU	埃及、南非	─	─	安哥拉	阿爾及利亞、貝南、波札那、布吉納法索、蒲隆地、喀麥隆、維德角、中非、查德、葛摩、剛果民主共和國、象牙海岸、吉布地、埃及、赤道幾內亞、厄利垂亞、衣索比亞、加彭、甘比亞、迦納、幾內亞、幾內亞比索、肯亞、賴索托、賴比瑞亞、利比亞、馬達加斯加、馬拉威、馬利、茅利塔尼亞、模里西斯、莫三比克、納米比亞、尼日、奈及利亞、盧安達、撒拉威、賽席爾、獅子山、索馬利亞、塞內加爾、南蘇丹、南非、史瓦濟蘭、坦尚尼亞、多哥、突尼西亞、烏干達、尚比亞、辛巴威
	貿易地區調查總數		34	38	42	46	─

資料來源：本研究整理

66

　　以下茲將2012《IEAT調查報告》台灣以外的45個調查貿易地區，分成13個重要市場及32個新興市場，分別探討2002年至2011年台灣對其貿易依賴度的變動。「貿易依賴度」係指在相同一段時間內，一國對他國的進出口貿易總額占該國本身進出口貿易總額之比重，從貿易依賴度數值可以清楚了解一國對於他國的貿易往來程度，數值越高表示兩國的貿易往來越密切。

■ 台灣對13個重要市場之貿易依賴度

　　根據表8-2所示，台灣對於13個重要市場的整體貿易依賴度，從2002至2011年皆呈下降趨勢，2005年對其「貿易依賴度」為53.17%，就已低於2002至2011年的平均值55.25%，更於2007年跌破50%以下。由此可見，台灣對於已開發的重要市場的往來程度已大不如前。分別從13個貿易地區來探討，台灣對其「貿易依賴度」較高的前三個國家為日本、美國與香港，2002年至2011年平均「貿易依賴度」都在9%以上。其中，以台灣對美國平均「貿易依賴度」下降最多，自2002至2011年下降了7.82%，究其原因，台灣與中國大陸貿易往來頻率日益升高，如新鄭和計畫中的「逐陸專案」、自2011年1月1日正式生效的ECFA等，逐漸分散對美國貿易依賴程度，原先兩岸貿易多透過香港轉口，除2009年受金融危機影響略有下滑外，兩岸間貿易均呈現大幅成長之緊密關係。

表8-2　台灣對13個重要市場歷年「貿易依賴度」一覽表

國家／地區	2002	2003	2004	2005	2006	2007	2008	2009	2010	2011	平均
1 日　本	15.98%	16.21%	16.38%	16.05%	14.67%	13.28%	12.91%	13.42%	13.30%	11.94%	**14.41%**
2 美　國	18.35%	15.63%	14.39%	13.20%	12.90%	12.57%	11.51%	11.03%	10.81%	10.53%	**13.09%**
3 香　港	14.03%	11.77%	10.03%	9.49%	9.20%	8.54%	6.89%	8.09%	7.50%	7.08%	**9.26%**
4 新加坡	3.29%	3.29%	3.15%	3.41%	3.37%	3.28%	3.33%	3.55%	3.75%	4.21%	**3.46%**
5 德　國	3.35%	3.33%	2.98%	2.79%	2.61%	2.63%	2.66%	2.74%	2.81%	2.76%	**2.87%**
6 澳　洲	1.79%	1.66%	1.62%	1.87%	1.89%	2.01%	2.37%	2.20%	2.29%	2.47%	**2.02%**
7 荷　蘭	2.13%	1.98%	2.00%	1.70%	1.58%	1.54%	1.39%	1.61%	1.61%	1.27%	**1.68%**
8 英　國	1.75%	1.57%	1.47%	1.31%	1.24%	1.19%	1.12%	1.11%	1.01%	1.11%	**1.29%**
9 法　國	1.09%	1.04%	1.05%	1.05%	0.89%	0.88%	0.81%	0.83%	0.75%	0.76%	**0.92%**

表8-2　台灣對13個重要市場歷年「貿易依賴度」一覽表（續）

國家／地區	2002	2003	2004	2005	2006	2007	2008	2009	2010	2011	平均
10 義大利	0.95%	0.94%	0.88%	0.85%	0.88%	0.83%	0.82%	0.96%	0.84%	0.81%	**0.88%**
11 加拿大	1.00%	0.92%	0.81%	0.79%	0.74%	0.76%	0.73%	0.69%	0.66%	0.78%	**0.79%**
12 西班牙	0.40%	0.40%	0.38%	0.40%	0.36%	0.43%	0.47%	0.41%	0.37%	0.33%	**0.40%**
13 紐西蘭	0.22%	0.24%	0.25%	0.26%	0.21%	0.24%	0.24%	0.20%	0.21%	0.20%	**0.23%**
平　均	4.95%	4.54%	4.26%	4.09%	3.89%	3.71%	3.48%	3.60%	3.53%	3.40%	3.95%
加　總	64.33%	58.98%	55.39%	53.17%	50.54%	48.18%	45.25%	46.84%	45.91%	47.65%	55.25%

資料來源：國貿局（2012）、本研究整理

表8-3　台灣對13個重要市場歷年「出口依賴度」一覽表

國家／地區	2002	2003	2004	2005	2006	2007	2008	2009	2010	2011	平均
1 香　港	24.36%	20.50%	18.04%	17.15%	16.69%	15.40%	12.79%	14.46%	13.77%	13.00%	**16.62%**
2 美　國	20.22%	17.63%	15.77%	14.67%	14.45%	13.00%	12.05%	11.56%	11.46%	11.80%	**14.26%**
3 日　本	9.14%	8.25%	7.57%	7.62%	7.28%	6.46%	6.87%	7.12%	6.56%	5.92%	**7.28%**
4 新加坡	3.42%	3.50%	3.70%	4.05%	4.14%	4.26%	4.57%	4.23%	4.41%	5.48%	**4.18%**
5 德　國	2.87%	2.85%	2.53%	2.25%	2.24%	2.10%	2.24%	2.31%	2.37%	2.23%	**2.40%**
6 荷　蘭	2.84%	2.80%	2.64%	2.22%	1.97%	1.79%	1.79%	2.08%	1.92%	1.49%	**2.15%**
7 英　國	2.21%	1.95%	1.88%	1.64%	1.57%	1.47%	1.42%	1.46%	1.32%	1.50%	**1.64%**
8 澳　洲	1.18%	1.26%	1.24%	1.21%	1.22%	1.31%	1.36%	1.16%	1.14%	1.19%	**1.23%**
9 義大利	0.93%	0.97%	0.95%	0.91%	0.98%	0.98%	0.96%	0.88%	0.89%	0.80%	**0.93%**
10 加拿大	1.14%	0.98%	0.91%	0.85%	0.79%	0.75%	0.72%	0.72%	0.71%	0.83%	**0.84%**
11 法　國	0.84%	0.84%	0.87%	0.73%	0.70%	0.69%	0.68%	0.67%	0.62%	0.57%	**0.72%**
12 西班牙	0.51%	0.54%	0.54%	0.54%	0.50%	0.63%	0.73%	0.56%	0.50%	0.41%	**0.55%**
13 紐西蘭	0.16%	0.20%	0.22%	0.23%	0.17%	0.22%	0.25%	0.15%	0.17%	0.14%	**0.19%**
平　均	5.37%	4.79%	4.37%	4.16%	4.05%	3.77%	3.57%	3.64%	3.53%	3.49%	4.08%
加　總	69.82%	62.27%	56.86%	54.07%	52.70%	49.06%	46.43%	47.36%	45.84%	48.85%	57.07%

資料來源：國貿局（2012）、本研究整理

表8-4 台灣對13個重要市場歷年「進口依賴度」一覽表

國家／地區	2002	2003	2004	2005	2006	2007	2008	2009	2010	2011	平均
1 日 本	24.16%	25.56%	25.91%	25.22%	22.83%	20.95%	19.34%	20.77%	20.66%	18.54%	**22.39%**
2 美 國	16.12%	13.28%	12.91%	11.59%	11.18%	12.09%	10.95%	10.41%	10.10%	9.15%	**11.78%**
3 德 國	3.93%	3.90%	3.47%	3.38%	3.03%	3.22%	3.11%	3.25%	3.29%	3.35%	**3.39%**
4 新加坡	3.15%	3.03%	2.57%	2.72%	2.52%	2.19%	2.01%	2.76%	3.04%	2.83%	**2.68%**
5 澳 洲	2.51%	2.13%	2.03%	2.59%	2.64%	2.79%	3.44%	3.42%	3.55%	3.88%	**2.90%**
6 法 國	1.38%	1.28%	1.24%	1.39%	1.10%	1.09%	0.95%	1.02%	0.90%	0.97%	**1.13%**
7 荷 蘭	1.30%	1.02%	1.31%	1.13%	1.16%	1.27%	0.98%	1.07%	1.27%	1.04%	**1.16%**
8 香 港	1.69%	1.50%	1.37%	1.16%	0.93%	0.83%	0.62%	0.64%	0.65%	0.60%	**1.00%**
9 英 國	1.21%	1.12%	1.03%	0.94%	0.88%	0.88%	0.80%	0.71%	0.67%	0.69%	**0.89%**
10 義大利	0.97%	0.89%	0.80%	0.79%	0.76%	0.67%	0.68%	1.05%	0.78%	0.82%	**0.82%**
11 加拿大	0.84%	0.85%	0.71%	0.73%	0.68%	0.77%	0.74%	0.66%	0.61%	0.71%	**0.73%**
12 西班牙	0.27%	0.25%	0.22%	0.24%	0.20%	0.21%	0.20%	0.24%	0.23%	0.23%	**0.23%**
13 紐西蘭	0.30%	0.30%	0.27%	0.28%	0.25%	0.26%	0.24%	0.26%	0.24%	0.26%	**0.27%**
平 均	**4.45%**	**4.24%**	**4.14%**	**4.01%**	**3.70%**	**3.63%**	**3.39%**	**3.56%**	**3.54%**	**3.31%**	**3.80%**
加 總	**57.83%**	**55.11%**	**53.84%**	**52.16%**	**48.16%**	**47.22%**	**44.06%**	**46.26%**	**45.99%**	**46.38%**	**53.17%**

資料來源：國貿局（2012）、本研究整理

■ 台灣對32個新興市場之貿易依賴度

　　台灣對重要貿易市場的貿易往來日漸由新興市場取代，從表8-5可知，2002年台灣對於32個新興市場整體的「貿易依賴度」僅有29.28％，到了2011年成長至51.68％，呈現逐年上升的趨勢。從個別國家來看，台灣對於中國大陸之貿易依賴度從2002年的7.44％上升至2011年的21.63％，成長將近3倍，平均貿易依賴度為17.26％，是32個新興市場中與台灣貿易往來較頻繁的國家。究其原因，主要是因為大批台商到中國大陸投資後，對台灣原物料與零組件的需求增加，從表8-6及表8-7亦可發現，台灣對中國大陸的出口依賴度逐年呈現大幅度成長，而進口依賴度也呈現平穩增長，導致台灣對中國大陸的貿易依賴度快速上升。另外，自2011年1月1日ECFA正式生效，可預見兩岸經貿互動必然更加頻繁與緊密。

　　此外，2012《IEAT調查報告》新增的三個新興市場調查貿易地區中，台灣在2011年與安哥拉的貿易依賴度最高，達0.96％，其次為巴基斯坦0.15％，而約旦的

貿易往來相對較低，爲0.05％。其中，安哥拉進口依賴度達2.01％，根據2012年2月路透社（Reuters）資料指出，台灣買家進口安哥拉、奈及利亞等西非出口國的原油，以代替伊朗原油，至2012年2月止，已購買1,400萬桶西非原油，安哥拉爲非洲20個產油國區內之第一大國，因此成爲台灣中東地區的貿易新夥伴。

綜上所述，2002年至2011年期間，台灣對於13個重要市場的貿易依賴度呈逐年下降趨勢，反觀台灣對於32個新興市場的貿易依賴度則有突破性的成長，由此可看出台灣對外貿易的重心已從美國、日本等已開發國家，逐漸轉向中國大陸與西亞國家等新興市場國家。

表8-5　台灣對32個新興市場歷年「貿易依賴度」一覽表

	國家／地區	2002	2003	2004	2005	2006	2007	2008	2009	2010	2011	平均
1	中國大陸	7.44%	12.17%	15.13%	16.73%	17.95%	19.41%	19.81%	20.81%	21.47%	21.63%	**17.26%**
2	韓　　國	4.71%	4.83%	4.93%	5.02%	5.19%	4.93%	4.41%	4.71%	5.09%	5.13%	**4.90%**
3	馬來西亞	2.97%	2.85%	2.75%	2.49%	2.58%	2.49%	2.47%	2.28%	2.59%	2.63%	**2.61%**
4	沙烏地阿拉伯	1.10%	1.66%	1.71%	2.08%	2.41%	2.39%	3.26%	2.47%	2.45%	2.64%	**2.22%**
5	菲律賓	2.32%	2.01%	2.02%	1.87%	1.70%	1.55%	1.42%	1.60%	1.58%	1.59%	**1.77%**
6	印　　尼	1.64%	1.60%	1.71%	1.81%	1.81%	1.86%	2.19%	2.22%	2.00%	2.08%	**1.89%**
7	泰　　國	1.83%	1.80%	1.74%	1.76%	1.85%	1.89%	1.64%	1.72%	1.73%	1.79%	**1.78%**
8	越　　南	1.11%	1.13%	1.16%	1.26%	1.34%	1.70%	1.85%	1.83%	1.68%	1.84%	**1.49%**
9	科威特	0.55%	0.75%	0.82%	1.16%	1.20%	1.26%	1.66%	1.24%	1.19%	1.33%	**1.12%**
10	阿聯大公國	0.54%	0.61%	0.69%	0.72%	0.99%	1.06%	1.24%	0.93%	0.95%	0.99%	**0.87%**
11	印　　度	0.49%	0.50%	0.55%	0.64%	0.64%	1.05%	1.08%	1.10%	1.23%	1.28%	**0.86%**
12	伊　　朗	0.39%	0.77%	0.68%	0.74%	0.80%	0.83%	1.13%	0.67%	0.67%	0.58%	**0.73%**
13	俄羅斯	0.48%	0.58%	0.83%	0.71%	0.59%	0.58%	0.73%	0.73%	0.65%	0.66%	**0.65%**
14	巴　　西	0.43%	0.49%	0.58%	0.59%	0.55%	0.65%	1.00%	0.72%	0.83%	0.91%	**0.68%**
15	墨西哥	0.53%	0.44%	0.40%	0.33%	0.35%	0.45%	0.49%	0.38%	0.40%	0.37%	**0.41%**
16	南　　非	0.44%	0.47%	0.49%	0.44%	0.45%	0.44%	0.46%	0.41%	0.39%	0.48%	**0.45%**
17	智　　利	0.29%	0.28%	0.36%	0.36%	0.45%	0.45%	0.47%	0.42%	0.46%	0.44%	**0.40%**
18	土耳其	0.27%	0.27%	0.34%	0.36%	0.31%	0.36%	0.31%	0.33%	0.31%	0.31%	**0.32%**
19	以色列	0.25%	0.23%	0.28%	0.28%	0.26%	0.24%	0.21%	0.24%	0.23%	0.23%	**0.25%**
20	阿　　曼	0.21%	0.04%	0.14%	0.21%	0.25%	0.18%	0.25%	0.30%	0.35%	0.24%	**0.22%**
21	卡　　達	0.04%	0.07%	0.07%	0.20%	0.28%	0.16%	0.28%	0.22%	0.40%	0.65%	**0.24%**
22	孟加拉	0.15%	0.15%	0.13%	0.12%	0.12%	0.11%	0.14%	0.18%	0.16%	0.19%	**0.15%**
23	奈及利亞	0.16%	0.17%	0.13%	0.05%	0.05%	0.12%	0.22%	0.20%	0.13%	0.22%	**0.15%**

表8-5 台灣對32個新興市場歷年「貿易依賴度」一覽表（續）

國家／地區	2002	2003	2004	2005	2006	2007	2008	2009	2010	2011	平均
24 波　　蘭	0.11%	0.10%	0.10%	0.14%	0.15%	0.18%	0.17%	0.21%	0.21%	0.16%	**0.15%**
25 匈 牙 利	0.14%	0.11%	0.10%	0.14%	0.15%	0.19%	0.13%	0.11%	0.09%	0.09%	**0.13%**
26 埃　　及	0.08%	0.09%	0.07%	0.08%	0.13%	0.19%	0.18%	0.13%	0.21%	0.19%	**0.14%**
27 柬 埔 寨	0.08%	0.08%	0.08%	0.09%	0.11%	0.09%	0.09%	0.09%	0.09%	0.11%	**0.09%**
28 阿 根 廷	0.07%	0.10%	0.08%	0.08%	0.07%	0.08%	0.09%	0.08%	0.12%	0.10%	**0.09%**
29 巴　　林	0.06%	0.07%	0.05%	0.06%	0.07%	0.09%	0.09%	0.08%	0.09%	0.09%	**0.08%**
30 巴 基 斯 坦	0.11%	0.11%	0.11%	0.12%	0.12%	0.13%	0.11%	0.11%	0.12%	0.15%	**0.12%**
31 約　　旦	0.05%	0.05%	0.04%	0.05%	0.05%	0.05%	0.05%	0.06%	0.05%	0.05%	**0.05%**
32 安 哥 拉	0.24%	0.28%	0.25%	0.26%	0.44%	0.46%	0.41%	0.28%	0.55%	0.96%	**0.41%**
平　　均	**0.92%**	**1.09%**	**1.20%**	**1.28%**	**1.36%**	**1.43%**	**1.50%**	**1.46%**	**1.51%**	**1.57%**	**1.33%**
加　　總	**29.28%**	**34.86%**	**38.52%**	**40.95%**	**43.41%**	**45.62%**	**48.04%**	**46.86%**	**48.47%**	**51.68%**	**44.01%**

資料來源：國貿局（2012）、本研究整理

表8-6 台灣對32個新興市場歷年「出口依賴度」一覽表

國家／地區	2002	2003	2004	2005	2006	2007	2008	2009	2010	2011	平均
1 中 國 大 陸	7.78%	15.20%	19.93%	21.99%	23.13%	25.30%	26.16%	26.63%	28.02%	27.24%	**22.14%**
2 韓　　國	2.93%	3.13%	3.09%	2.96%	3.19%	3.16%	3.41%	3.59%	3.89%	4.02%	**3.34%**
3 馬 來 西 亞	2.38%	2.11%	2.31%	2.16%	2.21%	2.19%	2.16%	1.99%	2.17%	2.24%	**2.19%**
4 越　　南	1.71%	1.78%	1.89%	2.07%	2.17%	2.78%	3.11%	2.94%	2.74%	2.93%	**2.41%**
5 菲 律 賓	1.56%	1.66%	2.21%	2.18%	2.00%	2.00%	1.87%	2.18%	2.18%	2.26%	**2.01%**
6 泰　　國	1.75%	1.75%	1.82%	1.93%	2.04%	2.11%	1.92%	1.88%	1.93%	1.99%	**1.91%**
7 印　　尼	1.09%	1.01%	1.04%	1.19%	1.12%	1.18%	1.39%	1.58%	1.64%	1.57%	**1.28%**
8 印　　度	0.48%	0.52%	0.59%	0.80%	0.66%	0.95%	1.18%	1.24%	1.32%	1.44%	**0.92%**
9 墨 西 哥	0.70%	0.59%	0.54%	0.45%	0.48%	0.61%	0.73%	0.54%	0.55%	0.50%	**0.57%**
10 巴　　西	0.35%	0.30%	0.39%	0.51%	0.57%	0.68%	1.07%	0.69%	0.70%	0.76%	**0.60%**
11 阿 聯 大 公 國	0.55%	0.52%	0.60%	0.54%	0.50%	0.60%	0.61%	0.50%	0.54%	0.51%	**0.55%**
12 土 耳 其	0.30%	0.40%	0.51%	0.64%	0.55%	0.61%	0.49%	0.54%	0.52%	0.53%	**0.51%**
13 南　　非	0.34%	0.37%	0.36%	0.37%	0.41%	0.38%	0.38%	0.32%	0.29%	0.42%	**0.36%**
14 沙烏地阿拉伯	0.25%	0.24%	0.24%	0.25%	0.24%	0.30%	0.39%	0.33%	0.36%	0.55%	**0.32%**
15 孟 加 拉	0.27%	0.26%	0.25%	0.22%	0.22%	0.19%	0.26%	0.30%	0.28%	0.35%	**0.26%**
16 俄 羅 斯	0.19%	0.20%	0.24%	0.26%	0.27%	0.33%	0.36%	0.29%	0.39%	0.49%	**0.30%**
17 波　　蘭	0.13%	0.14%	0.14%	0.23%	0.25%	0.31%	0.28%	0.31%	0.33%	0.24%	**0.24%**
18 以 色 列	0.20%	0.20%	0.21%	0.21%	0.21%	0.22%	0.20%	0.19%	0.19%	0.20%	**0.20%**

表8-6　台灣對32個新興市場歷年「出口依賴度」一覽表（續）

國家/地區		2002	2003	2004	2005	2006	2007	2008	2009	2010	2011	平均
19	伊　　朗	0.15%	0.17%	0.18%	0.18%	0.23%	0.24%	0.22%	0.28%	0.29%	0.30%	**0.22%**
20	匈 牙 利	0.20%	0.16%	0.14%	0.20%	0.25%	0.33%	0.22%	0.17%	0.14%	0.13%	**0.19%**
21	柬 埔 寨	0.14%	0.14%	0.15%	0.17%	0.20%	0.17%	0.16%	0.16%	0.17%	0.21%	**0.17%**
22	埃　　及	0.14%	0.12%	0.12%	0.14%	0.20%	0.17%	0.18%	0.19%	0.16%	0.17%	**0.16%**
23	智　　利	0.13%	0.12%	0.11%	0.12%	0.12%	0.11%	0.12%	0.13%	0.12%	0.13%	**0.12%**
24	阿 根 廷	0.03%	0.08%	0.08%	0.09%	0.10%	0.10%	0.12%	0.11%	0.12%	0.12%	**0.10%**
25	奈及利亞	0.11%	0.12%	0.09%	0.09%	0.08%	0.08%	0.11%	0.12%	0.08%	0.08%	**0.10%**
26	科 威 特	0.06%	0.05%	0.05%	0.06%	0.05%	0.05%	0.06%	0.07%	0.05%	0.06%	**0.06%**
27	卡　　達	0.01%	0.01%	0.01%	0.02%	0.02%	0.02%	0.03%	0.03%	0.02%	0.03%	**0.02%**
28	阿　　曼	0.01%	0.01%	0.01%	0.01%	0.01%	0.01%	0.02%	0.04%	0.03%	0.06%	**0.02%**
29	巴　　林	0.01%	0.01%	0.01%	0.01%	0.01%	0.01%	0.02%	0.01%	0.01%	0.02%	**0.01%**
30	巴基斯坦	0.14%	0.15%	0.17%	0.19%	0.17%	0.17%	0.16%	0.16%	0.14%	0.16%	**0.16%**
31	約　　旦	0.08%	0.08%	0.07%	0.09%	0.08%	0.08%	0.07%	0.09%	0.07%	0.08%	**0.08%**
32	安 哥 拉	0.00%	0.01%	0.00%	0.00%	0.00%	0.00%	0.01%	0.01%	0.01%	0.01%	**0.01%**
平　　均		**0.76%**	**0.99%**	**1.17%**	**1.26%**	**1.30%**	**1.42%**	**1.48%**	**1.49%**	**1.55%**	**1.56%**	**1.30%**
加　　總		**24.17%**	**31.61%**	**37.55%**	**40.33%**	**41.74%**	**45.44%**	**47.47%**	**47.61%**	**49.45%**	**51.36%**	**42.83%**

資料來源：國貿局（2012）、本研究整理

表8-7　台灣對32個新興市場歷年「進口依賴度」一覽表

國家/地區		2002	2003	2004	2005	2006	2007	2008	2009	2010	2011	平均
1	中 國 大 陸	7.04%	8.61%	9.95%	11.00%	12.23%	12.78%	13.06%	14.01%	14.31%	15.49%	**11.85%**
2	韓　　國	6.84%	6.83%	6.91%	7.25%	7.40%	6.91%	5.48%	6.03%	6.39%	6.34%	**6.64%**
3	沙烏地阿拉伯	2.13%	3.34%	3.29%	4.07%	4.82%	4.75%	6.31%	4.97%	4.72%	4.93%	**4.33%**
4	馬 來 西 亞	3.69%	3.72%	3.21%	2.86%	2.99%	2.82%	2.81%	2.61%	3.06%	3.06%	**3.08%**
5	印　　尼	2.29%	2.29%	2.44%	2.49%	2.57%	2.63%	3.03%	2.97%	2.40%	2.64%	**2.58%**
6	科 威 特	1.14%	1.56%	1.64%	2.35%	2.47%	2.62%	3.36%	2.61%	2.44%	2.74%	**2.29%**
7	菲 律 賓	3.23%	2.41%	1.82%	1.53%	1.37%	1.04%	0.93%	0.93%	0.92%	0.86%	**1.50%**
8	泰　　國	1.93%	1.86%	1.65%	1.58%	1.64%	1.65%	1.35%	1.54%	1.52%	1.56%	**1.63%**
9	伊　　朗	0.67%	1.47%	1.22%	1.35%	1.43%	1.49%	2.10%	1.13%	1.08%	0.89%	**1.28%**
10	阿聯大公國	0.53%	0.72%	0.79%	0.93%	1.54%	1.59%	1.92%	1.42%	1.40%	1.52%	**1.24%**
11	俄 羅 斯	0.82%	1.02%	1.47%	1.20%	0.94%	0.87%	1.12%	1.26%	0.93%	0.84%	**1.05%**
12	印　　度	0.49%	0.49%	0.51%	0.47%	0.61%	1.16%	0.97%	0.93%	1.13%	1.11%	**0.79%**
13	巴　　西	0.52%	0.72%	0.79%	0.67%	0.53%	0.61%	0.91%	0.75%	0.97%	1.06%	**0.75%**

表8-7　台灣對32個新興市場歷年「進口依賴度」一覽表（續）

	國家／地區	2002	2003	2004	2005	2006	2007	2008	2009	2010	2011	平均
14	智　　利	0.49%	0.46%	0.63%	0.62%	0.81%	0.83%	0.84%	0.77%	0.84%	0.77%	**0.71%**
15	南　　非	0.56%	0.58%	0.62%	0.51%	0.48%	0.52%	0.53%	0.51%	0.50%	0.53%	**0.53%**
16	越　　南	0.40%	0.36%	0.36%	0.38%	0.42%	0.48%	0.50%	0.53%	0.51%	0.66%	**0.46%**
17	阿　　曼	0.46%	0.08%	0.28%	0.43%	0.51%	0.38%	0.49%	0.61%	0.68%	0.45%	**0.44%**
18	卡　　達	0.07%	0.14%	0.14%	0.41%	0.57%	0.31%	0.54%	0.45%	0.82%	1.34%	**0.48%**
19	以 色 列	0.31%	0.26%	0.37%	0.36%	0.31%	0.27%	0.22%	0.29%	0.28%	0.26%	**0.29%**
20	墨 西 哥	0.32%	0.26%	0.25%	0.19%	0.21%	0.27%	0.25%	0.20%	0.23%	0.22%	**0.24%**
21	奈及利亞	0.21%	0.22%	0.17%	0.00%	0.03%	0.16%	0.35%	0.29%	0.17%	0.37%	**0.20%**
22	巴　　林	0.11%	0.13%	0.09%	0.11%	0.13%	0.18%	0.17%	0.16%	0.18%	0.16%	**0.14%**
23	土 耳 其	0.22%	0.12%	0.16%	0.06%	0.05%	0.08%	0.13%	0.09%	0.07%	0.08%	**0.11%**
24	埃　　及	0.02%	0.04%	0.01%	0.01%	0.05%	0.21%	0.17%	0.05%	0.25%	0.22%	**0.10%**
25	阿 根 廷	0.10%	0.12%	0.07%	0.08%	0.05%	0.05%	0.06%	0.04%	0.11%	0.07%	**0.08%**
26	波　　蘭	0.07%	0.05%	0.05%	0.03%	0.04%	0.04%	0.05%	0.09%	0.08%	0.08%	**0.06%**
27	匈 牙 利	0.08%	0.04%	0.05%	0.07%	0.04%	0.03%	0.04%	0.03%	0.05%	0.05%	**0.05%**
28	孟 加 拉	0.01%	0.02%	0.01%	0.01%	0.01%	0.01%	0.01%	0.03%	0.04%	0.02%	**0.02%**
29	柬 埔 寨	0.01%	0.00%	0.00%	0.00%	0.00%	0.00%	0.00%	0.01%	0.01%	0.01%	**0.00%**
30	巴基斯坦	0.07%	0.05%	0.04%	0.05%	0.06%	0.08%	0.05%	0.06%	0.09%	0.14%	**0.07%**
31	約　　旦	0.01%	0.01%	0.01%	0.02%	0.01%	0.01%	0.03%	0.02%	0.03%	0.02%	**0.02%**
32	安 哥 拉	0.53%	0.59%	0.51%	0.54%	0.92%	0.97%	0.84%	0.61%	1.15%	2.01%	**0.87%**
	平　　均	1.11%	1.21%	1.23%	1.30%	1.41%	1.43%	1.52%	1.44%	1.48%	1.58%	**1.37%**
	加　　總	35.37%	38.57%	39.51%	41.63%	45.24%	45.80%	48.62%	46.00%	47.36%	52.08%	**45.25%**

資料來源：國貿局（2012）、本研究整理

73

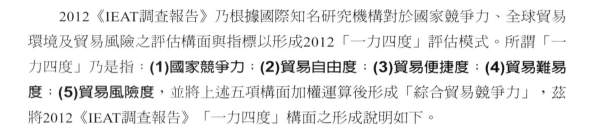

第 9 章

2012 IEAT評估模式建構與樣本結構剖析

2012《IEAT調查報告》乃根據國際知名研究機構對於國家競爭力、全球貿易環境及貿易風險之評估構面與指標以形成2012「一力四度」評估模式。所謂「一力四度」乃是指：**(1)國家競爭力；(2)貿易自由度；(3)貿易便捷度；(4)貿易難易度；(5)貿易風險度**，並將上述五項構面加權運算後形成「綜合貿易競爭力」，茲將2012《IEAT調查報告》「一力四度」構面之形成說明如下。

■ 2012 IEAT 一力四度評估模式構面指標

1.「國家競爭力」評估構面：有關2012《IEAT調查報告》的「國家競爭力」構面主要是由「國家基本資料」與「國際機構評比」兩個部分組成。「國家基本資料」五大構面分別為：(1)基礎條件；(2)財政條件；(3)投資條件；(4)經濟條件；(5)就業條件；而「國際機構評比」則包含七大機構的11項指標排名，分別為：(1)《華爾街日報》與美國傳統基金會（The Heritage Foundation）之「2012經濟自由度指數」（2012 Index of Economic Freedom）；(2)世界銀行「Worldwide Trade Indicators；WTI（2006-2009）」之「制度環境排名」與「貿易便捷排名」；(3)世界銀行《Doing Business 2012》之「全球經商環境排名」；(4)世界銀行「Knowledge Economy Index；KEI」之「知識經濟指數排名」；(5)世界經濟論壇（WEF）《The Global Enabling Trade Report 2010》之「貿易便利度排名」；(6)世界經濟論壇《Global Competitiveness Report 2011-2012》之「全球競爭力指數排名」；(7)美國商業環境評估公司（BERI）《Historical Ratings Research Package 2011》之「投資環境排名」；(8)尼

爾森公司（Nielsen）《消費者信心指數2011 Q3》之「消費者信心指數排名」；(9)加拿大弗沙爾學會（Fraser Institute）《世界經濟自由2011年度報告》（*Economic Freedom of the World: 2011 Annual Report*）；(10)列格坦（Legatum）《*The 2011 Legatum Prosperity Index Table Rankings*》之「全球繁榮指數排行排名」。

2. **「貿易自由度」評估構面**：2012《IEAT調查報告》延續2011《IEAT調查報告》「貿易自由度」四大構面：(1)數量限制；(2)價格限制；(3)法規限制；(4)政府限制，共計18個細項指標。有關「貿易自由度」細項指標主要參考美國傳統基金會之《經濟自由度指數》評估指標，分別為：(1)經商自由；(2)貿易自由；(3)財政自由；(4)政府規模；(5)貨幣自由；(6)投資自由；(7)金融自由；(8)產權保障；(9)廉潔程度；(10)勞工自由；此外，亦參考加拿大弗沙爾學會之《世界經濟自由度年報》衡量標準，包括：(1)政府規模包括政府支出、稅率及政府公營事業；(2)法制環境與智財權保護程度；(3)融資取得便捷度；(4)國際貿易自由度；(5)信用、勞動市場以及企業的規範程度。

3. **「貿易便捷度」評估構面**：2012《IEAT調查報告》的「貿易便捷度」分為四大構面，分別為：(1)市場便捷；(2)邊境便捷；(3)基建便捷；(4)流程便捷，共計17個細項指標。有關貿易便捷度的評估構面與指標主要乃參考下列相關研究報告而成：❶ 世界銀行：《世界貿易指標》（World Trade Indicators；WTI）調查指標：(1)貿易政策；(2)外部環境；(3)制度環境；(4)貿易便捷；(5)貿易成果等五構面。❷ 世界經濟論壇：《全球貿易促進報告》（*2010-2011 Global Enabling Trade Report*），主要研究四大構面為：(1)市場開放度：關稅與非關稅障礙以及貿易法規完備度；(2)邊境管理：海關效率、進出口流程效率、行政透明度；(3)物流與通訊基礎設施：運輸基礎建設之效率與品質、運輸服務之效率與品質、資訊與通訊技術之使用及效率；(4)經商環境：管理效率、安全設備。

4. **「貿易難易度」評估構面**：2012《IEAT調查報告》的「貿易難易度」主要乃是由：(1)許可成本；(2)資訊成本；(3)投資成本；(4)經商成本四大構面構成，共計18個細項指標。有關貿易難易度的評估構面與指標主要乃參考下列相關研究報告而成：❶ 世界銀行：每年發布《經商環境報告》，調查

指標涵蓋十項衡量指標，包括(1)開辦企業；(2)申辦執照；(3)僱用員工；(4)財產註冊；(5)取得信用；(6)投資者保障；(7)繳納稅款；(8)跨國貿易；(9)履行合同；(10)結束營業。❷ 中華民國全國工業總會：每年公布《國內企業出口市場貿易障礙調查報告》，主要反映個別廠商出口時所面臨的貿易問題，將過去貿易商經常反映之非關稅措施進行歸類為五大類型25個選項，包括：(1)貿易救濟措施；(2)智財權保護；(3)關務程序及進口許可；(4)標準及符合性評估；(5)其他。

5. 「貿易風險度」評估構面：2012《IEAT調查報告》的「貿易風險度」分為四大構面，分別為：(1)政治風險；(2)經濟風險；(3)政策風險；(4)支付風險，共計20個細項指標。有關貿易風險度的評估構面與指標主要乃參考下列相關研究報告而成：❶ 科法斯：定期發布《國家貿易信用風險評等報告》（*Coface Country Risk Conference*），該報告衡量國家貿易風險包括：(1)國家經濟和政治前景；(2)科法斯償付經驗；(3)商業氣候評價等三項指標。❷ 商業環境風險評估公司：針對各國營運風險指標、政治風險指標及匯兌風險等三大指標進行評比。

■ 2012 IEAT 一力四度評估模式構面指標與權重

2012《IEAT調查報告》主要採取：(1)國家競爭力；(2)貿易自由度；(3)貿易便捷度；(4)貿易難易度；(5)貿易風險度之「一力四度」評估模式，形成「綜合貿易競爭力」之最終指標，該項綜合性的評估構面，為使一力四度的衡量指標內涵及權重能貼近學術與實務，除根據美國傳統基金會、弗沙爾學會及卡托研究所、世界銀行、世界經濟論壇、科法斯等知名研究機構衡量指標與構面權重外，更針對台灣知名產、官、學、研專家進行問卷及電話深度訪談，使一力四度之權重能得到合理的配置，以更貼切反映一力四度構面權重以及細項構面權重。專家問卷發放對象主要有下列三種構成：(1)台灣各大學國際貿易及國際企業系的學者；(2)台灣針對國際企業佈局有深研的研究機構之研究者；(3)對於國際貿易有操作實務的台商會會長。根據25位產、官、學、研給予的專家權重配置，如下表所示。

表9-1 2012 IEAT 「一力四度」構面指標與權重配置

一力四度構面		權重	構面權重	細項構面	細項權重	細項構面	細項權重
一力	國家競爭力	20%	50%	❶基礎條件	15%	❹經濟條件	30%
				❷財政條件	10%	❺就業條件	15%
				❸投資條件	30%		
			50%	❶研究機構評比	100%		
四度	貿易自由度	80%	30%	❶數量限制	15%	❸法規限制	35%
				❷價格限制	20%	❹政府限制	30%
	貿易便捷度		20%	❶市場便捷	35%	❸基建便捷	20%
				❷邊境便捷	20%	❹流程便捷	25%
	貿易難易度		15%	❶許可成本	15%	❸投資成本	40%
				❷資訊成本	15%	❹經商成本	30%
	貿易風險度		35%	❶政治風險	35%	❸政策風險	25%
				❷經濟風險	25%	❹支付風險	15%

資料來源：本研究整理

■ 2012 IEAT調查樣本結構與回收分析

2012《IEAT調查報告》所揭示的全球重要市場以及新興市場，主要是根據全球相關研究機構所提出的分類如下：**(1)新興國家**：中國大陸、俄羅斯、柬埔寨、印度、印尼、韓國、科威特、馬來西亞、菲律賓、沙烏地阿拉伯、泰國、阿拉伯聯合大公國、越南、阿根廷、巴西、智利、墨西哥、匈牙利、波蘭、土耳其、埃及、南非、阿曼、以色列、卡達、奈及利亞、孟加拉、伊朗、巴林、約旦、巴基斯坦、安哥拉；**(2)重要市場**：台灣、香港、日本、新加坡、澳洲、紐西蘭、加拿大、美國、法國、德國、義大利、荷蘭、西班牙、英國，綜合上述46個貿易地區即成為2012《IEAT調查報告》之研究對象。

2012《IEAT調查報告》之對象，主要針對台北市進出口商業同業公會5,500餘家會員廠商為主要問卷調查對象，本研究透過結構式問卷，以Email方式發送電子版問卷給IEAT會員廠商，再輔以：(1)台灣省進出口商業同業公會聯合會、新北市進出口商業同業公會、高雄市進出口商業同業公會之會員廠商，共計發放2,800份紙本問卷；(2)中華民國對外貿易發展協會進出口會員廠商名錄，經由Email發放電子版問卷；(3)國內EMBA學員之企業約1,200份紙本問卷。根據上述四項問卷回收管道，總計回收有效問卷2,116份。

有關2012 IEAT調查問卷實際有效回收2,116份問卷,下表係根據五大洲區域作爲樣本分類之基礎,由下表顯示五大洲區域回收問卷樣本數由多到少依序爲:(1)亞洲地區1,314份,占總問卷數比例62.10%;(2)歐洲地區341份,占16.12%;(3)美洲地區267份,占12.62%;(4)非洲地區129份,占6.10%;(5)大洋洲65份,占3.07%。2012 IEAT洲域問卷回收數和2011年相互比較發現,2012年問卷仍以亞洲地區爲主,但亞洲問卷數量占比有下降的趨勢,歐洲與美洲問卷也較去年減少,而非洲地區與大洋洲地區的回卷則增加。

表9-2　2012 IEAT調查樣本回收洲域別分析

排序	洲　域	2012調查		2011調查		2010調查	
		回卷數	百分比	回卷數	百分比	回卷數	百分比
1	亞　洲	1,314	62.10 %	1,400	62.92%	1,153	54.59 %
2	歐　洲	341	16.12 %	366	16.44%	429	20.31 %
3	美　洲	267	12.62 %	321	14.12%	375	17.76 %
4	非　洲	129	6.10 %	98	4.40%	103	4.88 %
5	大洋洲	65	3.07 %	41	1.84%	52	2.46 %
總　計		2,116	100.00 %	2,226	100.00%	2,112	100.00 %

表9-3爲2012 IEAT調查樣本依據貿易地區別分類,回收前五名貿易地區分別爲:(1)台灣304份;(2)中國大陸166份;(3)美國110份;(4)日本101份;(5)香港63份。根據表9-3顯示,以樣本結構而言,前十名貿易地區亞洲就占了七位,經濟部國貿局於2012年1月18日表示:「2011年台灣對於新興市場出口比重增加至65%,預估2012年中國大陸、東協、印度以及巴西等新興市場,將成爲台灣貿易成長之動能。」由上述足以顯示亞洲市場在台灣出口貿易占有很大的影響力。此外,2012 IEAT「調查樣本結構」與2010年台灣對45個貿易地區之「貿易依賴度」Pearson積差相關係數爲0.976,顯示台灣貿易比重較高之地區,其回收樣本數相對也較高。

表9-3　2012 IEAT調查樣本貿易地區別分析

貿易地區	IEAT 2012樣本結構			2010貿易依賴度	
	樣本數	百分比	排名	依賴度	排名
台　　灣	304	14.37 %	1	-	-
中 國 大 陸	166	7.84 %	2	21.47 %	1
美　　國	110	5.20 %	3	10.81 %	3
日　　本	101	4.77 %	4	13.30 %	2
香　　港	63	2.98 %	5	7.50 %	4
馬 來 西 亞	44	2.08 %	6	2.60 %	8
韓　　國	43	2.03 %	7	5.09 %	5
新 加 坡	39	1.84 %	8	3.75 %	6
英　　國	39	1.84 %	8	1.01 %	18
德　　國	38	1.80 %	10	2.81 %	7
印　　度	37	1.75 %	11	1.23 %	16
沙烏地阿拉伯	37	1.75 %	11	2.45 %	9
義 大 利	37	1.75 %	11	0.84 %	20
泰　　國	36	1.70 %	14	1.73 %	12
土 耳 其	36	1.70 %	14	0.31 %	33
越　　南	35	1.65 %	16	1.68 %	13
印　　尼	35	1.65 %	16	2.00 %	11
科 威 特	35	1.65 %	16	1.19 %	17
澳　　洲	35	1.65 %	16	2.29 %	10
南　　非	35	1.65 %	16	0.39 %	30
俄 羅 斯	34	1.61 %	21	0.65 %	25
菲 律 賓	33	1.56 %	22	1.58 %	15
阿　　曼	33	1.56 %	22	0.35 %	32
西 班 牙	33	1.56 %	22	0.37 %	31
埃　　及	33	1.56 %	22	0.21 %	36
加 拿 大	32	1.51 %	26	0.66 %	24
巴　　西	32	1.51 %	26	0.83 %	21
匈 牙 利	32	1.51 %	26	0.10 %	42
阿聯大公國	31	1.47 %	29	0.95 %	19
約　　旦	31	1.47 %	29	0.05 %	45
巴 基 斯 坦	31	1.47 %	29	0.12 %	40
阿 根 廷	31	1.47 %	29	0.12 %	40
智　　利	31	1.47 %	29	0.46 %	27
墨 西 哥	31	1.47 %	29	0.40 %	29
荷　　蘭	31	1.47 %	29	1.61 %	14
法　　國	31	1.47 %	29	0.75 %	22

表9-3　2012 IEAT調查樣本貿易地區別分析（續）

貿易地區	IEAT 2012樣本結構			2010貿易依賴度	
	樣本數	百分比	排名	依賴度	排名
奈及利亞	31	1.47％	29	0.13％	39
柬埔寨	30	1.42％	38	0.09％	43
以色列	30	1.42％	38	0.23％	34
卡達	30	1.42％	38	0.40％	28
巴林	30	1.42％	38	0.09％	44
伊朗	30	1.42％	38	0.67％	23
孟加拉	30	1.42％	38	0.16％	38
波蘭	30	1.42％	38	0.21％	35
紐西蘭	30	1.42％	38	0.21％	36
安哥拉	30	1.42％	38	0.55％	26

資料來源：本研究整理

註：Pearson積差相關係數為0.976，P＝0.01**。

　　2012《IEAT調查報告》為檢視母體結構與調查回收樣本是否具有代表性，除了在上述貿易地區別進行相關係數分析之外，特針對貿易產品別進行Pearson積差相關係數檢定，以確保樣本的代表性。在2,116份有效問卷中，以資訊產品類占10.82％最高，其次為機械工具占9.83％，再者為電工器材占9.45％。如表9-4所示。

表9-4　2012 IEAT調查樣本貿易產品別分析

貿易產品	樣本數	百分比	排名	貿易產品	樣本數	百分比	排名
資訊產品	229	10.82%	1	攝影器材	68	3.21%	13
機械工具	208	9.83%	2	鋼鐵	65	3.07%	14
電工器材	200	9.45%	3	農畜漁產品	59	2.79%	15
化工	140	6.62%	4	保健食品	56	2.65%	16
交通器材	116	5.48%	5	乳品	45	2.13%	17
建材及家具	112	5.29%	6	中藥	45	2.13%	17
加工食品	99	4.68%	7	菸酒	45	2.13%	17
儀器	90	4.25%	8	西藥	43	2.03%	20
玩具禮品珠寶	82	3.88%	9	汽車	39	1.84%	21
運動休閒用品	81	3.83%	10	服務貿易	32	1.51%	22
紡織品	79	3.73%	11	其他	108	5.10%	-
化妝清潔用品	75	3.54%	12	總計	2,116	100.00%	-

■ 2012 IEAT調查樣本企業基本經營現況分析

2012 IEAT為了解樣本回卷企業基本經營現況，特別針對各企業之：(1)經營基本資料；(2)貿易型態；(3)主要進出口貿易地區；(4)主要競爭貿易地區；(5)最具發展潛力貿易地區；(6)市場優勢關鍵能力；(7)經營遇到困擾問題；(8)期望政府優先協助項目；(9)全球經貿衝擊事件對台灣貿易業者影響程度等九類進行樣本結構分析，以深入了解台灣貿易業經營現況的變遷。

1. 2012 IEAT 調查樣本企業「經營基本資料」分析

2012《IEAT調查報告》企業經營基本特性主要涵蓋：(1)設立年數；(2)資本額；(3)員工人數；(4)海外據點營業額占總公司營業額比例，由表9-5顯示，在2116份有效回卷樣本中，設立年數以21年以上占54.52%為最多；在資本額方面，則以新台幣1,001萬到5,000萬占35.47%為最高。此外，低於新台幣5,000萬以下資本額占80.05%，顯示台灣貿易商大多以中、小企業型結構為主；就員工人數而言，以21人至50人居最多，占27.69%；另外，海外據點營業額占總公司營業額比例則以1%至20%居最多，占38.81%。綜上所述，樣本結構之企業經營基本特性分析顯示，乃以中、小企業為主，與台灣企業結構非常符合。

表9-5　2012 IEAT調查樣本企業「經營基本資料」分析

企業經營基本資料	現況	次數	百分比	排序
❶ 設立年度	1）21年以上	1,133	54.52%	1
	2）16至20年	465	22.38%	2
	3）11至15年	329	15.83%	3
	4）6至10年	130	6.26%	4
	5）5年內	21	1.01%	5
❷ 目前資本額	1）新台幣500萬元以內	381	18.77%	3
	2）新台幣500萬～未滿1,000萬元	524	25.81%	2
	3）新台幣1,000萬～未滿5,000萬元	720	35.47%	1
	4）新台幣5,000萬～未滿1億元	163	8.03%	5
	5）新台幣1億元以上	242	11.92%	4

表9-5　2012 IEAT調查樣本企業「經營基本資料」分析（續）

企業經營基本資料	現況	次數	百分比	排序
❸ 員工人數	1）10人以下	311	14.92%	5
	2）11-20人	327	15.69%	4
	3）21-50人	577	27.69%	1
	4）51-100人	346	16.60%	3
	5）101-500人	349	16.75%	2
	6）501-1,000人	53	2.54%	7
	7）1,000人以上	121	5.81%	6
❹ 海外據點營業額占總公司比例	1）1%-20%	359	38.81%	1
	2）21%-40%	202	21.84%	2
	3）41%-60%	128	13.84%	3
	4）61%-80%	122	13.19%	4
	5）81%-100%	114	12.32%	5

資料來源：本研究整理

2. 2012 IEAT調查樣本企業「貿易型態」與「海外設立營業據點目的」分析

　　2012《IEAT調查報告》樣本結構中，「只從事出口」的比例最高，達47.02％，其次為「進口比例高於出口」，占25.78％，若排除「只從事進口」及「未填答」樣本，則可發現，有從事出口的比例高達90.55％，與台灣出口導向的對外貿易結構極為符合，如表9-6所示。

表9-6　2012 IEAT調查樣本企業「貿易型態」分析

經營型態	貿易型態	次數	百分比
貿易型態	❶ 只從事出口	954	45.09 %
	❷ 進口比例高於出口	523	24.72 %
	❸ 出口比例高於進口	439	20.75 %
	❹ 只從事進口	113	5.34 %
	❺ 未填答	87	4.11 %

表9-6 2012 IEAT調查樣本企業「貿易型態」分析（續）

經營型態	貿易型態	次數	百分比
海外設立 營業據點目的	❶ 接近市場	1214	57.37 %
	❷ 接近貨源	475	22.45 %
	❸ 降低成本	302	14.27 %
	❹ 分散風險	222	10.49 %
	❺ 財務考量	112	5.29 %
	❻ 其他	105	4.96 %

註：本題為複選題，因此總計次數超過回卷樣本數（N＝2,116）。

　　根據2012 IEAT調查樣本中，企業海外設立據點目的依序為：(1)接近市場（57.37％）；(2)接近貨源（22.45％）；(3)降低成本（14.27％）；(4)分散風險（10.49％）；(5)財務考量（5.29％）。由此得知，貿易業者逐漸轉向下游整合的趨勢高達六成，因此，一國的內需市場潛力、消費特性與風俗習慣，都是業者須納入考量的項目；貿易業者朝上游整合的趨勢也占兩成多，以取得更優良的貨源與穩定供貨來源。

3. 2012 IEAT 調查樣本企業「主要進出口貿易地區」分析

　　由表9-7顯示，2012 IEAT調查樣本中，前十大進出口貿易地區依次為：(1)中國大陸；(2)美國；(3)日本；(4)香港；(5)馬來西亞；(6)新加坡；(7)韓國；（8)泰國；(9)澳洲；(10)越南。

　　在出口貿易地區排名前十大的國家中，亞洲新興國家占了七位，由此可見，企業積極前往亞洲新興市場搶攻龐大消費商機。另由表9-7得知，中國大陸已超越美國排序第一，表示企業目前將主要市場著眼於中國大陸。

表9-7 2012 IEAT調查樣本企業「主要進出口貿易地區」分析

排名	主要貿易地區	樣本數	百分比	排名	主要貿易地區	樣本數	百分比
1	中 國 大 陸	1042	49.24%	24	沙烏地阿拉伯	173	8.18%
2	美　　　國	905	42.77%	25	南　　非	159	7.51%
3	日　　　本	832	39.32%	26	阿　根　廷	157	7.42%

表9-7　2012 IEAT調查樣本企業「主要進出口貿易地區」分析（續）

排名	主要貿易地區	樣本數	百分比	排名	主要貿易地區	樣本數	百分比
4	香　　港	767	36.25%	27	波　　蘭	154	7.28%
5	馬來西亞	515	24.34%	28	俄 羅 斯	149	7.04%
6	新 加 坡	510	24.10%	29	科 威 特	147	6.95%
7	韓　　國	479	22.64%	30	匈 牙 利	142	6.71%
8	泰　　國	454	21.46%	31	墨 西 哥	140	6.62%
9	澳　　洲	454	21.46%	32	智　　利	127	6.00%
10	越　　南	448	21.17%	33	埃　　及	123	5.81%
11	德　　國	442	20.89%	34	安 哥 拉	87	4.11%
12	印　　尼	303	14.32%	35	卡　　達	73	3.45%
13	西 班 牙	292	13.80%	36	以 色 列	70	3.31%
14	英　　國	279	13.19%	37	柬 埔 寨	62	2.93%
15	菲 律 賓	273	12.90%	38	阿　　曼	54	2.55%
16	義 大 利	251	11.86%	39	紐 西 蘭	51	2.41%
17	印　　度	248	11.72%	40	約　　旦	50	2.36%
18	巴　　西	247	11.67%	41	巴基斯坦	29	1.37%
19	加 拿 大	232	10.96%	42	奈及利亞	22	1.04%
20	荷　　蘭	220	10.40%	43	孟 加 拉	18	0.85%
21	土 耳 其	217	10.26%	44	伊　　朗	12	0.57%
22	阿聯大公國	213	10.07%	45	巴　　林	6	0.28%
23	法　　國	194	9.17%	其　　他		82	3.88%

註：本題為複選題，因此總計次數超過回卷樣本數（N＝2,116）。

4. 2012 IEAT調查樣本企業「主要競爭貿易地區」分析

　　由表9-8可知，2012 IEAT調查樣本中，台灣貿易商所面臨的主要競爭對手前五名分別為：(1)中國大陸；(2)香港；(3)韓國；(4)日本；(5)美國。2011年10月11日，匯豐銀行對全球貿易前景預測提出：「未來15年內，中國大陸將持續保持在世界貿易中的領先地位，並在2025年時將占世界貿易的份額提高至13％，成為全球最大的貿易國家。」加上近年來全球資本迅速流向中國大陸，使得中國大陸及香港成為台灣貿易業在國際市場上競爭的對手；而就韓國而言，2011年10月13日韓國與美國簽署《自由貿易協議》（FTA）生效，亞洲地區簽署FTA最多的國家即是韓國，加上根據《經濟日報》（2012）報導表示，2011年韓國對中國大陸出

口值達1,627億美元，比2010年成長17.6%。相對的，2011年台灣對中國大陸出口值為1,249億美元，比2010年只成長7.9%，明顯比韓國差距近10%，由此可見台灣與韓國之競爭激烈。然而，由前十名主要競爭對手可得知，亞洲新興國家崛起，其具有勞動成本低廉、天然資源豐富以及消費族群廣大等優勢，進而帶動亞洲經濟體系成長。

表9-8　2012 IEAT調查樣本企業「主要競爭貿易地區」分析

排名	主要競爭地區	樣本數	百分比	排名	主要競爭地區	樣本數	百分比
1	中 國 大 陸	1,559	73.68%	24	阿 根 廷	173	8.18%
2	香　　港	788	37.24%	25	波　　蘭	120	5.67%
3	韓　　國	755	35.68%	26	沙烏地阿拉伯	116	5.48%
4	日　　本	666	31.47%	27	智　　利	114	5.39%
5	美　　國	623	29.44%	28	巴 基 斯 坦	113	5.34%
6	越　　南	592	27.98%	29	墨 西 哥	94	4.44%
7	馬 來 西 亞	507	23.96%	30	約　　旦	94	4.44%
8	新 加 坡	504	23.82%	31	科 威 特	90	4.25%
9	澳　　洲	408	19.28%	32	阿聯大公國	89	4.21%
10	印　　尼	388	18.34%	33	法　　國	86	4.06%
11	泰　　國	372	17.58%	34	加 拿 大	69	3.26%
12	西 班 牙	341	16.12%	35	柬 埔 寨	55	2.60%
13	印　　度	335	15.83%	36	埃　　及	49	2.32%
14	德　　國	325	15.36%	37	紐 西 蘭	28	1.32%
15	土 耳 其	281	13.28%	38	以 色 列	21	0.99%
16	英　　國	245	11.58%	39	伊　　朗	18	0.85%
17	菲 律 賓	225	10.63%	40	巴　　林	12	0.57%
18	義 大 利	218	10.30%	41	安 哥 拉	12	0.57%
19	南　　非	210	9.92%	42	卡　　達	11	0.52%
20	荷　　蘭	208	9.83%	43	奈 及 利 亞	6	0.28%
21	俄 羅 斯	207	9.78%	44	孟 加 拉	6	0.28%
22	巴　　西	206	9.74%	45	阿　　曼	1	0.05%
23	匈 牙 利	183	8.65%		其　　他	98	4.63%

註：本題為複選題，因此總計次數超過回卷樣本數（N＝2,116）。

5. 2012 IEAT調查樣本企業認為「最具發展潛力貿易地區」分析

企業認為最具發展潛力貿易地區中，2012 IEAT調查報告統計出來前十名依序為：(1)中國大陸；(2)印尼；(3)巴西；(4)印度；(5)土耳其；(6)南非；(7)越南；(8)俄羅斯；(9)卡達；(10)美國。值得注意的是，排名前十的國家中，中國大陸、印尼、越南及印度，為經濟部（2010）推動為期三年的「優質平價新興市場推動方案」當中鎖定的新興市場，其內容為協助業者掌握金融海嘯時代後期，進入亞洲新興市場拓展中產消費族群之新商機。根據表9-9顯示，排名前九位均屬於新興市場，因受到美國經濟成長緩慢與歐洲債信危機影響，企業紛紛轉向新興國家拓展，依據2012年1月24日國際貨幣基金（IMF）公布《世界經濟展望報告》預估，2012年與2013年全球經濟成長率分別為3.3%、3.9%，受歐債危機的影響，歐盟區2012年將呈現負成長，而亞洲新興國家經濟成長率依舊亮眼，中國大陸2012年與2013年經濟成長率預估為8.2%、8.8%；印度則預估為7%、7.3%，且新興國家龐大內需市場，將成為各國前往角逐的戰場。

6. 2012 IEAT調查樣本企業「市場優勢關鍵能力」分析

從表9-10顯示，台灣貿易業者市場競爭優勢第一名即為「顧客維繫力強」（54.58%），其次為「價格具競爭力」（46.64%），第三名至第五名分別為「品質競爭力」（43.53%）、「售後服務優」（43.34%）、「貿易產品力優」（38.89%）。然而，無形資產中的「品牌具知名度」（32.09%）與「具專業人才」（19.90%）僅排名第12名與第14名，由此顯示出台灣貿易業者缺乏強大核心競爭力之元素與國際市場競爭抗衡，此部分是貿易業者與政府需要共同努力。

7. 2012 IEAT調查樣本企業「經營遇到困擾問題」分析

企業經營所遇到的困擾問題中，2012《IEAT調查報告》與2011《IEAT調查報告》統計出來的前十名有所不同，2012年企業經營所遇到的困擾問題，前十名依序為：(1)匯率波動頻繁（53.59%）；(2)同業競爭加劇（48.25%）；(3)缺乏貿易專才（46.12%）；(4)知識產權保護（38.61%）；(5)客戶付款能力（34.17%）；(6)國際環保規範（31.57%）；(7)全球削價競爭（29.30%）；(8)貿易資訊取得（26.89%）；(9)原物料價格漲（23.68%）；(10)資金融通困難（18.15%）。

表9-9　2012 IEAT調查樣本企業認為「最具發展潛力貿易地區」分析

排名	貿易地區	❶第一潛力		❷第二潛力		❸第三潛力		❹第四潛力		❺第五潛力		整體評價
		次數	百分比	次數	百分比	次數	百分比	次數	百分比	次數	百分比	
1	中國大陸	421	20.13%	315	15.00%	184	8.82%	48	2.40%	24	1.24%	4037
2	印尼	201	9.61%	336	16.00%	248	11.89%	152	7.62%	69	3.57%	3466
3	巴西	188	8.99%	140	6.67%	214	10.26%	57	2.86%	121	6.26%	2377
4	印度	178	8.51%	111	5.29%	195	9.35%	133	6.66%	84	4.35%	2269
5	土耳其	110	5.26%	64	3.05%	240	11.51%	137	6.86%	83	4.29%	1883
6	南非	116	5.55%	88	4.19%	94	4.51%	44	2.20%	88	4.55%	1390
7	越南	68	3.25%	64	3.05%	32	1.53%	130	6.51%	266	13.76%	1218
8	俄羅斯	76	3.63%	37	1.76%	76	3.65%	122	6.11%	163	8.43%	1163
9	卡達	61	2.92%	88	4.19%	68	3.26%	94	4.71%	74	3.83%	1123
10	美國	48	2.30%	72	3.43%	83	3.98%	118	5.91%	78	4.04%	1091
11	墨西哥	74	3.54%	36	1.71%	28	1.34%	116	5.81%	99	5.12%	929
12	阿聯大公國	46	2.20%	46	2.19%	22	1.06%	164	8.22%	66	3.41%	874
13	沙烏地阿拉伯	58	2.77%	50	2.38%	14	0.67%	38	1.90%	54	2.79%	662
14	日本	24	1.15%	54	2.57%	32	1.53%	74	3.71%	76	3.93%	656
15	新加坡	42	2.01%	52	2.48%	44	2.11%	29	1.45%	44	2.28%	652
16	香港	34	1.63%	78	3.71%	42	2.01%	16	0.80%	5	0.26%	645
17	德國	26	1.24%	42	2.00%	20	0.96%	13	0.65%	60	3.10%	444
18	澳洲	18	0.86%	22	1.05%	48	2.30%	6	0.30%	44	2.28%	378
19	紐西蘭	27	1.29%	28	1.33%	21	1.01%	14	0.70%	15	0.78%	353
20	泰國	22	1.05%	12	0.57%	24	1.15%	48	2.40%	15	0.78%	341
21	韓國	11	0.53%	18	0.86%	24	1.15%	48	2.40%	43	2.22%	338
22	加拿大	25	1.20%	28	1.33%	20	0.96%	12	0.60%	14	0.72%	335
23	以色列	18	0.86%	23	1.10%	25	1.20%	29	1.45%	17	0.88%	332
24	埃及	18	0.86%	0	0.00%	12	0.58%	70	3.51%	64	3.31%	330
25	阿曼	18	0.86%	21	1.00%	18	0.86%	35	1.75%	30	1.55%	328

表9-9 2012 IEAT調查樣本企業認為「最具發展潛力貿易地區」分析 (續)

排名	貿易地區	❶ 第一潛力		❷ 第二潛力		❸ 第三潛力		❹ 第四潛力		❺ 第五潛力		整體評價
		次數	百分比	次數	百分比	次數	百分比	次數	百分比	次數	百分比	
26	英　　國	17	0.81%	28	1.33%	16	0.77%	18	0.90%	24	1.24%	305
27	法　　國	13	0.62%	25	1.19%	28	1.34%	12	0.60%	17	0.88%	290
28	科 威 特	23	1.10%	21	1.00%	13	0.62%	18	0.90%	12	0.62%	286
29	約　　旦	11	0.53%	30	1.43%	21	1.01%	9	0.45%	17	0.88%	273
30	阿 根 廷	18	0.86%	18	0.86%	14	0.67%	20	1.00%	28	1.45%	272
31	荷　　蘭	17	0.81%	26	1.24%	15	0.72%	12	0.60%	11	0.57%	269
32	馬來西亞	8	0.38%	25	1.19%	30	1.44%	12	0.60%	12	0.62%	266
33	巴　　林	8	0.38%	10	0.48%	16	0.77%	20	1.00%	18	0.93%	186
34	波　　蘭	9	0.43%	17	0.81%	18	0.86%	6	0.30%	4	0.21%	183
35	安 哥 拉	9	0.43%	18	0.86%	13	0.62%	7	0.35%	8	0.41%	178
36	菲 律 賓	2	0.10%	12	0.57%	2	0.10%	40	2.00%	2	0.10%	146
37	西 班 牙	7	0.33%	12	0.57%	12	0.58%	10	0.50%	6	0.31%	145
38	智　　利	7	0.33%	10	0.48%	20	0.96%	2	0.10%	4	0.21%	143
39	匈 牙 利	5	0.24%	3	0.14%	12	0.58%	9	0.45%	10	0.52%	101
40	義 大 利	3	0.14%	4	0.19%	12	0.58%	12	0.60%	8	0.41%	99
41	巴基斯坦	1	0.05%	8	0.38%	2	0.10%	3	0.15%	25	1.29%	74
42	孟 加 拉	1	0.05%	4	0.19%	10	0.48%	3	0.15%	11	0.57%	68
43	奈及利亞	4	0.19%	3	0.14%	2	0.10%	10	0.50%	2	0.10%	60
44	柬 埔 寨	0	0.00%	0	0.00%	0	0.00%	25	1.25%	6	0.31%	56
45	伊　　朗	0	0.00%	1	0.05%	1	0.05%	1	0.05%	12	0.62%	21

資料來源：本研究整理

註：整體評價是依潛力❶、❷、❸、❹、❺，依序給予權重分數為5、4、3、2、1，按照各個潛力次數乘上各個潛力給予的權重分數並加總，即是整體評價。

表9-10　2012 IEAT調查樣本企業「市場優勢關鍵能力」分析

市場優勢關鍵能力	2012 IEAT（N=2,116）			2011 IEAT（N=2,226）			2010 IEAT（N=2,112）			2009 IEAT（N=2,088）		
	樣本數	百分比	排名	樣本數	百分比	排名	樣本數	百分比	排名	樣本數	百分比	排名
顧客維繫力強	1,155	54.58%	1	1,281	58.10%	1	1,207	57.64%	1	900	43.10%	2
價格具競爭力	987	46.64%	2	839	38.05%	5	836	39.92%	4	651	31.18%	7
品質競爭力	921	43.53%	3	805	36.51%	7	808	38.59%	5	562	26.92%	9
售後服務優	917	43.34%	4	984	44.63%	3	928	44.32%	3	741	35.49%	4
貿易產品力優	823	38.89%	5	1,188	53.88%	2	1,129	53.92%	2	1,010	48.37%	1
企業信用良好	753	35.59%	6	772	35.01%	8	783	37.39%	7	508	24.33%	11
公司財務穩健	749	35.40%	7	872	39.55%	4	797	38.06%	6	703	33.67%	5
供應鏈管理強	744	35.16%	8	816	37.01%	6	775	37.01%	8	536	25.67%	10
物流配送優	723	34.17%	9	770	34.92%	9	707	33.76%	10	830	39.75%	3
掌握市場資訊	719	33.98%	10	740	33.56%	10	760	36.29%	9	413	19.78%	12
貨源搜尋廣	701	33.13%	11	456	20.68%	15	406	19.39%	15	394	18.87%	13
品牌具知名度	679	32.09%	12	667	30.25%	12	639	30.52%	12	609	29.17%	8
付款條件優	563	26.61%	13	704	31.93%	11	658	31.42%	11	687	32.90%	6
具專業人才	421	19.90%	14	562	25.49%	13	566	27.03%	13	359	17.19%	14
技術研發專業	407	19.23%	15	481	21.81%	14	476	22.73%	14	345	16.52%	15

註：本題為為複選題，因此總計次數超過回答樣本數（N=2,116）。

　　2012《IEAT調查報告》中，名列經營困擾問題的前兩名是「匯率波動頻繁」及「同業競爭加劇」，這一直是歷年調查中貿易業者所困擾的問題前三名，加上近來歐美經濟情勢不穩，加深貿易的困難度；政府相關單位應扮演輔導角色，適切的穩定匯率，降低貿易業者的風險，加強台灣貿易的整體實力。在「知識產權保護」部分，從歷年調查結果顯示其重要性日漸提升，亦即說明知識產權戰爭時代即將來臨，知識產權可為貿易壁壘，亦可為商場上的利器，因而日趨重要。

　　此外，在表9-11中亦可發現有幾個項目排名波動較大，如「關稅稅率過高」，由於兩岸簽訂ECFA後，減輕關稅的負擔，使貿易業者對此項目問題重視度變低，從2011年的第五名降至2012年的第14名；再者如「原物料價格漲」，近來原物料價格持續的上漲，從表9-11卻從2011年的第二名跌至2012年的第九名，代表貿易業者對原物料漲價此一常態日漸接受。

8. 2012 IEAT調查樣本企業「期望政府優先協助項目」分析

　　由表9-12顯示，2012《IEAT調查報告》調查樣本結構中，台灣貿易業者需要政府協助項目前五名依序為：(1)提供市場資訊（47.31%）；(2)鼓勵異業聯盟（44.90%）；(3)整合同業平台（43.19%）；(4)整合聯盟夥伴（37.90%）；(5)國外貿易商情（36.77%）。雖然經濟部國貿局及相關進出口公協會網站已建構非常詳細的貿易資訊並提供即時的經貿商情，但是「提供市場資訊」仍是業者最期盼政府提供的協助，顯示業者對比期待之殷切，也代表政府提供資訊之廣度與深度仍有待加強。另「鼓勵異業聯盟」與「整合同業平台」以小幅的差距，分別位居第二及第三名，而對照本調查「企業經營遇到困擾問題」的第二名是「同業競爭加劇」，顯示貿易業者希望透過政府整合同業平台，以減少彼此之間相互競爭，而削減貿易競爭力。

9. 2012 IEAT調查樣本企業「全球經貿衝擊事件對台灣貿易業者影響程度」分析

　　由表9-13顯示，2012《IEAT調查報告》調查樣本結構中，台灣貿易業者受全球經貿衝擊事件影響項目前五名依序為：(1)歐洲債務危機引發全球金融恐慌；(2)全球經濟二次探底陰影與衝擊；(3)美國兩房危機引發全球金融風暴；(4)全球主要貨幣兌美元持續升值趨勢；(5)金融風暴後各國採取貿易保護。台灣為出口導向型

國家，由於地狹人稠、自然資源缺少，進而影響台灣對出口貿易的仰賴程度高，因而易受全球經貿事件影響。根據台灣歐洲聯盟中心主任蘇宏達（2012）表示：「歐洲債務危機影響了歐洲經濟及民間消費，亦讓歐洲廠商減少對台灣的進口訂單。」此外，就衝擊影響第二位的「全球經濟二次探底陰影與衝擊」而言，據2011年12月，聯合國公布《2012年世界經濟形勢與展望》報告中指出，世界經濟存在二次探底之危險，歐美能否有效地控制主權債務風險，將是避免世界經濟二次探底之關鍵。全球經濟籠罩在二次衰退危機中，而台灣經濟成長仍屬貿易驅動模式，最終出口地區仍以歐元區與美國為主，美元貶值、歐美經濟衰退對台灣經貿發展有實質影響，將使台灣出口貿易停滯。

表9-11 2012 IEAT調查樣本企業「經營遇到困擾問題」分析

經營困擾因素	2012 IEAT (N=2,116)			2011 IEAT (N=2,226)			2010 IEAT (N=2,112)			2009 IEAT (N=2,088)		
	樣本數	百分比	排名	樣本數	百分比	排名	樣本數	百分比	排名	樣本數	百分比	排名
匯率波動頻繁	1,134	53.59%	1	1,184	53.89%	3	1,109	53.29%	3	1,122	54.18%	2
同業競爭加劇	1,021	48.25%	2	1,361	61.95%	1	1,285	61.75%	1	1,159	55.96%	1
缺乏貿易專才	976	46.12%	3	915	41.65%	4	845	40.61%	4	757	36.55%	4
知識產權保護	817	38.61%	4	756	34.41%	6	725	34.84%	5	618	29.84%	6
客戶付款能力	723	34.17%	5	636	28.95%	7	626	30.08%	7	580	28.01%	7
國際環保規範	668	31.57%	6	514	23.40%	9	461	22.15%	9	556	26.85%	8
全球削價競爭	620	29.30%	7	629	28.63%	8	619	29.75%	8	424	20.47%	10
貿易資訊取得	569	26.89%	8	295	13.43%	13	306	14.70%	13	289	13.47%	13
原物料價格漲	501	23.68%	9	1,185	53.94%	2	1,151	55.31%	2	904	43.65%	3
資金融通困難	384	18.15%	10	288	13.11%	14	289	13.89%	14	279	13.95%	12
主要客戶流失	350	16.54%	11	269	12.24%	15	253	12.16%	15	220	10.62%	14
貨物通關障礙	334	15.78%	12	429	19.53%	11	371	17.83%	10	396	19.12%	11
檢驗檢疫繫瑣	296	13.99%	13	344	15.66%	12	354	17.01%	12	191	9.22%	15
關稅稅率過高	117	5.53%	14	775	35.28%	5	708	34.02%	6	723	34.91%	5
三通問題困擾	103	4.87%	15	432	19.66%	10	357	17.16%	11	500	24.14%	9

註：本題為為複選題，因此總計次數超過回卷樣本數（N=2,116）。

表9-12 2012 IEAT調查樣本企業「期望政府優先協助項目」分析

期望政府協助項目	2012 IEAT (N=2,116)			2011 IEAT (N=2,226)			2010 IEAT (N=2,112)			2009 IEAT (N=2,088)		
	樣本數	百分比	排名	樣本數	百分比	排名	樣本數	百分比	排名	樣本數	百分比	排名
提供市場資訊	1,001	47.31%	1	1,069	49.51 %	1	992	48.63 %	1	951	47.08 %	1
鼓勵異業聯盟	950	44.90%	2	717	33.21 %	7	688	33.73 %	7	449	22.23 %	10
整合同業平台	914	43.19%	3	1,036	47.99 %	2	947	46.42 %	3	895	44.31 %	2
整合聯盟夥伴	802	37.90%	4	863	39.97 %	5	838	41.08 %	4	516	25.54 %	7
國外貿易商情	778	36.77%	5	755	34.97 %	6	731	35.83 %	6	677	33.51 %	4
提供會展資訊	751	35.49%	6	543	25.15 %	9	514	25.20 %	9	440	21.78 %	11
取得資金融通	672	31.76%	7	1,024	47.43 %	3	957	46.91 %	2	817	40.45 %	3
專業能力培訓	598	28.26%	8	524	24.27 %	10	487	23.87 %	11	474	23.47 %	8
提升商務能力	516	24.39%	9	611	28.30 %	8	588	28.82 %	8	611	30.25 %	6
改善貿易法令	500	23.63%	10	898	41.59 %	4	824	40.39 %	5	650	32.18 %	5
調解貿易糾紛	484	22.87%	11	289	13.39 %	15	275	13.48 %	15	209	10.35 %	15
提供經營諮詢	439	20.75%	12	392	18.16 %	13	317	15.54 %	13	310	15.35 %	13
提供稅費資訊	370	17.49%	13	311	14.40 %	14	297	14.56 %	14	245	12.13 %	14
提供檢投資訊	297	14.04%	14	509	23.58 %	11	457	22.40 %	12	467	23.12 %	9
取得產品訊息	284	13.42%	15	457	21.17 %	12	-	-	-	-	-	-

註：本題為複選題，因此總計次數超過回卷樣本數（N=2,116）。

表9-13　2012 IEAT調查樣本企業認為「全球經貿衝擊事件對台灣貿易業者影響程度」分析

排名	全球經貿衝擊事件	❶第一影響 次數	❶第一影響 百分比	❷第二影響 次數	❷第二影響 百分比	❸第三影響 次數	❸第三影響 百分比	❹第四影響 次數	❹第四影響 百分比	❺第五影響 次數	❺第五影響 百分比	整體評價
1	歐洲債務危機引發全球金融恐慌	296	14.23%	466	22.26%	425	20.32%	258	12.54%	242	11.78%	5377
2	全球經濟二次探底陰影與衝擊	301	14.47%	268	12.80%	443	21.18%	285	13.86%	158	7.69%	4634
3	美國兩房危機引發全球金融風暴	513	24.66%	138	6.59%	111	5.31%	210	10.21%	116	5.64%	3986
4	全球主要貨幣兌美元持續升值趨勢	228	10.96%	203	9.70%	110	5.26%	218	10.60%	346	16.84%	3064
5	金融風暴後各國採取貿易保護	339	16.30%	104	4.97%	93	4.45%	234	11.38%	192	9.34%	3050
6	各國救市造成貨幣寬鬆通貨膨脹	96	4.62%	285	13.62%	121	5.78%	174	8.46%	152	7.40%	2483
7	台灣塑化劑事件及衝擊	58	2.79%	275	13.14%	144	6.88%	322	15.65%	0	0.00%	2466
8	標準普爾降美國國債評級	46	2.21%	68	3.25%	162	7.74%	99	4.81%	220	10.71%	1406
9	近十年來日本經濟持續低迷	42	2.02%	70	3.34%	124	5.93%	58	2.82%	243	11.82%	1221
10	日本宮城縣大地震及福島事件	40	1.92%	62	2.96%	120	5.74%	43	2.09%	189	9.20%	1083
11	因應全球氣候變遷各國採取綠色成長	36	1.73%	58	2.77%	88	4.21%	32	1.56%	58	2.82%	798
12	北非國家茉莉花革命迭起	32	1.54%	44	2.10%	72	3.44%	43	2.09%	76	3.70%	714
13	近年來中東地區政治局勢動盪	35	1.68%	42	2.01%	68	3.25%	58	2.82%	32	1.56%	695
14	東北亞北韓與南韓政治緊張局勢	18	0.87%	10	0.48%	11	0.53%	23	1.12%	31	1.51%	240

資料來源：本研究整理

註：整體評價是依潛力❶、❷、❸、❹、❺，依序給予權重分數為5、4、3、2、1，按照各個潛力次數乘上各個潛力給予的權重分數並加總，即是整體評價。

第 10 章

2012 IEAT 46個貿易地區「國家競爭力」剖析

2012《IEAT調查報告》有關「國家競爭力」的衡量，主要是由「國家基本條件」與「國際機構評比」兩個部分所構成，其權重分別為50%。

2012 IEAT 國家競爭力衡量構面

「國家基本條件」由五大構面17個指標組成，分別為：**(1)基礎條件**：包括總人口、識字率、商品進口、商品出口、服務進口、服務出口；**(2)財政條件**：包括政府財政收入、外匯存底與黃金儲備、政府支出占GDP比重；**(3)投資條件**：包括國內資本形成占GDP比重、累計國外投資金額（FDI）（存量）；**(4)經濟條件**：包括工業占GDP比重、服務業占GDP比重、消費占GDP比重、人均GDP；**(5)就業條件**：包括勞動人口、失業率。就如表10-1所示，2012《IEAT調查報告》列入評估的46個國家基本資料排名，乃是依據上述五大構面17個指標經由百分比換算，再乘以學者專家給予之權重而得，權重配置為：(1)基礎條件：15%；(2)財政條件：10%；(3)投資條件：30%；(4)經濟條件：30%；(5)就業條件：15%。換言之，評價計算公式為「**國家基本條件競爭力＝（基礎條件×15%）＋（財政條件×10%）＋（投資條件×30%）＋（經濟條件×30%）＋（就業條件×15%）**」。

在「國家基本條件」中，排名前三依序為中國大陸、日本、美國（表10-3）。中國大陸依然以13億人口位居全球第一人口大國，然而據中國社科院人口與勞動經濟研究所副所長張車偉（2012）表示：「中國大陸人口變化趨勢逆不可擋，高齡化程度快速，也意味著『人口紅利』持續衰減，至2025年，中國大陸的人口紅利將徹底消失。」而在商品貿易方面，美國依然居冠，中國大陸則排名第二；服務貿易方面，美國為首，其次為德國、英國；政府財政收入方面，美國高

居首位，其次為日本、德國；外匯存底方面，中國大陸則以相較第二名的日本兩倍多之姿位居榜首，為全球外匯存底最多之國家。另外其他的指標：識字率不足八成的國家有印度、沙烏地阿拉伯、阿聯大公國、柬埔寨、伊朗、孟加拉、巴基斯坦、埃及、奈及利亞以及安哥拉，其中孟加拉更以47.9％之識字率居末位。在投資條件中，國內資本形成占GDP比重以卡達、中國大陸、阿聯大公國分居前三名；累計國外投資金額存量前三大分別為美國、香港、英國。在經濟條件中，工業占GDP比重以卡達為首，其次為安哥拉、沙烏地阿拉伯；服務業占GDP比重前三名分別為香港、法國、英國；消費占GDP比重則以柬埔寨、巴基斯坦為高，究其原因是由於貿易、投資及政府支出等指標活動和表現皆不出色，才導致消費比重較高的結果；人均GDP項目前三名為卡達、澳洲、科威特。在就業條件方面，中國大陸及印度是全球人口眾多之國家，因此勞動人口相對較高；失業率則是卡達以僅0.5％最低而位居首位（表10-1）。

「國際機構評比」引用美國傳統基金會與華爾街日報（HF）、世界銀行（WB）、世界經濟論壇（WEF）、美國商業環境評估公司（BERI）、尼爾森公司（Nielsen）、弗沙爾學會（Fraser Institute）、列格坦（Legatum）等七大知名機構定期發布之報告，其中與貿易相關之排名共計11個指標，如表10-2所示。

表10-1 2012 IEAT 46個貿易地區「國家基本條件」次級資料

國家/地區	❶ 基礎條件						❷ 財政條件				❸ 投資條件	❹ 經濟條件				❺ 就業條件	
	總人口	識字率	商品進口	商品出口	服務進口	服務出口	政府財政收入	外匯存底與黃金儲備	政府支出占GDP比重	國內資本形成占GDP比重	累計國外投資金額（存量）	工業占GDP比重	服務業占GDP比重	消費占GDP比重	人均GDP	勞動人口	失業率
	百萬人	%	十億美元	十億美元	百萬美元	百萬美元	十億美元	十億美元	%	%	百萬美元	%	%	%	美元	百萬人	%
中國大陸	1,336.71	92.20	1,395.10	1,577.82	192.17	170.25	1,227.00	2,876.00	13.57	43.83	578,818.00	46.90	43.00	50.40	4,454.43	815.30	4.30
香 港	7.12	93.50	442.04	401.02	50.87	106.43	46.79	268.70	8.75	20.88	1,097,619.65	7.40	92.50	70.27	32,110.84	3.69	4.40
日 本	126.48	99.00	694.05	769.84	155.80	138.88	1,796.00	1,063.00	19.74	20.65	214,880.29	24.90	73.80	77.99	43,461.03	62.97	5.00
新 加 坡	4.74	92.50	310.79	351.87	96.11	111.91	32.70	225.70	11.38	28.87	469,871.30	28.30	71.70	52.78	42,302.02	3.16	2.20
韓 國	48.75	97.90	425.21	466.38	92.98	81.57	234.60	291.60	16.02	28.99	127,046.60	39.30	58.20	70.33	20,910.87	24.75	3.70
越 南	90.55	94.00	84.80	72.19	9.77	7.36	29.23	13.36	6.35	34.79	65,627.66	41.10	38.30	73.34	1,130.49	47.37	4.40
馬來西亞	28.73	88.70	164.73	198.80	31.97	32.68	49.56	106.50	14.30	20.37	101,339.06	41.40	48.20	64.53	8,318.75	11.63	3.40
泰 國	66.72	92.60	182.40	195.32	45.60	33.81	58.12	176.10	13.29	24.41	127,257.20	44.70	42.90	68.26	4,619.25	38.64	1.10
菲 律 賓	101.83	92.60	58.23	51.50	11.07	13.24	26.84	62.37	10.54	14.64	24,893.00	31.30	54.80	84.45	2,020.16	38.90	7.30
印 尼	245.61	90.40	131.74	157.82	25.79	16.23	119.50	96.21	9.62	31.06	121,526.65	47.00	37.60	68.24	2,953.24	116.50	7.10
印 度	1,189.17	61.00	327.23	219.96	116.14	123.28	185.40	287.10	12.32	33.70	197,939.29	26.30	55.20	69.64	1,325.97	478.30	10.80
沙烏地阿拉伯	26.13	78.80	97.08	249.70	51.00	10.35	197.30	445.10	25.86	24.83	170,450.00	61.80	35.70	64.51	15,860.18	7.34	10.80
阿拉伯聯合大公國	5.15	77.90	160.00	220.00	40.91	11.03	65.67	42.79	9.64	34.82	76,174.83	53.00	46.10	57.07	37,004.92	3.91	2.40
柬 埔 寨	14.70	73.60	7.50	5.03	1.08	1.67	1.47	3.80	3.35	14.96	5,958.39	21.40	45.20	98.55	803.63	8.80	3.50
科 威 特	2.60	93.30	22.45	67.01	11.63	6.92	72.94	21.36	20.53	13.92	6,514.26	48.00	51.70	57.75	47,976.83	2.11	2.20
以 色 列	7.47	97.10	61.21	58.39	17.77	24.65	61.00	70.91	24.29	16.42	77,810.00	32.60	65.00	81.50	29,074.46	3.15	6.70
阿 曼	3.03	81.40	19.87	36.60	6.61	1.94	20.59	13.03	16.95	27.36	15,196.40	51.00	47.50	56.35	22,910.72	0.97	15.00
卡 達	0.85	89.00	23.24	62.00	5.68	3.49	47.32	31.19	24.18	45.58	31,428.08	69.80	30.10	42.20	73,621.86	1.24	0.50
巴 林	1.21	86.50	10.00	13.65	1.91	4.05	5.61	4.50	15.45	26.59	15,153.99	57.30	42.20	50.26	17,958.55	0.66	15.00

表10-1 2012 IEAT 46個貿易地區「國家基本條件」次級資料（續）

國家/地區	❶基礎條件						❷財政條件			❸投資條件		❹經濟條件				❺就業條件	
	總人口	識字率	商品進口	商品出口	服務進口	服務出口	政府財政收入	外匯存底與黃金儲備	政府支出占GDP比重	國內資本形成占GDP比重	累計國外投資金額(存量)	工業占GDP比重	服務業占GDP比重	消費占GDP比重	人均GDP	勞動人口	失業率
	百萬人	%	十億美元	十億美元	百萬美元	百萬美元	十億美元	十億美元	%	%	百萬美元	%	%	%	美元	百萬人	%
伊　　朗	77.89	77.00	65.02	100.52	19.44	7.53	110.90	75.06	10.95	22.83	27,600.42	41.70	47.30	65.27	5,352.04	25.70	14.60
孟 加 拉	158.57	47.90	27.82	19.19	4.10	1.21	11.41	11.18	5.18	24.18	6,072.07	28.50	52.60	79.83	668.68	73.86	5.10
約　　旦	6.51	89.90	39.04	21.41	6.47	2.79	6.18	13.40	16.39	25.36	20,406.01	30.30	66.20	88.54	4,451.53	1.72	12.50
巴基斯坦	187.34	49.90	15.40	7.03	4.16	4.78	24.72	17.21	10.69	18.09	21,494.00	23.60	54.60	90.13	1,018.98	55.77	15.40
美　　國	313.23	99.00	1,969.18	1,278.26	358.07	518.34	2,162.00	132.40	17.26	14.65	3,451,405.00	22.10	76.80	88.27	46,977.09	153.90	9.60
加 拿 大	34.03	99.00	329.91	388.02	89.96	67.43	601.10	57.20	21.86	21.50	561,111.00	26.30	71.50	80.71	46,273.26	18.52	8.00
巴　　西	203.43	88.60	191.49	201.92	59.75	30.29	485.50	288.60	20.81	16.73	472,578.52	26.80	67.40	83.57	10,573.94	103.60	6.70
阿 根 廷	41.77	97.20	56.50	68.13	13.47	12.89	87.63	52.23	15.19	20.92	86,684.88	31.60	59.80	73.45	9,167.24	16.54	7.90
智　　利	16.89	95.70	58.96	71.03	11.57	10.69	45.65	27.83	11.75	23.93	139,538.20	41.80	53.10	70.98	12,052.23	7.92	7.10
墨 西 哥	113.72	86.10	241.52	298.31	22.28	15.43	234.30	120.50	11.67	21.88	327,248.91	32.60	63.50	78.41	9,043.25	46.99	5.40
德　　國	81.47	99.00	1,066.84	1,268.87	259.74	232.39	1,435.00	216.50	19.70	17.76	674,217.09	27.80	71.30	78.56	40,227.80	43.44	7.10
荷　　蘭	16.85	99.00	516.93	573.36	106.10	113.26	359.70	46.24	28.44	19.04	589,825.37	24.90	72.50	74.35	47,061.78	7.82	5.50
英　　國	62.70	99.00	560.10	405.67	160.94	226.84	913.50	82.41	23.51	14.71	1,086,143.14	21.80	77.50	88.75	36,008.01	31.52	7.80
西 班 牙	46.75	97.90	314.32	245.64	86.58	123.01	503.10	31.91	21.14	24.00	614,473.24	26.00	70.70	77.72	30,527.19	23.09	20.10
匈 牙 利	9.98	99.40	88.12	95.44	15.64	18.89	58.17	44.99	22.23	20.89	91,932.61	37.00	60.50	75.59	12,966.37	4.23	11.20
義 大 利	61.02	98.40	483.81	447.54	107.94	97.09	957.60	158.90	21.55	19.05	337,401.17	25.30	72.80	81.49	33,886.09	24.98	8.40
波　　蘭	38.44	99.80	173.65	155.75	28.78	32.40	82.96	93.49	18.44	21.24	193,140.58	33.00	63.50	79.52	12,240.92	17.66	12.10
法　　國	65.31	99.00	605.71	520.66	128.93	142.61	1,260.00	166.20	24.63	20.61	1,008,337.93	18.50	79.50	82.98	39,910.50	29.32	9.30
土 耳 其	78.79	87.40	185.54	113.98	18.40	33.44	169.00	86.08	14.71	16.87	181,901.00	26.60	63.80	86.25	10,273.49	25.64	12.00
俄 羅 斯	138.74	99.40	248.74	400.13	0.92	43.96	262.00	479.40	20.14	21.47	423,150.00	36.80	59.10	74.71	10,309.55	75.49	7.60

表10-1 2012 IEAT 46個貿易地區「國家基本條件」次級資料（續）

國家/地區	❶ 基礎條件						❷ 財政條件			❸ 投資條件		❹ 經濟條件				❺ 就業條件	
	總人口	識字率	商品進口	商品出口	服務進口	服務出口	政府財政收入	外匯存底與黃金儲備	政府支出占GDP比重	國內資本形成占GDP比重	累計國外投資金額（存量）	工業占GDP比重	服務業占GDP比重	消費占GDP比重	人均GDP	勞動人口	失業率
	百萬人	%	十億美元	十億美元	百萬美元	百萬美元	十億美元	十億美元	%	%	百萬美元	%	%	%	美元	百萬人	%
澳　洲	21.77	99.00	201.64	212.55	50.22	47.23	399.30	42.27	18.00	28.31	508,122.78	25.60	70.50	73.73	57,648.20	11.87	5.20
紐西蘭	4.29	99.00	30.62	31.40	9.02	8.59	54.82	16.72	20.58	19.52	70,129.23	24.30	71.00	79.64	31,971.46	2.32	6.50
南　非	49.00	86.40	94.04	81.82	18.02	13.62	107.40	43.83	20.80	22.42	132,396.41	30.80	66.70	81.58	7,206.38	17.39	24.90
埃　及	82.08	71.40	52.92	26.44	13.00	23.62	47.66	35.79	11.35	18.91	73,094.90	37.50	48.30	87.45	2,643.04	26.20	9.00
奈及利亞	155.22	68.00	44.24	82.00	20.16	2.61	19.16	34.92	5.63	9.58	60,326.67	32.00	38.00	75.97	1,401.75	50.48	4.90
安哥拉	13.34	67.40	21.50	53.50	16.40	0.64	35.54	19.66	26.09	16.61	25,027.70	65.80	24.60	70.98	2,072.38	8.01	25.00
台　灣	23.07	96.10	251.24	274.60	37.10	40.18	73.54	387.20	12.44	18.11	64,288.00	31.10	67.50	58.86	18,681.02	11.07	5.20

資料來源：[1] 美國中央情報局（CIA）：總人口數、識字率、財政收入、外匯存底、工業占GDP比重、服務業占GDP比重、勞動人口、失業率。

[2] 聯合國貿易暨發展會議（UNCTAD）：累計國外直接投資金額（FDI）（1980至2010年）、國內資本形成占GDP比重、政府支出占GDP比重資料來源為主計處。

GDP比重、消費占GDP比重、人均GDP。

[3] 世界貿易組織（WTO）：商品進出口值、服務進出口值。

註：[1] 服務進出口中，卡達為2006年值。

[2] 台灣總人口資料來源為內政部戶政司；台灣消費、投資、政府支出占GDP比重資料來源為主計處。

表10-2　2012 IEAT 46個貿易地區「國際機構評比」排名次級資料

| 國家 | 美國傳統基金會(HF) 經濟自由度指標排名 2011 | 世界銀行(The World Bank) | | | | 世界經濟論壇(WEF) | | 美國商業環境評估公司(BERI) 投資環境 2011-II | 尼爾森公司(Nielsen) 消費者信心指數 2011-Q2 | 弗沙爾學會(Fraser Institute) 世界經濟自由年度報告 2011 | 列格坦(Legatum) 全球繁榮指數排行 2010 |
		制度環境排名 2006-2009	貿易便捷排名 2006-2009	全球經商環境排名 2012	知識經濟指數排名 2009	貿易便利度排名 2010	全球競爭力指數排名 2010-2012				
中國大陸	135	89	27	91	81	48	26	13	10	92	58
香港	1	3	13	2	23	2	11	50	8	1	20
日本	20	15	6	20	20	25	9	11	49	22	18
新加坡	2	1	2	1	19	1	2	1	12	2	17
韓國	35	19	22	8	29	27	24	17	50	30	27
越南	139	93	53	98	100	71	65	38	17	88	61
馬來西亞	53	23	29	18	48	30	21	16	4	78	43
泰國	62	12	35	17	63	60	39	30	9	65	52
菲律賓	115	144	44	136	89	92	75	27	2	89	64
印尼	116	122	76	129	103	68	46	34	3	84	70
印度	124	133	47	132	109	84	56	27	1	94	88
沙烏地阿拉伯	54	13	39	12	68	40	17	22	7	141	49
阿聯大公國	47	33	24	33	45	16	27	50	5	14	30
柬埔寨	102	145	134	138	137	102	97	50	56	141	95
科威特	61	61	36	67	52	65	34	50	56	47	31
以色列	43	29	31	34	26	26	22	50	20	83	36
阿曼	34	65	60	49	66	29	34	50	56	28	110
卡達	27	39	55	36	44	34	14	50	56	141	110

表10-2　2012 IEAT 46個貿易地區「國際機構評比」排名次級資料（續）

國　家	美國傳統基金會（HF）經濟自由度指標排名	世界銀行（The World Bank）				世界經濟論壇（WEF）		美國商業環境評估公司（BERI）投資環境	尼爾森公司（Nielsen）消費者信心指數	弗沙爾學會（Fraser Institute）世界經濟自由年度報告	列格坦（Legatum）全球繁榮指數排行
		制度環境排名	貿易便捷排名	全球經商環境排名	知識經濟指數排名	貿易便利度排名	全球競爭力指數排名				
	2011	2006-2009	2006-2009	2012	2009	2010	2010-2012	2011-II	2011-Q2	2011	2010
巴　　　林	10	20	32	38	49	22	37	50	56	11	110
伊　　　朗	171	137	104	144	98	125	62	36	56	105	92
孟　　　拉	130	119	80	122	138	113	108	50	56	103	96
約　　　旦	38	100	79	96	62	39	71	50	56	62	74
巴 基 斯 坦	123	85	108	105	118	112	118	49	31	114	109
美　　　國	9	4	15	4	9	19	5	13	36	10	10
加　　　大	6	8	14	13	6	8	12	8	13	6	7
巴　　　西	113	129	41	126	54	87	53	36	19	102	45
阿　根　廷	138	118	48	113	59	95	85	38	22	119	41
智　　　利	11	49	49	39	42	18	31	22	26	7	32
墨　　　哥	48	51	50	53	67	64	58	44	35	75	53
德　　　國	23	25	1	19	12	13	6	7	30	21	15
荷　　　蘭	15	30	4	31	4	10	7	5	27	30	9
英　　　國	16	5	8	7	7	17	10	20	39	8	13
西　班　牙	31	62	24	44	24	32	36	25	46	54	23
匈　牙　利	51	47	52	51	27	49	48	34	53	15	34
義　大　利	87	78	22	87	30	51	43	30	48	70	25
波　　　蘭	68	72	29	62	37	58	41	38	42	53	29

表10-2 2012 IEAT 46個貿易地區「國際機構評比」排名次級資料（續）

國　　家	美國傳統基金會(HF) 經濟自由度指標排名 2011	世界銀行(The World Bank)					世界經濟論壇(WEF) 全球競爭力指數排名 2010-2012	美國商業環境評估公司(BERI) 投資環境 2011-II	尼爾森公司(Nielsen) 消費者信心指數 2011-Q2	弗沙爾學會(Fraser Institute) 世界經濟自由度年度報告 2011	列格坦(Legatum) 全球繁榮指數排行 2010
		制度環境排名 2006-2009	貿易便捷排名 2006-2009	全球經商環境排名 2012	知識經濟指數排名 2009	貿易便利度排名 2010					
法　　國	64	31	17	29	22	20	18	20	40	42	19
土　耳　其	67	73	39	71	61	62	59	44	37	75	80
俄　羅　斯	143	120	94	120	60	114	66	25	56	81	63
澳　　洲	3	9	17	15	11	15	20	19	11	5	4
紐　西　蘭	4	2	21	3	14	6	25	50	18	3	5
南　　非	74	34	28	35	65	72	50	30	32	87	66
埃　　及	96	106	94	110	90	76	94	47	23	93	89
奈及利亞	111	125	100	133	129	120	127	50	56	107	106
安　哥　拉	161	169	141	172	127	125	139	50	56	138	110
台　　灣	25	46	20	25	18	28	13	3	29	26	22

資料來源：
[1] HF《2011 Index of Economic Freedom》
[2] WB「Worldwide Trade Indicators; WTI（2006-2009）」
[3] WB《Doing Business 2012》
[4] WB「Knowledge Economy index; KEI（2009）」
[5] WEF《The Global Enabling Trade Report 2010》
[6] WEF《Global Competitiveness Report 2010-2012》
[7] BERI《Historical Ratings Research Package 2011》
[8] Nielsen《Global Consumer Confidence Survey Q2,2011》
[9] Fraser Institute《Economic Freedom of the World：2011 Annual Report》
[10] Legatum「The 2010 Legatum Prosperity Index」

註：
[1] 未列入各機構排名之國家，即以調查樣本國家總數之最後一名為其名次。
[2] BERI每年公布三次報告，「2011-II」代表2011年第二次報告。

■ **2012 IEAT國家競爭力排名**

　　如表10-3所示，2012《IEAT調查報告》之「國家競爭力」排名，是依據「國家基本條件」與「國際機構評比」各占50％權重計算而得。「國家競爭力」前十名依序為：(1)美國；(2)加拿大；(3)新加坡；(4)澳洲；(5)德國；(6)英國；(7)日本；(8)荷蘭；(9)香港；(10)法國。

　　美國在「國家基本條件」中評分為74.320分排名第三；且在「國際機構評比」中位居第四，評分為94.598分，綜上二個排名分數，美國因此在「國家競爭力」排名為第一名。加拿大雖在「國家基本條件」排名中僅為第六名，評分為71.526分；但在「國際機構評比」中被評為96.561分，排名第二。因此，加拿大的「國家競爭力」在分數加權後以84.043分排名第二。新加坡在整體「國家基本條件」評分為68.614分，排名稍顯落後僅為第11名，但在「國際機構評比」中被評為99.000分，排名第一，因此，加權後以83.807分，在「國家競爭力」排名第三名。然前十名中的澳洲、香港皆較2011年進步一名，究其原因為在2012年評比中，澳洲在「國家基本條件」、香港在「國家機構評比」中各有斬獲。此外，進入後ECFA時代，台灣及中國大陸的國家競爭力排名現況，令人格外關注。台灣的「國家競爭力」名次雖較2011年下降一名來到第15名，但分數較2011年提升至71.365分，在「國家基本條件」以55.331分僅排名在第31位，但在「國際機構評比」排名第11位，評分為87.400分；而中國大陸則在46個貿易地區中，在「國家基本條件」以76.544分奪下第一名，卻在「國際機構評比」的表現並不如前述亮眼。因此，中國大陸的「國家競爭力」在分數加權後以69.628分排名第18名。

表10-3 2012 IEAT 46個貿易地區「國家競爭力」排名

排名	國家／地區	國家基本條件		國際機構評比		國家競爭力
		評分	排名	評分	排名	
1	美　　國	74.320	3	94.598	4	84.459
2	加　拿　大	71.526	6	96.561	2	84.043
3	新　加　坡	68.614	11	99.000	1	83.807
4	澳　　洲	71.409	7	94.895	3	83.152
5	德　　國	72.989	5	92.337	8	82.663
6	英　　國	70.926	8	93.646	6	82.286
7	日　　本	74.773	2	89.779	10	82.276
8	荷　　蘭	68.307	12	92.337	8	80.322
9	香　　港	65.235	18	94.598	4	79.916
10	法　　國	73.588	4	83.414	13	78.501
11	韓　　國	70.794	9	85.437	12	78.115
12	西　班　牙	67.971	14	78.715	18	73.343
13	紐　西　蘭	51.863	34	93.587	7	72.725
14	阿聯大公國	61.212	22	83.295	14	72.253
15	台　　灣	55.331	31	87.400	11	71.365
16	泰　　國	63.904	19	76.157	20	70.030
17	智　　利	56.794	28	83.176	15	69.985
18	中　國　大　陸	76.544	1	62.712	31	69.628
19	義　大　利	68.278	13	68.602	25	68.440
20	馬　來　西　亞	55.886	30	80.975	16	68.431
21	沙烏地阿拉伯	60.568	23	75.086	22	67.827
22	以　色　列	55.053	32	78.774	17	66.913
23	墨　西　哥	66.449	16	66.995	28	66.722
24	波　　蘭	62.294	21	71.100	23	66.697
25	匈　牙　利	56.062	29	75.145	21	65.604
26	南　　非	58.315	25	68.483	26	63.399
27	卡　　達	58.374	24	66.520	29	62.447
28	巴　　西	67.151	15	54.681	33	60.916
29	土　耳　其	57.232	26	62.831	30	60.032
30	巴　　林	42.764	43	76.692	19	59.728
31	科　威　特	46.787	40	69.256	24	58.021
32	俄　羅　斯	68.775	10	46.532	40	57.653
33	印　　尼	62.748	20	51.945	35	57.346

表10-3 2012 IEAT 46個貿易地區「國家競爭力」排名（續）

排名	國家／地區	國家基本條件		國際機構評比		國家競爭力
		評分	排名	評分	排名	
34	印　　度	65.249	17	49.328	38	57.289
35	阿　　曼	45.704	41	68.007	27	56.856
36	越　　南	57.042	27	53.611	34	55.326
37	約　　旦	48.659	38	59.322	32	53.990
38	阿　根　廷	54.599	33	50.458	36	52.528
39	埃　　及	51.234	35	47.959	39	49.597
40	菲　律　賓	47.211	39	50.398	37	48.805
41	伊　　朗	50.971	36	35.348	43	43.159
42	孟　加　拉	49.011	37	36.240	42	42.625
43	巴　基　斯　坦	42.515	44	38.798	41	40.657
44	奈　及　利　亞	44.856	42	33.325	44	39.091
45	柬　埔　寨	36.853	46	31.362	45	34.108
46	安　哥　拉	40.262	45	0.000	46	30.131

資料來源：本研究整理

第11章

2012 IEAT 46個貿易地區「貿易自由度」剖析

　　2012《IEAT調查報告》有關「貿易自由度」衡量乃是由四個構面及18個細項指標所構成，「貿易自由度」的四構面分別為：❶數量限制；❷價格限制；❸法規限制；❹政府限制。經由2,116份有效問卷的評估，採取1到5分的評價，「非常滿意」給予5分評價、「滿意」為4分、「尚可」則為3分、「不滿意」評價為2分、「非常不滿意」則給予1分的評價。此外，「貿易自由度」整體評價的建構，乃由四個構面的評分，分別乘以專家給予四個構面之權重而得，關於「貿易自由度」四個構面的權重分別為：數量限制15%、價格限制20%、法規限制35%、政府限制30%，因而可得知「貿易自由度」評價的計算公式為「**貿易自由度＝（數量限制×15%）＋（價格限制×20%）＋（法規限制×35%）＋（政府限制×30%）」**。

■ 貿易自由度細項評估指標分析

　　根據表11-1顯示，2012《IEAT調查報告》回收2,116份有效問卷中，衡量貿易自由度的18個細項指標，評價最佳的前五項指標排名分別為：(1)實施產品及產地標示規範的滿意程度（3.130分）；(2)實施進出口數量限制的滿意程度（3.129分）；(3)對不同國家採取差別關稅待遇的程度（3.104分）；(4)實施禁止產品進出口規定的程度（3.086分）；(5)對於原產地證明規定不合理要求的程度（3.081分），而此五個細項評估指標分數均超過三分滿意程度「尚可」之值。

　　此外，貿易自由度評價最差的前五項細項指標分別為：(1)規定聘僱當地員工以保護就業的程度（2.896分）；(2)資金融通及利潤匯出限制規範的程度（2.967分）；(3)政府採取反傾銷措施干預自由市場的程度（2.970分）；(4)檢驗報告未

相互認證造成不便的程度（3.006分）；(5)對於貿易法規限制的滿意程度（3.019分）。由此可知，「規定聘僱當地員工以保護就業」為整體貿易自由度18項評估指標中最不滿意的項目，因全球經濟環境不穩定，當地國家政府為保護就業因而紛紛規定聘僱當地員工，已成為企業跨國貿易必須加以考量的要件之一；另「資金融通及利潤匯出限制規範」與「政府採取反傾銷措施干預自由市場」分數亦未滿三分達尚可標準，有鑑於此，企業進行跨國貿易前須事先了解出口國相關規範以保障企業發展，同時藉由提升企業自身競爭力，以抵制貿易障礙所帶來的衝擊。

表11-1　2012 IEAT「貿易自由度」細項評估指標排名

構面	細項評估指標	評分	排序
數量限制	❶ 該國或該地區實施**進出口數量限制**的滿意程度	3.129	2
	❷ 該國或該地區實施**禁止產品進出口**規定的程度	3.086	4
	構面平均值	**3.108**	-
價格限制	❶ 該國或該地區對不同國家採取**差別關稅**待遇的程度	3.104	3
	❷ 該貿易地區對於**課徵關稅**的滿意程度	3.019	13
	❸ 該貿易地區對於**反傾銷稅制度**的滿意程度	3.067	6
	❹ 該貿易地區對於**平衡稅措施**的滿意程度	3.022	12
	❺ 該貿易地區對於**關稅配額**的滿意程度	3.024	11
	構面平均值	**3.047**	-
法規限制	❶ 該貿易地區對於**貿易法規限制**的滿意程度	3.019	14
	❷ 該貿易地區對於**原產地證明規定**不合理要求的程度	3.081	5
	❸ 該國或該地區**檢驗報告未相互認證**造成不便的程度	3.006	15
	❹ 該國或該地區實施**產品包裝規範**的滿意程度	3.046	10
	❺ 該國或該地區實施**產品及產地標示規範**的滿意程度	3.130	1
	❻ 該國或該地區**資金融通及利潤匯出限制規範**的程度	2.967	17
	構面平均值	**3.042**	-
政府限制	❶ 該國或該地區政府**採取反傾銷措施干預自由市場**的程度	2.970	16
	❷ 該國或該地區對於**當地企業補貼**造成不公平待遇的程度	3.054	9
	❸ 該國或該地區透過**政府採購政策**干預貿易自由的程度	3.064	7
	❹ 該國或該地區透過**政府法令獨占特定產業**的程度	3.063	8
	❺ 該國或該地區**規定聘僱當地員工以保護就業**的程度	2.896	18
	構面平均值	**3.009**	-
貿易自由度	四項構面平均值	**3.043**	-

　　就貿易自由度評估構面結果分析，各構面排名依次為：(1)數量限制為3.108分；(2)價格限制為3.047分；(3)法規限制為3.042分；(4)政府限制為3.009分，而2012《IEAT調查報告》四項構面平均分數（3.043）結果相較於2011《IEAT調查報告》四項構面平均分數（3.049）結果，台灣貿易商對46個貿易地區貿易自由度整體構面平均評價呈現下降的趨勢。

■ 46個貿易地區貿易自由度排名分析

　　2012《IEAT調查報告》根據評估的46個重要暨新興市場進行貿易自由度的分析，其結果如表11-2顯示，茲就分析內容剖析如下：

1.貿易自由度評價最佳前十個貿易地區：評價較佳前十個貿易地區分別為：**(1)新加坡；(2)加拿大；(3)澳洲；(4)法國；(5)香港；(6)英國；(7)阿聯大公國；(8)台灣；(9)卡達；(10)馬來西亞**。與2011《IEAT調查報告》相同，貿易自由度排名前十名的貿易地區屬於「新興市場」的有三個，顯見「新興市場」的力量逐漸成勢。值得注意的是，同屬中東地區的阿聯大公國、卡達列入貿易自由度前十之列，顯示部分中東國家的貿易自由程度逐漸提高，大部分中東國家將貿易自由化視為經濟發展動能之一，因而實行自由貿易且外匯收入充足，是故中東地區國家在貿易自由度評價前十名占有一定席位。另法國由2011年排名第15躍升至2012年第四名，為貿易自由度評價最佳前十個貿易變動最大的地區，其原因為法國為使製造業者能在國際上與他國相互角逐，於2011年支持推動大型契約、鼓勵企業出口、開展全球貿易市場，大幅提升法國貿易自由；而香港貿易自由度評價則由2011年的第一落至2012年的第五名，香港具有良好的經貿環境，吸引各國爭相前往貿易投資，但香港面臨可開發土地比例不到25％，導致房價飆漲，又香港貧富差距為亞洲之最，皆將影響其貿易自由度的評價。

2.貿易自由度評價倒數前十個貿易地區：評價倒數的前十個貿易地區分別為：**(1)巴基斯坦；(2)伊朗；(3)埃及；(4)菲律賓；(5)巴林；(6)孟加拉；(7)阿根廷；(8)泰國；(9)柬埔寨；(10)智利**。巴基斯坦於2008年11月接受國際貨幣基金（IMF）救助貸款後，實施一系列經濟改革措施，因而影響經貿自由度，且巴基斯坦受全球經濟因素衝擊與當地政局不穩等因素，導

致貿易自由度評價敬陪末座。此外，伊朗、埃及與巴林等國家，因政治動盪與基礎建設尚未完善等因素，被列為貿易自由度評價倒數的前十個貿易地區。而菲律賓、孟加拉、泰國及柬埔寨等東南亞國家，則因經濟發展步伐較為落後，且基礎設施落後與官僚體制等因素，阻礙國家經貿發展，更成為促進國家經貿自由度的絆腳石。智利則首度落入貿易自由度評價倒數前十個貿易地區，因智利經貿不斷發展，同時也使智利環境遭受一定的汙染、惡化，因而提高環境保護標準而壓縮貿易自由空間。貿易自由度評價倒數前十個貿易地區，仍有待經貿制度改革及持續與國際貿易制度接軌。

根據2012《IEAT調查報告》結果顯示，台灣在貿易自由度排名第八，較2011《IEAT調查報告》貿易自由度排名第11上升三個名次，其「數量限制」（3.480分）、「價格限制」（3.376分）、「法規限制」（3.344分）及「政府限制」（3.271分）四構面名次分別為第八名、第十名、第九名與第七名，且四構面分數均高於構面平均值，顯示台灣致力推動貿易自由頗具成效，而根據《遠見雜誌》2011年1月發布之〈台灣可望與東南亞國家展開FTA對話〉一文指出：「2011年為台灣FTA的起跑元年，但卻已是台灣主要競爭對手國實行FTA的第N年。因此2011年應為台灣努力追趕FTA進度的一年。」顯見相較競爭國簽訂FTA進度之下，台灣仍須持續改善經商環境，積極洽簽自由貿易協定，對貿易自由化理念有更深入的落實，以因應瞬息萬變的國際經貿局勢。

■ 全球五大洲貿易自由度排名分析

2012《IEAT調查報告》針對全球五大洲進行貿易自由度排名分析，根據表11-3所示，2012貿易自由度評估綜合排名依次為：(1)大洋洲地區（3.382分）；(2)美洲地區（3.109分）；(3)歐洲地區（3.063分）；(4)亞洲地區（3.033分）；(5)非洲地區（2.892分）。以下說明全球五大洲貿易自由度的評價：

1.大洋洲地區：由表11-3顯示，大洋洲在貿易自由度排名上，已連續四年排名第一，澳洲政府長期以來致力於推動貿易自由化發展，持續降低關稅，提供良好的基礎設施及致力營造優良的投資環境，促使大洋洲在整體貿易自由度獲得極高的評價。

表11-2 2012 IEAT 46個貿易地區「貿易自由度」排名

貿易地區	❶ 數量限制 評分	排名	❷ 價格限制 評分	排名	❸ 法規限制 評分	排名	❹ 政府限制 評分	排名	貿易自由度	2012 排名	2011 排名	2010 排名	2009 排名
新 加 坡	4.051	1	3.985	1	3.808	1	3.667	1	3.837	1	2	1	2
加 拿 大	3.828	2	3.788	2	3.750	2	3.506	2	3.696	2	5	3	3
澳 洲	3.771	4	3.709	4	3.514	4	3.491	4	3.585	3	3	14	10
法 國	3.645	6	3.710	3	3.522	3	3.503	3	3.572	4	15	15	11
香 港	3.794	3	3.598	5	3.345	8	3.314	6	3.454	5	1	2	1
英 國	3.769	5	3.518	6	3.453	5	3.236	10	3.448	6	4	4	5
阿聯大公國	3.468	9	3.361	13	3.349	7	3.335	5	3.365	7	8	18	15
台 灣	3.480	8	3.376	10	3.344	9	3.271	7	3.349	8	11	-	-
卡 達	3.333	15	3.447	7	3.397	6	3.201	11	3.339	9	6	10	9
馬 來 西 亞	3.489	7	3.395	9	3.301	10	3.245	8	3.331	10	12	11	-
阿 曼	3.424	11	3.424	8	3.282	11	3.169	13	3.298	11	9	8	-
美 國	3.391	12	3.330	15	3.278	12	3.240	9	3.294	12	10	5	4
德 國	3.355	14	3.374	11	3.261	13	3.153	14	3.265	13	14	13	8
沙烏地阿拉伯	3.459	10	3.341	14	3.257	14	3.097	15	3.256	14	13	21	19
日 本	3.386	13	3.240	17	3.184	16	3.170	12	3.221	15	7	9	7
以 色 列	3.283	17	3.240	16	3.188	15	3.093	16	3.184	16	16	6	-
紐 西 蘭	3.317	16	3.373	12	3.128	17	3.040	19	3.179	17	-	-	-
約 旦	3.274	18	3.187	18	3.108	19	3.039	20	3.128	18	-	-	-
荷 蘭	3.242	19	3.142	19	3.071	22	2.981	25	3.084	19	18	7	13
南 非	3.114	20	3.057	21	3.076	21	3.057	18	3.072	20	20	23	20
墨 西 哥	2.935	33	2.961	23	3.113	18	3.084	17	3.047	21	37	30	23
巴 西	3.078	23	2.944	26	3.089	20	2.994	22	3.030	22	31	27	26
越 南	2.971	30	3.063	20	2.967	26	3.000	21	2.997	23	27	34	31
中 國 大 陸	3.096	21	2.996	22	2.969	25	2.955	26	2.989	24	17	16	18
安 哥 拉	2.983	28	2.953	24	2.978	24	2.993	23	2.978	25	-	-	-

表11-2 2012 IEAT 46個貿易地區「貿易自由度」排名 （續）

貿易地區	❶數量限制 評分	❶數量限制 排名	❷價格限制 評分	❷價格限制 排名	❸法規限制 評分	❸法規限制 排名	❹政府限制 評分	❹政府限制 排名	貿易自由度	2012 排名	2011 排名	2010 排名	2009 排名
印度	3.095	22	2.881	29	2.995	23	2.946	27	2.972	26	25	33	32
土耳其	3.000	26	2.950	25	2.928	28	2.989	24	2.961	27	22	17	12
奈及利亞	2.952	31	2.910	28	2.946	27	2.925	29	2.933	28	26	24	-
印尼	2.886	34	2.926	27	2.967	26	2.903	33	2.927	29	29	31	28
義大利	2.986	27	2.830	32	2.878	32	2.903	34	2.892	30	21	22	17
俄羅斯	2.882	35	2.759	35	2.922	30	2.935	28	2.887	31	23	20	21
波蘭	3.017	25	2.787	34	2.928	29	2.800	39	2.875	32	24	19	14
科威特	3.029	24	2.840	31	2.829	35	2.857	37	2.869	33	28	26	25
韓國	2.977	29	2.806	33	2.883	31	2.749	42	2.841	34	30	25	16
西班牙	2.939	32	2.867	30	2.813	37	2.794	40	2.837	35	19	12	6
匈牙利	2.734	39	2.594	40	2.875	33	2.894	35	2.803	36	34	28	22
智利	2.774	37	2.710	37	2.769	38	2.903	32	2.798	37	32	29	24
柬埔寨	2.633	42	2.613	38	2.861	34	2.920	31	2.795	38	42	38	34
泰國	2.681	41	2.722	36	2.875	33	2.805	38	2.794	39	33	32	27
阿根廷	2.694	40	2.600	39	2.817	36	2.923	30	2.787	40	35	36	29
孟加拉	2.800	36	2.613	38	2.633	42	2.860	36	2.722	41	40	-	-
巴林	2.750	38	2.560	41	2.744	39	2.760	41	2.713	42	36	-	-
菲律賓	2.591	43	2.600	39	2.742	40	2.703	43	2.679	43	41	37	33
埃及	2.455	44	2.394	44	2.657	41	2.697	44	2.586	44	39	35	30
伊朗	2.433	45	2.347	45	2.361	43	2.480	45	2.405	45	38	-	-
巴基斯坦	2.129	46	2.355	46	2.349	44	2.400	46	2.333	46	-	-	-

註：[1] 問卷評分轉換：「非常滿意=5分」、「滿意=4分」、「尚可=3分」、「不滿意=2分」、「非常不滿意=1分」。

[2] 貿易自由度＝（數量限制×15%）+（價格限制×20%）+（法規限制×35%）+（政府限制×30%）。

2.美洲地區：2012《IEAT調查報告》46個貿易地區，有六個貿易地區屬於美洲，其中以加拿大在46個貿易地區中列第二名評價最佳。而同屬美洲市場的墨西哥、巴西、智利、阿根廷則分屬第21、22、37、40名，相較於2011年，墨西哥與巴西貿易自由度的排名呈大幅上揚趨勢，而智利與阿根廷貿易自由度的排名則呈下滑之勢。

3.歐洲地區：由表11-2顯示，歐洲地區貿易自由度排名依次為：法國、英國、德國、荷蘭、土耳其、義大利、俄羅斯、波蘭、西班牙及匈牙利，其中，法國與英國在貿易自由度中的四項構面，均位列在46個貿易地區中的前十名，而其中以西班牙表現退步最多，由2011年的第19名降至2012年的第35名，西班牙因主權債務及高失業率，導致西班牙退出完全自由勞動市場，且金融環境不佳，皆可能導致西班牙貿易自由度下降。

4.亞洲地區：由表11-3顯示，亞洲2012年貿易自由度排名由2011的第三降至第四，其中亞洲地區四構面分數均低於平均值，又以「政府限制」（2.998分）為最低，且未達尚可標準，顯示全球經貿成長動能引擎之亞洲新興市場國家，其貿易自由度仍有待加強，並以「政府限制」為最需改善之處。

5.非洲地區：2012《IEAT調查報告》46個貿易地區，南非、奈及利亞與埃及同屬非洲地區，其在貿易自由度評價分別位居第20、28及44名，值得一提的是，非洲各國領袖於2011年6月12日針對建立非洲規模最大自由貿易區進行談判，將藉由消除貿易壁壘以提升貿易自由度。

表11-3　2012 IEAT全球五大洲別「貿易自由度」排名

洲　別	❶ 數量限制		❷ 價格限制		❸ 法規限制		❹ 政府限制		貿易自由度	2012排名	2011排名	2010排名	2009排名
	評分	排名	評分	排名	評分	排名	評分	排名					
大洋洲	3.544	1	3.541	1	3.321	1	3.266	1	3.382	**1**	**1**	**1**	**1**
美　洲	3.117	3	3.055	2	3.136	2	3.108	2	3.1009	**2**	**4**	**4**	**3**
歐　洲	3.157	2	3.053	3	3.065	3	3.019	3	3.063	**3**	**2**	**2**	**2**
亞　洲	3.105	4	3.038	4	3.031	4	2.998	4	3.033	**4**	**3**	**3**	**4**
非　洲	2.876	5	2.829	5	2.914	5	2.918	5	2.892	**5**	**5**	**5**	**5**

資料來源：本研究整理

第12章

2012 IEAT 46個貿易地區 「貿易便捷度」剖析

　　2012《IEAT調查報告》有關「貿易便捷度」是由四大構面及17個細項指標所構成之衡量，「貿易便捷度」的四大構面分別為：❶市場便捷；❷邊境便捷；❸基建便捷；❹流程便捷。「貿易便捷度」整體評價的建構，乃由四個構面的評分，分別乘以專家給予四個構面之權重而得，有關「貿易便捷度」四個構面的權重分別為：市場便捷35%、邊境便捷20%、基建便捷20%、流程便捷25%，換言之，「貿易便捷度」評價的計算公式為「**貿易便捷度＝（市場便捷×35%）＋（邊境便捷×20%）＋（基建便捷×20%）＋（流程便捷×25%）**」。

■ 貿易便捷度細項評估指標分析

　　根據表12-1中，衡量貿易便捷度的17個細項指標顯示，評價名列前五項之細項指標分別為：(1)簡化貿易流程所付出努力的程度（3.366分）；(2)對於開放通關作業時間的適切程度（3.270分）；(3)對於通關文件要求繁瑣的嚴苛程度（3.231分）；(4)通關作業便捷化、透明化與一致性程度（3.180分）；(5)建立符合國際性通關規範的程度（3.152分）。

　　另外，貿易便捷度評價位居最後五項之細項指標分別為：(1)交通及通訊基礎設施完備的程度（2.994分）；(2)線上金融結匯系統健全的程度（3.047分）；(3)貨物運輸倉儲品質與效率確保的程度（3.056分）；(4)海關採取估價原則一致性的程度（3.087分）；(5)進出口品檢驗與檢疫程序便捷度（3.091分）。另外就貿易便捷度四個評估構面分析結果顯示，各構面的排名依次為：(1)「流程便捷」為3.190分；(2)「市場便捷」為3.176分；(3)「邊境便捷」為3.146分；(4)「基建便捷」為3.076分。

表12-1　2012 IEAT「貿易便捷度」細項評估指標排名

構面	細項評估指標	評分	排序
市場便捷	❶ 該國或該地區政府對於通關文件要求繁瑣的嚴苛程度	3.231	3
	❷ 該國或該地區政府對於要求貿易文件數量多寡的程度	3.145	7
	❸ 該國或該地區政府建立符合國際性通關規範的程度	3.152	5
	構面平均值	**3.176**	-
邊境便捷	❶ 該國或該地區政府對於進出口品檢驗與檢疫程序便捷度	3.091	13
	❷ 該國或該地區各地通關標準不一致且繁複的程度	3.097	11
	❸ 該國或該地區政府通關作業便捷化、透明化與一致性程度	3.180	4
	❹ 該國或該地區政府對於開放通關作業時間的適切程度	3.270	2
	❺ 該國或該地區政府對於進出口港務通關效率的程度	3.151	6
	❻ 該國或該地區海關採取估價原則一致性的程度	3.087	14
	構面平均值	**3.146**	-
基建便捷	❶ 該國或該地區政府對於貿易系統E化的程度	3.144	8
	❷ 該國或該地區政府對於線上金融結匯系統健全的程度	3.047	16
	❸ 該國或該地區對於貨物運輸倉儲品質與效率確保的程度	3.056	15
	❹ 該國或該地區對於貨物裝載即時性與便捷性的程度	3.137	9
	❺ 該國或該地區交通及通訊基礎設施完備的程度	2.994	17
	構面平均值	**3.076**	-
流程便捷	❶ 該國或該地區政府對於簡化貿易流程所付出努力的程度	3.366	1
	❷ 該國或該地區政府對於建立貿易資訊單一查詢窗口程度	3.095	12
	❸ 該國或該地區政府設有貿易仲裁或申訴制度的程度	3.108	10
	構面平均值	**3.190**	-
貿易便捷度	四項構面平均值	**3.147**	-

資料來源：本研究整理

■ 46個貿易地區貿易便捷度排名分析

　　2012《IEAT調查報告》根據評估的46個重要暨新興市場進行貿易便捷度的分析，其結果如表12-2顯示，茲就內容剖析如下：

1.貿易便捷度評價最佳前十大貿易地區：評價最佳前十大貿易地區依序為：
(1)新加坡；**(2)**香港；**(3)**加拿大；**(4)**英國；**(5)**澳洲；**(6)**阿聯大公國；**(7)**美國；**(8)**台灣；**(9)**德國；**(10)**日本。新加坡以貿易便捷度4.055分，連三年蟬聯46個貿易地區之首，除了基建便捷構面分數略低於英國外，其他三

構面皆居首位。獨特的地理位置及優越的聯絡網，使新加坡成爲環球物流及供應鏈管制中心，在轉口分銷等領域具有極大競爭力，渣打銀行新加坡及東南亞地區總裁Ray Ferguson（2011）指出，新加坡爲全球最大的外匯交易中心之一，亦是國際上重要的貿易中心之一。另外，香港則以貿易便捷度3.924分，穩坐三年46個貿易地區之次，根據瑞士洛桑國際管理學院（IMD）2011年5月18日發布《2011年世界競爭力年鑑》中指出香港首次奪冠，殖民歷史導致發展較亞洲其他地區領先的香港，是一個高度依賴國際貿易的經濟體系，位於國際金融、貿易、運輸中心的地位，在亞洲具有舉足輕重的位置。其他貿易便捷度較佳的地區多爲歐美日等國，皆具備貿易便捷度之優勢，其中，值得注意的是阿聯大公國爲前十名中，唯一的新興國家，其中以阿布達比和杜拜兩大邦基礎建設最爲完善，根據經濟部投資業務處2011年12月發布《阿拉伯聯合大公國投資環境簡介》指出，杜拜已成爲歐、亞、非之客、貨運轉運中心及阿拉伯海灣地區最重要之航空交通樞紐。藉此優勢，阿聯大公國在《IEAT調查報告》，自2009年入圍貿易便捷度前十名，連續四年成績皆漸入佳境。而日本的貿易便捷度以3.472分的成績，在46個貿易地區中排名第十，較2011年下滑四個名次，其中，「基建便捷」構面以3.370分，排名第12名，究其原因爲311大地震對基礎建設造成嚴重衝擊，船舶及配套進出口業務影響較劇。

2.貿易便捷度評價倒數前十個貿易地區：評價倒數前十個貿易地區依序爲：**(1)伊朗**；**(2)孟加拉**；**(3)埃及**；**(4)巴林**；**(5)巴基斯坦**；**(6)菲律賓**；**(7)阿根廷**；**(8)柬埔寨**；**(9)奈及利亞**；**(10)匈牙利**。可發現評價倒數的前十個貿易地區多爲東南亞、非洲與南美地區市場，因當地基礎建設較不完備，普遍網路使用率及E化程度不高，是造成排名較差的主因。貿易商若欲前往這些評價倒數的國家進行貿易，應事先做好風險評估。

於2011年列入評比的台灣，在2012年貿易便捷度以3.481分排名第八位，較2011年排名上升了四個名次，在「市場便捷」與「流程便捷」構面中，分別以3.507分、3.531分，名列第九名，在「邊境便捷」構面與「基建便捷」構面則分別以3.459分、3.393分，名列第十名，台灣在四項構面評價均優於主要競爭對手中國大陸與韓國。美國商業環境風險評估公司（BERI）於2011年9月1日公布《2011年投資環境風險評估報告》中，台灣排名全球第三名，表現亮眼的台灣政經穩定、

推動貿易E化備受肯定。而中國大陸以貿易便捷度2.964分的成績，在46個貿易地區中，排名自2011年的第18名，大幅退步至2012年的第32名。其中，「流程便捷」構面以2.949分，排名第35名，美國貿易代表辦公室（USTR）於2011年12月12日指出，中國大陸近五年來在原有市場改革中倒退，尚未完全遵循世貿組織的基本原則，建議中國大陸需做的重要工作，包括降低市場准入門檻、法治化與市場機制完全制度化、透明化及改善過分繁瑣的執照手續和運營規定等。

■ 全球五大洲貿易便捷度排名分析

2012《IEAT調查報告》針對全球五大洲進行貿易便捷度排名分析，如表12-3所示，2012貿易便捷度評估綜合排名依次為：(1)大洋洲地區（3.422分）；(2)歐洲地區（3.213分）；(3)亞洲地區（3.170分）；(4)美洲地區（3.124分）；(5)非洲地區（3.020分）。茲針對全球五大洲貿易便捷度評價說明如下：

1. **大洋洲地區**：大洋洲以3.422分位居全球五大洲別貿易便捷度之首，大洋洲地區之四項評估構面皆為五大洲之第一名，大洋洲地區的澳洲，由於在完備的運輸、通訊等基礎建設下，輔以標準化及有效率的通關程序，貿易便捷度排名在2010年至2011年有大躍進的動作，自第十名升為第五名。

2. **歐洲地區**：歐洲地區之排名以3.213分位居第二位，在貿易便捷度的四大構面，除邊境便捷外，其市場便捷、基建便捷及流程便捷均居第二。

3. **亞洲地區**：亞洲地區評分為3.170分，位居第三名。亞洲新興市場迅速的崛起以及東協加一的區域效應，改善了邊境便捷而一舉超越歐洲地區。但市場便捷、基建便捷及流程便捷，尚有很大的進步空間，將是未來必須改善的重點。

4. **美洲地區**：美洲地區之評分為3.124分，北美與南美市場的發展懸殊，雖然加拿大貿易便捷度持續兩年排名第三，美國為第七名較2011年上升一名，但智利、墨西哥、阿根廷的貿易便捷度卻分居第34、33及40名。

5. **非洲地區**：非洲地區之評分為3.020分，於全球五大洲中敬陪末座。其因是非洲之經濟發展落後、政局不穩定、治安不佳、生活條件較差，加上基礎建設落後等情形，均為貿易商前往非洲投資所需注意的。不過此次調查

表12-2　2012 IEAT 46個貿易地區「貿易便捷度」排名

貿易地區	❶市場便捷 評分	❶市場便捷 排名	❷邊境便捷 評分	❷邊境便捷 排名	❸基建便捷 評分	❸基建便捷 排名	❹流程便捷 評分	❹流程便捷 排名	貿易便捷度	2012 排名	2011 排名	2010 排名	2009 排名
新加坡	4.111	1	4.049	1	3.733	2	4.239	1	4.055	1	1	1	2
香港	4.043	2	3.881	2	3.636	4	4.021	2	3.924	2	2	2	1
加拿大	3.885	3	3.745	3	3.638	3	3.792	4	3.784	3	3	4	4
英國	3.761	4	3.701	4	3.738	1	3.853	3	3.767	4	4	3	3
澳洲	3.600	5	3.505	6	3.566	6	3.648	5	3.586	5	5	10	6
阿聯大公國	3.570	6	3.543	5	3.548	7	3.634	6	3.576	6	7	8	10
美國	3.540	7	3.504	7	3.588	5	3.613	7	3.561	7	8	5	5
台灣	3.507	9	3.459	10	3.393	10	3.531	9	3.481	8	12	-	-
德國	3.465	11	3.469	9	3.516	8	3.482	10	3.480	9	9	9	9
日本	3.482	10	3.478	8	3.370	12	3.535	8	3.472	10	6	6	8
南非	3.533	8	3.405	11	3.400	9	3.438	11	3.457	11	17	17	13
卡達	3.422	12	3.356	13	3.373	11	3.378	14	3.388	12	10	13	-
沙烏地阿拉伯	3.378	13	3.358	12	3.297	14	3.315	15	3.342	13	13	21	19
法國	3.280	17	3.347	14	3.348	13	3.387	12	3.334	14	15	14	11
以色列	3.356	14	3.239	15	3.100	18	3.300	17	3.267	15	16	16	-
俄羅斯	3.255	19	3.170	19	3.224	15	3.382	13	3.263	16	11	11	7
紐西蘭	3.333	15	3.233	16	3.153	17	3.256	18	3.258	17	-	-	-
土耳其	3.250	20	3.199	18	3.100	18	3.251	20	3.210	18	20	25	20
印度	3.315	16	3.126	22	3.032	25	3.252	19	3.205	19	22	26	16
阿曼	3.152	23	3.152	20	3.218	16	3.303	16	3.203	20	14	7	-
印尼	3.257	18	3.205	17	3.063	21	3.229	21	3.201	21	24	36	32
約旦	3.247	21	3.097	25	3.071	20	3.215	22	3.174	22	-	-	-
安哥拉	3.133	24	3.151	21	3.093	19	3.144	23	3.132	23	-	-	-
荷蘭	3.172	22	3.027	31	3.006	27	3.075	26	3.086	24	23	12	14
韓國	3.101	27	3.035	30	3.033	24	3.093	25	3.072	25	26	19	15

表12-2 2012 IEAT 46個貿易地區「貿易便捷度」排名（續）

貿易地區	❶ 市場便捷		❷ 邊境便捷		❸ 基建便捷		❹ 流程便捷		貿易便捷度	2012 排名	2011 排名	2010 排名	2009 排名
	評分	排名	評分	排名	評分	排名	評分	排名					
義 大 利	3.117	25	3.054	28	3.005	28	3.036	28	3.062	26	21	20	17
波 蘭	3.044	29	2.972	34	3.053	23	3.033	29	3.029	27	29	28	28
西 班 牙	3.105	26	2.909	36	2.824	32	3.137	24	3.018	28	19	15	21
馬 來 西 亞	2.947	33	3.106	24	3.023	26	2.992	31	3.005	29	25	22	23
巴 西	2.927	34	3.061	27	3.063	22	3.021	30	3.004	30	32	18	12
越 南	2.971	32	3.062	26	2.914	30	3.057	27	3.000	31	27	35	30
中 國 大 陸	3.012	30	2.999	33	2.864	31	2.949	35	2.964	32	18	24	18
墨 西 哥	2.903	36	3.108	23	2.923	29	2.914	37	2.951	33	37	30	24
智 利	2.978	31	3.043	29	2.800	34	2.957	33	2.950	34	30	32	25
科 威 特	3.048	28	2.914	35	2.697	40	2.952	34	2.927	35	31	23	22
泰 國	2.894	37	3.016	32	2.740	36	2.992	32	2.912	36	28	27	26
匈 牙 利	2.927	34	2.890	39	2.725	39	2.938	36	2.882	37	34	31	29
奈 及 利 亞	2.914	35	2.900	37	2.768	35	2.882	38	2.874	38	35	29	-
柬 埔 寨	2.633	43	2.900	38	2.807	33	2.844	40	2.774	39	41	38	33
阿 根 廷	2.742	40	2.763	40	2.735	37	2.849	39	2.772	40	40	34	31
菲 律 賓	2.747	39	2.722	41	2.727	38	2.758	42	2.741	41	42	37	34
巴 基 斯 坦	2.785	38	2.694	43	2.677	42	2.731	43	2.732	42	-	-	-
巴 林	2.700	41	2.706	42	2.693	41	2.789	41	2.722	43	36	-	-
埃 及	2.687	42	2.621	44	2.588	43	2.545	44	2.619	44	33	33	27
孟 加 拉	2.433	44	2.444	45	2.340	44	2.489	46	2.431	45	39	-	-
伊 朗	2.433	44	2.406	46	2.280	45	2.500	45	2.414	46	38	-	-

註：[1] 問卷評分轉換：「非常滿意=5分」、「滿意=4分」、「尚可=3分」、「不滿意=2分」、「非常不滿意=1分」。
　　[2] 貿易便捷度 =【市場便捷×35%】+【邊境便捷×20%】+【基建便捷×20%】+【流程便捷×25%】。

中，南非是非洲地區少數較有市場潛力之國家，貿易便捷度2012年排名第
11名，是相較於非洲其他地區為佳的市場。

表12-3　2012 IEAT全球五大洲別「貿易便捷度」排名

洲　別	❶市場便捷		❷邊境便捷		❸基建便捷		❹流程便捷		貿易便捷度	2012排名	2011排名	2010排名	2009排名
	評分	排名	評分	排名	評分	排名	評分	排名					
大洋洲	3.467	1	3.369	1	3.360	1	3.452	1	3.422	1	1	1	1
歐　洲	3.238	2	3.174	3	3.154	2	3.257	2	3.213	2	2	2	2
亞　洲	3.163	3	3.204	2	3.124	3	3.191	3	3.170	3	3	4	4
美　洲	3.148	4	3.123	4	3.026	4	3.171	4	3.124	4	4	3	3
非　洲	3.059	5	3.019	5	2.962	5	3.002	5	3.020	5	5	5	5

資料來源：本研究整理

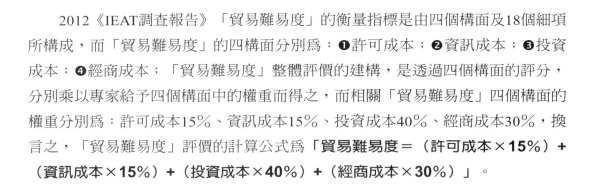

第 13 章

2012 IEAT 46個貿易地區 「貿易難易度」剖析

　　2012《IEAT調查報告》「貿易難易度」的衡量指標是由四個構面及18個細項所構成，而「貿易難易度」的四構面分別為：❶許可成本；❷資訊成本；❸投資成本；❹經商成本；「貿易難易度」整體評價的建構，是透過四個構面的評分，分別乘以專家給予四個構面中的權重而得之，而相關「貿易難易度」四個構面的權重分別為：許可成本15%、資訊成本15%、投資成本40%、經商成本30%，換言之，「貿易難易度」評價的計算公式為「**貿易難易度＝（許可成本×15%）＋（資訊成本×15%）＋（投資成本×40%）＋（經商成本×30%）**」。

■ 貿易難易度細項評估指標分析

　　根據表13-1顯示，衡量貿易難易度的18個細項指標裡，評等最佳的前五項指標分別為：(1)取得產品合格證明難易的程度（3.265分）；(2)要求貿易保證金的程度（3.164分）；(3)人員多次進出之許可證取得的程度（3.047分）；(4)取得貿易許可難易的程度（3.044分）；(5)企業履行貿易合約的誠信程度（3.042分）。在18項細項指標評估裡，僅七項指標分數高於滿意尚可的三分以上，超過半數細項指標仍低於三分。

　　貿易難易度評價最差的前五項細項指標分別為：(1)召募貿易專業人才難易的程度（2.732分）；(2)企業取得關鍵性資源的程度（2.890分）；(3)取得當地市場資訊的難易程度（2.909分）；(4)查詢貿易法規的難易程度（2.914分）；(5)取得貿易糾紛申訴管道的難易程度（2.932分）。就貿易難易度四個評估構面結果顯示，調查結果各構面的排名依次為：(1)許可成本為3.066分；(2)經商成本為2.974分；(3)投資成本為2.961分；(4)資訊成本為2.935分。

表13-1　2012 IEAT「貿易難易度」細項評估指標排名

構面	細項評估指標	評分	排序
許可成本	❶ 該國或該地區**取得產品合格證明難易**的程度	3.265	1
	❷ 該國或該地區**各項行政規費高且繁瑣**的程度	2.982	11
	❸ 該國或該地區**工作或居留許可證取得困難**的程度	2.992	8
	❹ 該國或該地區**人員多次進出之許可證取得**的程度	3.047	3
	❺ 該國或該地區**取得貿易許可難易**的程度	3.044	4
	構面平均值	**3.066**	-
資訊成本	❶ 該國或該地區**貿易商信用徵信資料可信**的程度	2.960	12
	❷ 貴公司在該地區**取得當地市場資訊**的難易程度	2.909	16
	構面平均值	**2.935**	-
投資成本	❶ 該國或該地區之**企業履行貿易合約**的誠信程度	3.042	5
	❷ 該國或該地區對**智慧財產權保護完備**的程度	3.029	6
	❸ 該國或該地區**取得貿易糾紛申訴管道難易**的程度	2.932	14
	❹ 該國或該地區**查詢貿易法規難易**的程度	2.914	15
	❺ 該國或該地區**企業取得關鍵性資源**的程度	2.890	17
	構面平均值	**2.961**	-
經商成本	❶ 該國或該地區**要求貿易保證金**的程度	3.164	2
	❷ 該國或該地區**貿易過程中銀行結匯占交易成本**的程度	2.991	9
	❸ 該國或該地區**處理貿易糾紛所產生成本**的負擔程度	2.960	13
	❹ 該國或該地區**徵收貿易相關費用合理**的程度	2.988	10
	❺ 該國或該地區**延誤或限制進出口業務**的程度	3.011	7
	❻ 該國或該地區**召募貿易專業人才難易**的程度	2.732	18
	構面平均值	**2.974**	-
貿易難易度	四項構面平均值	**2.977**	-

■ 46個貿易地區貿易難易度排名分析

　　2012《IEAT調查報告》根據評估的46個重要暨新興市場進行貿易難易度的分析，其結果如表13-2顯示，茲就內容剖析如下：

1.貿易難易度評價最佳前十個貿易地區：評價最佳前十個貿易地區分別為**(1)新加坡；(2)加拿大；(3)澳洲；(4)美國；(5)英國；(6)香港；(7)沙烏地阿拉伯；(8)德國；(9)台灣；(10)阿曼**。根據重要暨新興市場貿易難易

度分析排名顯示，新加坡仍舊保持四連冠之成績，2012年貿易難易度評分達3.943分。此外，根據世界銀行（WB）2012年「經商環境」排名顯示，新加坡依然是最容易經商的國家，這也是新加坡連續六年榮膺此封號。而加拿大也從原先第四名爬升至第二名，四項排名皆榮獲第二名的成績，根據《富比士》（Forbes）2011年所發布「全球最適宜經商國」排名顯示加拿大躍升為榜首，不僅擁有穩定的自然環境與政治環境，也擁有良好的交通、基礎建設等，這皆是擁有良好經商環境應有的條件，也是新加坡與加拿大位居一、二的主要原因。另一方面，香港排名從第二名下降至第六名，根據美國市場研究公司（Demographia）2012年發布《全球住房負擔率報告》顯示，香港房價負擔位居調查的325個城市的第一名，為家庭年所得的12.6倍，創下最高紀錄，且香港於2011年提高法定最低工資，使貿易商之營運成本上升。沙烏地阿拉伯由第11名上升至第七名，沙烏地阿拉伯於2011年12月決議建立「阿拉伯基礎設施融資機制」，透過融資機制解決資金問題，不僅有助於公私部門的合作，也將提升沙烏地阿拉伯的經商環境；德國的名次由第13名上升至第八名，據德國聯邦總理默克爾（2012）表示：「德國是一個有嚴格經濟政策的紀律國家，也是歐洲地區具有平衡預算的少數國家。」因此，歐債危機對德國所造成的影響有限，對於貿易商而言，德國是歐盟地區最佳的投資選擇，這也是沙烏地阿拉伯與德國進入前十名主要的原因之一。此外，值得注意的是，台灣以3.196分排名第九，較2010年上升一個名次，其中以「投資成本」排名最高（3.213分），排名第七；其次為「資訊成本」（3.199分），排名第十；再者為「經商成本」（3.169分），排名第11，最後為「許可成本」（3.202分），排名第14。因台灣具有優越的區位優勢與高科技產業創新與研發之能力，不斷吸引全球投資者目光，此外，台灣政府持續厚植投資與經商環境，在人力資源、基礎建設、租稅與優惠層面，皆具有先進國家水準，也促使台灣「投資成本」快速上升至第七名。

2. **貿易難易度評價倒數前十個貿易地區**：評價倒數前十個貿易地區分別為：**(1)巴基斯坦；(2)巴林；(3)伊朗；(4)孟加拉；(5)阿根廷；(6)科威特；(7)埃及；(8)柬埔寨；(9)義大利；(10)菲律賓**。根據JS集團（Japan's Leading House Supplying Franchise）（2011）表示：「全球石油價格下跌，巴基斯

坦深受其影響，但預期農業豐收、通膨趨緩，相信不久後巴基斯坦的經濟
將恢復增長。」而義大利首次進入倒數十名，因為2012年義大利提出限制
企業現金使用政策，規定現金交易上限為1,000歐元，亦調高違規使用現金
的處罰力度，處以最低3,000歐元的罰款，此一措施使貿易商的經商難度大
幅增加。此外，根據中國大陸社科院2011年發布《拉丁美洲和加勒比發展
報告（2010-2011）》顯示，拉美地區經濟面臨諸多挑戰，包含外部經濟
存在許多不確定因素、經濟過熱造成通貨膨脹的壓力、貿易盈餘逐年降低
之情況，皆使得外資企業投資風險增加；而拉丁美洲與中東地區，相較於
其他開發中國家而言，缺乏完善的貿易通路、投資環境。因此，許多國家
仍多位於排名之末。而根據世界銀行（WB）《2011年經商環境報告》指
出，人才嚴重外流、經濟成長放緩，使得伊朗排名第129名。

　　台灣積極走進世界各國重要市場，希冀有朝一日成為「亞太運籌中心」，
為此陸續發表多項政策，如輔導企業佈局海外市場、廣邀國際買主來台採購等方
式，此外，也積極與各國尋求簽定貿易協定的機會，而2010年兩岸簽訂ECFA，將
對台灣與他國簽定經濟合作協議有莫大助益。另一方面，根據世界銀行（WB）
2011年10月19日所發布之《2012經商環境報告》（*Doing Business 2012*）表示，
台灣在183個經濟體中排名第25名，相較於2011年排名24名，成績倒退1名，因財
政惡化、政府效能退步、投資人保障不足、跨境貿易難度高等原因，使台灣經商
環境排名下降，而前經建會主委劉憶如（2011）表示：「台灣應加速排除投資障
礙，才能營造更好的經營環境。」台灣在經歷失落的十年，將於未來十年大展鴻
圖，為台灣所崛起的「黃金十年」做努力，而台灣於2011年提出「黃金十年，八
大願景」政策，不僅透過「開放」體制與市場吸引投資，也施行許多優惠措施，
吸引外資進入台灣設廠與採買，帶領台灣邁向下一個輝煌的十年。

表13-2 2012 IEAT 46個貿易地區「貿易難易度」排名

貿易地區	❶許可成本		❷資訊成本		❸投資成本		❹經商成本		貿易難易度	2012排名	2011排名	2010排名	2009排名
	評分	排名	評分	排名	評分	排名	評分	排名					
新加坡	3.977	1	4.053	1	3.924	1	3.897	1	3.943	1	1	1	1
加拿大	3.631	2	3.813	2	3.694	2	3.484	2	3.639	2	4	3	5
澳洲	3.574	3	3.729	3	3.550	3	3.438	3	3.547	3	3	4	3
美國	3.396	5	3.409	5	3.447	4	3.365	4	3.409	4	5	5	4
英國	3.410	4	3.211	9	3.419	5	3.286	6	3.347	5	7	8	7
香港	3.324	8	3.492	4	3.302	6	3.323	5	3.340	6	2	2	2
沙烏地阿拉伯	3.341	6	3.270	7	3.205	8	3.261	7	3.252	7	11	10	8
德國	3.211	13	3.303	6	3.195	9	3.171	10	3.206	8	13	13	9
台灣	3.202	14	3.199	10	3.213	7	3.169	11	3.196	9	10	-	-
阿曼	3.339	7	3.152	11	3.133	13	3.212	9	3.191	10	8	7	-
阿聯大公國	3.258	10	3.016	16	3.194	10	3.237	8	3.190	11	12	16	14
紐西蘭	3.120	19	3.233	8	3.147	12	3.022	18	3.118	12	-	-	-
約旦	3.297	9	3.032	14	3.058	15	3.140	12	3.115	13	-	-	-
日本	3.172	16	3.104	12	3.103	14	3.083	14	3.107	14	6	6	6
以色列	3.240	11	3.067	13	3.027	17	3.139	13	3.098	15	14	9	-
馬來西亞	3.150	17	3.011	17	3.164	11	3.020	19	3.096	16	20	20	19
荷蘭	3.090	22	2.935	20	3.013	18	3.032	17	3.019	17	16	12	12
卡達	3.147	18	2.850	26	3.047	16	2.956	23	3.005	18	9	11	-
土耳其	3.111	20	2.931	21	2.961	20	3.046	15	3.005	19	19	22	16
法國	3.086	23	3.017	15	2.979	19	2.989	21	3.004	20	15	15	10
安哥拉	3.200	15	2.917	22	2.873	28	3.033	16	2.977	21	-	-	-
南非	3.229	12	2.757	30	2.891	26	2.995	20	2.953	22	18	19	24
越南	2.994	25	2.986	18	2.954	21	2.829	34	2.927	23	31	31	30
奈及利亞	2.890	36	2.984	19	2.929	22	2.849	32	2.908	24	23	25	-
印尼	2.971	27	2.857	25	2.920	23	2.867	31	2.902	25	32	33	28

表13-2　2012 IEAT 46個貿易地區「貿易難易度」排名（續）

貿易地區	❶許可成本 評分	排名	❷資訊成本 評分	排名	❸投資成本 評分	排名	❹經商成本 評分	排名	貿易難易度	2012 排名	2011 排名	2010 排名	2009 排名
墨西哥	2.961	29	2.887	23	2.858	29	2.919	24	2.896	26	38	28	21
巴西	3.106	21	2.672	36	2.844	31	2.969	22	2.895	27	36	32	15
西班牙	2.933	31	2.742	32	2.909	24	2.884	28	2.880	28	21	14	20
韓國	3.042	24	2.619	40	2.900	25	2.899	25	2.879	29	24	18	11
中國大陸	2.925	32	2.823	27	2.875	27	2.880	29	2.876	30	17	17	13
俄羅斯	2.924	33	2.794	29	2.824	32	2.887	27	2.853	31	29	21	24
智利	2.968	28	2.710	34	2.819	33	2.892	26	2.847	32	25	29	26
印度	2.919	34	2.878	24	2.773	35	2.874	30	2.841	33	28	34	32
波蘭	2.940	30	2.800	28	2.851	30	2.794	36	2.840	34	22	24	25
泰國	2.915	35	2.735	33	2.783	34	2.802	35	2.801	35	26	30	17
匈牙利	2.988	26	2.688	35	2.744	36	2.839	33	2.800	36	30	27	27
菲律賓	2.842	37	2.652	38	2.739	37	2.793	37	2.758	37	40	36	33
義大利	2.800	39	2.743	31	2.735	38	2.716	38	2.740	38	27	23	18
柬埔寨	2.773	41	2.667	37	2.660	39	2.711	40	2.693	39	42	38	34
埃及	2.794	40	2.667	37	2.630	41	2.692	41	2.679	40	37	35	29
科威特	2.834	38	2.529	42	2.646	40	2.681	42	2.667	41	35	26	22
阿根廷	2.761	42	2.548	41	2.587	42	2.715	39	2.646	42	39	37	31
孟加拉	2.707	43	2.633	39	2.527	43	2.583	44	2.587	43	33	-	-
伊朗	2.600	44	2.317	44	2.500	44	2.606	43	2.519	44	41	-	-
巴林	2.553	45	2.333	43	2.527	43	2.511	45	2.497	45	34	-	-
巴基斯坦	2.394	46	2.226	45	2.155	45	2.323	46	2.252	46	-	-	-

註：[1] 問卷評分轉換：「非常滿意＝5分」、「滿意＝4分」、「尚可＝3分」、「不滿意＝2分」、「非常不滿意＝1分」

　　[2] 貿易難易度＝【許可成本×15%】＋【資訊成本×15%】＋【投資成本×40%】＋【經商成本×30%】

■ 全球五大洲貿易難易度排名分析

2012《IEAT調查報告》針對世界五大洲進行貿易難易度排名，如表13-3所示，2012五大洲貿易難易度綜合排名為：(1)大洋洲地區（3.333分）；(2)美洲地區（3.055分）；(3)歐洲地區（2.969分）；(4)亞洲地區（2.933分）；(5)非洲地區（2.879分）。以下針對全球五大洲貿易難易度評價進行說明：

1. **大洋洲地區**：大洋洲依舊為全球五大洲貿易難易度排名第一名，其在貿易難易度的四大構面仍皆排名第一。澳洲憑藉良好的生活水準、優越的經營環境、完善的經濟政策、開放的投資環境以及優秀的人力資源等，使大洋洲地區仍維持高度適合投資之環境。

2. **美洲地區**：美洲地區由2011年第四名上升至2012年第二名，加拿大與美國排名分別上升至第二名與第四名，而墨西哥與巴西也分別從38名與36名躍升至26名與27名，因巴西政府為促進國家工業化、減緩失業問題，積極鼓勵外國企業投資，不僅給予外國投資者國民待遇，還提供稅收、土地等優惠政策；而墨西哥於2011年陸續與多國簽訂自由貿易協定（FTA），將使其出口優勢大增，對企業經營有莫大助益，以上所述也成為美洲地區晉升至第二名的原因。

3. **歐洲地區**：歐洲地區依舊維持第三名，相較於2011年資訊成本排名第四，2012年上升一名至第三名。因次貸危機與歐債危機的發生，令歐洲各國了解資訊不對稱所帶來的嚴重性，紛紛提倡資訊透明化，藉此降低企業經營所需的資訊成本與風險問題，這也成為歐洲地區資訊成本排名上升的主要原因。

4. **亞洲地區**：根據2012《IEAT調查報告》貿易難易度之國家調查中，可發現香港、日本、韓國以及中國大陸等重要國家排名紛紛下調，香港深受通貨膨脹所困擾，日本則受到大自然反撲之影響，而韓國的物價指數不斷上調，中國大陸則是人資成本持續地上漲，紛紛促使亞洲地區的貿易難易度增加，使得亞洲地區排名掉至第四名。

5. **非洲地區**：非洲被稱為「世界最後一塊投資淨土」，儘管非洲地區基礎建設、資訊發展等依舊輸其他洲，但其許可成本已從最後一名上升至第三

名，非洲各國的政治與經濟具有良好的開始，可說是登上發展階梯之起步，相信未來的發展將會漸入佳境。

表13-3　2012 IEAT全球五大洲別「貿易難易度」排名

洲　別	❶ 許可成本		❷ 資訊成本		❸ 投資成本		❹ 經商成本		貿易難易度	2012排名	2011排名	2010排名	2009排名
	評分	排名	評分	排名	評分	排名	評分	排名					
大洋洲	3.347	1	3.481	1	3.348	1	3.230	1	3.333	1	1	1	1
美　洲	3.137	2	3.006	2	3.042	2	3.058	2	3.055	2	4	4	2
歐　洲	3.049	4	2.916	3	2.963	3	2.965	3	2.969	3	3	3	4
亞　洲	3.038	5	2.896	4	2.930	4	2.950	4	2.933	4	2	2	3
非　洲	3.063	3	2.831	5	2.831	5	2.892	5	2.879	5	5	5	5

資料來源：本研究整理

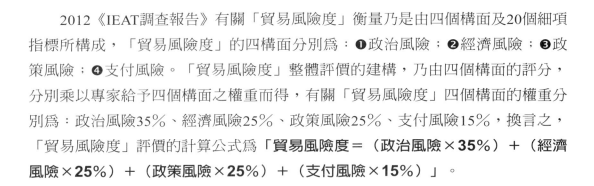

第 14 章

2012 IEAT 46個貿易地區 「貿易風險度」剖析

　　2012《IEAT調查報告》有關「貿易風險度」衡量乃是由四個構面及20個細項指標所構成，「貿易風險度」的四構面分別爲：❶政治風險；❷經濟風險；❸政策風險；❹支付風險。「貿易風險度」整體評價的建構，乃由四個構面的評分，分別乘以專家給予四個構面之權重而得，有關「貿易風險度」四個構面的權重分別爲：政治風險35%、經濟風險25%、政策風險25%、支付風險15%，換言之，「貿易風險度」評價的計算公式爲**「貿易風險度＝（政治風險×35%）＋（經濟風險×25%）＋（政策風險×25%）＋（支付風險×15%）」**。

■ 貿易風險度細項評估指標分析

　　根據表14-1顯示，衡量貿易風險度的所有20個細項指標中，評價最佳的前五項指標分別爲：(1)保障貿易商應有權益的滿意程度（3.126分）；(2)政經環境及政權穩定的滿意程度（3.108分）；(3)司法成熟度與司法公正公平的程度（3.098分）；(4)整體社會治安穩定的程度（3.091分）；(5)企業對商業信用重視的程度（3.061分）。在20項貿易風險度細項指標評估中，有九項指標分數高於滿意度平均值的三分以上。

　　貿易風險度評價最差的前五項細項指標分別爲：(1)接納外來文化的滿意程度（2.830分）；(2)企業延遲付款的程度（2.846分）；(3)貿易相關行政人員之道德操守滿意程度（2.925分）；(4)物流運輸成本上漲的程度（2.932分）；(5)資金匯出程序繁瑣的程度（2.944分）。從貿易風險度的四個評估構面分析結果顯示，各構面的排名依次爲：(1)政治風險爲3.040分；(2)政策風險爲3.025分；(3)經濟風險爲2.973分；(4)支付風險爲2.951分。顯示四構面平均值，相較於2011年《IEAT調

查報告》而言，台灣貿易商對46個貿易地區風險度整體評分由3.008分下降至3.006分，除了政策風險（3.025分）較2011年升高了0.012分外，其他三個構面平均值有下滑之趨勢。

表14-1　2012 IEAT「貿易風險度」細項評估指標排名

構面	細項評估指標	評分	排序
政治風險	❶ 該國或該地區**政經環境及政權穩定**的滿意程度	3.108	2
	❷ 該國或該地區**保障貿易商應有權益**的滿意程度	3.126	1
	❸ 該國或該地區**整體社會治安穩定**的程度	3.091	4
	❹ 該國或該地區**司法成熟度與司法公正公平**的程度	3.098	3
	❺ 該國或該地區**行政機關行政效率**的滿意程度	2.989	10
	❻ 該國或該地區**接納外來文化**的滿意程度	2.830	20
	構面平均值	**3.040**	-
經濟風險	❶ 該國或該地區**貿易相關行政人員之道德操守**滿意程度	2.925	18
	❷ 該國或該地區**物價與匯率穩定**的滿意程度	2.962	13
	❸ 該國或該地區**貿易相關稅率穩定**的滿意程度	3.009	9
	❹ 該國或該地區**市場對外開放**的滿意程度	3.019	8
	❺ 該國或該地區**貿易相關金融體系穩定**的滿意程度	2.952	14
	構面平均值	**2.973**	-
政策風險	❶ 該國或該地區**採行特別關稅政策之頻率**的滿意程度	3.058	6
	❷ 該國或該地區**貿易政策穩定及一致性**的程度	3.032	7
	❸ 該國或該地區**貿易法規制定與執行透明化**的程度	2.984	11
	構面平均值	**3.025**	-
支付風險	❶ 該地區**對支付進出口外匯採取無預警凍結**之行為	2.947	15
	❷ 該國或該地區**資金匯出程序繁瑣**的程度	2.944	16
	❸ 該國或該地區**企業對商業信用重視**的程度	3.061	5
	❹ 該國或該地區**維繫當地人際成本的支出**其滿意程度	2.975	12
	❺ 該國或該地區**企業延遲付款**的程度	2.846	19
	❻ 該國或該地區**物流運輸成本上漲**的程度	2.932	17
	構面平均值	**2.951**	-
貿易風險度	四項構面平均值	**3.006**	-

資料來源：本研究整理

■ 46個貿易地區貿易風險度排名分析

2012《IEAT調查報告》根據評估的46個重要暨新興市場進行貿易風險度的分析，其結果如表14-2顯示，茲分析內容如下：

1. **貿易風險度評價最佳前十個貿易地區**：評價最佳的前十個貿易地區分別為：**(1)加拿大；(2)新加坡；(3)澳洲；(4)香港；(5)英國；(6)台灣；(7)美國；(8)德國；(9)紐西蘭；(10)日本**。其中紐西蘭為2012《IEAT 調查報告》首次納入評選的國家即一舉躍上第九名。並且據2012《IEAT 調查報告》所分類的「重要市場」，從分析結果顯示，重要市場的貿易投資環境仍比新興市場評價高，但新興市場的排名有明顯的躍升。此外，台灣第二年評選即從2011《IEAT調查報告》的貿易風險度評價第八名前進至第六名，其中，「支付風險」構面以3.410分位居第二位；「政策風險」以3.555分位居第六位；「經濟風險」以3.425分位居第六位，而「政治風險」則以3.527分位居第五位，顯示出「貿易風險度」的四構面，台灣皆擠進前六大貿易地區。2011年9月根據科法斯（Coface）在「2011年全球貿易風險論壇」表示：「台灣獲得A1的國家貿易風險，但仍須注意貿易過於集中中國大陸與美國的問題。」而台灣研發、採購至生產的供應鏈，管理過程效率高，顯示出台灣政經環境穩定，貿易流程效率高，降低其貿易風險，使貿易風險評價維持在較高的評價。而香港則由2011《IEAT調查報告》貿易風險調查度的第一名降至第四名，根據金管局統計，至2011年10月，香港銀行整體存款相較去年同期增長8.8％，其中港元的存款僅成長2.2％，表示主要是歐債危機導致國際金融市場動盪，香港貿易活動受到放緩。國際貨幣基金（IMF）（2012）表示：「香港的經貿增長率從2011年的5.75％放緩至2012年的4％，且有可能持續衰退，並影響到其貿易活動融資的風險。」使香港的整體貿易風險度排名下降。

2. **貿易風險度評價倒數前十個貿易地區**：評價倒數的前十個貿易地區分別為：**(1)伊朗；(2)巴基斯坦；(3)巴林；(4)柬埔寨；(5)泰國；(6)阿根廷；(7)孟加拉；(8)科威特；(9)西班牙；(10)菲律賓**。其中中東國家地區的政治問題嚴重或動盪，使其社會治安穩定性不足，故貿易風險增加，以伊朗為例，根據路透社（Reuters）（2011）表示：「隨著伊朗核計畫的發

展，一些政治風險逐漸引起國際間投資者前往關切，並擔心伊朗與以色列或西方國家產生政治衝突，會影響到世界的石油供給，進而影響到國際投資。」顯示出政治風險加劇成為伊朗排名敬陪末座的問題之一。此外，在2011年1月，因孟加拉股市動盪，使得孟加拉民眾街頭示威，金融風險轉化成社會與政治風險，孟加拉因此關閉達卡證券交易所，嚴重影響到金融交易，因此，金融風險問題使得貿易活動難以正常營運，加上政治風險影響貿易商赴當地的安危，導致外資企業紛紛降低赴孟加拉的投資意願。而西班牙2012年首次進入倒數前十個貿易地區，名次由2011年的16名大幅下降至2012年的38名，最主要的原因為歐債問題持續延燒至西班牙，台新投顧李鎮宇（2011）表示，繼希臘後，西班牙為最有債務危機的國家，其失業率超過50％，另外穆迪（Moody's）（2012）表示西班牙債務將攀升至全世界第二，紛紛顯示出歐債問題成為西班牙名次大幅下降的主要原因，使西班牙的「支付風險」更成為46個貿易地區的倒數第四名。另外，貿易風險度評價總排名倒數第十名的菲律賓，除支付風險為第22名排名尚可外，其他都位居末座。

2011年7月12日，WTO電子報表示台灣入會十年，不論是瑞士洛桑管理學院（IMD）的《世界競爭力報告》、世界經濟論壇（WEF）的《全球競爭力報告》、世界銀行（WB）的《全球經商環境報告》的各項相關貿易估計指標，均顯示台灣在國際間的競爭力與投資環境提升，此與2012《IEAT調查報告》評選排名躍進至第六名呈現顯著關係。另外，2011年8月，美國商業環境風險評估公司（BERI）第二次2011年《投資環境風險評估報告》，台灣的投資環境評比與挪威並列全球第三名。其中營運風險方面，與瑞士並列全球第二名，並表示台灣營運條件強健，未來持續投資公共建設，旅館業者至2015年將投資新台幣770億元，提升整體設備，吸引更多旅客來台灣觀光。而台灣政治風險指標較2011年第一次分析進步一名，表示台灣的政治風險有效控制，並預期台灣與中國大陸的新經貿關係有助於台灣與其他貿易地區的貿易協定，期望2012年排名可再前進一個名次。

由於各界對台灣黃金十年引頸期盼，對於台灣貿易商而言亦是非常重要的發展年，然而，根據經濟部國貿局統計，至2011年12月，台灣最大的貿易夥伴仍為中國大陸，因此中國大陸的貿易風險問題更顯重要。而中國大陸在46個貿易地區的「貿易風險度」排名第25位，與2011年17名相比，排名表現明顯下滑，代

表中國大陸的貿易風險持續增加。此外，根據科法斯（2011）公布《國家貿易風險調查》指出，中國大陸仍只維持A3的國家風險評級，顯示出中國大陸的貿易風險問題有待加強。中國大陸國家發展和改革委員會對外經濟研究所所長張燕生（2011）指出：「中國大陸以外資為主的貿易，一般貿易成本提高、資金問題緊縮，企業出現困難，加上全球流動性問題，因此增加了中國大陸的貿易風險問題。」故提醒台灣貿易業者搭上兩岸貿易熱潮的同時，須注意中國大陸各地的信用狀況與社會政治風險問題，以降低在中國大陸的貿易成本。

■ 全球五大洲貿易風險度排名分析

2012《IEAT調查報告》針對全球五大洲進行貿易風險度排名分析，根據表14-3所示，2012貿易風險度評估綜合排名依次為：(1)大洋洲地區（3.471分）；(2)美洲地區（3.077分）；(3)歐洲地區（3.045分）；(4)亞洲地區（3.004分）；(5)非洲地區（2.952分）。其中美洲地區擠下歐洲地區較2011《IEAT調查報告》躍升一個名次。以下針對全球五大洲貿易風險度的評價進行說明：

1. **大洋洲地區**：大洋洲地區在政治風險、經濟風險、政策風險、支付風險方面持續2011《IEAT調查報告》之態勢獨占鰲頭。

2. **美洲地區**：其中加拿大在42個貿易地區中，由2011年的第三名一舉躍升至第一名，但美國則由第五名降至第七名，但以美洲地區整體而言，由2011《IEAT調查報告》的第三名提升至第二名，成為自2009《IEAT調查報告》至2012年四年來首次突破第三名。

3. **歐洲地區**：由於第二波全球債務危機的發酵，歐洲地區的貿易風險度由2011《IEAT調查報告》的第二名落至2012年的第三名。其中被標準普爾（S&P）（2011）調降債務評級的義大利，整體排名由2011年的28名落至2012年的33名，下降了六個名次。

4. **亞洲地區**：較2011《IEAT調查報告》而言，亞洲地區從2.987分提升至2012年的3.004分，若以三分為滿意的平均值，顯示出亞洲地區的評價呈現持續進步發展。

5. **非洲地區**：其中非洲地區的南非由2011年的20名大幅前進至第11名。但奈

表14-2　2012 IEAT 46個貿易地區「貿易風險度」排名

貿易地區	❶政治風險		❷經濟風險		❸政策風險		❹支付風險		貿易風險度	2012 排名	2011 排名	2010 排名	2009 排名
	評分	排名	評分	排名	評分	排名	評分	排名					
加 拿 大	3.760	1	3.650	1	3.885	1	3.536	1	3.730	1	3	6	6
新 加 坡	3.726	2	3.545	4	3.757	2	3.288	6	3.623	2	2	1	2
澳 洲	3.700	3	3.591	2	3.676	3	3.338	4	3.613	3	4	5	4
香 港	3.651	4	3.575	3	3.661	4	3.392	3	3.596	4	1	2	1
英 國	3.521	6	3.538	5	3.615	5	3.333	5	3.521	5	7	3	3
台 灣	3.527	5	3.425	6	3.555	6	3.410	2	3.491	6	8	-	-
美 國	3.467	8	3.380	7	3.517	7	3.187	9	3.416	7	5	4	5
德 國	3.500	7	3.326	9	3.404	9	3.215	8	3.390	8	9	10	8
紐 西 蘭	3.411	9	3.353	8	3.278	12	3.183	10	3.329	9	-	-	-
日 本	3.365	10	3.259	10	3.429	8	3.096	14	3.314	10	6	8	7
南 非	3.310	11	3.200	13	3.248	13	3.243	7	3.257	11	20	18	15
荷 蘭	3.301	12	3.187	14	3.280	11	3.177	11	3.249	12	26	12	10
法 國	3.213	15	3.222	11	3.379	10	3.087	15	3.238	13	12	7	9
阿聯大公國	3.253	14	3.206	12	3.194	16	3.100	13	3.203	14	14	23	16
沙烏地阿拉伯	3.297	13	3.076	16	3.210	14	3.118	12	3.193	15	13	20	24
約 旦	3.145	16	3.142	15	3.065	18	2.946	20	3.094	16	-	-	-
阿 曼	3.136	17	2.976	20	3.202	15	2.970	18	3.088	17	10	11	-
以 色 列	3.106	19	3.040	18	3.044	19	2.922	23	3.046	18	15	13	-
卡 達	3.106	19	3.047	17	3.000	21	2.911	25	3.035	19	11	9	-
安 哥 拉	3.122	18	2.920	24	3.067	17	2.933	21	3.029	20	-	-	-
土 耳 其	3.065	20	2.961	21	2.889	26	3.083	16	2.998	21	24	25	18
巴 西	2.974	23	2.994	19	2.927	23	2.948	19	2.963	22	34	32	21
奈 及 利 亞	2.989	22	2.865	26	3.011	20	2.881	28	2.947	23	19	19	-
馬 來 西 亞	3.027	21	2.732	35	2.924	24	2.920	24	2.911	24	23	16	17
中 國 大 陸	2.967	24	2.943	22	2.849	28	2.816	34	2.909	25	17	17	13

表14-2 2012 IEAT 46個貿易地區「貿易風險度」排名 （續）

貿易地區	❶政治風險 評分	❶政治風險 排名	❷經濟風險 評分	❷經濟風險 排名	❸政策風險 評分	❸政策風險 排名	❹支付風險 評分	❹支付風險 排名	貿易風險度	2012排名	2011排名	2010排名	2009排名
俄 羅 斯	2.917	26	2.935	23	2.873	27	2.833	31	2.898	26	18	15	14
印 尼	2.862	29	2.880	25	2.838	29	2.976	17	2.878	27	31	36	32
印 度	2.928	25	2.670	39	2.928	22	2.847	29	2.851	28	27	31	28
墨 西 哥	2.855	30	2.755	32	2.903	25	2.903	26	2.849	29	37	28	23
越 南	2.862	29	2.817	27	2.781	32	2.890	27	2.835	30	32	33	30
智 利	2.866	28	2.761	31	2.806	31	2.828	32	2.819	31	22	27	27
波 蘭	2.850	31	2.800	28	2.778	33	2.822	33	2.815	32	21	24	22
義 大 利	2.815	33	2.746	33	2.838	30	2.806	36	2.802	33	28	26	31
韓 國	2.878	27	2.742	34	2.742	36	2.776	38	2.795	34	29	22	11
埃 及	2.813	34	2.776	30	2.768	34	2.753	41	2.783	35	30	30	25
匈 牙 利	2.833	32	2.755	32	2.708	38	2.839	30	2.783	36	25	21	19
菲 律 賓	2.798	35	2.782	29	2.667	40	2.924	22	2.780	37	-	-	-
西 班 牙	2.833	32	2.691	37	2.758	35	2.697	43	2.758	38	16	14	12
科 威 特	2.795	36	2.714	36	2.657	41	2.807	35	2.742	39	33	29	20
孟 加 拉	2.733	37	2.660	40	2.678	39	2.794	37	2.710	40	39	-	-
阿 根 廷	2.677	38	2.677	38	2.720	37	2.645	44	2.683	41	35	34	33
泰 國	2.646	39	2.630	42	2.616	43	2.763	39	2.652	42	36	35	29
柬 埔 寨	2.633	41	2.647	41	2.567	45	2.761	40	2.639	43	40	37	26
巴 林	2.639	40	2.473	43	2.589	44	2.728	42	2.598	44	38	-	-
巴 基 斯 坦	2.608	42	2.426	44	2.634	42	2.527	45	2.557	45	42	38	34
伊 朗	2.406	43	2.287	45	2.222	46	2.278	46	2.311	46	41	-	-

註：[1] 問卷評分轉換：「非常好＝5分」、「好＝4分」、「尚可＝3分」、「差＝2分」、「非常差＝1分」。
　　[2] 貿易風險度＝【政治風險×35%】＋【經濟風險×25%】＋【政策風險×25%】＋【支付風險×15%】。

及利亞與埃及，其貿易風險度評價在2011《IEAT調查報告》分別位居第19、30名，但在2012年則落到23名與35名。

表14-3　2012 IEAT全球五大洲「貿易風險度」排名

洲 別	❶ 政治風險		❷ 經濟風險		❸ 政策風險		❹ 支付風險		貿易風險度	2012 排名	2011 排名	2010 排名	2009 排名
	評分	排名	評分	排名	評分	排名	評分	排名					
大洋洲	3.556	1	3.472	1	3.477	1	3.261	1	3.471	**1**	**1**	**1**	**1**
美　洲	3.100	2	3.036	2	3.127	2	3.008	2	3.077	**2**	**3**	**3**	**3**
歐　洲	3.085	3	3.016	3	3.052	3	2.989	3	3.045	**3**	**2**	**2**	**2**
亞　洲	3.059	4	2.940	4	3.023	4	2.953	4	3.004	**4**	**5**	**5**	**5**
非　洲	3.004	5	2.904	5	2.950	5	2.915	5	2.952	**5**	**4**	**4**	**4**

資料來源：本研究整理

第 15 章

2012 IEAT 46個貿易地區 「綜合貿易競爭力」剖析

2012《IEAT調查報告》依據「一力四度」評估模式，將46個貿易地區依國家競爭力、貿易自由度、貿易便捷度、貿易難易度、貿易風險度之評分，按專家學者配置之構面權重，計算出「綜合貿易競爭力」之最終排名得分。為使「綜合貿易競爭力」轉換為「貿易地區推薦等級」，因此將評分採百分位計算方式轉換，有關百分位轉換方式，乃將46個貿易地區在各構面評分最高值設定為99.0，而最低值設定為50.0，進行百分位轉換，並依據百分位轉換而得的分數，經過專家建議，將80分以上列為【A】級貿易地區，為「極力推薦」等級；65分至79分屬【B】級貿易地區，為「值得推薦」等級；60分至64分屬【C】級貿易地區，為「勉予推薦」等級；未滿60分之貿易地區則屬【D】級貿易地區，為「暫不推薦」等級。有關46個貿易地區所屬之推薦等級，如表15-1所示。

■ 46個貿易地區綜合貿易競爭力排名

依據表15-1顯示，2012《IEAT調查報告》之「綜合貿易競爭力」排行，說明如下：

1. **綜合貿易競爭力評價最佳前十個貿易地區**：2012《IEAT調查報告》綜合貿易競爭力評價最佳的前十個貿易地區依序為：**(1)新加坡；(2)加拿大；(3)澳洲；(4)香港；(5)英國；(6)美國；(7)德國；(8)台灣；(9)法國；(10)日本**。評價最佳的前十個貿易地區中均為2012《IEAT調查報告》所歸類的「重要市場」，排名資料亦顯示，對台灣貿易商而言，「重要市場」的綜合貿易競爭力仍明顯高於「新興市場」。其中，台灣在「綜合貿易競爭力」排名第八位，就「一力四度」評估模式而言，台灣在國家競爭力排名

第15位、貿易自由度排名第八位、貿易便捷度排名第八位、貿易難易度排名第八位、貿易風險度排名第六位；貿易四度皆擠進前十強之列的台灣，雖名次低於同屬亞洲四小龍的新加坡與香港，但比主要競爭對手中國大陸、韓國優異。

　　香港隨著兩岸簽署ECFA後，使得中轉地位逐漸式微，加上比鄰的深圳發展步伐快速，產業結構升級已是GDP成長率名列前茅的大都市，積極發展第三產業，發展潛力間接威脅著香港地位，以致2012年香港綜合貿易競爭力排名由2011年的第二名下滑至第四名。至於日本下滑四個名次，除了311地震影響使經濟復甦緩慢，日圓升值也侵蝕進出口貿易的利益，加上高額法人稅、貿易自由化進展緩慢、嚴格勞動法規等，導致綜合競爭力排名位列第10名；此外，列入極力推薦的貿易地區，就有兩個位於中東地區，分別是阿聯大公國與沙烏地阿拉伯，與台灣相比，雖然台灣在「貿易自由度」、「貿易便捷度」構面之評價較阿聯大公國低，但在貿易風險度獲得貿易業者高度肯定，使得台灣在綜合貿易競爭力，較中東地區的阿聯大公國、沙烏地阿拉伯、卡達、以色列、阿曼、約旦等地區來得高。自從金融海嘯之後，政府提出許多貿易政策，企圖改善投資環境與鬆綁法規，並提供廠商即時貿易訊息，均大幅提升台灣貿易競爭力。而兩岸簽署ECFA之後，將提升台灣與東南亞各國簽署FTA可能性，減少台灣的非關稅障礙，使得台灣成為更具吸引力的地方，貿易業者對台灣未來經貿發展多保持樂觀態度。

2. 綜合貿易競爭力評價倒數前十個貿易地區：2012《IEAT調查報告》綜合貿易競爭力評價倒數前十個貿易地區依序為：**(1)伊朗**；**(2)巴基斯坦**；**(3)孟加拉**；**(4)柬埔寨**；**(5)埃及**；**(6)巴林**；**(7)菲律賓**；**(8)阿根廷**；**(9)奈及利亞**；**(10)科威特**。評價倒數的十個貿易地區均為2012《IEAT調查報告》所歸類的「新興市場」。相較於重要市場，新興市場的基礎建設較不完備、資訊透明度較低、政治環境較不穩定，造成貿易風險增加，即便新興市場崛起是大好機會，但仍須謹慎做足事前風險分析與策略規畫，以降低經營失敗的風險。

3. 貿易地區推薦等級：由表15-1所示，在列入2012《IEAT調查報告》評估的46個貿易地區中，**「極力推薦」**的地區有**13個**，占28.26％，亞洲地區有

新加坡、香港、日本、台灣、阿聯大公國及沙烏地阿拉伯；美洲地區有加拿大、美國；歐洲地區有英國、德國及法國；大洋洲地區有澳洲、紐西蘭。紐西蘭雖為小國，但面對劇變環境下適時調整政策，相對受外在景氣的影響較低，將過去傳統農業轉型為高附加價值產業因應，近年來政府積極發展觀光與電影業，因此紐西蘭首次入榜就列入「極力推薦」等級。**列入「值得推薦」的地區有25個**，占評估的46個貿易地區約為54.34％。**屬於「勉予推薦」等級計六個**，占13.04％。而被評為「**暫不推薦**」等級則有二個，分別為巴基斯坦、伊朗，占4.34％。

■ 2012 IEAT四度排名與全球知名研究報告排名相關分析

2012《IEAT調查報告》為求排名的客觀性與參考性，將「四度」所計算出來的排名與全球知名研究報告所公布的排名進行Pearson積差相關係數分析，藉以探究2012《IEAT調查報告》四度排名與全球知名研究報告排名之相關程度，相關係數越高，代表本研究之信任度越高。茲將其原始之排名彙整如表15-2所示。

1. **貿易自由度**：2012《IEAT調查報告》貿易自由度排名與美國傳統基金會（Heritage Foundation）《2011年貿易自由度指數》之排名的Pearson積差相關係數為0.579；與加拿大弗沙爾學會（Fraser Institute）及美國卡托研究所（Cato Institute）《2011年世界經濟自由度》之排名Pearson積差相關係數為0.543，兩者之間均達到顯著的相關水準。

2. **貿易便捷度**：2012《IEAT調查報告》貿易便捷度排名與世界銀行（WB）公布《2010年世界貿易指標》之貿易便捷度排名的Pearson積差相關係數為0.563；與世界經濟論壇（WEF）《2010全球貿易促進報告》排名的Pearson積差相關係數為0.649，均達到顯著的相關水準。

3. **貿易難易度**：2012《IEAT調查報告》貿易難易度排名與世界銀行（WB）公布《2011全球經商難易度》之排名的Pearson積差相關係數為0.627，達到顯著的相關水準。

4. **貿易風險度**：2012《IEAT調查報告》貿易風險度排名與美國商業環境風險評估公司（BERI）《2011投資環境風險評估報告》排名的Pearson積差相

關係數為0.708，亦達到顯著的相關水準。

■ 全球重要暨新興市場綜合貿易競爭力排名

2012《IEAT調查報告》針對46個貿易地區，並將此46個貿易地區劃分為「重要市場」與「新興市場」兩大類，表15-3彙整兩大類之國家競爭力、貿易自由度、貿易便捷度、貿易難易度及貿易風險度等「一力四度」評估排名，其次，針對「重要市場」與「新興市場」之綜合貿易競爭力亦進行排名比較，茲將分析結果陳述如下：

1. **「重要市場」綜合貿易競爭力評價最佳前五個貿易地區**：2012《IEAT調查報告》重要市場綜合貿易競爭力評價最佳的前五個貿易地區分別為：**(1)新加坡（97.843分）**；**(2)加拿大（95.471分）**；**(3)澳洲（92.033分）**；**(4)香港（91.151分）**；**(5)英國（90.094分）**。由表15-3可知，「重要市場」在四度構面的評價均高於「新興市場」，正凸顯出「重要市場」在貿易環境上的建置較「新興市場」完備。此外，新加坡在個別的貿易自由度、貿易便捷度、貿易難易度排名第一名。2012《IEAT調查報告》的排名，澳洲擠下美國的主要原因，在於貿易自由度、貿易便捷度、貿易難易度與貿易風險度的排名皆贏美國，尤其在貿易自由度的排名更是相差了九名之多。探究其原因，澳洲政府積極與他國簽訂FTA，因此改善了澳洲對外的貿易自由度與便捷度。澳洲政府除個別與新加坡、泰國簽署FTA外，亦加入了亞洲最大自由貿易經濟區之列，澳洲、紐西蘭與東協於2009年2月27日簽訂《東協－澳洲－紐西蘭自由貿易協定》（ASEAN-Australia-New Zealand FTA），簡稱《東協－澳紐FTA》。

2. **「新興市場」綜合貿易競爭力評價最佳前五個貿易地區**：2012《IEAT調查報告》新興市場綜合貿易競爭力評價最佳的前五個貿易地區分別為：**(1)阿聯大公國（83.109分）**；**(2)沙烏地阿拉伯（80.458分）**；**(3)南非（78.345分）**；**(4)卡達（77.964分）**；**(5)以色列（77.421分）**。在新興市場綜合貿易競爭力評價最佳的前五個貿易地區，有四個皆屬於中東地區。中東地區許多生活用品皆須仰賴進口，加上石油蘊藏豐富，為國家帶來豐厚的收入，因此在購買力強、低貿易壁壘與積極發展服務業的背景

下，使中東地區的綜合貿易競爭力在新興市場名列前茅。其中，阿聯大公國對外貿易採取自由開放政策，通關手續便捷且關稅低，除了進口海灣國家合作理事會（GCC）會員國產品免稅外，其餘國家產品關稅一律統一化，最高爲4%，以降低進口門檻來擴大市場。根據阿聯大公國（2011）預估，阿聯大公國與新加坡在2011年簽署投資保障協定，除有利於維持雙方國家投資市場外，也將會帶來雙邊貿易成長達109億美元，較2010年相比成長約20%。此外，被喻有「國貿之都」的杜拜，除擁有寬鬆的貿易政策、完整的公共建設，也是阿聯大公國的商業與金融樞紐中心。據市場研究機構Business Monitor International（BMI）（2011）指出：「2011年在杜拜舉行的電腦科技展將會帶動整體消費性科技市場成長，預計到2015年前可成長達43億美元。」諸多的優勢使得阿聯大公國穩固中東地區的貿易樞紐地位。另外，擁有「金礦之國」的南非，除了黃金、白金產量均爲全球之冠外，占全球產量達40%，爲國家帶來豐富的收入。據達文西技術管理學院主席Roy Marcus（2011）指出：「南非是個醞釀許多商業機會的國家，能替中小企業帶來許多成長潛力。」2012年1月南非貿工部宣布成立「新經濟特區計劃」，希望提供稅務優惠、獎勵措施來吸引外商投資。而南非標準銀行資深分析師Simon Freemantle（2011）亦指出：「由於南非地區人口快速增加、快速都市化及優化金融市場因素，未來十年將會成爲一個快速成長的新興大國。」顯示南非未來前景備受矚目。

表15-1　2012 IEAT 46個貿易地區「綜合貿易競爭力」排名

排名	貿易地區	一力 (20%) 國家競爭力 評分	排名	❶貿易自由度 評分	排名	❷貿易便捷度 評分	排名	❸貿易難易度 評分	排名	❹貿易風險度 評分	排名	四度貿易實力	綜合貿易競爭力	2012 推薦等級	2011 評分	2011 等級	2010 評分	2010 等級	2009 評分	2009 等級
1	新加坡	83.807	3	3.837	1	4.055	1	3.943	1	3.623	2	97.701	97.843	A01	98.098	A01	98.480	A01	97.301	A02
2	加拿大	84.043	2	3.696	2	3.784	3	3.639	2	3.730	1	94.682	95.471	A02	92.364	A03	89.945	A05	89.180	A03
3	澳洲	83.152	4	3.585	3	3.586	5	3.547	3	3.613	3	90.586	92.033	A03	90.841	A04	86.528	A07	85.018	A06
4	香港	79.916	9	3.454	5	3.924	2	3.340	6	3.596	4	90.213	91.151	A04	96.287	A02	95.300	A02	98.122	A01
5	英國	82.286	6	3.448	6	3.767	4	3.347	5	3.521	5	88.357	90.094	A05	89.994	A05	91.012	A03	85.915	A05
6	美國	84.459	1	3.294	12	3.561	7	3.409	4	3.416	7	84.612	87.489	A06	88.573	A06	90.184	A04	87.889	A04
7	德國	82.663	5	3.265	13	3.480	9	3.206	8	3.390	8	82.658	85.603	A07	85.185	A08	84.251	A09	81.643	A08
8	台灣	71.365	15	3.349	8	3.481	8	3.196	9	3.491	6	84.660	85.166	A08	83.181	A09	-	-	-	-
9	法國	78.501	10	3.572	4	3.334	14	3.004	20	3.238	13	82.073	84.384	A09	81.917	A10	83.668	A10	78.325	B01
10	日本	82.276	7	3.221	15	3.472	10	3.107	14	3.314	10	80.837	84.076	A10	87.844	A07	87.069	A06	83.959	A07
11	阿聯大公國	72.253	14	3.365	7	3.576	6	3.190	11	3.203	14	81.888	83.109	A11	80.802	A11	75.820	B03	71.728	B04
12	紐西蘭	72.725	13	3.179	17	3.258	17	3.118	12	3.329	9	79.375	81.183	A12	-	-	80.046	A13	-	-
13	沙烏地阿拉伯	67.827	21	3.256	14	3.342	13	3.252	7	3.193	15	79.573	80.458	A13	80.038	A13	73.756	B09	68.591	B11
14	荷蘭	80.322	8	3.084	19	3.086	24	3.019	17	3.249	12	76.012	79.863	B01	76.302	B05	84.603	A08	74.317	B02
15	南非	63.399	26	3.072	20	3.457	11	2.953	22	3.257	11	77.930	78.345	B02	74.088	B07	74.909	B06	69.545	B09
16	卡達	62.447	27	3.339	9	3.388	12	3.005	18	3.035	19	77.668	77.964	B03	80.608	A12	80.046	B03	-	-
17	以色列	66.913	22	3.184	16	3.267	15	3.098	15	3.046	18	75.982	77.421	B04	77.827	B02	80.984	A12	-	-
18	阿曼	56.856	35	3.298	11	3.203	20	3.191	10	3.088	17	77.602	76.902	B05	78.731	B01	79.530	B01	-	-
19	馬來西亞	68.431	20	3.331	10	3.005	29	3.096	16	2.911	24	74.209	76.276	B06	74.754	B06	76.188	B02	69.404	B10
20	約旦	53.990	37	3.128	18	3.174	22	3.115	13	3.094	16	75.521	74.721	B07	-	-	-	-	-	-
21	土耳其	60.032	29	2.961	27	3.210	18	3.005	19	2.998	21	72.466	73.367	B08	71.547	B12	71.893	B11	69.965	B07
22	中國大陸	69.628	18	2.989	24	2.964	32	2.876	30	2.909	25	69.641	72.838	B09	76.407	B04	75.434	B04	69.690	B08
23	韓國	78.115	11	2.841	34	3.072	25	2.879	29	2.795	34	67.475	72.636	B10	72.958	B09	75.105	B05	71.659	B05
24	巴西	60.916	28	3.030	22	3.004	30	2.895	27	2.963	22	71.012	72.363	B11	67.070	B20	68.455	B16	68.409	B12
25	墨西哥	66.722	23	3.047	21	2.951	33	2.896	26	2.849	29	69.492	72.194	B12	66.940	B21	69.139	B14	65.930	B16
26	西班牙	73.343	12	2.837	35	3.018	28	2.880	28	2.758	38	66.671	71.131	B13	76.660	B03	81.175	A11	72.414	B03

四度 (80%)

2012 推薦等級：A01～A13 極力推薦；B01～ 值得推薦

表15-1 2012 IEAT 46個貿易地區「綜合貿易競爭力」排名 （續）

排名	貿易地區	一力 (20%) 國家競爭力 評分	排名	❶貿易自由度 評分	排名	❷貿易便捷度 評分	排名	❸貿易難易度 評分	排名	❹貿易風險度 評分	排名	四度貿易實力	綜合貿易競爭力	2012 推薦等級	2011 推薦等級	2010 推薦等級	2009 推薦等級
27	俄羅斯	57.653	32	2.887	31	3.263	16	2.853	31	2.898	26	70.196	71.121	B14	72.601 B10	74.119 B07	71.578 B06
28	印尼	57.346	33	2.927	29	3.201	21	2.902	25	2.878	27	70.181	71.054	B15	67.584 B17	62.548 C03	62.001 C05
29	印度	57.289	34	2.972	26	3.205	19	2.841	33	2.851	28	70.065	70.951	B16	69.492 B16	66.692 B19	63.483 C04
30	義大利	68.440	19	2.892	30	3.062	26	2.740	38	2.802	33	67.397	70.828	B17	72.985 B08	73.984 B08	66.439 B14
31	波蘭	66.697	24	2.875	32	3.029	27	2.840	34	2.815	32	67.617	70.690	B18	72.318 B11	72.418 B10	66.924 B13
32	智利	69.985	17	2.798	37	2.950	34	2.847	32	2.819	31	66.478	70.372	B19	71.351 B13	70.312 B13	64.936 C01
33	越南	55.326	36	2.997	23	3.000	31	2.927	23	2.835	30	69.249	69.944	B20	67.398 B18	63.604 C01	61.322 C06
34	匈牙利	65.604	25	2.803	36	2.882	37	2.800	36	2.783	36	65.483	68.786	B21	69.581 B15	70.603 B12	65.618 B17
35	泰國	70.030	16	2.794	39	2.912	36	2.801	35	2.652	42	63.999	68.396	B22	69.746 B14	68.320 B17	64.449 C02
36	安哥拉	30.131	46	2.978	25	3.132	23	2.977	21	3.029	20	72.427	67.941	B23	-	-	-
37	科威特	58.021	31	2.869	33	2.927	35	2.667	41	2.742	39	65.326	67.292	B24	67.219 B19	68.900 B15	66.303 B15
38	奈及利亞	39.091	44	2.933	28	2.874	38	2.908	24	2.947	23	69.154	66.940	B25	66.239 B22	66.899 B18	-
39	阿根廷	52.528	38	2.787	40	2.772	40	2.646	42	2.683	41	62.788	64.270	C01	63.788 C03	61.836 C04	60.992 C07
40	菲律賓	48.805	40	2.679	43	2.741	41	2.758	37	2.780	37	63.208	63.935	C02	55.230 D03	55.476 D01	53.138 D02
41	巴林	59.728	30	2.713	42	2.722	43	2.497	45	2.598	44	60.096	63.416	C03	64.601 C01	-	-
42	埃及	49.597	39	2.586	44	2.619	44	2.679	40	2.783	35	61.261	62.520	C04	64.120 C02	63.398 C02	63.576 C03
43	柬埔寨	34.108	45	2.795	38	2.774	39	2.693	39	2.639	43	62.555	60.761	C05	52.358 D04	51.690 D02	56.095 D01
44	孟加拉	42.625	42	2.722	41	2.431	45	2.587	43	2.710	40	60.190	60.406	C06	59.060 D01	-	-
45	巴基斯坦	40.657	43	2.333	46	2.732	42	2.252	46	2.557	45	54.869	55.794	D01	-	-	-
46	伊朗	43.159	41	2.405	45	2.414	46	2.519	44	2.311	46	51.867	53.844	D02	58.523 D02	-	-

2012推薦等級分組：B14–B25 值得推薦；C01–C06 勉予推薦；D01–D02 暫不推薦。

註：[1] 綜合貿易競爭力＝［國家競爭力×20%］＋［四度貿易實力×80%］。
　　[2] 四度貿易實力＝［貿易自由度×30%］＋［貿易便捷度×20%］＋［貿易難易度×15%］＋［貿易風險度×35%］。

表15-2 2012 IEAT全球重要暨新興市場「綜合貿易競爭力」排行與研究機構比較分析

貿易地區	❶貿易自由度			❷貿易便捷度			❸貿易難易度		❹貿易風險度		
	IEAT 2012	HF 2011	FCIr 2011	IEAT 2012	WB-1 2006-2009	WEF 2010	IEAT 2012	WB-2 2011	IEAT 2012	Coface 2011	BERI 2011-II
新加坡	1	2	2	1	2	1	1	1	2	A1	1
加拿大	2	6	6	3	14	8	2	13	1	A1	8
澳洲	3	3	5	5	17	15	3	15	3	A1	19
香港	5	1	1	2	13	2	6	2	4	A1	-
英國	6	16	8	4	8	17	5	7	5	A3	20
美國	12	9	10	7	15	19	4	4	7	A2	13
德國	13	23	21	9	1	13	8	19	8	A2	7
台灣	8	25	26	8	20	28	9	25	6	A1	3
法國	4	64	42	14	17	20	20	29	13	A2	20
日本	15	20	22	10	6	25	14	20	10	A1	11
阿聯大公國	7	47	14	6	24	16	11	33	14	A3	-
紐西蘭	17	4	3	17	21	6	12	3	9	A1	-
沙烏地阿拉伯	14	54	-	13	39	40	7	12	15	A4	22
荷蘭	19	15	30	24	4	10	17	31	12	A2	5
南非	20	74	87	11	28	72	22	35	11	A3	30
卡達	9	27	-	12	55	34	18	36	19	A2	-
以色列	16	43	83	15	31	26	15	34	18	A3	-
阿曼	11	34	28	20	60	29	10	49	17	A3	-
馬來西亞	10	53	78	29	29	30	16	18	24	A2	16
約旦	18	38	62	22	79	39	13	96	16	B	-
土耳其	27	67	75	18	39	62	19	71	21	A4	44
中國大陸	24	135	92	32	27	48	30	91	25	A3	13
韓國	34	35	30	25	22	27	29	8	34	A2	17
巴西	22	113	102	30	41	87	27	126	22	A3	36
墨西哥	21	48	75	33	50	64	26	53	29	A4	44
西班牙	35	31	54	28	24	32	28	44	38	A3	25
俄羅斯	31	143	81	16	94	114	31	120	26	B	25

表15-2 2012 IEAT全球重要暨新興市場「綜合貿易競爭力」排行與研究機構比較分析（續）

貿易地區	❶ 貿易自由度			❷ 貿易便捷度			❸ 貿易難易度		❹ 貿易風險度		
	IEAT 2012	HF 2011	FCIr 2011	IEAT 2012	WB-1 2006-2009	WEF 2010	IEAT 2012	WB-2 2011	IEAT 2012	Coface 2011	BERI 2011-II
印 尼	29	116	84	21	76	68	25	129	27	B	34
印 度	26	124	94	19	47	84	33	132	28	A3	27
義 大 利	30	87	70	26	22	51	38	87	33	A3	30
波 蘭	32	68	53	27	29	58	34	62	32	A3	38
智 利	37	11	7	34	49	18	32	39	31	A2	22
越 南	23	139	88	31	53	71	23	98	30	C	38
匈 牙 利	36	51	15	37	52	49	36	51	36	A4	34
泰 國	39	62	65	36	35	60	35	17	42	A3	30
安 哥 拉	25	161	138	23	141	-	21	172	20	C	-
科 威 特	33	61	47	35	36	65	41	67	39	A2	-
奈 及 利 亞	28	111	107	28	100	120	24	133	23	D	-
阿 根 廷	40	138	119	38	48	95	42	113	41	C	38
菲 律 賓	43	115	89	41	44	92	37	136	37	B	27
巴 林	42	10	11	41	32	22	45	38	44	A4	-
埃 及	44	96	93	43	94	76	40	110	35	B	47
柬 埔 寨	38	102	-	44	134	102	39	138	43	D	-
孟 加 拉	41	130	103	39	80	113	43	122	40	C	-
巴 基 斯 坦	46	123	114	45	108	112	46	105	45	D	49
伊 朗	45	171	105	46	104	-	44	144	46	D	36

註：
[1] HF 2011指美國傳統基金會公布之《2011年貿易自由度指數》之貿易自由度排名。
[2] FCIr 2011指加拿大弗沙爾學會及美國卡托研究所公布之《2011年世界經濟自由度》經濟自由度排名。
[3] WB-1 2006~2009指世界銀行公布2006~2009《世界貿易指標》貿易便捷度排名。
[4] WEF2010指世界經濟論壇公布之《全球貿易促進報告》貿易便利度排名。
[5] WB-2 2011指世界銀行公布之《2011全球經商難易度》。
[6] Coface 2011指科法斯公布之《2011國家貿易信用風險評估等報告》。
[7] BERI 2011-II指美國商業環境風險評估公司公布的2011年第二次《Investment Environment Risk Assessment Report》投資環境排名。

表15-3 2012 IEAT重要暨新興市場「綜合貿易競爭力」排名

類別	排名	貿易地區	國家競爭力			❶ 貿易自由度			❷ 貿易便捷度			❸ 貿易難易度			❹ 貿易風險度			四度貿易實力	綜合貿易競爭力
			評分	百分位	排名	評分	百分位	排名	評分	百分位	排名	評分	百分位	排名	評分	百分位	排名		
重要市場	1	新加坡	83.807	98.412	3	3.837	99.000	1	4.055	99.000	1	3.943	99.000	1	3.623	95.288	2	97.701	97.843
	2	加拿大	84.043	98.625	2	3.696	94.401	2	3.784	90.912	3	3.639	90.196	2	3.730	99.000	1	94.682	95.471
	3	澳洲	83.152	97.821	4	3.585	90.779	3	3.586	84.993	5	3.547	87.519	3	3.613	94.931	3	90.586	92.033
	4	香港	79.916	94.903	9	3.454	86.501	5	3.924	95.075	2	3.340	81.520	6	3.596	94.342	4	90.213	91.151
	5	英國	82.286	97.040	6	3.448	86.332	6	3.767	90.408	4	3.347	81.717	5	3.521	91.768	5	88.357	90.094
	6	美國	84.459	99.000	1	3.294	81.297	12	3.561	84.236	7	3.409	83.530	4	3.416	88.130	7	84.612	87.489
	7	德國	82.663	97.380	5	3.265	80.366	13	3.480	81.839	9	3.206	77.649	8	3.390	87.238	8	82.658	85.603
	8	台灣	71.365	87.190	15	3.349	83.102	8	3.481	81.850	8	3.196	77.350	9	3.491	90.732	6	84.660	85.166
	9	法國	78.501	93.627	10	3.572	90.367	4	3.334	77.459	14	3.004	71.795	20	3.238	82.005	13	82.073	84.384
	10	日本	82.276	97.032	7	3.221	78.936	15	3.472	81.589	10	3.107	74.787	14	3.314	84.630	10	80.837	84.076
	11	紐西蘭	72.725	88.417	13	3.179	77.558	17	3.258	75.198	17	3.118	75.104	12	3.329	85.149	9	79.375	81.183
	12	荷蘭	80.322	95.269	8	3.084	74.459	19	3.086	70.058	24	3.019	72.219	17	3.249	82.370	12	76.012	79.863
	13	西班牙	73.343	88.974	12	2.837	66.425	35	3.018	68.032	28	2.880	68.206	28	2.758	65.446	38	66.671	71.131
	14	義大利	68.440	84.552	19	2.892	68.225	30	3.062	69.347	26	2.740	64.158	38	2.802	66.962	33	67.397	70.828
		平均值	79.093	94.160	-	3.337	82.696	-	3.491	82.143	-	3.250	78.911	-	3.362	86.285	-	83.274	85.451
新興市場	1	阿聯大公國	72.253	87.992	14	3.365	83.631	7	3.576	84.705	6	3.190	77.166	11	3.203	80.807	14	81.888	83.109
	2	沙烏地阿拉伯	67.827	83.999	21	3.256	80.071	14	3.342	77.720	13	3.252	78.981	7	3.193	80.459	15	79.573	80.458
	3	南非	63.399	80.005	26	3.072	74.090	20	3.457	81.146	11	2.953	70.316	22	3.257	82.646	11	77.930	78.345
	4	卡達	62.447	79.146	27	3.339	82.758	9	3.388	79.082	12	3.005	71.817	18	3.035	75.005	19	77.668	77.964
	5	以色列	66.913	83.175	22	3.184	77.739	16	3.267	75.477	15	3.098	74.525	15	3.046	75.388	18	75.982	77.421
	6	阿曼	56.856	74.104	35	3.298	81.427	11	3.203	73.552	20	3.191	77.198	10	3.088	76.812	17	77.602	76.902
	7	馬來西亞	68.431	84.544	20	3.331	82.520	10	3.005	67.658	29	3.096	74.446	16	2.911	70.727	24	74.209	76.276
	8	約旦	53.990	71.520	37	3.128	75.895	18	3.174	72.690	22	3.115	74.994	13	3.094	77.044	16	75.521	74.721
	9	土耳其	60.032	76.969	29	2.961	70.476	27	3.210	73.771	18	3.005	71.810	19	2.998	73.707	21	72.466	73.367

表15-3 2012 IEAT重要暨新興市場「綜合貿易競爭力」排名（續）

類別	排名	貿易地區	國家競爭力 評分	國家競爭力 百分位	國家競爭力 排名	❶貿易自由度 評分	❶貿易自由度 百分位	❶貿易自由度 排名	❷貿易便捷度 評分	❷貿易便捷度 百分位	❷貿易便捷度 排名	❸貿易難易度 評分	❸貿易難易度 百分位	❸貿易難易度 排名	❹貿易風險度 評分	❹貿易風險度 百分位	❹貿易風險度 排名	四度貿易實力	綜合貿易競爭力
新興市場	10	中國大陸	69.628	85.624	18	2.989	71.390	24	2.964	66.428	32	2.876	68.095	30	2.909	70.642	25	69.641	72.838
	11	韓國	78.115	93.279	11	2.841	66.569	34	3.072	69.650	25	2.879	68.175	29	2.795	66.708	34	67.475	72.636
	12	巴西	60.916	77.766	28	3.030	72.696	22	3.004	67.631	30	2.895	68.631	27	2.963	72.520	22	71.012	72.363
	13	墨西哥	66.722	83.003	23	3.047	73.272	21	2.951	66.027	33	2.896	68.673	26	2.849	68.582	29	69.492	72.194
	14	俄羅斯	57.653	74.823	32	2.887	68.061	31	3.263	75.363	16	2.853	67.426	31	2.898	70.259	26	70.196	71.121
	15	印尼	57.346	74.546	33	2.927	69.362	29	3.201	73.490	21	2.902	68.847	25	2.878	69.563	27	70.181	71.054
	16	印度	57.289	74.494	34	2.972	70.833	26	3.205	73.624	19	2.841	67.070	33	2.851	68.656	28	70.065	70.951
	17	波蘭	66.697	82.980	24	2.875	67.648	32	3.029	68.366	27	2.840	67.038	34	2.815	67.411	32	67.617	70.690
	18	智利	69.985	85.945	17	2.798	65.159	37	2.950	66.017	34	2.847	67.248	32	2.819	67.543	31	66.478	70.372
	19	越南	55.326	72.725	36	2.997	71.623	23	3.000	67.486	31	2.927	69.571	23	2.835	68.084	30	69.249	69.944
	20	匈牙利	65.604	81.994	25	2.803	65.327	36	2.882	63.973	37	2.800	65.893	36	2.783	66.306	36	65.483	68.786
	21	泰國	70.030	85.986	16	2.794	65.034	39	2.912	64.879	36	2.801	65.919	35	2.652	61.786	42	63.999	68.396
	22	安哥拉	30.131	50.000	46	2.978	71.029	25	3.132	71.428	23	2.977	71.006	21	3.029	74.804	20	72.427	67.941
	23	科威特	58.021	75.155	31	2.869	67.481	33	2.927	65.322	35	2.667	62.032	41	2.742	64.892	39	65.326	67.292
	24	奈及利亞	39.091	58.081	44	2.933	69.562	28	2.874	63.735	38	2.908	69.000	24	2.947	71.967	23	69.154	66.940
	25	阿根廷	52.528	70.201	38	2.787	64.791	40	2.772	60.688	40	2.646	61.418	42	2.683	62.857	41	62.788	64.270
	26	菲律賓	48.805	66.842	40	2.679	61.292	43	2.741	59.765	41	2.758	64.660	37	2.780	66.195	37	63.208	63.935
	27	巴林	59.728	76.694	30	2.713	62.388	42	2.722	59.201	43	2.497	57.108	45	2.598	59.923	44	60.096	63.416
	28	埃及	49.597	67.557	39	2.586	58.246	44	2.619	56.114	44	2.679	62.373	40	2.783	66.309	35	61.261	62.520
	29	柬埔寨	34.108	53.587	45	2.795	65.059	38	2.774	60.757	39	2.693	62.794	39	2.639	61.333	43	62.555	60.761
	30	孟加拉	42.625	61.269	42	2.722	62.691	41	2.431	50.507	45	2.587	59.705	43	2.710	63.787	40	60.190	60.406
	31	巴基斯坦	40.657	59.493	43	2.333	50.000	46	2.732	59.491	42	2.252	50.000	46	2.557	58.487	45	54.869	55.794
	32	伊朗	43.159	61.751	41	2.405	52.348	45	2.414	50.000	46	2.519	57.750	44	2.311	50.000	46	51.867	53.844
	平均值		57.685	74.852	-	2.928	69.390	-	3.006	67.679	-	2.858	67.553	-	2.864	69.100	-	68.671	69.907

註：
[1] 綜合貿易競爭力 =【國家競爭力×20%】 + 【四度貿易實力×80%】。
[2] 四度貿易實力 =【貿易自由度×30%】 + 【貿易便捷度×20%】 + 【貿易難易度×15%】 + 【貿易風險度×35%】。

■ 全球重要經濟組織綜合貿易競爭力排名

2012年《IEAT調查報告》所評估的46個貿易地區，分別歸類於「亞洲四小龍」、「七大工業國」、「新興四力」、「新七大經濟體」、「新金磚六國」、「新興經濟體11國」、「東協十國」、「飛鷹國家」、「成長市場八國」、「新興市場七國」、「中印印韓四國」、「金磚四國」、「展望五國」、「新興三地」、「靈貓六國」、「金賺14國」、「ABC集團」、「新鑽11國」，由表15-4結果顯示，全球重要經濟組織綜合貿易競爭力的排名，前五名分別為：(1)亞洲四小龍（86.669分）；(2)七大工業國（85.421分）；(3)十大貿易夥伴（84.040分）；(4)新興四力（75.002分）；(5)新七大經濟體（74.001分）。以下茲針對各經濟組織綜合貿易競爭力排名之內涵進行說明：

1. **亞洲四小龍（T4）**：亞洲四小龍之綜合貿易競爭力排名，依序為新加坡（97.843分）、香港（91.151分）、台灣（85.166分），韓國（72.636分）；其中，新加坡分別於貿易自由度、貿易便捷度、貿易難易度皆為排名之首位。

2. **七大工業國（G7）**：七大工業國之綜合貿易競爭力排名，依序為加拿大（95.471分）、英國（90.094分）、美國（87.489分）、德國（85.603分）、法國（84.384分）、日本（84.076分）、義大利（70.828分）。

3. **台灣主要十大貿易夥伴（Top 10）**：台灣主要貿易夥伴之綜合貿易競爭力評比中，排名依序分別為新加坡（97.843分）、澳洲（92.033分）、香港（91.151分）、美國（87.489分）、德國（85.603分）、日本（84.076分）、沙烏地阿拉伯（80.458分）、馬來西亞（76.276分）、中國大陸（72.838分）以及韓國（72.636分）；其中，新加坡在貿易自由度、貿易便捷度、貿易難易度皆居於首位。

4. **新興四力（CITI）**：新興四力之綜合貿易競爭力排名，依序為台灣（85.166分）、中國大陸（72.838分）、印尼（71.054分）及印度（70.951分）；台灣為重要市場，其貿易自由度、貿易便捷度、貿易難易度及貿易風險度遠較中國大陸、印尼與印度為佳。

5. **新七大經濟體（NG7）**：新七大經濟體之綜合貿易競爭力評比中，排名

依次為美國（87.489分）、中國大陸（72.838分）、巴西（72.363分）、墨西哥（72.194分）、俄羅斯（71.121分）、印尼（71.054分）、印度（70.951分）；美國在貿易自由度、貿易便捷度、貿易難易度及貿易風險度排名中，皆居新七大經濟體之首位。

6. **新金磚六國（BRIICs）**：新金磚六國之綜合貿易競爭力評比中，排名依序為南非（78.345分）、中國大陸（72.838分）、巴西（72.363分）、俄羅斯（71.121分）、印尼（71.054分）、印度（70.951分）；其中，南非在四度排名皆位居新金磚六國之首位，印度在貿易難易度及貿易風險度皆居新金磚六國之最後一名。

7. **新興經濟體11國（E11）**：新興經濟體11國之綜合貿易競爭力評比中，排名依序為沙烏地阿拉伯（80.458分）、南非（78.345分）、土耳其（73.367分）、中國大陸（72.838分）、韓國（72.636分）、巴西（72.363分）、墨西哥（72.194分）、俄羅斯（71.121分）、印尼（71.054分）、印度（70.951分）、阿根廷（64.270分）；其中沙烏地阿拉伯在貿易自由度、貿易難易度皆居新興經濟體11國之首位，南非在貿易便捷度、貿易風險度皆居新興經濟體11國之首位。

8. **東協十國（ASEAN）**：東協十國之綜合貿易競爭力評比中，排名依序為新加坡（97.843分）、馬來西亞（76.276分）、印尼（71.054分）、越南（69.944分）、泰國（68.396分）、菲律賓（63.935分）以及柬埔寨（60.761分）；其中，僅有貿易自由度、貿易便捷度、貿易難易度皆居於首位的新加坡列於重要市場，其餘尚屬新興市場。

9. **飛鷹國家（EAGLES）**：飛鷹國家之綜合貿易競爭力評比中，排名依序為台灣（85.166分）、土耳其（73.367分）、中國大陸（72.838分）、韓國（72.636分）、巴西（72.363分）、墨西哥（72.194分）、俄羅斯（71.121分）、印尼（71.054分）、印度（70.951分）、埃及（62.520分）；其中，僅有貿易四度皆擠進前十強之列的台灣列於重要市場，其餘尚屬新興市場。

10. **重點拓銷市場（Focus 11）**：根據國際貿易局（2011）公布之2011重點拓銷市場，將中東視為一個市場，包含十個國家。因此重點拓銷市場

總計有20個國家，其綜合貿易競爭力評比中，排名依序爲日本（84.076分）、阿聯大公國（83.109分）、沙烏地阿拉伯（80.458分）、南非（78.345分）、卡達（77.964分）、以色列（77.421分）、阿曼（76.902分）、約旦（74.721分）、土耳其（73.367分）、中國大陸（72.838分）、韓國（72.636分）、巴西（72.363分）、俄羅斯（71.121分）、印尼（71.054分）、印度（70.951分）、越南（69.944分）以及科威特（67.292分）；其中，重點拓銷市場除日本外，其餘19個國家皆爲新興市場國家。

11. **成長市場八國（Growth 8）**：成長市場八個之綜合貿易競爭力評比中，排名依序爲土耳其（73.367分）、中國大陸（72.838分）、韓國（72.636分）、巴西（72.363分）、墨西哥（72.194分）、俄羅斯（71.121分）、印尼（71.054分）、印度（70.951分）；其中，土耳其在貿易難易度、貿易風險度皆爲成長市場八國之首，俄羅斯在貿易便捷度爲成長市場八國之冠，墨西哥在貿易自由度爲成長市場八國之首位。

12. **新興市場七國（E7）**：新興市場七國之綜合貿易競爭力評比中，排名依序爲土耳其（73.367分）、中國大陸（72.838分）、巴西（72.363分）、墨西哥（72.194分）、俄羅斯（71.121分）、印尼（71.054分）、印度（70.951分）；其中，土耳其在貿易難易度、貿易風險度，皆爲新興市場七國之首位，墨西哥在貿易便捷度、貿易風險度則爲新興市場七國之最後一名。

13. **中印印韓四國（KIIC）**：KIIC之綜合貿易競爭力評比中，排名依序爲中國大陸（72.838分）、韓國（72.636分）、印尼（71.054分）及印度（70.951分）；其中，中國大陸貿易自由度、貿易風險度皆排名中印印韓四國之首，印度在貿易便捷度爲中印印韓四國之首，印尼在貿易難易度爲中印印韓四國之首。

14. **金磚四國（BRICs）**：金磚四國之綜合貿易競爭力評比中，排名依序爲中國大陸（72.838分）、巴西（72.363分）、俄羅斯（71.121分）以及印度（70.951分）；其中，中國大陸在國家競爭力，仍然位居金磚四國之首位。

15. **展望五國（VISTA）**：展望五國之綜合貿易競爭力評比中，排名依序為南非（78.345分）、土耳其（73.367分）、印尼（71.054分）、越南（69.944分）以及阿根廷（64.270分）；其中，在展望五國中，南非除貿易難易度外，其餘皆居展望五國之首位，阿根廷則皆為展望五國之最後一名。

16. **新興三地（MTV）**：新興三地之綜合貿易競爭力評比中，排名依序為，阿聯大公國（83.109分）、沙烏地阿拉伯（80.458分）、卡達（77.964分）、以色列（77.421分）、阿曼（76.902分）、約旦（74.721分）、土耳其（73.367分）、越南（69.944分）、科威特（67.292分）、巴林（63.416分）以及巴基斯坦（55.794分）和伊朗（53.844分）。

17. **靈貓六國（CIVETS）**：靈貓六國之綜合貿易競爭力評比中，排名依序為南非（78.345分）、土耳其（73.367分）、印尼（71.054分）、越南（69.944分）與埃及（62.520分）；其中，南非在貿易便捷、貿易難易、貿易風險度排名皆居靈貓六國之首位。

18. **金賺14國（RDEs）**：金賺14國之綜合貿易競爭力評比中，排名依序為，馬來西亞（76.276分）、土耳其（73.367分）、中國大陸（72.838分）、巴西（72.363分）、墨西哥（72.194分）、俄羅斯（71.121分）、印尼（71.054分）、印度（70.951分）、波蘭（70.690分）、智利（70.372分）、匈牙利（68.786分）、泰國（68.396分）、阿根廷（64.270分）以及埃及（62.520分）。

19. **ABC集團（ABC）**：ABC集團之綜合貿易競爭力評比中，排名依序為南非（78.345分）、中國大陸（72.838分）、巴西（72.363分）、安哥拉（67.941分）以及奈及利亞（66.940分）、埃及（62.520分）。

20. **新鑽11國（N11）**：新鑽11國之綜合貿易競爭力評比當中，排名依序為土耳其（73.367分）、韓國（72.636分）、墨西哥（72.194分）、印尼（71.054分）、越南（69.944分）、奈及利亞（66.940分）、菲律賓（63.935分）、埃及（62.520分）、巴基斯坦（55.794分）以及伊朗（53.844分）；其中，土耳其除貿易自由度外，另外三度皆居新鑽11國之首位。

表15-4　2012 IEAT全球重要經濟組織「綜合貿易競爭力」排名

排名	經濟組織別		國家競爭力			❶貿易自由度			❷貿易便捷度			❸貿易難易度			❹貿易風險度			四度貿易實力	綜合貿易競爭力
			評分	百分位	排名	評分	百分位	排名	評分	百分位	排名	評分	百分位	排名	評分	百分位	排名		
1	亞洲四小龍	T4	78.301	93.446	2	3.370	83.793	1	3.633	86.394	1	3.340	81.511	1	3.376	86.767	1	85.012	86.699
2	七大工業國	G7	80.381	95.322	1	3.341	82.846	2	3.494	82.256	3	3.208	77.690	3	3.344	85.676	2	82.945	85.421
3	十大貿易夥伴	Top10	78.027	93.199	3	3.307	81.743	3	3.446	80.819	2	3.266	79.370	2	3.276	83.309	3	81.750	84.040
4	新興四力	CITI	63.907	80.464	6	3.060	73.672	4	3.213	73.848	4	2.954	70.340	5	3.032	74.898	4	73.637	75.002
5	新七大經濟體	NG7	64.859	81.322	5	3.021	72.416	6	3.164	72.400	6	2.953	70.325	6	2.966	72.622	6	72.171	74.001
6	新金磚六國	BRIICS	61.039	77.877	14	2.980	71.072	9	3.182	72.947	5	2.887	68.397	14	2.959	72.381	7	71.504	72.779
7	新興經濟體11國	E11	62.860	79.519	9	2.979	71.056	10	3.131	71.413	7	2.909	69.040	7	2.934	71.509	10	70.983	72.691
8	東協十國	ASEAN	59.693	76.663	15	3.052	73.413	5	3.098	70.434	14	3.017	72.177	4	2.903	70.425	15	71.586	72.601
9	飛鷹國家	EAGLES	62.866	79.525	8	2.959	70.401	13	3.097	70.395	16	2.902	68.845	8	2.941	71.768	9	70.645	72.421
10	重點拓銷市場	Focus11	61.192	78.015	13	2.989	71.389	7	3.130	71.371	8	2.901	68.815	9	2.928	71.312	12	70.972	72.381
11	成長市場八國	Growth8	63.463	80.063	7	2.957	70.332	14	3.109	70.748	13	2.893	68.591	11	2.893	70.080	16	70.066	72.065
12	新興市場七國	E7	61.370	78.175	12	2.974	70.870	11	3.114	70.905	10	2.896	68.650	10	2.907	70.561	13	70.436	71.984
13	中印印韓四國	KIIC	65.595	81.986	4	2.933	69.538	16	3.110	70.798	11	2.875	68.047	17	2.858	68.892	18	69.340	71.869
14	金磚四國	BRICs	61.372	78.177	11	2.970	70.745	12	3.109	70.761	12	2.866	67.805	18	2.905	70.519	14	70.228	71.818
15	展望五國	VISTA	57.726	74.889	17	2.949	70.068	15	3.128	71.316	9	2.887	68.392	15	2.930	71.372	11	70.523	71.396
16	新興三地	MTV	58.101	75.227	16	2.987	71.320	8	3.080	69.875	17	2.893	68.579	13	2.892	70.051	17	70.176	71.186
17	靈貓六國	CIVETS	57.140	74.360	18	2.909	68.759	19	3.097	70.401	15	2.893	68.583	12	2.950	72.062	8	70.217	71.046
18	金賺14國	RDEs	62.318	79.031	10	2.913	68.915	18	2.998	67.431	19	2.856	67.492	19	2.842	68.348	19	68.206	70.371
19	ABC集團	ABC	52.127	69.839	20	2.932	69.502	17	3.008	67.747	18	2.881	68.237	16	2.981	73.148	5	70.237	70.158
20	新鑽11國	N11	52.861	70.501	19	2.767	64.131	20	2.840	62.731	20	2.756	64.597	20	2.768	65.763	20	64.492	65.694

資料來源：本研究整理

第4篇

貿易商機新遠界
黃金十年台灣貿易業發展新契機

Opportunities
in the Next Golden Decade

第16章

2012 IEAT台灣貿易業發展新趨勢

　　台灣黃金十年，希冀能讓台灣成為亞太經貿樞紐、全球創新中心、台商全球總部及外商區域總部，總統馬英九先生於2012年1月14日表示：「全球經濟動盪不穩，但台灣仍持續穩健的提升競爭力，落實『黃金十年』願景，台灣將脫胎換骨，未來十年台灣加入TPP，維持高經濟成長、改善所得分配與縮小台灣的貧富差距。」顯示台灣正邁入嶄新黃金十年的經貿發展新格局。台灣以貿易為經濟基礎，步入黃金十年發展改革之際，貿易商應掌握貿易發展新趨勢，以規畫佈局搶得貿易先機，本章將針對2012《IEAT調查報告》有關業者對於「政府推動貿易發展趨勢認同度」進行分析如下：

■ 2012《IEAT調查報告》政府推動貿易發展認同度分析

　　2012《IEAT調查報告》有關「政府推動貿易發展認同度」由21個問項構成，在2,116份有效問卷中，針對政府推動貿易發展趨勢認同度，填答問卷共計304份，採取1到5分之評價，「非常高」給予5分，「高」為4分、「尚可」則為3分、「低」為2分、「非常低」評價為1分，評價分數愈高代表認同程度越高。

　　根據表16-1顯示，台灣貿易業者對政府推動貿易發展認同程度，**排名前五項分別為：(1)政府對服務貿易發展的重視；(2)政府推動區域貿易與投資自由化；(3)政府積極推動優質平價拓銷方案；(4)台灣服務貿易市場發展潛力；(5)政府鼓勵企業發展自有品牌**。綜合上述可知，「服務貿易」、「區域貿易」、「發展品牌」居重要地位。根據行政院主計處（2011）表示：「2010年，台灣約有六成勞動人口從事服務業，台灣服務業總產值占GDP約七成，相當於製造業規模潛力的兩倍」，道出台灣服務貿易發展成為必然趨勢，發展潛力不容小覷；另全球

表16-1　2012 IEAT調查「政府推動貿易發展認同度」分析

排名	政府推動貿易發展認同度 （N＝304）	❶非常低		❷低		❸尚可		❹高		❺非常高		評價
		次數	百分比	次數	百分比	次數	百分比	次數	百分比	次數	百分比	
1	政府對服務貿易發展的重視	0	0.00%	12	3.97%	68	22.52%	98	32.45%	124	41.06%	4.106
2	政府推動區域貿易與投資自由化	0	0.00%	30	9.93%	44	14.57%	113	37.42%	115	38.08%	4.036
3	政府積極推動優質平價拓銷方案	0	0.00%	40	13.38%	34	11.37%	106	35.45%	119	39.80%	4.017
4	台灣服務貿易市場發展潛力	0	0.00%	27	9.06%	52	17.45%	121	40.60%	98	32.89%	3.973
5	政府鼓勵企業發展自有品牌	3	1.06%	43	15.14%	63	22.18%	74	26.06%	101	35.56%	3.799
6	政府對低碳產業與低碳貿易支持程度	3	1.00%	58	19.33%	44	14.67%	111	37.00%	84	28.00%	3.717
7	台灣具有區域貿易市場整合潛力	0	0.00%	86	29.25%	22	7.48%	97	32.99%	89	30.27%	3.643
8	政府對節能、減排、降耗產品支持程度	1	0.33%	52	17.22%	72	23.84%	107	35.43%	70	23.18%	3.639
9	政府與其他國洽簽區域貿易協定的積極度	0	0.00%	42	14.24%	103	34.92%	71	24.07%	79	26.78%	3.634
10	政府鼓勵貿易商採用雲端計算等資訊化	0	0.00%	64	22.07%	81	27.93%	79	27.24%	66	22.76%	3.507
11	政府鼓勵智慧財產權貿易積極度	5	1.65%	58	19.14%	100	33.00%	63	20.79%	77	25.41%	3.492
12	政府積極降低區域貿易關稅與取消貿易限制	10	3.33%	83	27.67%	57	19.00%	65	21.67%	85	28.33%	3.440
13	政府鼓勵貿易商跨業整合	8	2.80%	77	26.92%	66	23.08%	54	18.88%	81	28.32%	3.430
14	政府對本土品牌扶持程度	6	3.17%	24	12.70%	63	33.33%	81	42.86%	15	7.94%	3.397
15	政府對進出口商品符合環保法規要求程度	3	1.01%	46	15.49%	133	44.78%	67	22.56%	48	16.16%	3.374
16	政府鼓勵消費者購買綠色產品積極度	3	1.13%	31	11.70%	121	45.66%	89	33.58%	21	7.92%	3.355
17	政府鼓勵貿易商採用電子商務交易	3	1.03%	59	20.21%	111	38.01%	71	24.32%	48	16.44%	3.349
18	政府鼓勵採購過程重視綠色製程與綠色消費	2	0.66%	69	22.85%	96	31.79%	103	34.11%	32	10.60%	3.311
19	政府對符合低碳製程產品鼓勵程度	0	0.00%	46	15.81%	157	53.95%	77	26.46%	11	3.78%	3.182
20	台灣本土企業區域貿易關稅優惠	0	0.00%	79	26.42%	109	36.45%	90	30.10%	21	7.02%	3.177
21	政府鼓勵貿易商進行合併形成大型化	3	1.00%	36	11.96%	216	71.76%	34	11.30%	12	3.99%	3.053

資料來源：本研究整理

註：「次數」為每個個項次數；「百分比」為次數占該問項總次數的比重。

經貿環境風雨飄搖，促使國際貿易轉向區域貿易，又以新興亞洲區域貿易備受世界看好；經濟部國貿局副局長張俊福（2011）表示：「品牌代表企業產品品質，亦代表國家整體形象，發展MIT產品有助獲取國際的認同，同時有利拓展海外市場。」台灣製造商品素有品質保證優勢，台灣貿易商應積極發展品牌，以強化國際競爭優勢並搶攻品牌先機。

2012「政府推動貿易發展趨勢認同度」較2011年新增七個問項，分別爲「政府積極推動優質平價拓銷方案」（排名第三）、「政府鼓勵企業發展自有品牌」（第五）、「政府鼓勵貿易商採用雲端計算等資訊化」（第十）、「政府鼓勵貿易商跨業整合」（第13）、「政府對本土品牌扶持程度」（第14）、「政府鼓勵貿易商採用電子商務交易」（第17）與「政府鼓勵貿易商進行合併形成大型化」（第21）。

■ 2012《IEAT調查報告》黃金十年台灣六大貿易發展新趨勢

2012《IEAT調查報告》「政府推動貿易發展認同度」分析，將21項問項整理歸納出六大構面評價，如表16-2所示，依序名是：(1)服務貿易；(2)品牌台灣；(3)區域貿易；(4)綠色貿易；(5)貿易E化；(6)跨界貿易，茲將此六大貿易發展新趨勢分述如下：

表16-2　2012 IEAT調查「政府推動貿易發展認同度」六大構面評價

序號	政府推動貿易發展認同度 （N＝304）	❶ 非常低	❷ 低	❸ 尚可	❹ 高	❺ 非常高	評價
1-1	政府對服務貿易發展的重視	0.00%	7.83%	70.76%	20.63%	0.78%	4.106
1-2	台灣服務貿易市場發展潛力	0.00%	7.05%	56.40%	34.20%	2.35%	3.973
1-3	政府鼓勵智慧財產權貿易積極度	0.78%	9.40%	70.50%	16.97%	2.35%	3.492
❶【服務貿易】趨勢認同度整體構面評價							**3.857**
2-1	政府積極推動優質平價拓銷方案	0.00%	9.52%	34.92%	49.21%	6.35%	4.017
2-2	政府鼓勵企業發展自有品牌	1.59%	17.46%	26.98%	46.03%	7.94%	3.799
2-3	政府對本土品牌扶持程度	3.17%	12.70%	33.33%	42.86%	7.94%	3.397
❷【品牌台灣】趨勢認同度整體構面評價							**3.738**

表16-2 2012 IEAT調查「政府推動貿易發展認同度」六大構面評價（續）

序號	政府推動貿易發展認同度 （N＝304）	❶ 非常低	❷ 低	❸ 尚可	❹ 高	❺ 非常高	評價
3-1	政府推動區域貿易與投資自由化	0.00%	7.83%	68.93%	16.97%	6.27%	4.036
3-2	台灣具有區域貿易市場整合潛力	0.00%	8.09%	50.39%	36.81%	4.70%	3.643
3-3	政府與他國洽簽區域貿易協定的積極度	0.00%	10.97%	51.17%	32.38%	5.48%	3.634
3-4	政府降低區域貿易關稅與取消貿易限制	0.00%	10.97%	65.80%	17.75%	5.48%	3.440
3-5	台灣本土企業具區域貿易關稅優惠	0.00%	10.44%	55.35%	28.72%	5.48%	3.177
❸【區域貿易】趨勢認同度整體構面評價							3.586
4-1	政府對低碳產業與低碳貿易支持程度	0.78%	22.98%	53.52%	18.02%	4.70%	3.717
4-2	政府對節能、減排、降耗產品支持程度	0.00%	11.75%	54.05%	32.64%	1.57%	3.639
4-3	政府對進出口商品符合環保法規要求程度	0.78%	6.22%	70.98%	17.36%	4.66%	3.374
4-4	政府鼓勵消費者購買綠色產品積極度	0.77%	7.95%	53.59%	36.92%	0.77%	3.355
4-5	政府採購過程重視綠色製程與綠色消費	0.00%	10.10%	48.70%	38.08%	3.11%	3.311
4-6	政府對符合低碳製程產品鼓勵程度	0.00%	12.01%	67.10%	20.10%	0.78%	3.182
❹【綠色貿易】趨勢認同度整體構面評價							3.430
5-1	政府鼓勵貿易商採用雲端計算等資訊化	0.00%	14.29%	42.86%	36.51%	6.35%	3.507
5-2	政府鼓勵貿易商採用電子商務交易	1.61%	9.68%	38.71%	43.55%	6.45%	3.349
❺【貿易E化】趨勢認同度整體構面評價							3.428
6-1	政府鼓勵貿易商跨業整合	1.59%	19.05%	34.92%	39.68%	4.76%	3.430
6-2	政府鼓勵貿易商進行合併形成大型化	1.59%	19.05%	38.10%	34.92%	6.35%	3.053
❻【跨界貿易】趨勢認同度整體構面評價							3.242

趨勢一：服務貿易成長

據世界銀行（WB）（2011）指出：「全球服務業生產總值平均比重超越60％，而發達國家超過70％。」顯示服務業在全球經濟表現扮演重要角色，而服務業國際化更是全球經濟發展重要表徵。黃金十年之國家願景明確指出：「為調整台灣產業結構，促進產業多元發展，以促進『製造』與『服務』雙軌並進。」顯見製造服務化為下一波主要競爭力來源的佈局重點。經建會副主委單驥（2011）指出：「台灣從事服務業人數約610多萬人，占總從業人口58％，而相較於歐美服務業人口占總從業人口75％，台灣服務業明顯仍有成長空間。」顯示台灣服務業

崛起，未來發展服務貿易潛力可期。

經濟部長施顏祥（2011）表示：「台灣產業結構邁向關鍵十年，力促傳統產業全面升級的同時，更全力推動新興產業發展，而目前正是台灣發展服務業的最佳時機。」黃金十年承接ECFA開創新機，開啓台灣與中國大陸之服務貿易發展，台灣將服務貿易推進國際舞台，國民黨榮譽主席連戰（2011）表示：「中國大陸經濟焦點將由製造業轉向服務業，帶給兩岸合作新的亮點與契機。」行政院早於2009年提出三年期之「服務業發展方案」，預計台灣服務業GDP於2012年達到11兆新台幣，同時創造年增12萬個就業機會、服務業出口達全球比重1.2％之總體目標。而爲了促進台灣服務貿易，行政院經建會建置「台灣服務貿易商情網」於2011年3月14日正式上線啓動，提供台灣服務業者相關資訊，協助台灣服務貿易進軍國際市場。

趨勢二：輔導品牌台灣

美國著名管理學大師Tom Peters（1997）在《*Fast Company*》雜誌表示：「品牌就是一切。」隨著後ECFA時代開始，台灣進入黃金十年時代，各企業無不思考如何走出微笑曲線的底端並往具高附加價值的兩端發展， Thomas Gad（2003）在其《品牌密碼》（*4D Branding*）一書提及：「忽略品牌這一項高價值的無形資產簡直就是一個『罪過』。」點出過去鑽研代工的台灣廠商在思考如何轉型時，發展品牌等無形資產似乎成爲企業另一個不可忽視的新趨勢。納智捷（Luxgen）汽車公司協理李昌益（2011）表示：「台灣要走出去必須打造自我品牌。」台灣廠商若能搶占逐漸產生品牌意識的中國大陸等新興市場，便可在未來黃金十年創造更多利益。

政府爲輔導貿易商轉型及面對全球瞬息萬變的經貿環境，於2006年7月推動「品牌台灣發展計畫」，在「品牌台灣發展計畫」推動五年中，政府每年舉辦品牌行銷相關的演講與論壇，基於台灣廠商多屬中小型企業，政府積極開授品牌培訓課程，以輔導各公司建立品牌管理制度。當廠商面臨資金不足問題時，可依循政府的「自有品牌推廣海外市場貸款要點」向政府提出申請，或藉由政府核可之「品牌創投」公司，以獲得發展品牌所需的資金。此外，外貿協會也積極協助台灣廠商拓展品牌，外貿協會董事長王志剛（2010）指出：「兩岸洽簽ECFA後，外貿協會更積極協助業者在中國大陸建立通路，2011年外貿協會在中國大陸北京、

南京、重慶等大城市舉辦台灣名品展。」替台灣商品展揭開序幕。其中主要以ECFA早收清單中所開放的539項商品爲主，幫台灣的品牌打開在中國大陸的知名度。因此，貿易商欲緊握此趨勢，透過政府所創辦的各項相關計畫，力謀自身企業的品牌契機，政府透過衆多的政策及方案，以扶持台灣廠商在黃金十年間抓緊商機，並達成「多元品牌、百花齊放」的願景。

趨勢三：增加區域貿易

根據北京社科院外國問題研究所副所長任丁秋（2011）表示：「APEC成員國經濟結構的差異、經濟互補需求以及廣闊的市場前景等，都意味著成員國間經貿合作潛力巨大。」上述發言直接點出「區域貿易」爲今日國際貿易的重要趨勢。由於區域貿易協定使會員國間享有龐大的經濟利益，不僅可以增加貨品、服務及技術進入廣大市場以達經濟規模，亦可因簡化關稅等程序來對抗貿易保護主義。因此各國爲了國家經濟發展及協助該國企業的立場，無不展開與他國簽署貿易協定。根據資誠聯合會計師事務所（PwC）（2011）指出：「三分之二的CEO希望APEC領導人優先解決該地區的自由貿易協定問題。」可以窺見企業領導人對於區域貿易發展與企業的發展充滿樂觀及期待。

總統馬英九先生於2011年10月18日表示：「開放與自由化是台灣非走不可的路。」因此政府目前不僅正與新加坡進行FTA協商，未來期許與紐西蘭、印度、印尼及菲律賓等國進行貿易協定簽訂。2011年10月18日，遠東集團董事長徐旭東表示：「從總統馬英九先生的黃金十年政策來看，這是一系列長期宏觀的願景。」其亦強調「台灣與美國的出口依存度高，因此更需要盡快簽定FTA。」有鑑於業界對貿易協定的期盼，總統馬英九先生在2011年9月29日揭示的「黃金十年、國家願景」規畫，即把加入「跨太平洋經濟夥伴」（TPP）列爲重大策略目標，並預計於2020年前加入。除加入TPP外，政府推動洽簽的自由貿易協定與經濟合作協議，可使台灣接軌國際、走向世界，布建通路品牌，預計將使台灣20大國際品牌總價值於2020年倍增達250億美元。

趨勢四：綠色貿易抬頭

根據工研院產業經濟與趨勢研究中心經理馬利艷（2010）表示：「綠色產業已是全球發展新趨勢。」一語道出綠色產業於全球發展的格局。聯合國環境規畫

署（UNEP）（2011）表示：「2050年前，全球人口數將增加逾20億人。」人口成長及需求激增，造成地球資源快速耗損，全球環保意識抬頭，因應全球暖化、碳排放問題，綠色成長日益重要，亦反映在全球對外貿易，綠色概念已成為未來發展趨勢。聯合國環境規畫署（UNEP）（2011）指出：「在國際政策支持與具有前瞻國家的共同投資資金總額，每年約有1.3兆美元，占全球GDP的2％，將資金投資到主要綠色產業部門，將有助全球朝低碳世界邁進」，顯示投入綠色產業發展已成為全球往後的發展共識。

綠色經濟時代來臨，發展綠色產業貿易不僅攸關人類未來的福祉，更牽動國家經貿發展，面對國際間對環境保護議題日益重視，更有鑑於未來世界各國之綠色貿易條件規範將更趨嚴苛，為避免台灣出口遭受衝擊，經濟部自2011年推動為期三年的「綠色貿易推動方案」，同時成立「綠色貿易專案辦公室」，協助企業提升綠色貿易競爭力，並希冀促進台灣綠色貿易倍數成長。根據國貿局局長卓士昭（2011）表示：「協助廠商推動綠色貿易，主要目的是讓綠色貿易出口成長率高於一般商品出口成長率一倍。」顯示政府的重視；另根據瑞士國際管理學院（IMD）（2011）發布《2011世界競爭力年報》指出：「運用綠色科技創造競爭優勢潛力排名，台灣名列全球第六、亞洲第二。」顯示台灣綠色發展已獲國際肯定，台灣貿易商應在黃金十年產業成長良機，因應綠色潮流、配合政策發展，掌握先機佈局綠色貿易，不僅能促進永續發展，更能進軍國際市場。

趨勢五：實行貿易E化

隨著雲端計算商機起飛，趨勢科技香港區首席顧問陳紹斌（2011）表示：「據趨勢科技的調查，未來雲端計算的運用將增加五倍。」因此，雲端運算的運用已成為企業IT改革必經之路。另一方面，電子商務交易亦成為趨勢，過去傳統貿易都以紙本為主要工具，除耗時外，並存在許多保密、步驟繁瑣等問題，因此，在這講求快速的時代，電子商務交易儼然成為一個嶄新的趨勢。有鑑於此，各企業紛紛展開對雲端計算研發與電子商務的運用，持續投入擴大研發費用。廣達董事長林百里（2012）表示：「運用雲端服務，是未來必須尋找的商業模式。」顯示出企業對E化的重視程度高。

對於生機蓬勃的IE趨勢，台灣政府重視程度不容小覷，行政院（2010）「推動雲端產業發展方案」，其目的為普及雲端計算運用，將企業推向雲端技術，

且帶動產業轉型升級，以利提升貿易便捷度，而經濟部中小企業處2011年10月27日舉辦論壇探討如何在資訊科技、品牌經營等新趨勢下，建議中小企業利用此優勢走出台灣，迎向世界，並增加貿易網路的力度，與國際買家間更快速連結，共創貿易產業價值。貿易E化儼然成為貿易發展的趨勢，國際研究顧問機構Garter（2011）亦估計2013年雲端軟體市場為1,500億美元以上，顯示企業切入雲端市場的龐大商機。

趨勢六：跨界貿易興起

全球貿易競爭日益激烈，產業界線逐漸模糊，不同產業間的跨越滲透、融合已是勢不可擋的趨勢，中國大陸策畫十大風雲人物之沈國樑（2010）《跨界戰》一書表示：「『跨界消費時代』與『跨界整合行銷』新浪潮來臨。」在經貿全球化時代下，透過異業產業合作早已大行其道，而新服務、新領域往往來自於因應需求而誕生，為符合經貿全球化帶動需求增加與快速變遷潮流，跨業整合貿易儼然成為企業創新生存之新趨勢，堪稱是產業新典範轉移，值得一提的是，跨界貿易並不受限產業類別，而是每種產業間的共同變化趨勢。

根據《Talent雜誌》（2011）刊登〈跨界產業全面啟動（三）〉一文表示：「產業整合跨界時代，學習跨界產業的經營策略，為台灣企業競逐產業舞台的關鍵下一步。」跨界整合正引領「專業多工」取代「專業分工」，台灣經貿發展適逢黃金十年轉型新契機點，力推產業創新並邁向國際市場，產業因應潮流趨勢轉向跨界整合發展適逢時機，而另據104人力銀行行銷處協理陳力子於2011年6月28日表示：「2011年，台灣整體產業結構醞釀著翻轉的新契機，新一代人才應具跨界整合能力，以符合產業需求潮流」，由人才需求之轉變，道出台灣產業結構正在轉型。

2012 IEAT 重點拓銷十大市場商機探析

2012《IEAT調查報告》的年度主題為「黃金十年貿易大趨勢」，希冀在本年度研究除台灣以外的45個貿易地區中，評選出最具發展潛力及貿易商機的市場，藉此提供給台灣貿易業者做為佈局全球運籌帷幄之參考。此外，參照國際兩大重要競爭力評比單位，洛桑國際管理學院（IMD）之《世界競爭力報告》之經濟表現、政府效能、企業效能、基礎建設等四大構面，以及世界經濟論壇（WEF）的《全球競爭力報告》之基本需求、效率增強、創新及成熟因素等三大構面，並配合本年度評選需求進而挑選出四大構面與15項指標作為2012《IEAT調查報告》之衡量指標，剖析45個貿易地區的相對經貿優勢，其構面指標如下：**(1)國家實力**：外匯存底金額、累計國外直接投資金額（FDI）、勞動人口、石油探明儲量與2008-2010GDP平均成長率；**(2)市場潛力**：新興市場、總人口數、消費占GDP比重及人均GDP；**(3)依存程度**：出口總額、貿易總額、2000年至2010年出口成長率、連續三年列入重點拓銷市場（Focus 10）及優質平價新興市場推動方案；**(4)貿易實力**：IEAT綜合貿易競爭力排名。茲將本章評選指標分述如下：

■ 2012 IEAT重點拓銷十大市場評選指標

1. 「國家實力」衡量指標

國家實力乃是一國能將其所擁有的資源與資產能妥善運用以轉化為國力之展現，並憑藉經濟實力呈現該國家市場之穩定度及因應國際經貿起伏之能力。因此，2012《IEAT調查報告》將國家實力列為拓銷市場評選的首個構面，其細項評選指標分別為：(1)外匯存底金額；(2)累計國外直接投資金額（FDI）；(3)勞動人口；(4)石油探明儲量；(5)近三年GDP平均成長率，茲就上述細項評選指標分別詳

述如下：

❶ **外匯存底金額**：外匯存底是一個國家或經濟體的貨幣當局持有並可隨時兌換他國貨幣的資產，亦是一個國家國際清償能力的重要組成部分，且對於平衡國際收支、穩定匯率有極重要的影響力。因此常被視為展現一國之國家實力的重要指標之一。

❷ **累計國外直接投資金額（FDI）**：經濟全球化下，世界各國皆致力且有效的利用國外直接投資金額帶動經濟發展，除可加快技術、資本、勞動力等生產要素流動，亦有利於擴大市場、促進就業且深化國家間彼此經貿往來，國外直接投資金額已成為影響一國經濟成長之重要變數。

❸ **勞動人口**：自古以來勞動人口即是一個國家實力的表現和國力的指標。然而，勞動人口充沛程度，攸關是否足以吸引國外投資的因素之一。據第一富蘭克林投信（2008）指出，新興國家因龐大勞動人口為成熟國家大型企業提供了低生產成本的新途徑，使得自身經濟崛起，亦開拓了前所未有的新局面。

❹ **石油探明儲量**：在經濟建設時期，石油是工業的「血液」，是民眾生活的必需品。但當石油資源日漸減少，全世界使用量持續攀升，使得石油儲量為國家實力的角逐重點之一。

❺ **2008-2010年GDP平均成長率**：GDP成長率是衡量一國當年總體經濟重要指標之一，亦是體現當年經濟活動的表現成果。GDP成長率的計算方式自1934年被發展出來之後，一直被各國奉為國家經濟發展的圭臬，亦成為許多知名國際機構對該國家未來經濟發展評估的重要指標。

2.「市場潛力」衡量指標

市場是否具發展潛力是投資者進行跨國投資時考量之重要因素，而市場潛力攸關於各國擁有的資源不同、環境現況及政策制訂等因素，皆會影響市場發展的潛力及商機。本研究於此構面由四個細項衡量指標，分別是：(1)新興市場；(2)總人口數；(3)消費占GDP比重；(4)人均GDP，茲分別針對各項指標分別詳述如下：

❶ **新興市場**：全球金融海嘯發生後，新興市場經濟快速復甦力道超乎預期，使得世人眼光都由高所得工業國家，轉向新興市場。此外，新興市場突

破過往出口主導模式，由內需消費承接經濟成長的驅動力，在此趨勢發展下，世界經濟龍頭正逐漸易主，新興市場竄起代之。

❷ **總人口數**：人口乃國力之本，意味著一國內需市場的商機潛力。18世紀以來經濟理論一直著重於人口眾多帶來的負擔，但1988年哈佛大學的經濟學家Bloom與Williamson撰寫的報告指出，1965年至1990年東亞經濟增長中有至少三分之一要歸功於人口結構的變化。

❸ **消費占GDP比重**：消費占GDP比重意味著一國人民消費對於該國家的經濟貢獻程度，亦可代表該國家人民對於消費意願及能力的展現。此外，強勁內需消費占GDP比重，亦可為國家未來的GDP成長提供源源不絕的動能。

❹ **人均GDP**：人均GDP常做為衡量經濟發展狀況的指標，是重要的總體經濟指標之一，亦可反映一國人民生活水平及富裕程度。人均GDP的提高，將使市場消費潛力更受投資者矚目。

3.「依存程度」衡量指標

台灣是一海島型國家，地小人多，無天然資源，所以貿易是台灣經濟的動脈、成長的動能。藉由依存程度除了可以得知台灣與各國之間，貿易的活動及往來依存度外，亦可了解台灣在世界貿易版圖拓展的趨勢。依存程度透過五項細項指標來衡量，分別為：(1)出口總額；(2)貿易總額；(3)2000年至2010年出口成長率；(4)連續三年列入重點拓銷市場；(5)優質平價新興市場推動方案，茲就各項指標分述如下：

❶ **出口總額**：時至今日，對外貿易不僅是台灣經濟活動中相當重要的一環，更是推展台灣經濟站上世界舞台的重要推手。透過台灣對其他國家出口總額高低，得以知曉彼此的依存程度為何，故將其列入評估依存程度的指標之一。

❷ **貿易總額**：貿易總額是反映國家經濟表現之綜合考量指標之一，透過加總與他國的進、出口總額，以顯示國家經貿間之依賴關係，亦可知曉經濟景氣波動及反映貿易商佈局世界各國的狀況。

❸ **2000-2010年出口成長率**：出口貿易對台灣的總體經濟扮演極具重要的角色，由出口成長率可觀察該國與台灣貿易活動的變化及消長，亦是重點

拓銷市場的重要評估指標之一。因此2012《IEAT調查報告》透過2000至2010年出口成長率，以了解各國與台灣貿易活動之間的熱絡程度。

❹ **優質平價新興市場推動方案**：新興市場具高回報、高成長及可投資開發範圍大之特性，成爲現在貿易商兵家必爭之地。2010年經濟部推出之「優質平價新興市場推動方案」，給予業者整體協助和輔導。目前，此方案鎖定中國大陸、印度、印尼、越南等四大新興市場。

❺ **連續三年列入重點拓銷市場**（Focus 10）：經濟部國際貿易局自2005年，每年依照各國家的經貿情勢、投資商機、發展潛力等因素，評選出台灣之重點拓銷市場，並且逐年修正及調整重點拓銷國家。因此，2012《IEAT調查報告》將「連續三年列入重點拓銷市場」做爲評選指標之一，藉此了解該市場與台灣之貿易關係及依存概況。

4. 「貿易實力」衡量指標

2012《IEAT調查報告》將「貿易實力」列入重點拓銷市場評選的衡量構面之一，茲依據2012《IEAT調查報告》的2,116份有效樣本加權統計得到之「綜合貿易競爭力」排名做爲貿易實力評比指標。

依據表17-1、表17-2及表17-3所示，2012《IEAT調查報告》45個貿易地區中，透過「國家實力」、「市場潛力」、「依存程度」、「貿易實力」等四大構面及15項評估指標篩選後，將擁有六項以上優勢之國家列入重點拓銷市場，分別爲**中國大陸、美國、印度、日本、俄羅斯、德國、巴西、印尼、卡達及越南等共計十個**，並將其稱爲「**2012十大重點拓銷市場（Opportunity 10）**」。

表17-1　2012 IEAT十大重點拓銷市場（Opportunity 10）評估指標初級資料

排名	貿易地區	國家實力						市場潛力			依存程度			貿易實力		
		2010 外匯存底	FDI 累計金額	2010 勞動人口	2009 石油儲量	2008-2010 GDP平均成長率	新興市場	2010 總人口數	2009 消費占GDP比重	2010 人均GDP	2010 出口總額	2010 貿易總額	2000-2010 出口成長率	連續三年列入重點拓銷市場	優質平價新興市場	2012 IEAT貿易排名
1	中國大陸	2,876.00	578,818.00	815.30	16.00	9.7%	ⒶⒷⒸⓇⒺ❺Ⓖ	1336.71	50.40%	4,454.43	76,940,538.0	112,894,617.0	1651.91%	✓		㉒
2	美國	132.40	3,451,405.00	153.90	19.12	-0.3%	ⒷⒸⓇⒺⒺ❺Ⓖ	313.23	88.27%	46,977.09	31,469,405.0	56,842,366.0	-11.58%		✓	❻
3	印度	287.10	197,939.29	478.30	5.62	7.7%	ⒷⒸⓇⒺⒺ❺Ⓖ	1189.17	69.64%	1,325.97	3,629,422.0	6,469,199.0	401.25%	✓	✓	㉖
4	日本	1,063.00	214,880.29	62.97	0.04	-1.2%		126.48	77.99%	43,461.03	18,023,664.0	69,954,090.0	6.63%	✓		⑩
5	俄羅斯	479.40	423,150.00	75.49	60.00	0.5%	ⒷⓀⓇⒺⒺ❺Ⓖ	138.74	74.71%	10,309.55	1,081,072.0	3,418,733.0	474.75%			㉗
6	德國	216.50	674,217.09	43.44	0.28	-0.2%		81.47	78.56%	40,227.80	6,511,611.0	14,775,395.0	31.91%	✓		❼
7	巴西	288.60	472,578.52	103.60	12.62	4.0%	ⒶⒷⓇⒺⒺ❺Ⓖ	203.43	83.57%	10,573.94	1,908,617.0	4,354,657.0	144.17%	✓		㉔
8	印尼	96.21	121,526.65	116.50	3.99	5.6%	ⒸⒼⓀⓃⓇⓋⒺ❺ⒺⓃⒼ	245.61	68.24%	2,953.24	4,510,129.0	10,544,339.0	158.91%	✓	✓	㉓
9	卡達	31.19	31,428.08	1.24	15.21	15.4%	ⓀⓂⓃ❷	0.85	42.20%	73,621.86	58,268.0	2,117,779.0	242.11%	✓		⑯
10	越南	13.36	65,627.66	47.37	0.60	6.1%	ⒸⓂⓃⓋ	90.55	73.34%	1,130.49	7,534,450.0	8,823,773.0	348.68%	✓	✓	㉝
11	香港	268.70	1,097,619.65	3.69	0.00	2.2%		7.12	70.27%	32,110.84	37,806,066.0	39,433,660.0	15.47%			❹
12	沙烏地阿拉伯	445.10	170,450.00	7.34	266.71	2.8%	ⓂⒺⓃ❷	26.13	64.51%	15,860.18	1,001,968.0	12,884,499.0	184.92%	✓		⑱
13	韓國	291.60	127,046.60	24.75	0.00	3.1%	ⓀⓃⒺ❺Ⓖ	48.75	70.33%	20,910.87	10,682,201.0	26,741,291.0	166.89%	✓		㉓
14	新加坡	225.70	469,871.30	3.16	0.00	5.1%	ⒶⓇⓃ❶	4.74	52.78%	42,302.02	12,096,372.0	19,739,921.0	114.59%			❶
15	奈及利亞	34.92	60,326.67	50.48	36.22	7.2%	ⒶⓃⓃ❷	155.22	75.97%	2,072.38	224,306.0	662,701.0	63.05%			㊽
16	加拿大	57.02	561,111.00	18.52	178.09	0.4%		34.03	80.71%	46,273.26	1,949,018.0	3,482,432.0	3.11%			❷
17	法國	166.20	1,008,337.93	29.32	0.10	-0.5%		65.31	82.98%	39,910.50	1,697,301.0	3,947,512.0	2.38%			❾
18	澳洲	42.27	508,122.78	11.87	1.50	2.2%		21.77	73.73%	57,648.20	3,132,057.0	12,066,794.0	70.29%			❸

表17-1 2012 IEAT十大重點拓銷市場（Opportunity 10）評估指標初級資料（續）

排名	貿易地區	國家實力						市場潛力				依存程度			貿易實力		
		2010 外匯存底	FDI 累計金額	2010 勞動人口	2009 石油儲量	2008-2010 GDP平均成長率	新興市場	2010 總人口數	2009 消費占GDP比重	2010 人均GDP	2010 出口總額	2010 貿易總額	2000-2010 出口成長率	連續三年列入重點拓銷市場	優質平價新興市場	2012 IEAT 貿易排名
19	孟加拉	11.18	6,072.07	73.86	0.03	6.1%	N2	158.57	79.83%	669.68	759,808.0	854,105.0	45.33%			44
20	巴基斯坦	17.21	21,494.00	55.77	0.34	3.1%	N2	187.34	90.13%	1,018.98	387,328.0	603,938.0	112.58%			45
21	科威特	21.36	6,514.26	2.11	104.00	1.1%	M	2.60	57.75%	47,976.83	142,059.0	6,274,040.0	111.92%	✓		37
22	阿曼	13.03	15,196.4	0.97	5.50	6.0%	M	3.03	56.35%	22,910.72	95,642.0	1,814,455.0	377.61%	✓		18
23	馬來西亞	106.50	101,339.06	11.63	4.00	3.5%	R	28.73	64.53%	8,318.75	5,948,998.0	13,668,685.0	61.33%	✓		14
24	英國	82.41	1,086,143.14	31.52	3.41	-1.2%		62.70	88.75%	36,008.01	3,621,358.0	5,294,434.0	-21.13%			5
25	阿聯大公國	42.79	76,174.83	3.91	97.80	1.8%	M	5.15	57.07%	37,004.92	1,489,377.0	5,005,144.0	85.85%	✓		11
26	埃及	35.79	73,094.90	26.20	3.70	5.7%	A C N R E3 N2	82.08	87.45%	2,643.04	447,748.0	1,088,419	113.47%			42
27	菲律賓	62.37	24,893.00	38.90	0.14	4.3%	N	101.83	84.45%	2,020.16	5,983,620.0	8,304,387.0	90.72%			40
28	荷蘭	46.24	589,825.37	7.82	0.10	-0.1%		16.85	74.35%	47,061.78	5,261,500.0	8,465,192.0	6.22%			14
29	伊朗	75.06	27,600.42	25.70	136.15	2.4%	M	77.89	65.27%	5,352.04	809,782.0	3,527,587.0	601.88%			46
30	阿根廷	52.23	86,684.88	16.54	2.62	5.6%	R V E3	41.77	73.45%	9,167.24	332,903.0	606,090.0	50.11%			53
31	安哥拉	19.66	25,027.70	8.01	9.04	6.5%		13.34	70.79%	2,072.38	14,277.0	2,892,417.0	971.85%			35
32	土耳其	86.08	181,901.00	25.64	0.30	1.6%	C M N R V E4 E3 E5 N2 G	78.79	86.25%	10,273.49	1,442,919.0	1,625,695.0	218.07%			21
33	南非	43.83	132,396.41	17.39	0.02	1.6%	A C N V E4 N2	49.00	81.58%	7,206.38	788,461.0	2,038,559.0	30.43%	✓		15
34	以色列	70.91	77,810.00	3.15	0.00	3.2%	M	7.47	81.50%	29,074.46	530,866.0	1,228,003.0	20.96%	✓		17
35	波蘭	93.49	193,140.58	17.66	0.10	3.5%	R	38.44	79.52%	12,240.92	900,365.0	1,095,916.0	416.27%			31
36	約旦	13.40	20,406.01	1.72	0.00	5.0%		6.51	88.54%	4,451.53	182,600.0	221,000.0	260.46%			20
37	西班牙	31.91	614,473.24	23.09	0.15	-1.0%		46.75	77.72%	30,527.19	1,371,702.0	1,940,613.0	63.71%			26

表17-1　2012 IEAT十大重點拓銷市場（Opportunity 10）評估指標初級資料（續）

排名	貿易地區	國家實力						市場潛力				依存程度				貿易實力
		2010 外匯存底	FDI 累計金額	2010 勞動人口	2009 石油儲量	2008-2010 GDP平均成長率	新興市場	2010 總人口數	2009 消費占GDP比重	2010 人均GDP	2010 出口總額	2010 貿易總額	2000-2010 出口成長率	連續三年列入重點拓銷市場	優質平價新興市場	2012 IEAT 貿易排名
38	墨西哥	120.50	327,248.91	46.99	10.50	0.1%	(N)(R)(E7)(E11)(E6)(No)(G)	113.72	78.41%	9,043.25	1,512,282.0	2,099,767.0	20.55%			㉕
39	泰國	176.10	127,257.20	38.64	0.44	2.7%	(G)	66.72	68.26%	4,619.25	5,287,359.0	9,119,172.0	99.37%			65
40	匈牙利	44.99	91,932.61	4.23	0.02	-1.6%	(R)	9.98	75.59%	12,966.37	390,089.0	504,056.0	120.83%			34
41	智利	27.83	139,538.20	7.92	0.15	2.4%	(R)	16.89	70.89%	12,052.23	323,284.0	2,423,748.0	48.69%			32
42	柬埔寨	3.80	5,958.39	8.80	0.00	3.6%		14.70	98.55%	803.63	467,633.0	487,277.0	137.27%			48
43	義大利	158.90	337,401.17	24.98	0.41	-1.7%		61.02	81.49%	33,886.09	2,447,194.0	4,396,008.0	64.25%			50
44	紐西蘭	16.72	70,129.23	2.32	0.06	-0.1%		4.29	79.64%	31,971.46	473,119.0	1,083,341.0	106.62%			12
45	巴林	4.50	15,153.99	0.66	0.12	4.5%		1.21	50.26%	17,958.55	34,331.0	484,445.0	120.82%			41

資料來源與說明：

[1] 美國中央情報局（CIA）：外匯存底（十億美元）、勞動人口（百萬人）。

[2] 國際貨幣基金（IMF）：連續三年GDP平均成長率。

[3] 聯合國貿易暨發展會議（UNCTAD）：累計國外直接投資金額（FDI）（百萬美元）（1980至2010年）。

[4] 美國能源資訊署（EIA）：2009年石油探明諸量（十億桶）。

[5] 聯合國統計司（UN）：2009年消費占GDP比重（%）、人口數（百萬人）、2010年人均GDP（美元）。

[6] 財政部統計處：2010年出口總額（千美元）、2010年貿易總額（千美元）、2000至2010年出口成長率（%）。

[7] 經濟部國貿局：連續三年列入國貿局重點拓銷市場（Focus 10）：表示三次（含）以上入選2006年至2011年國貿局重點拓銷市場，以「✓」表示。

[8] 各研究機構：各新興市場以代號表示：Ⓐ：ABC、Ⓑ：BRICS、Ⓒ：CITI、Ⓒ₈：CIVETS、Ⓔ₇：E7、Ⓔ₆：E6、Ⓔ₁₁：E11、Ⓔₛ：EAGLES、Ⓖ：Growth、Ⓚ：KIIC、Ⓜ：MTV、Ⓝ：N11、Ⓝₒ：NEM、Ⓡ：RDEs、Ⓥ：VISTA等十四個。

[9] 經濟部：入選經濟部優質平價新興市場，以「✓」表示。

表17-2 2012 IEAT台灣十大重點拓銷市場（Opportunity 10）指標排名一覽表

排名	貿易地區	國家實力					市場潛力						依存程度			貿易實力
		2010外匯存底	FDI累計金額	2010勞動人口	2009石油儲量	2008-2010 GDP平均成長率	新興市場	2010總人口數	2009消費占GDP比重	2010人均GDP	2010出口總額	2010貿易總額	2000-2010出口成長率	連續三年列入重點拓銷市場	優質平價新興市場	2012 IEAT貿易排名
1	中國大陸	1	8	1	9	2	ⒶⒷⒸⓇⒺⒺⒼ Ⓖ	1	43	34	1	1	1	✓	✓	22
2	美國	14	1	3	8	39		3	5	5	3	3	44			6
3	印度	7	17	2	14	3	ⒷⒸⓇⒺⒺⒼ	2	33	41	14	16	6	✓	✓	29
4	日本	2	16	8	36	42		10	20	7	4	2	40	✓		10
5	俄羅斯	3	13	6	6	33	ⒷⓀⓇⒺⒺⒼ	9	24	26	25	25	4	✓		27
6	德國	10	5	13	27	38		15	18	9	8	7	35			7
7	巴西	6	11	5	11	16	ⒶⒷⓇⒺⒺⒼ	5	9	25	19	21	15	✓		24
8	印尼	17	25	4	17	10	ⒸⒸⓀⓀⓃⓇⓋⒺ ⒺⓃ₂Ⓖ	4	35	36	13	11	14	✓	✓	23
9	卡達	34	35	43	10	1	ⓀⓂⓃ₂	45	45	1	43	28	10	✓		16
10	越南	41	33	11	22	6	ⒸₐⓂⓃⓋ	13	28	42	7	13	8	✓	✓	33
11	香港	8	2	37	40	28		37	32	14	2	4	39			4
12	沙烏地阿拉伯	4	20	34	1	23	ⓂⒺⓃ₂	29	38	21	26	9	12	✓		18
13	韓國	5	24	22	40	21	ⓀⓃⒺⒺⒼ	23	31	19	6	5	13	✓		23
14	新加坡	9	12	38	7	12	ⒶⓃⓃ₂	40	42	8	5	6	19			1
15	奈及利亞	32	34	10	7	4		8	22	38	39	39	30			33
16	加拿大	24	9	24	2	34		27	14	6	18	24	42			2
17	法國	12	4	17	32	40		19	10	10	20	22	43			9
18	澳洲	30	10	28	21	27		30	26	2	16	10	27			3
19	孟加拉	43	44	7	37	7	Ⓝ₂	7	15	45	30	38	34			44
20	巴基斯坦	38	39	9	25	22	Ⓝ₂	6	2	43	36	41	21			45
21	科威特	36	43	41	4	32	Ⓜ	43	39	3	41	17	22	✓		37
22	阿曼	42	41	44	15	8	Ⓜ	42	41	18	42	32	7	✓		18
23	馬來西亞	16	26	29	16	19	Ⓡ	28	37	30	10	8	31	✓		5
24	英國	20	3	16	5	43		20	3	12	15	18	45			15
25	阿聯大公國	29	30	36	5	29	ⒶⒸₐⓃⓇⒺⓃ₂	39	40	11	22	19	26			11
26	埃及	31	31	18	18	9	Ⓜ	14	6	37	34	36	20			42

表17-2 2012 IEAT台灣十大重點拓銷市場（Opportunity 10）指標排名一覽表（續）

排名	貿易地區	國家實力 2010外匯存底	FDI累計金額	2010勞動人口	2009石油儲量	2008-2010 GDP平均成長率	新興市場	市場潛力 2010總人口數	2009消費占GDP比重	2010人均GDP	2010出口總額	2010貿易總額	2000-2010出口成長率	依存程度 連續三年列入重點拓銷市場	優質平價新興市場	貿易實力 2012 IEAT貿易排名
27	菲律賓	23	38	14	30	15	N	12	8	40	9	15	25			40
28	荷蘭	26	7	33	32	36		32	25	4	12	14	41			14
29	伊朗	21	36	19	3	25		17	36	32	28	23	3			46
30	阿根廷	25	28	27	20	10	R V E₇	25	27	28	37	40	32			39
31	安哥拉	37	37	31	13	5		34	30	38	45	26	2			36
32	土耳其	19	19	20	26	30	C₄ M N₁₁ R V E₇ E₁₁ N₂ G	16	7	27	23	33	11			21
33	南非	28	22	26	38	31	A C₄ V E₇ N₂	22	11	31	29	30	36	✓		45
34	以色列	22	29	39	40	20	M	36	12	17	31	34	37	✓		47
35	波蘭	18	18	25	32	18	R	26	17	23	27	35	5			31
36	約旦	40	40	42	40	13		38	4	35	40	45	9			20
37	西班牙	33	6	23	28	41		24	21	16	24	31	29			26
38	墨西哥	15	15	12	12	35	N R E₇ E₁₁ N₂ G	11	19	29	21	29	38			25
39	泰國	11	23	15	23	24	R	18	34	33	11	12	24			35
40	匈牙利	27	27	35	38	44	R	35	23	22	35	42	17			34
41	智利	35	21	32	28	26	R	31	29	24	38	27	33			42
42	柬埔寨	45	45	30	40	17		33	1	44	33	43	16			43
43	義大利	13	14	21	24	45		21	13	13	17	20	28			30
44	紐西蘭	39	32	40	35	36		41	16	15	32	37	23			12
45	巴林	44	42	45	31	14		44	44	20	44	44	18			41

指標標記說明：

[1] 此表是根據表17-1，依其數值由高至低順序排名。

[2] 列入新興市場指標以代號表示，包括：A：ABC、B：BRICs、C₄：CITI、C₆：CIVETS、E₇：E7、E₁₁：E11、G：Growth、K：KIIC、M：MTV、N：N11、N₂：NEM、R：RDEs、V：VISTA。

[3] 以「✓」表示：連續三年列入2006至2011年國貿局提出的重點拓銷市場（Focus 10）以及經濟部提出之「優質平價新興市場推動方案」。

表17-3　2012 IEAT台灣十大重點拓銷市場（Opportunity 10）選評結果一覽表

排名	貿易地區	國家實力 2010外匯存底	國家實力 FDI累計金額	國家實力 2010勞動人口	國家實力 2009石油儲量	國家實力 2008-2010 GDP平均成長率	市場潛力 新興市場	市場潛力 2010總人口數	市場潛力 2010消費占GDP比重	市場潛力 2010人均GDP	市場潛力 2010出口總額	市場潛力 2010貿易總額	依存程度 2000-2010出口成長率	依存程度 連續三年列入重點拓銷市場	依存程度 優質平價新興市場	貿易實力 2012 IEAT貿易排名	前十名指標小計
1	中國大陸	✓	✓	✓	✓	✓	✓	✓			✓	✓	✓	✓	✓		12
2	美國		✓	✓	✓			✓	✓	✓	✓	✓				✓	9
3	印度	✓		✓		✓	✓	✓					✓	✓	✓		8
4	日本	✓		✓			✓	✓		✓	✓			✓		✓	8
5	俄羅斯	✓		✓	✓		✓	✓			✓		✓				7
6	德國	✓	✓						✓	✓		✓				✓	6
7	巴西	✓	✓			✓	✓	✓						✓			6
8	印尼			✓		✓	✓	✓					✓	✓			6
9	卡達				✓	✓				✓			✓	✓	✓		6
10	越南					✓	✓				✓	✓	✓	✓			6
11	香港	✓								✓	✓	✓				✓	5
12	沙烏地阿拉伯	✓			✓		✓				✓	✓					5
13	韓國	✓			✓						✓	✓		✓			5
14	新加坡	✓			✓					✓		✓				✓	5
15	奈及利亞		✓	✓		✓	✓	✓									5
16	加拿大		✓		✓					✓						✓	4
17	法國		✓						✓	✓						✓	4
18	澳洲		✓			✓						✓				✓	4
19	孟加拉	✓		✓			✓	✓									4
20	巴基斯坦			✓			✓	✓	✓								4

表17-3　2012 IEAT台灣十大重點拓銷市場（Opportunity 10）選評結果一覽表（續）

排名	貿易地區	國家實力					市場潛力						依存程度			貿易實力	前十名指標小計
		2010外匯存底	FDI累計金額	2010勞動人口	2009石油儲量	2008-2010 GDP平均成長率	新興市場	2010總人口數	2010消費占GDP比重	2010人均GDP	2010出口總額	2010貿易總額	2000-2010出口成長率	連續三年列入重點拓銷市場	優質平價新興市場	2012 IEAT貿易排名	
21	科威特	✓			✓		✓			✓							4
22	阿曼					✓	✓						✓	✓			4
23	馬來西亞						✓				✓	✓		✓			4
24	英國		✓						✓							✓	3
25	阿聯大公國				✓		✓							✓			3
26	埃及					✓	✓		✓								3
27	菲律賓						✓		✓		✓						3
28	荷蘭		✓							✓							2
29	伊朗				✓								✓				2
30	阿根廷					✓	✓										2
31	安哥拉					✓	✓										2
32	土耳其						✓		✓								2
33	南非						✓							✓			2
34	以色列						✓							✓			2
35	波蘭						✓						✓				2
36	約旦								✓				✓				2
37	西班牙						✓										1
38	墨西哥		✓														1
39	泰國						✓										1
40	匈牙利						✓										1

表17-3 2012 IEAT台灣十大重點拓銷市場（Opportunity 10）選評結果一覽表（續）

排名	貿易地區	國家實力					市場潛力							依存程度		貿易實力	
		2010外匯存底	FDI累計金額	2010勞動人口	2009石油儲量	2008-2010 GDP平均成長率	新興市場	2010總人口數	2010消費占GDP比重	2010人均GDP	2010出口總額	2010貿易總額	2000-2010出口成長率	連續三年列入重點拓銷市場	優質平價新興市場	2012 IEAT貿易排名	前十名指標小計
41	智利						✓										1
42	柬埔寨								✓								1
43	義大利																0
44	紐西蘭																0
45	巴林																0

指標標記說明：

[1] 列入新興市場者以「✓」表示，包括：Ⓐ：ABC、Ⓑ：BRICs、Ⓒⱽ：CITI、Ⓒ：CIVETS、Ⓔ：E7、Ⓔ：E11、Ⓖ：EAGLES、Ⓖ：Growth、Ⓚ：KIIC、Ⓜ：MTV、Ⓝ：N11、Ⓝ₂：NEM、Ⓡ：RDEs、Ⓥ：VISTA。

[2] 連續三年列入2006至2010年國貿局提出的「重點拓銷市場」（Focus 10）及經濟部提出之「優質平價新興市場推動方案」以「✓」表示。

[3] 除上述兩項指標外，其餘皆依據表17-2的排名，篩選出前十名以「✓」表示。

[4] 最後依各個貿易地區個標記「✓」的次數加總，形成最後一欄「前十名指標小計」。

■ 2012 IEAT重點拓銷十大市場商機探討

雖然歐、美債等問題讓世界經濟發展蒙上一層陰影，但台灣更要將腳步跨足至世界各國上，持續深耕對外貿易。中央大學經濟系教授陳添枝（2011）表示：「1960年台灣的製造業打破鎖國的政策，勇敢的走向世界舞台。這個『開國』政策，揭開了50年的經濟榮景。」由此可見，台灣經濟發展之最大驅動力乃是對外貿易，台灣經濟命脈完全繫乎對外貿易。藉此，根據2012《IEAT調查報告》以四大構面與15項指標評選出台灣在**2012年十大重點拓銷市場（Opportunity 10）**，依次為：**(1)中國大陸；(2)美國；(3)印度；(4)日本；(5)俄羅斯；(6)德國；(7)巴西；(8)印尼；(9)卡達；(10)越南**等十個國家。茲將此十大重點貿易地區之貿易商機與發展潛力分述如下：

1. 中國大陸貿易商機剖析

【中國大陸】IEAT 評等：值得推薦			IEAT 綜合貿易競爭力	第 ㉒ 名
項目	數值	46國排名	一力四度	46國排名
國家人口數（百萬人）	1336.71	❶	國家競爭力	⓲
人均GDP（美元)	4,454.43	㉞	貿易自由度	㉔
累計國外投資金額（億美元）	578,818.00	❽	貿易便捷度	㉜
2011年占台灣出口比重	27.23%	❶	貿易難易度	㉚
2011年占台灣進口比重	15.48%	❷	貿易風險度	㉕

根據貝萊德投資研究所（BlackRock Investment Institute）（2011）研究報告顯示，未來幾年中國大陸GDP平均成長率將達7%至8%，雖然低於過去10年的10.5%平均增幅，但仍然在全球市場上占有相當大的分量。根據財政部統計處（2012）資料顯示，2011年中國大陸與台灣的貿易總額高達1,275.7億美元，相較2011年成長13.0%，為台灣第一大的出口市場以及最大貿易夥伴。近年中國大陸的經濟發展呈現大幅度的成長，亞洲地區國家紛紛與之簽訂相關的貿易協定，尤其是東協（ASEAN），自2010年開始，中國大陸與東協的十個會員國達到全面免稅的經濟合作，另外日本與韓國亦和東協成員國進行共同協商。此外，簽署ECFA除替台灣與中國大陸經貿互動往來立下新里程碑，未來兩岸在產業上的互補合作及技術創新皆可帶來莫大助益。台灣貿易業者應該發揮自身專業技術和培育優秀人才，拓展中國大陸13億人口的內需市場，不僅兩岸貿易往來得以成長茁壯，台

灣的全球競爭力亦可提升。茲將針對未來中國大陸擁有極大發展潛力的貿易商機分述如下：

商機一：醫療產業

第65屆中國大陸全國藥品交易會於2011年4月21日在成都召開並且發表《醫藥工業十二五規畫》，其中表示「十二五」期間，醫療產業總產值目標年成長率20％以上，預計至2015年，醫療產業總產值將達到3兆人民幣。中國大陸人口老齡化的趨勢讓醫療行業發展快速，中國大陸人大常委會副委員長李建國（2011）根據《中華人民共和國老年人權益保障法》表示：「目前中國大陸醫療的二分之一以上是老年人消費，中國大陸高齡人口已超過一億，2010年至2030年老齡化將加劇，到2020年老齡人口將達到2.5億，到2050年，將達到四億高峰。」可以想像中國大陸醫療產業的內需市場商機無限。然而，台灣政府（2007）公布「生技新藥產業發展條例」鼓勵投入醫療器材產業，某些醫療品項與中國大陸新醫改及「十二五」規畫需求相符合，使台商佈局有所斬獲。根據台灣經濟部工業局2012年2月指出，醫療器材在生技領域仍一枝獨秀，雖2011年歐債衝擊下產值依舊成長至新台幣1,000億的規模，成長率達7.7％，且為因應中國大陸市場的強勁需求，工業局積極協助台商加速升級轉型與關鍵技術深耕以及加快佈局中國大陸，期許在2012年整體醫療器材產值達到新台幣1,100億元、高成長率10％的目標。

商機二：觀光產業

近年來，在全球化風潮下，觀光業已是世界各國發展之重點。中國大陸擁有五千年悠久歷史，境內遍布歷史遺跡，依照聯合國教科文組織的劃分，名列世界自然與文化遺產就有41處，如此豐富而有魅力的資源對世界各地愛好旅遊者是一大吸引。此外，按照世界旅遊組織（World Tourism Organization）於2011年1月22日的預測，2020年中國大陸將成為世界第一旅遊目的國家，以及第四大旅遊客源國，屆時中國大陸每年將有1.3億來自世界各地的遊客。而當前中國大陸的重心正由觀光旅遊逐漸轉向觀光與休閒並重，過去以觀光景區為主，休閒服務能力不足以滿足市場龐大需求。然而，台灣政府未來發展主軸的六大新興產業中的「觀光旅遊」正是建立以軟實力、服務導向為主的觀光產業，台商服務業若加速與觀光產業的跨界合作，培育國際高級的觀光人才，積極佈局中國大陸觀光產業，契合其產業需求，除了替台灣新興產業注入活水，兩岸旅遊服務業亦將邁入更深層的合作。

商機三：連鎖加盟產業

據中國大陸國家統計局2012年1月資料顯示，2011年中國大陸城鎮居民人均可支配收入達到人民幣19,118元，較2010年成長13.5%。此外，中國大陸在2011年3月通過的「十二五」規畫亦指出，未來五年內城鎮居民人均可支配所得年均成長率為7%，強勁的消費力道亦顯示在蓬勃發展的連鎖加盟產業上。2012年2月24日台灣商業發展研究院院長陳厚銘表示：「ECFA兩岸商品實現零關稅意味著互惠互利，也將對未來兩岸連鎖加盟產業產生相當正面的影響。」顯示出除了經貿發展的熱絡，政策層面的優勢，讓龐大的中國大陸連鎖加盟市場，成為台灣連鎖加盟業者看重的目標。中國大陸連鎖加盟業的發展特性可用三個字來概括，第一是「快」：近十年保持非常快速之發展，無論是店鋪數與銷售額平均成長30%；第二是「好」：指的是發展潛力非常看好；第三是「變」：也就是因地制宜的策略變化。未來兩岸連鎖加盟業者將致力品質及創新、建立品牌、擴張規模，台商可藉此最佳合作時機，共同拓展連鎖加盟商機。

2. 美國貿易商機剖析

【美國】IEAT評等：極力推薦			IEAT 綜合貿易競爭力	第 ❻ 名
項目	數值	46國排名	一力四度	46國排名
國家人口數（百萬人）	313.23	❸	國家競爭力	❶
人均GDP（美元）	46,977.09	❺	貿易自由度	⑫
累計國外投資金額（億美元）	3,451,405.00	❶	貿易便捷度	❼
2011年占台灣出口比重	11.79%	❸	貿易難易度	❹
2011年占台灣進口比重	9.15%	❸	貿易風險度	❼

近年來，綠色環保議題熱烈引起迴響，環保如東風徐徐向世界吹拂，各國政府積極推動環保概念，諸如：再生能源的使用、材料回收再利用及減少製程能耗等。美國總統歐巴馬（2009）亦在《能源新政》中列出三大關鍵詞：「安全、綠色、經濟」，可見美國正著力在相關環保產業。以下茲將美國未來極具潛力之產業敘述如下：

商機一：綠建材

據歐洲建築師協會（European Institute of Architects）（2010）估計，全球建築產業至少消耗地球一半的能源，一半的水資源，並使農地損失高達80%，同

時產生50％空氣汙染、42％的溫室氣體以及50％的水汙染，建築業儼然成為第一高污染的產業。市場調查機構Ereedonia Group（2011）預測，美國綠建材之需求將以13％年率成長，至2015年將達到710億美元之市場規模。據McGraw-Hill Construction（2011）調查指出，美國家庭裝有節能設備的獨棟屋，從2006年2％增加到2010年的16％，此類的「綠能房屋」成本通常較一般房屋高出2％至10％，但因技術日漸進步，兩者差距逐漸縮小，節能效益更高。因為建材使用與居民健康的關係及全球推行環保政策等因素下，早在2008年調查機構ABI便預估，2013年全球綠建材的產值將高達5,710億美元，看好綠建材富有潛力商機。而台灣業者面對這環保風潮，應力求轉型達成綠建材認證要求，以期在美國市場占有一席之地。

商機二：電動車

根據市場分析公司Pike Research（2010）預測指出：「2010年至2015年，美國及中國大陸將成為全球前兩大電動車市場，然而在美國市場電動車更將達到84萬輛。」目前美國領牌車輛約有2億400萬輛，平均每戶就有1.9輛車，為全球擁有車輛最高之國家。在這麼多車輛的國家，每天排放的廢氣難以想像，使環境的汙染更加劇烈，美國總統歐巴馬（2009）宣布：「資助24億美元研發環保電動車，同時美國能源部將提供四億美元打造所需的各項基礎建設，美國在2015年前，要達到100萬輛電動車上路的目標。」由於電動車碳排放量為零，最為環保與節能，因此，在美國政府的政策發展推動之下，車廠嗅到未來綠色商機發展的趨勢，宣布投入電動車市場行列，如美國通用汽車公司（GM）及美國Chevrolet汽車公司。在美國廠商紛傳宣布投入電動車產業，台灣電動車業者應加緊跟上發展腳步，加速搶占美國巨大的電動車市場，帶動電動車產業之興起。

商機三：太陽能

聯合國工業發展組織國際太陽能中心（2011）預計，未來25年內，全球的能源需求將增加一倍，而目前以太陽能市場最受矚目。此外，邁阿密台貿中心在2011年指出，據統計2010年太陽能市場已達12GW以上，從2000年至2010年之十年內，太陽能市場已成長近60倍之多。據2011年11月，美國太陽能產業協會（Solar Energy Industries Association；SEIA）之研究報告指出，美國能源部的貸款擔保項目，仍可促進太陽能發電價格下降，讓更多大眾用戶及企業用戶可支付得起太陽能發電，台灣業者可配合美國政府政策的發展，搭上這股發展能源潮流；此外，太陽能產業亦名列在研究機構IBIS World於2011年發布的《美國十大增長

最快的行業》報告中。台灣太陽能產業也行之有年,可利用台灣業者的經驗累積
及技術優勢,搶攻美國市場。

3. 印度貿易商機剖析

【印度】IEAT評等:值得推薦			IEAT 綜合貿易競爭力　第 ㉙ 名	
項目	數值	46國排名	一力四度	46國排名
國家人口數(百萬人)	1189.17	❷	國家競爭力	㉞
人均GDP(美元)	1,325.97	㊶	貿易自由度	㉖
累計國外投資金額(億美元)	197,939.29	⓱	貿易便捷度	⓳
2011年占台灣出口比重	0.76%	⓳	貿易難易度	㉝
2011年占台灣進口比重	1.07%	⓱	貿易風險度	㉘

「新興市場教父」Mark Mobius(2011)指出:「在金磚四國中,最看好印
度未來的發展潛力。」香港貿發局於2011年6月研究指出,印度2011年的GDP相
較於2010年成長幅度為8.5%,而全國人口達12億人,其中三分之二的人口年齡
在35歲以下,人口結構非常年輕,在消費方面有很大的成長。《華爾街日報》
(2011)亦指出,網路龍頭Google亦看好印度,預估在兩年內將增加兩億網路用
戶,因為印度是僅次於中國大陸及美國的世界第三大網際網路市場,其中12億人
口,卻只有8%的人上網,未來相關市場發展潛力龐大。然而,印度的商機,更
是不容小覷的大餅,根據2011年印度國家應用經濟研究協會(National Council of
Applied Economic Research;NCAER)資料顯示:「印度約有3.5億人每日所得約
為2至5美元間;到2020年,印度貧民消費者將增加到5億人,每日所得略增至2到
12美元,使他們成為更大的消費市場」,以下,將印度未來極具潛力的產業敘述
如下:

商機一:零售業

由香港貿發局(HKTDC)孟買貿易顧問Rajesh Bhagat於2011年6月表示:
「根據McKinsey對印度調查,2008年在印度的有組織零售業僅占整體市場的5
%,預估在2015年可升至14到18%,規模可高達4,500億美元。」印度國際經
濟關係研究院(Indian Council for Research on International Economic Relations;
ICRIER)(2011)指出:「印度零售市場」規模預估為5,900億美元,而傳統零
售商店的銷售金額占84%,高達4,960億美元。而香港貿發局(2011)也指出,現

今計畫進駐印度的跨國零售大廠包括美國的Wal-Mart、法國的Carrefour、英國的Tesco等，都想瓜分零售業這塊大餅。

商機二：資訊電信業

位於印度西南方的喀拉拉州（Kerala）不僅是印度東方第一高檔的旅遊勝地，也是印度最佳電信基地，喀拉拉擁有兩條國際的海底纜線，通信網路依據城鄉人口密度的不同而有所差異。喀拉拉在2010年被世界銀行（WB）評選為印度投資環境優良區域的第二名。台灣區電機電子工業同業公會理事長焦佑鈞（2011）亦指出：「隨著亞洲新興市場崛起，印度市場逐漸向全球綻放其投資價值。」如Nokia推出每支30美元的手機，讓每個家庭在最多五人可使用這支手機的情況下，每人可擁有不同門號，這使得每人平均的購買成本下降至6美元，也提升使用意願。而筆記型電腦產業，ASUS在印度就可以賣出比SONY還要高價的筆記型電腦，業績成長45%，可看出印度資訊產業正火速的成長。

商機三：汽車產業

據《國際商情》（2012）表示：「印度每1,000個擁有駕照的人，才僅僅28人擁有汽車，相對其人口規模，汽車密度相對低。」然而印度汽車製造商協會（2011）亦預測，2015年印度汽車年銷量將至500萬輛，2020年將超過900萬輛，到2050年印度全國將有6.11億輛汽車在街頭道路奔馳。而台灣貿易商若想要進入印度汽車市場，由於印度整車進口關稅高達50%，早已失去價格競爭力。但因中國大陸與東協於2010年1月正式成立自由貿易區，同年6月，台灣與中國大陸簽訂兩岸經濟合作框架協議，降低了關稅壁壘，使貿易商跟印度有了間接的貿易關係。而根據台灣海關統計（2011）指出，台灣出口至印度的汽車零配件額高達2,000萬美元，相較於2010年漲幅高達15%，未來仍有很大的成長空間。

4. 日本貿易商機剖析

【日本】IEAT評等：值得推薦			IEAT 綜合貿易競爭力　第❿名	
項目	數值	46國排名	一力四度	46國排名
國家人口數（百萬人）	126.48	❿	國家競爭力	❼
人均GDP（美元）	43,461.03	❼	貿易自由度	⓯
累計國外投資金額（億美元）	214,880.29	⓰	貿易便捷度	❿
2011年占台灣出口比重	5.92%	❹	貿易難易度	⓮
2011年占台灣進口比重	18.54%	❶	貿易風險度	❿

　　全球經濟體第三大的日本，雖然先前受到311地震波及，但日本首相野田佳彥2011年12月5日表示，「2012年將會是日本經濟復甦的起點。」2011年3月11日，一場規模9.0強震撼動日本東北地區，也將日本疲弱的經濟震得搖搖欲墜，日本銀行行長白川方明在2011年4月預估日本財產損失占名目國內生產總值的3％至5％。根據2011年9月6日，日本經濟產業省審議官岡田秀一在長春東北亞經貿合作高層論壇上表示：「日本企業震後生產活動恢復的比預期快，生產地點中受地震及海嘯影響的部分已復原93％，工礦業生產更是恢復至地震前兩個月99％之水準。」顯示日本震後復甦情況好於預期，貿易商可藉著日本重建的期間發現震後商機，茲將日本具有商機之產業敘述如下：

商機一：LED照明產業

　　2010年日本「新國家成長戰略」的七大戰略領域之一的戰略目標，即是透過綠色創新成為環境能源大國，並到2020年以前減少溫室效應氣體13億噸以上為目標，因此，普及LED來節能減碳亦為主要作法之一。日本震後核電危機，迫使電力公司實施分區限電，使日本消費者省電意識提高，對LED 燈的需求更多。此外，市調機構DIGITIMES Research（2011）表示，日本政府已明訂於2012年開始禁止各照明廠商製造、銷售白熾燈泡，屆時LED燈需求量將快速成長。而台灣廠商2010年便開始積極投入LED照明產業，積極搶食日本LED照明這塊大餅，其中包括台達電、新世紀、華興等廠都已與日系大廠合作。DIGITIMES Research亦指出：「日本的LED照明市場在2015年的市場滲透率可能超過70％。」未來成長潛力值得期待，而台灣為全球LED產值第二大國，技術首屈一指，台商可掌握契機，將台灣LED燈往日本拓展。

商機二：再生能源產業

　　2011年3月11日，日本大地震與福島核電廠事故，喚起日本人對於發展再生能源的重視。前日本首相菅直人於2011年5月10日宣布：「將捨棄在20年內建造14座核反應爐、仰賴核電滿足半數能源需求的計畫，轉而擁抱再生能源。」2011年8月26日，日本參議院全體會議通過《可再生能源法》，為鼓勵更多企業或個人利用可再生能源發電，規定電力公司有利用國家所制訂的單價（固定價格）的義務，在一定期間內購買透過可再生能源發的電。值得注意的是，日本因地形以及位置，在地熱發電、海上風力發電以及溫泉發電發展潛力。《瞭望新聞週刊》在2011年以〈日本醞釀可再生能源產業革命〉為題報導指出，地熱發電方面，日本

地熱發電在2011年僅占0.2％，未來仍有發展空間；海上風力發電方面，日本政府將投資約100億至200億日圓，從2013年開始設立六座海上風車來進行實證實驗；溫泉發電方面，日本還在開發高溫岩體發電技術，加上經濟產業省的統計表示，日本適合發展溫泉發電的地方很多，且若能在全國遍布，相當於八個核反應爐的發電量，能長期提供電力。貿易商可藉由與當地業者合作，搭上再生能源風潮。

商機三：銀髮經濟產業

2010年8月12日趨勢大師大前研一表示：「上一個『嬰兒潮』出生而全數步入中年人口有4.5億，2030年全球超過65歲的人口將有10億。」日本從上世紀70年代就開始走入老齡化社會，並且為世界人口老齡化程度最高的國家之一，社會高齡化程度與「銀髮一族」消費能力，催生了對「銀髮產業」的社會需求，加上日本民族重視細節和人本關懷的特性，使得「銀髮經濟」蓬勃發展。英國《經濟學人》2011年指出：「日本正把經濟變為銀色。」根據日本老年服務振興會（2011）分類，日本服務業目前對於銀髮族推出的服務可細分為17個類別，而市場每年都以兩位數的速度成長。台灣貿易業可透過與日本廠商合作交流，並了解日本當地銀髮族的需求，成功打入日本銀髮市場。

日本在震後出現的衝擊及潛在的問題為：**(1)電力供給不足**：日本政府規定從2011年7月起，約13縣實施15％的節電目標，使得企業產出受到影響。**(2)勞動力減少**：日本總務部門（2011）發布調查顯示，人口結構明顯有老化趨勢。其中，20至30歲人口大為減少，勞動人口統計少了300多萬人，僅占總人口的48.7％，由此可見日本的總勞動力正面臨減少的挑戰。**(3)日幣升值**：從2007年開始，日圓不斷升值，2011年10月25日1美元對75.73日圓，創下二次世界大戰以來日圓新高紀錄，對出口企業造成很大壓力。**(4)財政壓力大**：日本公共債務在日本發生地震前，占國內GDP比重達210％，地震後公共支出龐大以舉債因應，而2011年8月24日美國評級公司穆迪宣布，將日本長期主權信用評級從原本的Aa2下調一級至Aa3。

5. 俄羅斯貿易商機剖析

【俄羅斯】IEAT評等：值得推薦			IEAT 綜合貿易競爭力	第 ❷⓿ 名
項目	數值	46國排名	一力四度	46國排名
國家人口數（百萬人）	138.74	❾	國家競爭力	❸❷
人均GDP（美元）	10,309,55	❷❻	貿易自由度	❸❶
累計國外投資金額（億美元）	423,150,00	❶❸	貿易便捷度	❶❻
2011年占台灣出口比重	0.49%	❷❺	貿易難易度	❸❶
2011年占台灣進口比重	0.84%	❷❷	貿易風險度	❷❻

匯豐銀行（HSBC）在2011年發表《南方絲路前瞻趨勢》報告指出，未來南南經貿交流將飛速成長，勢必將改變全球經貿重心。預計到2050年，全球前30大經濟體中，將會有19個屬於新興市場，在金磚四國中的俄羅斯出口，南南貿易比率將達50％，與2010年相比成長約19％。除此之外，俄羅斯也是能源大國，擁有豐富資源，再加上近年俄羅斯政府積極拓展基礎建設，有利於俄羅斯在全球經濟體系之競爭力。茲將俄羅斯未來極具發展潛力之貿易商機分述如下：

商機一：LED產業

據《LEDinside》在2011年報導表示，自2011年1月1日起，俄羅斯政府宣布《節約能源和提高能源效率》，不再允許銷售100瓦以上的白熾燈。甚至從2014年起，全面禁止銷售25瓦以上的白熾燈。透過此方案至少可節約40％的能耗，還可以帶來每年減少5.55億噸二氧化碳排放量。《俄羅斯商務諮詢網》（2011）：「預估4年後，俄羅斯LED市場規模將會從5,400到5,600萬美元攀升至5至6億美元。」又據飛利浦公司（2012）預測，2012與2013年俄羅斯LED市場需求還會有48％成長，甚至在2015年市場規模將達十億美元。LED產業已成為全球公認最具潛力及環保產業之一，伴隨著俄羅斯的能源合約與新興市場帶來的龐大內需商機，未來台灣貿易商可考慮與俄羅斯燈具企業合作，透過擁有當地通路優勢借力使力迅速打入市場。

商機二：彩妝保養品產業

據俄羅斯國際專業美容美髮大展協會（2011）表示，俄羅斯是全球美容用品市場成長最快速的國家之一。之所以能成長快速原因，是俄羅斯消費者對外國品牌的信任程度超過國產品牌，一致認為外國產品具有穩定的品質，致使各國進口

美容用品在俄羅斯占有主導地位。依據ExpoMediaGroup Staraya Krepost統計資料
（2011），從銷售結構面來看，俄羅斯彩色化妝品占市場比重最高，逼近17億美
元，其次爲護髮、護膚用品等。又根據RNCOS市場調查機構（2011）研究《2008
到2012年俄羅斯化妝品市場預測》報告指出，由於俄羅斯化妝品市場需求成長，
在接下來數年內，俄羅斯化妝品業將會迎來顯著成長，預計2010年到2012年的複
合增長率達到8%左右。

商機三：天然氣、石油產業

據俄羅斯能源部（2012）表示，俄羅斯2011年石油產量比2010年提升1.25
%，而天然氣成長比例也從21%提升至25%，穩坐世界天然氣與石油大國地位。
此外，根據俄羅斯經濟部（2012）預測，俄羅斯天然氣之產量成長，在2014年將
會達7,410億噸；而石油產量也會在2012至2014年間達到5.1噸開採量。然而，能在
全球經濟低迷情況下天然氣與石油能不斷成長之原因，是由於烏克蘭及白俄羅斯
進口增加，以及中國大陸對石油出口增加，再加上維持對其他國家的穩定供應，
促使石油市場之成長。也由於天然氣以及石油產業是支撐俄羅斯成長主要的動
力，再加上蘊藏量豐富、出口量最高的天然氣。因此國際能源組織在2012年預估
全球對能源市場的需求還將會持續水平成長，意謂石油與天然氣市場前景仍備受
看好。

6. 德國貿易商機剖析

【德國】IEAT評等：極力推薦			IEAT 綜合貿易競爭力	第 ❼ 名
項目	數值	46國排名	一力四度	46國排名
國家人口數（百萬人）	81.47	⑮	國家競爭力	❺
人均GDP（美元)	40,227.80	❾	貿易自由度	⑬
累計國外投資金額（億美元）	674,217.09	❺	貿易便捷度	❾
2011年占台灣出口比重	2.23%	❿	貿易難易度	❽
2011年占台灣進口比重	3.35%	❼	貿易風險度	❽

據德國經濟辦事處（2011）指出，2008年金融海嘯，德國跟許多出口導向
的國家一樣在劫難逃，GDP衰退4.7%，然而德國在2010年出口展現穩步成長至
34.4兆美元，比專家預測更早脫離金融風暴之陰霾。德國經濟部長Philipp Roesler
（2011）亦預計：「2011年德國經濟仍然能成長至2.9%，但2012年經濟增幅將可

能降至1%，即使下降，德國將發揮『歐洲穩定器及增長發動機之作用』，並擴增內需做爲經濟成長的主要支柱。」此外，德國批發與外貿同業公會 （BGA）在2011年指出，2012年德國出口將有希望達到經濟危機前的水準。身爲歐洲第一大經濟體的德國，其市場商機更備受世界矚目，希冀能立足德國、進攻全歐洲市場。茲將德國未來具消費潛力之市場商機詳述如下：

商機一：環保科技產業

據德國經濟辦事處（2011）指出，德國擁有目前全球最大的資源回收科技市場，年營收高達500億歐元。然而，德國推動環保產業進度能夠領先全球且環保意識能深入人心，究其原因在科技、文化及政治等高度發展之基礎上。1970年能源危機讓德國人發起社會運動，許多德國人民走上街頭、手舉標語，只爲了抗議可能汙染環境的工業，整個德國社會的環保意識升到最高點。也促使德國政府走在世界環保政策及法律的前鋒，訂定《循環經濟與廢棄物管理法》、《電子設備指令》及《聯邦清水法》等重點法案。此外，2007年德國環保技術產業占工業總產值的4%，估計至2020年將提升爲16%，屆時德國將會成爲環保科技產品的輸出大國。因此，台灣環保科技相關業者若能及時前往發展，除可擴大收益外，亦促使台灣環保科技產業揚名國際。

商機二：健康照護產業

據產業經濟與趨勢研究中心（IEK）（2011）指出，德國因爲高齡人口不斷增加，其醫療總支出僅次於美國，將高達3,869億美元，爲歐洲最高之國家，占其GDP約11.7%。有鑑於高齡人口數居全歐洲之首，德國政府對高齡人口的議題相當重視，在相關高齡人口的花費上，包括退休金、長期照護及健康照護等費用，也預計由2004年占GDP爲18.4%將提升至2050年的22.3%。然而德國消費者在健康方面的支出亦有顯著增加，主要是因爲德國人十分重視健康議題，更願意花費在健康的服務上。德國聯邦統計局（Destatis）及德國聯邦職業教育研究院（BIBB）在2010年調查指出：「至2025年德國醫療照護人員將不足15.2萬人，甚至隨著德國人口加速高齡化，就算將沒專業證照的人員納入計算，最晚在2018年起，照護人員將不足以應付全德國需求。」故台灣相關廠商應即早佈局，搶占高齡化社會帶來的龐大商機。

商機三：光電產業

根據德國經濟機械及光學工業協會（Spectaris）（2011）指出，美國和中國

大陸是德國光電產品最主要的出口國,兩國共占出口值約為22%,其他亞洲國家如日本、韓國、馬來西亞、台灣及印度亦是德國光電產業重要出口夥伴。然而,德國光電產業發展前景持續被看好,德國聯邦教育研究部(BMBF)官員Georg Schütte(2011)出席「慕尼黑國際雷射科技、創新及應用光電技術展」時表示:「未來十年政府將資助十億歐元發展相關研究。」可見德國政府對光電產業的重視,台灣光電產業位居世界光電產業供應鏈的重要位置上,因此可以攜手與德國光電產業合作,共同開發世界市場。

7. 巴西貿易商機剖析

【巴西】IEAT評等:值得推薦			IEAT 綜合貿易競爭力	第 ❷❹ 名
項目	數值	**46國排名**	一力四度	**46國排名**
國家人口數(百萬人)	203.43	❺	國家競爭力	❷❽
人均GDP(美元)	10,573.94	❷❺	貿易自由度	❷❷
累計國外投資金額(億美元)	472,578.52	❶❶	貿易便捷度	❸⓿
2011年占台灣出口比重	0.76%	❶❾	貿易難易度	❷❼
2011年占台灣進口比重	1.07%	❶❼	貿易風險度	❷❷

巴西(Brazil)源自於葡萄牙語,意即「珍貴的紅木。」2011年10月,經濟學人(EIU)預估顯示:「金磚四國之一的巴西在2011年的國內生產毛額將高達2.44兆美元,將繼2010年取代義大利成為世界第七大經濟體,更上一層超越英國,晉升全球第六大經濟體。」此外,《經濟學人》首席經濟學家Robert Wood(2011)亦表示,巴西能有強勁的經濟表現,主要因為低中產階級人數增加近二億人,消費人口大增。此外,出口鐵礦石、黃豆等商品到市場需求擴增之中國大陸,亦拉抬經濟成長。茲針對巴西未來具發展潛力之市場商機詳述如下:

商機一:紡織產業

據巴西紡織業於2011年8月統計資料顯示,巴西紡織業在2011年1至6月進口額為29.6億美元,相較2010年同期的22.5億美元增長31.7%,出口金額較2010年上半年的6.7億美元成長20%達到7.6億美元。此外,亦據巴西紡織業與成衣製造業公會(2011)指出:「巴西2010年生產約98億件成衣,占全球總量的12.6%,生產量位居全球第四位,僅次於中國大陸、印度、巴基斯坦。」然而,巴西成衣生產量可以在全球的排名不斷往前挺進的原因為,美國對中國大陸的成衣進口解除限

制，墨西哥的成衣在美國市場的市占率持續下降；其次為巴西國內的消費量再增加，巴西的成衣業者在2010年有92％是內銷，其營業額高達600億美元。台灣早年以「紡織王國」起家，在現今競爭激烈的環境下，應積極思考如何開發未來世界之市場，因此貿易商前往巴西設立據點或建立品牌，乃至加工產銷，將為可行之道。

商機二：製鞋產業

據巴西鞋類工業同業公會（Abicalcados）（2011）統計資料顯示，2011年1至8月巴西進口鞋與鞋材的金額較2010年同期成長41％高達3.3億美元，數量也成長6％達到3,320雙。《國際商情》亦在2011年指出：「台灣供應鞋與鞋材到巴西的金額較2010年同期成長90％為729萬美元。」此外，《中國大陸服裝鞋貿網》在2011年以〈鞋服機械：跑了歐美客，來了巴西商〉為題指出，歐美債危機之影響，來自歐美國家的商客減少，反而以新興市場的商客為主，其中又以巴西最值得關注。《和訊網》2011年亦指出：「巴西提出『壯大巴西』（Bigger Brazil）計畫，使製鞋產業有更佳的優惠政策。」由此可見巴西的製鞋產業如一顆未被琢磨的寶石，台灣的鞋機及鞋材雖價位較高，但品質水準仍為首屈一指，因此台灣廠商可利用此契機，拓展鞋機及鞋材至國際市場。

商機三：運動用品產業

巴西將在2014年、2016年分別舉辦世足賽及夏季奧運，全球二大運動盛事將巴西推向全球市場焦點。巴西未來幾年都會舉辦大型體育活動，由此可預估巴西體育用品市場成長力道將非常強勁。巴西最大體育用品零售商Centrauro Sports經理Roberto Ciarcia（2011）表示：「台灣的運動用品除品質穩定外，物美價廉，加上高科技的應用，使運動用品成為擁有高附加價值之產品，這是在巴西當地市場很難做到的，也是台灣運動用品在巴西市場之優勢。」《台灣經貿網》在2011年指出，巴西是最敢花錢的新興消費者，其儲蓄率僅10％，在2億的總人口中，高收入的人口有4,000萬人，擁有廣大的消費族群。因此，巴西在短短幾年內連續主辦世界級賽事，所帶來的商機是相乘效果，台灣運動用品製造商應好好利用此機會切入巴西市場。

巴西雖是台灣在中南美洲最大的貿易夥伴之一，其貿易暨投資環境仍存在風險，包括：**(1)法律偏袒勞工**：勞動法規過度向工人傾斜，企業稍有不慎就會掉入勞資糾紛；**(2)治安不佳**：貧富差距雖有改善，但城鄉差距仍然甚大，導致社會

治安風險上升：**(3)稅負繁雜**：巴西稅捐繁文縟節且高達58項，是全球稅負最重的國家之一。因此，貿易商佈局巴西，除了感性看商機之外，也應要理性看風險，才能降低「巴西成本」。

8. 印尼貿易商機剖析

【印尼】IEAT評等：值得推薦			IEAT 綜合貿易競爭力	第 ㉓ 名
項目	數值	46國排名	一力四度	46國排名
國家人口數（百萬人）	245.61	❹	國家競爭力	㉝
人均GDP（美元）	2,953.24	㊱	貿易自由度	㉙
累計國外投資金額（億美元）	121,526.65	㉕	貿易便捷度	㉑
2011年占台灣出口比重	1.57%	⓬	貿易難易度	㉕
2011年占台灣進口比重	2.64%	⓫	貿易風險度	㉗

　　金融海嘯過後，2008年11月的美國《商業周刊》登出一篇名為〈The BRIC Debate：Drop Russia, Add Indonesia？〉報導，讓全世界開始關注到這個過去以生產豐富棕櫚油及橡膠聞名的東南亞國家，除《商業周刊》外，ING投信也在2010年10月將印尼併入金磚國家之列，成為金磚第五國。印尼近年來財政穩健、政治與社會較穩定，經濟成長率也高達6%上，另瑞士信貸研究機構（2011）指出，印尼名列全球財富增加速度最快的前20名國家，顯示印尼的消費能力將逐日上升。綜上所述，比起長期仰賴石油出口的俄羅斯而言，印尼未來在經濟上的成長爆發力更加值得期待，至於這個備受各界期待的新興市場到底有哪些值得投資的商機，本文茲以太陽能、水泥以及汽車三種在印尼具備發展潛力的產業詳加敘述：

商機一：太陽能發電業

　　印尼與日本同屬在太平洋火環帶上，火環帶上的日本在2011年3月11日發生過震驚世人的「311大地震」，海嘯重創福島核電廠引發核災，而印尼本身也於2004年12月26日經歷過南亞大海嘯的侵襲，故當印尼總統Susilo先生於2011年6月中於日本災區訪問時曾表示：「對於在印尼建立核電廠持保留的態度，然而國家之發展依舊需要充足的能源挹注，因此會考慮其他的替代能源，如地熱、太陽能與水力發電等等。」根據印尼能源和礦產資源部於2011年7月14日表示：「2025年之前，印尼政府欲將再生能源的使用比例，由目前的5%提升到17%。」而位處赤道的印尼，充足的日照是太陽能發電的最佳環境。因此印尼政府（2010）表示將於

未來三年內斥資6.83億美元，建設高達18萬千瓦的大型太陽能發電站，且計畫將現有路燈全部更換爲太陽能電池燈。

商機二：水泥業

印尼政府於2011年3月24日表示：「印尼國內的基礎建設不足，因此政府將會持續推動國家基礎建設。」根據麥格理集團（Macquarie）（2010）指出：「印尼在水泥的人均使用量約是168公斤，在亞洲只比菲律賓的145公斤多，但與中國大陸的1,245公斤相比就差了6倍之多。」由此可預見發展中的印尼，未來對於水泥的需求將不可小覷。依據印尼《2012年國家收支預算草案》指出：「在2012年印尼的資本開支預算撥款爲168.1兆印尼盾，目的將用於發展與修復各項基礎設施，如建設4,005公里新公路與14個新機場，並維護連結印尼全國各島的每一座橋樑；而爲維持糧食安全，政府也將建設九個水庫及維修24個水庫。」也因此印尼水泥廠商協會（ASI）主席Urip Timuryono（2011）表示：「2012年印尼的水泥消費量預估將高達4,800萬噸。目前印尼政府建設多集中於西部的爪哇等地，導致水泥供應廠多建於印尼西部地區，故在印尼東部水泥售價嚴重高漲，是爪哇地區的20倍左右。」因此印尼政府很歡迎國外水泥廠商至巴布亞和加里曼丹等地區設廠，以克服當地水泥市價高昂問題。

商機三：汽車業

依據台灣外交部領事事務局指出：「2011年印尼全國人口約2.45億。」龐大人口造就廣大內需市場，根據英國《金融時報》（2010）指出：「印尼爲亞洲發展最快的國家之一，未來十年，印尼將會有約6,000萬名低收入人民步入中產階級。」消費潛力驚人。然而，龐大的人口加上人民所得逐日提升，印尼汽車的銷售量節節高升。根據印尼汽車工業協會（GAIKINDO）（2011）預測：「印尼在2011年汽車銷售總量將達到83萬輛，而2012年與2013年將分別突破95萬輛與100萬輛。」預估印尼將與中國大陸一樣成爲汽車高速成長的國家。不僅NISSAN、SUZUKI、Chrysler等世界各大車廠，許多新興經濟體的汽車企業亦紛紛進入印尼汽車生產和銷售市場，除了看中當地汽車的龐大需求外，低廉的勞動力、政府的優惠政策以及巨大的出口潛力都是各車廠選擇設廠印尼的原因。

整體來說，雖然印尼的潛在商機龐大，但相對風險仍舊不可忽視。依據《國際商情網》（2011）指出：「World Justice Project指數顯示，印尼貪污腐敗爲全球第47名。」而世界經濟論壇（WEF）在2011年9月7日公布《2011-2012全球競爭力

報告》提出，2011年至2012年印尼的競爭力下滑兩名，在142個國家中排名第46，原因是印尼的基礎設施未獲得大幅度改善，且當地的電力供應較無保障，因此建議貿易商在前往印尼之前，仍須對當地政府、文化及司法制度充分了解，並對當地投資環境有妥善的認識，方為上上之策。

9. 卡達貿易商機剖析

【卡達】IEAT評等：值得推薦			IEAT 綜合貿易競爭力 第 ⑯ 名	
項目	數值	46國排名	一力四度	46國排名
國家人口數（百萬人）	0.85	㊺	國家競爭力	㉗
人均GDP（美元）	73,621.86	❶	貿易自由度	❾
累計國外投資金額（億美元）	31,428.08	㉟	貿易便捷度	⑫
2011年占台灣出口比重	0.03%	㊸	貿易難易度	⑱
2011年占台灣進口比重	1.34%	⑮	貿易風險度	⑲

2011年1月，葡萄牙前總理José Sócrates訪問卡達時曾表示：「此行的目的就是要推動葡萄牙經濟，讓葡萄牙和全球最強盛、最積極及金融實力強大的區域有所接觸。」《遠見雜誌》早於2007年洞燭先機，以〈下一個杜拜正崛起，全球卡達熱〉為題一文指出，卡達像是剛要崛起的另一個杜拜，世界最看好的一顆新星。此外，根據國際貨幣基金（IMF）（2011）公布以購買力平價計算的「人均GDP」，卡達在2010年的人均GDP高達88,822美元，凌駕盧森堡重返世界最富有國家。卡達過去的形象雖不如阿拉伯聯合大公國杜拜的驚豔世人，但卻憑藉蘊藏量傲視全球的天然氣，吸引許多貿易商前仆後繼，成為跨國資金匯聚的焦點。因此，卡達將會是貿易商下一個發展的新利基，茲針對卡達具有發展前景產業加以論述：

商機一：清真食品產業

全球大致上可分三個13億以上人口的族群，即中華族群、印度族群及伊斯蘭教族群。值得一提的是，全球已有接近18億人口信奉伊斯蘭教。在2011年7月，《Saudi Gazette》以〈Halal food products：Lucrative business amid strong demand〉為專題指出：「隸屬於海灣合作理事會（GCC）的成員包括沙烏地阿拉伯、科威特、卡達、阿拉伯聯合大公國、阿曼及巴林等六個產油國，不但有較高的收入，且人均GDP、消費水準亦高。此區域的食品有80%來自國外進口。」1990年代初

期，清眞食品的市場潛力開始受到重視，帶動清眞食品生產及認證程序的成長，中東國家進口食品類別亦提升爲高附加價值的加工調理食品。面對如此龐大的商機，對台灣的食品業者無疑是一大拓銷的契機，台灣廠商可藉由清眞食品認證的取得，進一步做爲未來拓展中東或全球清眞食品市場的基礎。

商機二：營建工程產業

卡達因成功申辦2022年世界盃足球賽而一舉成名。國際貨幣基金（IMF）2011年指出：「卡達成功申辦2022年世足賽，對2011年經濟成長影響不大，但未來十年高達1,000億美元的建設大餅正式開始分配，將以2022年做爲標竿，營建業正呈現爆炸性的成長。」此外，依據卡達國家發展局總秘書處（2011）資料顯示，從2011至2015年內各項卡達國內投資總額和預估將高達2,251.6億美元，其中有一半將用於各項公共建設。雖然卡達屬熱帶沙漠性氣候，建築物如何承受夏日高溫及沙塵侵襲將會是一大挑戰，但正大刀闊斧的建設更顯機會難能可貴，台灣的建築業者可先到卡達卡位，以搶得先占優勢。

商機三：天然氣產業

天然氣的發現及有系統的開採，使過往以養殖珍珠爲生的卡達，蛻變爲富庶的理想國度。根據美國《商業周刊》（2010）指出：「卡達領海的『北方氣田』蘊藏全世界最豐厚的天然氣資源，若換算成石油，約爲沙烏地阿拉伯石油蘊藏量的三分之二。」而根據《海灣時報》（2011）以〈天然氣專案將有助於經濟持續平穩發展〉爲題指出，世界經濟對綠色及環保的議題日趨重視，天然氣可做爲低碳能源，其市場需求將會日益擴大，因此至2030年前，世界對天然氣的需求將會增加約60%。巴克萊銀行（Barclays Bank）（2011）亦表示：「日本震後對於液化天然氣需求增加，使得亞洲國家在未來幾年對此能源消費的成長已是大勢所趨。」綜上所述，著眼於天然氣資源的龐大商機，卡達亦以阿拉伯國家罕見的熱情姿態，開放門戶迎接外資。因此，貿易商可利用此機會，尋找國際的合作契機，擴展天然氣產業於國際市場。

卡達自1995年首相Hamad al-Thani推翻其父親政權後，轉向支持自由市場政策，迄今在各項國家發展上大有斬獲，未來卡達仍將會持續推動經濟多元化。但相較於西方國家，卡達對於許多貿易商而言，仍爲蒙上一層神秘面紗的國度，許多風險及問題仍需注意，諸如：(1)通貨膨脹威脅；(2)阿拉伯人民族特性；(3)銀行降低貸款。因此，貿易商應謹愼觀察與佈局，減少嘗試錯誤成本，以拓展廣闊的

卡達市場。

10. 越南貿易商機剖析

【越南】IEAT評等：值得推薦			IEAT 綜合貿易競爭力　第❸❸名	
項目	數值	46國排名	一力四度	46國排名
國家人口數（百萬人）	99.55	❶❸	國家競爭力	❸❻
人均GDP（美元）	1,130.49	❹❷	貿易自由度	❷❸
累計國外投資金額（億美元）	65,627.66	❸❸	貿易便捷度	❸❶
2011年占台灣出口比重	2.93%	❼	貿易難易度	❷❸
2011年占台灣進口比重	0.66%	❷❼	貿易風險度	❸❶

　　2007年高盛（Goldman Sachs）稱越南為新的「亞洲之虎」，隨後的「新十一國」、「靈貓六國」，越南亦榜上有名。2008年金融海嘯襲擊後，歐美日等已開發國家受創嚴重，新興市場發展潛力備受關注，越南由於資源豐富，可說是東南亞蓄勢閃耀光芒之明珠之一。據《國際商情》（2011）指出：「越南消費市場頗具吸引力，其因分別為高速經濟成長率、快速崛起的中產階級、迅速人口成長率」。越南人民的強勁消費實力亦開始顯現於世人面前。茲將越南未來具發展潛力之市場商機敘述如下：

商機一：稻米產業

　　2011年10月，根據越南糧食協會統計顯示：「2011年1至9月越南稻米出口相較去年同期增長8.5%達到近638萬噸，其金額亦成長17.3%為32.2億美元，創歷史最高水平。」《亞洲周刊》（2011）以〈泰國提高稻米價起風暴〉為題指出，泰國新政府將實施稻米價格收購保護政策，比市價高於5,000泰銖收購，雖使廣大農民受益，但提高了稻米出口金額，將使泰國喪失稻米出口第一大國之頭銜。因此，泰國稻米出口的漲價，將提供出口稻米相對便宜的越南一個契機，除了趁勢漲價外，亦可提供全球稻米新的供貨管道，而將有機會取代泰國成為世界頭號稻米出口國。此外，美國《路透社》於2011年報導也表示，印尼向越南簽署175萬噸的採購稻米合同，是進口越南稻米最多的國家。綜上所述，台灣在農業技術及機械發展，在全世界擁有相對上的優勢，因此相關業者應把握自身優勢，致力爭取此商機。

商機二：木製產業

　　2011年10月，越南工業暨貿易資訊中心數據顯示：「越南的木製品出口在2011年1至9月相較2010年同期成長17%達到30億美元，已躍居東南亞地區出口木製品首位，且僅次於原油、紡品、鞋類及水產品，爲越南第五大出口產品項目。」據胡志明市木材加工暨美術藝品協會（Hawa）（2011）表示，中國大陸緊跟在美國之後，已逐漸成爲越南木製品的第二大進口國，另一方面，越南亦加強經營內銷，致力向越南本地家具行介紹商品，力圖拓展內銷市場占有率。雖然越南木製品業商機龐大，但越南許多合法木材原料仍須依靠國外供應，越南政府爲解決此問題，鼓勵業界採用人工種植的樹木加工營運，並規畫要在全越南種植500萬公頃新樹林，且預估至2020年需投入8至10億美元，以加強推動造林計畫。台灣相關業者應把握此商機，除了可拓銷據點創造營利外，亦可加強台灣和越南之雙邊經貿關係。

商機三：成品油產業

　　據《國際石油網》（2011）指出：「越南成品油的需求將以年均7至7.5%的速度成長，到2013年將會達到一年需要1,950萬噸之消費量，然而越南唯一的榕桔煉油廠一天僅有生產13萬桶的加工能力，只能滿足當前越南成品油需求的三分之一。」《越南經濟日報》於2011年亦指出，越南的榕桔煉油廠雖已全面投入生產，但2011年1至5月越南仍向全球各國進口514噸燃油料，金額爲46億美元，數量和金額分別較2010年同期成長15.6%及61.3%。此外，越南國會經濟委員會副主任梅春雄（2011）表示：「越南成品油價一直低於越南鄰近國家，因此爲平衡市場及取消壟斷經營，油價應提高至與鄰國同等水平。」綜上所述，面對越南擁有廣大成品油市場，台灣相關石化產業若能及早搶入投資，將有機會另創市場新機。

　　越南年輕的人口紅利，帶動廣大的內需市場，亦成爲今日眾所矚目的新興國家之一，然就貿易投資環境而言，仍舊存在制約問題，包括：基礎建設不足、通貨膨脹威脅、非法罷工等，亟需越南政府重視及改善。

第18章

2012 IEAT 成長新興九國 貿易環境與風險評析

　　自古以來，權力變化必然會影響到財富的分配及產生，套用在當前的全球環境中亦然適用，全球歷經美國引爆的金融海嘯後，已開發國家黯然退場世界舞台，中國大陸、東協等新興市場則以具高潛力姿態在世人面前亮眼登台。儘管2011年全球經濟再度遇到下行的逆風，但據國際貨幣基金（IMF）（2011）指出，在全球經濟可能二次探底的陰霾下，2012年新興市場仍將持續成長，尤其是東協地區將以6.1%成長高姿態成為新興市場領頭羊。此外，據《經濟日報》（2011）報導表示：「麥肯錫曾預測，新興市場的經濟增長，將會帶動全球更多家庭收入超過5,000美元，這正是消費者有能力消費各種非必需品之起點；未來十年內，在優質平價（good enough & affordable）消費市場將有近10億消費者。」

　　2012《IEAT調查報告》中引用且整理20個權威研究機構、雜誌及論壇，如：高盛、經濟學人、OECD、花旗銀行等，將其提出的全球新興市場組織彙整如表18-1所示，並透過整理及篩選後，將擁有七項以上被列入全球新興市場組織之國家列入**2012《IEAT調查報告》之成長新興國家，分別為中國大陸、印尼、印度、土耳其、巴西、俄羅斯、墨西哥、南非、越南等共計九個，並將其稱為「成長新興九國（Growth & Emerging 9：GE9）」**。以下將成長新興九國（GE9）的相關貿易政策及風險詳述如下：

表18-1　全球新興市場組織一覽表

序號	經濟組織		提出機構	時間	數量	列入國家／地區
1	金磚四國	BRICs	高盛	2003	4	中國大陸、巴西、俄羅斯、印度
2	中印聯盟	Chindia	印度商工部	2004	2	中國大陸、印度
3	新興三地	MTV	台經院	2006	3	中東、土耳其、越南
4	展望五國	VISTA	經濟學人	2006	5	南非、土耳其、阿根廷、越南、印尼
5	新鑽11國	N11	高盛	2006	11	韓國、土耳其、墨西哥、埃及、奈及利亞、孟加拉、伊朗、巴基斯坦、印尼、越南、菲律賓
6	新絲路三地	Chime	天下雜誌	2007	3	中國大陸、印度、中東
7	金賺14國	RDEs	商業周刊	2008	14	中國大陸、土耳其、巴西、波蘭、墨西哥、匈牙利、智利、埃及、阿根廷、俄羅斯、印尼、印度、馬來西亞、泰國
8	新七大經濟體	NG7	高盛	2008	7	中國大陸、美國、巴西、俄羅斯、墨西哥、印尼、印度
9	新金磚六國	**BRIICS**	**OECD**	2008	6	中國大陸、巴西、俄羅斯、南非、印尼、印度
10	亞洲鐵三角	Chindonesia	里昂證券	2009	3	中國大陸、印尼、印度
11	中印印韓四國	KIIC	埃維昂組織	2009	4	中國大陸、韓國、印尼、印度
12	新興四力	CITI	花旗銀行	2009	4	中國大陸、台灣、印尼、印度
13	靈貓六國	CIVETS	匯豐銀行	2010	6	哥倫比亞、印尼、越南、埃及、土耳其、南非
14	新靈貓六國	CIVITS	經濟學人	2010	6	中國大陸、印尼、越南、印度、土耳其、南非
15	**ABC集團**	ABC	保誠投信	2010	3	中國大陸、非洲、巴西
16	新興市場7國	E7	安永會計師事務所	2010	7	中國大陸、巴西、俄羅斯、印度、墨西哥、土耳其
17	新興經濟體11國	E11	博鰲亞洲論壇	2010	11	中國大陸、阿根廷、巴西、印度、印尼、南韓、墨西哥、俄羅斯、沙烏地阿拉伯、南非、土耳其
18	飛鷹國家	EAGLES	西班牙銀行	2010	10	中國大陸、巴西、俄羅斯、土耳其、墨西哥、埃及、南韓、印尼、印度
19	新新興市場	NEM	經濟學人	2010	19	被忽視市場：南非、埃及、阿爾及利亞、波札那、利比亞、模里西斯、摩洛哥、突尼西亞、土耳其、沙烏地阿拉伯、墨西哥、印度；新領域市場：斯里蘭卡、孟加拉、巴基斯坦、肯亞、奈及利亞、盧安達、越南
20	成長市場八國	Growth 8	高盛	2011	8	中國大陸、巴西、俄羅斯、土耳其、韓國、墨西哥、印尼、印度

資料來源：本研究整理

註：EAGLES指新興及領先成長國家（Emerging And Growth-Leading Economies）。

表 18-2　2012 IEAT 成長新興九國（GE9）評選一覽表

新興市場組織	中國大陸	印尼	印度	土耳其	巴西	俄羅斯	墨西哥	南非	越南	埃及	韓國	沙烏地阿拉伯
金磚四國	✓		✓		✓	✓						
中印聯盟	✓		✓									
新興三地				✓					✓			✓
展望五國		✓		✓				✓	✓			
新鑽 11 國	✓	✓	✓	✓			✓		✓		✓	
新絲綢路三地	✓		✓									✓
金賺 14 國	✓	✓	✓	✓	✓	✓	✓					
新七大經濟體	✓	✓	✓	✓	✓	✓						
新金磚六國	✓	✓	✓					✓				
亞洲鐵三角	✓	✓	✓									
中印印韓四國	✓	✓	✓								✓	
新興四力	✓	✓	✓									
靈貓六國		✓		✓				✓	✓	✓		
新靈貓六國	✓	✓	✓	✓		✓		✓	✓			
ABC 集團	✓				✓			✓				
新興市場七國	✓	✓	✓	✓	✓	✓	✓					
新興經濟體 11 國	✓	✓	✓	✓	✓	✓	✓	✓		✓	✓	✓
飛鷹國家	✓	✓	✓	✓	✓	✓	✓	✓	✓	✓	✓	✓
新新興市場	✓	✓	✓	✓			✓	✓	✓	✓	✓	
成長市場八國	✓	✓	✓	✓	✓	✓	✓				✓	
重點拓銷十國	✓	✓	✓	✓	✓	✓	✓	✓	✓			
總計	16	16	15	11	10	9	8	7	7	5	5	4

表 18-2　2012 IEAT 成長新興九國（GE9）評選一覽表（續）

新興市場組織	巴基斯坦	阿根廷	卡達	伊朗	奈及利亞	阿聯大公國	科威特	以色列	阿曼	巴林	約旦	孟加拉
金磚四國												
中印聯盟												
新興三地	✓		✓	✓		✓	✓	✓	✓	✓	✓	
展望五國		✓										
新鑽 11 國	✓			✓	✓							✓
新絲路三地	✓		✓	✓		✓	✓	✓	✓	✓	✓	
金賺 14 國		✓										
新七大經濟體												
新金磚六國												
亞洲鐵三角												
中印印韓四國												
新興四力												
靈貓六國												
新靈貓六國												
ABC 集團					✓							
新興市場七國												
新興經濟體 11 國		✓										
飛鷹國家					✓							
新新興市場	✓											✓
成長市場八國												
重點拓銷十國			✓									
總　計	4	3	3	3	3	2	2	2	2	2	2	2

表 18-2 2012 IEAT 成長新興九國（GE9）評選一覽表（續）

新興市場組織	菲律賓	波蘭	匈牙利	智利	馬來西亞	泰國	美國	台灣	德國	日本	未列入調查
金磚四國											
中印聯盟											
新興三地											
展望五國											
新鑽 11 國	✓										
新絲路三地											
金賺 14 國		✓	✓	✓	✓	✓					
新七大經濟體							✓				
新金磚六國											
亞洲鐵三角											
中印印韓四國											
新興四力								✓			
靈貓六國											哥倫比亞
新靈貓六國											
ABC 集團											
新興市場七國											
新興經濟體 11 國											
飛鷹國家								✓			
新新興市場							✓				阿爾及利亞、模里西斯、利比亞、摩洛哥、突尼西亞、斯里蘭卡、肯亞、盧安達
成長市場八國											
重點拓銷十國									✓	✓	
總　計	1	1	1	1	1	1	2	2	1	1	

■ 成長新興九國【一】：中國大陸貿易環境評析

2011年10月，匯豐銀行公布《全球貿易前景》報告顯示，中國大陸正蓄勢待發，將可能在2025年商品貿易額高達6.3兆美元，屆時中國大陸將超越美國，成為全球貿易額最大的國家。根據國際貨幣基金（IMF）於2011年9月指出，中國大陸經濟對世界經濟的影響力在上升，中國大陸經濟的穩定成長，對於世界經濟有積極的作用。在金融危機下，中國大陸的貿易仍保持著強勁且韌性的復甦能力著實令人亮眼，亦奠定了中國大陸將持續在世界貿易中的領先地位。此外，全球經濟回升僅僅一年，歐美迭出的債務危機又將全球經濟拖入重重的迷霧中，使得全球貿易重心亦逐步從已開發市場轉向新興市場，中國大陸的內需市場崛起及中產階級增長，將帶領進口大幅成長，因此中國大陸仍會是全球經貿成長的主要驅動力之一。相對的，中國大陸之貿易政策與相關風險亦是全球貿易商所關注的議題，茲論述如下：

1. 中國大陸貿易政策

中國大陸自改革開放以來，循序漸進地放寬進口限制的政策。尤其是2001年加入世界貿易組織（WTO）後，先後調低8,000多項稅目商品的稅率、開放外貿經營權及取消大部分進口商品的管制，使中國大陸的進口貿易得以快速發展。2011年10月中國大陸國務院總理溫家寶先生亦在第110屆中國大陸進出口商品交易會的開幕式表示：「中國大陸始終致力開放的貿易政策，努力促進國際收支基本平衡，不刻意追求貿易順差。」茲將中國大陸相關貿易政策整理如下：

❶ **兩岸簽協議立新展望**：2011年是ECFA元年，也替兩岸經貿發展立下新的里程碑。中國大陸商務部國際暨貿易談判副代表崇泉2011年9月表示：「ECFA簽署後，兩岸經貿關係實現制度化、機制化及正常化，且進入互利共贏的歷史新階段，早收計畫效果更是顯著。」另據中國大陸海關（2012）統計，2011年中國大陸自台灣進口總額為1,248.95億美元，其中中國大陸給予台灣早收清單內之貨品進口額為198.53億美元，並獲減免關稅逾1.23億美元。此外，2012年3月台灣中央銀行總裁彭淮南表示：「兩岸最快可望於2012年上半年簽署貨幣清算協議，以協助台商資金調度。」第七次江陳會亦於2011年10月在天津登場，此次除了簽署《核安協議》外，

對於投保協議亦有階段性成果。海基會董事長江丙坤（2011）表示：「雙方對於內部的法規程序、體制存有差異，須再進行內部調整亦會持續商談，希冀投保協定於第八次江陳會能順利簽署。」

❷ **人民幣結算展新舉措**：2011年10月，《路透社》報導顯示，中國大陸準備和東協簽定在貿易結算中使用人民幣計價之協議，此舉是中國大陸將人民幣推出國門的一大舉措，亦使人民幣在國際市場中扮演更重要的角色。中國大陸人行行長助理金琦於2011年10月參加「第三屆中國大陸－東協金融合作與發展領袖論壇」後亦表示：「中國大陸正與東協多個國家進行人民幣互換協議之談判，具體簽訂時間將依據談判情況而定。」目前，中國大陸已與東協中的印尼、馬來西亞及新加坡等三個會員國簽訂換匯協議，下一個將會是泰國。雖然中國大陸和東協簽署協議的時間尚未明朗，但仍指日可待。此外，根據《工商時報》於2011年報導指出：「中國大陸與東協自2010年1月建立自由貿易區後，雙邊經貿突飛猛進，東協更是躍升爲中國大陸第三大貿易夥伴。」另依據中國大陸海關於2012年1月10日公布數據顯示，2011年雙邊貿易成長23.9％，達到3,628.5億美元。雖然現今中國大陸和東協幾個會員國因南海主權問題而關係趨於緊張，但中國大陸總理溫家寶先生（2011）於中國大陸－東盟商務與投資峰會致詞時表示：「鄰居好，賽黃金。」一語道出中國大陸與東協是患難與共、唇齒相依的好鄰居，且是合作共贏、平等互利的好夥伴。

❸ **內貿十二五促新契機**：「擴大內需」是中國大陸當今社會經濟發展首要重點，根據《經濟參考報》於2011年11月報導指出，由中國大陸商務部主導制訂的中國大陸貿易「十二五」規畫，在2011年底正式推出，這是中國大陸首部國家級內貿發展規畫，涉及到十幾個相關部委。《工商時報》亦於2011年11月報導表示：「內貿規畫明確『十二五』規畫期間的中國大陸國內發展之具體目標，其目標爲到2015年，中國大陸社會消費品零售總額從2010年的15.7兆元人民幣爬升至30兆元人民幣；『生產資料』銷售總額從2010年37兆元人民幣爬升至70兆元人民幣；『電子商務』交易額從2010年的4.5兆元人民幣爬升至12兆元人民幣；『網路購物』零售額規模從2010年的5,131億元人民幣上升到2兆元人民幣。」儘管內貿規畫替中國大陸「十二五」時期商品市場擘劃美好的藍圖。不過，中國大陸社科院財政與

貿易研究所流通研究室主任宋則（2011）認為，由於該規畫是跨多部門聯合制訂，所以在執行過程當中，土地、金融及稅收等優惠政策是否能有效落實，尤為關鍵。

❹ **服貿十二五奠新國力**：2011年是中國大陸加入WTO滿十週年，據《新浪網》在2011年11月報導指出：「中國大陸的商品貿易進出口規模從5,098億美元增長至近3兆美元，使中國大陸成為世界第一大出口國和第二大進口國。服務貿易方面，中國大陸進出口規模從719億美元成長至3,624億美元。」根據《上海證券報》在2011年11月報導表示，中國大陸商務部、發改委等34個部門聯合公布「服務貿易發展『十二五』規畫綱要」，將要大力發展服務貿易，實現由「貿易大國」成為「貿易強國」，並力爭2015年中國大陸服務進出口總額可高達6,000億美元，且以超過10%的年均增速成長。此外，中國大陸商務部亦研擬「服務貿易促進條例」，重點在完善服務貿易發展的金融扶持、財政稅收政策，且研究設立服務貿易專項基金，加強對服務貿易出口的力度。中國大陸國家發改委對外經濟研究所國際合作室主任張建平（2011）表示，後金融危機時代，國際市場競爭核心將從商品貿易轉向服務貿易，對中國大陸而言，服務貿易將是驅使經濟成長之動力，同時也要結合商品貿易及服務貿易的各自優勢，盡快完成服務貿易的相關政策。中國大陸前商務部副部長魏建國（2011）亦認為：「服務貿易已經成為各個國家全面參與經濟全球化之重要途徑。」綜上所述，未來可見服務業將會是中國大陸下一波崛起的產業，進而帶動中國大陸經濟穩定成長。

2. 中國大陸貿易風險

貿易商赴中國大陸的主要目的不外乎追求利潤，但國際貿易摩擦的增多及產業衝突的密集發生，已成為在中國大陸的貿易商無法迴避之挑戰。尤其在當前嚴峻的外需形勢、產業結構調整難度增加及中國大陸經濟轉型升級等因素相互交織的背景下，更增加在中國大陸貿易活動之風險，以下茲將中國大陸的風險分為三點論述如下：

❶ **【信用風險】倒閉潮風暴**：2011年10月，瑞士信貸董事總經理陶冬以〈民營企業處境困難〉一文指出：「溫州的全民高利貸面臨崩盤的局面，使

溫州資金鏈困局可能成爲明日中國大陸困局，足以做爲中國大陸經濟借鏡」。在全球景氣衰退及中國大陸緊縮銀根之背景下，中國大陸中小企業面臨沉重的信貸和生存壓力，溫州版的雷曼兄弟事件，更可能是中國大陸的次貸風暴。《國際商情》（2011）亦指出，溫州企業倒閉風波愈演愈烈，大有向珠三角蔓延之勢。因此，廣東省高科技產業商會秘書長王李宗（2011）呼籲，中國大陸政府應協助企業面對困境，並推出工業企業融資的扶持政策，幫助企業度過難關。總之，2011年對中國大陸的中小企業來說無疑是「多事之秋」，如何打破困局、再現活力，亟需各界解題。

❷【金融風險】人民幣升值：2011年10月，《天下雜誌》第483期以〈人民幣紅了〉爲封面故事，點出了人民幣國際化的大趨勢，是機會亦是風險。2011年10月，美國參議院通過針對人民幣匯率的法案，將可能對中國大陸進口商品徵收反傾銷稅。被譽爲「歐元之父」的Robert Mundell針對人民幣快速升值，於2011年表示：「中國大陸人民幣匯率的大幅波動，對於世界經濟來說，是有害無利的。」中國大陸國務院總理溫家寶在2011年10月在廣州考察外貿企業時，許多廣東企業家就紛紛陳情出口困境，希冀人民幣匯率能保持穩定。深圳市外商投資企業協會常務副會長郭小慧（2011）更指出：「協會的調查報告中，六成以上企業認爲，人民幣升值幅度超過百分之三將會對企業造成巨大影響，甚至虧損。」然而人民幣升值主要基於加快國際化進程及降低輸入型通膨風險，因此，從人民幣國際化的角度來看，人民幣於2012年並沒有打住升值的步伐。

❸【製造風險】品質形象低：中國大陸國際貿易談判代表兼商務部副部長高虎城於2011年3月指出：「現在『中國大陸製造』與發達國家相比仍有差距，務必高度重視中國大陸外貿商品的質量問題。」中國大陸政府亦將2011年訂爲「外貿商品質量提升年」，希冀能提升中國大陸出口商品的質量，增強國內外消費者的信心。回顧過去，2008年10月，美國研究機構AMR Research調查發現：「美國130家美國藥品、電腦與汽車零組件製造商，發現中國大陸所產生的品質風險攀升，而減少中國大陸的訂單。」此外，中國大陸製造業管理國際論壇於2011年10月於天津召開顯示，未來十年內，製造業仍爲中國大陸經濟成長的主要動力，但須致力提高品質和效益以達轉型升級。簡言之，中國大陸雖是製造大國，但還不是「製造強

國」，仍未能撕去「低值、低價」的標籤。因此，提升產品品質、重塑中國大陸製造形象已成為當務之急。

中國大陸商務部於2010年發布的《後危機時代中國大陸外貿發展戰略》中，提出2030年要初步實現「貿易強國」目標。因此，中國大陸政府致力且逐步改善中國大陸對外貿易條件，形成國際競爭之綜合優勢，且要大幅提升中國大陸對國際貿易規則的制訂權及主導權。因此，可見中國大陸正播下世界貿易第一強國之種子，未來將會從過往的「貿易大國」轉向「貿易強國」。

■ 成長新興九國【二】：印尼貿易環境評析

新興市場新崛起的新時代，與印度齊名「雙印」的印尼人口約2.4億人，為世界第四大人口大國，僅次於中國大陸、印度及美國。另外，《經濟學人》（EIU）認為印尼是個擁有豐富自然資源、廣大人口與商機的關鍵新興市場，加上日益成熟的民主制度及穩健的國內市場，印尼將持續吸引全球直接投資。匯豐控股於2012年1月12日發表「2050年的世界」研究報告中指出，印尼將在2050年超越澳洲、荷蘭等先進經濟體，躍升為全球第17大經濟體。全球最大的煤炭出口國印尼以農業、製造業為主的產業結構，與巴西和中國大陸較為相似，摩根士丹利表示印尼經濟增長備受肯定，將印尼列入金磚四國（BRIC）其中，加個「I」成為金磚第五國「BRIIC」，成為新寵兒。印尼雖然具備優渥的條件吸引投資及貿易往來，但也應評估相對的負面風險，以下茲針對印尼的貿易政策優惠與風險加以論述：

1. 印尼貿易政策

新興市場潛力無可限量，根據印尼中央統計局主任Suryamin於2012年2月指出， 2011年印尼的出口總值高達2,036.2億美元，增升29%，進口總值高達1,773億美元，增升30.69%，如此驚人的貿易量，在全球的經貿地位漸趨重要，各國貿易商皆紛紛與印尼展開經貿合作，以下分述貿易商可透過印尼政策所獲得之優勢：

❶ **積極消弭貿易關稅壁壘**：龐大潛力的印尼是新鑽11國（N11）、靈貓六國（CIVETS）成員，根據2011年10月18日經濟部國際貿易局資料顯示，印尼已與東協自由貿易區（AFTA）、日本、開發中8國集團（D8）、巴基斯

坦簽署自由貿易協定，未來更將與歐盟、美國、韓國、印度談判協議，多方簽訂自由貿易協定的印尼，將降低貿易關稅壁壘，於全球經貿上更具競爭優勢。

❷ **密切加強與台灣經貿合作**：印尼被列爲經濟部國貿局重點出口市場，台灣與印尼之貿易漸漸密不可分。自1990年至今，台灣與印尼緊鑼密鼓地簽署有關貿易之重要協定有《投資保障協定》、《農業合作備忘錄》、《海洋及漁業合作備忘錄》、《證券業合作備忘錄》，貿易往來密切的台灣與印尼在2011年貿易出口總額48.4億美元，進口總額74.4億美元，其中，2008年印尼鞋類出口金額衝破18.5億美元，躍升爲全世界第三大鞋類供應國。

2. 印尼貿易風險

新崛起的印尼也相對有許多貿易風險，貪汙風氣興盛所帶來的政治風險，皆爲欲前往印尼貿易，帶來許多不確定的變數，以下，茲將印尼的風險分爲三點論述如下：

❶ **【族群風險】貧困失業導致社會問題多**：印尼政府於2011年2月8日表示，主要社會問題仍是貧困與失業，2011年8月16日印尼總統Susilo在紀念第66個獨立日國會演講指出，2011年初貧困人口與失業人口分別下降至3,000萬人與810萬人，共計占全國總人口12.5％與6.8％，政府將進行經濟改革，以期創造更多就業機會並降低失業率，改善語言分歧、族群相容所衍生之社會問題發生之機率。

❷ **【政治風險】複雜官僚貪汙嚴重效率低**：世界銀行（WB）《2011年商務調查報告》顯示，印尼的官僚架構最爲複雜，複雜指數爲16.2，高於金磚四國平均13.7；貪汙指數也最高，高於金磚四國平均11.9。由於印尼的中央權力下放，造成地方官員索賄問題嚴重，司法執行有待加強，即使合法的納稅業者也無法倖免，加上海關與稅務人員貪汙成性，運送貨物方面由於印尼人供貨能力不足或信譽不佳，時常不能準時交貨，加上印尼基礎建設不佳及港口裝卸缺乏效率等，更導致延滯期所帶來金錢上及時間上之損失。

❸ **【業務風險】貿易保護政策影響進出口**：許多國家失業狀況嚴峻，仍舊存在貿易保護主義的風險，印尼政府爲紓困本國企業，仿效美國加強貿易

保護政策，不僅早在2009年即宣布對至少500項產品實施進口管制，須加稅及申請特別許可，又陸續祭出貿易保護政策，於2011年3月23日發布公告，將對部分紡織棉布業加徵關稅，在中國與東盟自貿區正式成立才短短一年後即提出加收關稅。2011年4月1日，印尼經濟統籌部長哈塔（Hatta Radjasa）表示在自由貿易區的框架下，印尼政府為平衡和其他國家的貿易，將實施保護措施。

根據國際貨幣基金（IMF）（2011）預估2012年印尼GDP將成長6.3%，中國大陸貿發局亦表示，印尼雖然零售市場規模較小，但相當於印度的三分之一，未來將以每年10%速度繼續保持成長，由於印尼不受2009年全球經濟衰退影響，仍維持較高的經濟成長率，故2010年1月惠譽信評（Fitch Ratings）提高印尼的信用額度自「BB」升至「BB+」。印尼擁有三大優勢：天然資源、加工出口及內需市場，加上東協加一、加三等協定，可以印尼做為跳板，前進東南亞、中東、非洲，成為全球佈局之重要一環。2011年9月27日印尼國科院舉辦的「印尼—台灣關係之動能與現狀」期中報告，駐印經濟貿易代表處代表夏立言表示，台灣與印尼經貿深具互補性，倘若互相結合可達互利互惠之效，共創雙贏局面，對台灣中小企業、人力資源及農漁牧業皆有所助益。

■ 成長新興九國【三】：印度貿易環境評析

新興經濟體近幾年表現優異，其中深具勞動力、製造業發展潛力的印度，表現亮麗。根據2011年10月17日匯豐銀行表示，印度對外貿易額將在2025年增長至9,767億美元，較2010年貿易額3,389億美元高出三倍。可見各國對印度的前景看好，紛紛與之進行貿易活動，「人口紅利」亦是影響印度經濟發展重要的因素之一，聯合國（2011）發布預測，2025年印度人口將超越中國大陸，成為世界第一人口大國，屆時將躍升成全球第五大經濟大國。以下茲針對印度的貿易政策優惠與風險加以論述：

1. 印度貿易政策

市場潛力龐大的印度在全球的經貿地位日趨重要，各國爭相與之簽訂自由貿易協定，印度早已成為全球重要的新興市場之一，各國貿易商皆摩拳擦掌、躍躍

欲試，以下分述貿易商可透過印度政策所獲得之優勢：

❶ 印度政府積極簽署自貿協定：據2011年10月18日經濟部國際貿易局資料顯示，印度已和亞太貿易協定（APTA）、東南亞國家協會（ASEAN）、智利、阿富汗、尼泊爾、不丹、南方共同市場（MERCOSUR）、日本、韓國、馬來西亞、新加坡、斯里蘭卡、泰國等分別簽署FTA，藉此降低貿易關稅壁壘外，尚與歐盟、中國大陸及印度、巴西、南非（India, Brazil, South Africa；IBSA）三國集團等貿易大國洽談簽署FTA，使未來經貿合作版圖擴及全球。其中，歐盟是印度最大的貿易夥伴，光就2010年至2011年雙邊貿易總額即高達910億美元；由於印度的出口以高端技術密集型之服務為主，在全球份額超過4%，較中國大陸高，若能落實智慧財產權制度，印度與歐盟的《雙邊貿易和投資協議》將有望簽署，更利於與歐盟往來。

❷ 印度將調整製造業結構：印度採全方位的FTA策略，以發展與全球各區域的經貿關係，其在全球供應鏈上舉足輕重的地位及農業、資訊科技業、電子機械業的殷實基礎，皆可協助印度調整並發展產業結構。

❸ 有助分散單一貿易風險：台灣的經濟結構以出口貿易導向為主，自2003年起經濟部將印度列為「全球出口拓銷計畫」之主要拓銷國之一，台灣與印度經貿往來明顯增加，根據2011年國貿局統計指出，近十年來台灣對印度的貿易依賴度，以2010年至2011上半年增加幅度0.17%為最大；就雙方合作來看，印度不僅可以分散台灣過度依賴中國大陸市場之風險，還可以當做台灣的生產基地，利用地緣關係行銷印度龐大內需市場、中東、非洲及歐洲等腹地。為與印度合作更為便捷、提升通關效率及維護貿易安全，台灣與印度於2011年8月1日簽訂「關務互助協定」，而印度是繼美國、菲律賓及以色列後，第四個與台灣簽署關務互助協定的國家。

2. 印度貿易風險

備受矚目的印度也相對有許多貿易風險，以下將印度的風險分為三點，論述如下：

❶ 【政策風險】「爆炸效應」人口紅利遭疑：2011年8月15日印度總理Manmohan Singh於印度獨立64年紀念日公開表示：「腐敗問題將是印度

轉型朝全球主要經濟大國發展過程中的一大障礙。」新興市場教父Mark Mobius亦指出，通膨對新興市場是相當大的挑戰，尤其應注意高通膨與高失業率結合所產生的「爆炸效應」。近期在印度不間斷的示威事件，使「人口紅利」遭受質疑，印度知名人口學家Ashish Bose提及：「唯有真正達成社會公平才能有效推動人口紅利。」而現今印度面臨貧富不均、失業率居高不下、糧食通膨飆漲及基礎建設良窳等，勢必是貿易商不容忽視的問題。

❷【金融風險】通貨膨脹導致貿易逆差：通貨膨脹導因於商品價格攀升、工資上揚、需求轉強等，2011年9月16日印度財政部長Pranab Mukherjee提出印度通膨率的隱憂，通膨情況為「金磚四國」（BRICS）中最嚴重，2011年8月物價增幅9.78％，接近兩位數，創下13個月新高點，印度央行須提高警覺控制通膨，以保護購買力。印度貿易部亦憂心通膨導致貿易逆差而提出警告，指出製造業需加速成長，方能彌補貿易逆差的空缺。

❸【信用風險】信用管制過於鬆散：印度的法律規定若貨品因品質問題所引起的爭議，進口商可以不付款、不提貨並將貨物退還給出口商，並退還已繳交的進口關稅80％至90％；若非因品質問題，出口商須憑進口商的放棄貨物證明、相關提貨憑證及付清港口倉儲費等合理費用後辦理退運手續。企業須慎重評估印度商常以各種理由拒絕採用「信用狀」付款方式，隱藏了龐大的危機與風險，建議應該仔細、認真地審核並且嚴格按信用狀條款執行。

印度是亞洲經濟體系成長最快的國家之一，前景樂觀，《經濟學人》（2010）指出，2018年印度經濟將超越中國大陸，成為發展最快速之經濟體，若印度政府能改善其基本社會問題、補強基礎建設並重審信管機制，將使人口紅利與高端技術人才發揮綜效，成為全球具有影響力的大國之一。

■ 成長新興九國【四】：土耳其貿易環境評析

「東方的巴黎」為外界對土耳其第一大城市伊斯坦堡所賦予的稱號，回顧過去，荷蘭最大地產開發商OVG集團老闆Coen van Oostrom（2009）曾說：「倫敦與巴黎等城市太競爭，需要開闢其他市場」。因此大膽選擇土耳其伊斯坦堡蓋

飯店淘金。而經濟合作暨發展組織（OECD）秘書長Angel Gurria（2010）亦表示：「土耳其將會是組織中進步最快的會員國，部分經濟學家表示，未來七年內土耳其將會大幅成長，可能追上甚至超過中國大陸與印度以外的國家。」另外，OECD（2011）發布《世界經濟展望》報告，預估2011年與2012年，土耳其的經貿將會持續復甦，這都顯示土耳其強勁的經濟成長力道。另外，土耳其的建築、紡織、加工等製造業具相當水準，對於電子、紡織與加工等產業更具商機。然而，土耳其總體環境屬於發展階段、海關問題頻傳與政府政策等，亦成為貿易商須注意的風險。以下針對土耳其的政策與貿易風險分述如下：

1. 土耳其貿易政策

土耳其擁有與歐盟成員國相同的優惠，亦為G20的會員國，顯示土耳其的經貿地位擁有一定的優勢，茲將土耳其的貿易政策分述如下：

❶ **歐盟成員國優惠**：1996年起，土耳其成為歐盟海關同盟成員國，因此享有與成員國進出口的免關稅優惠待遇，截至2011年，土耳其目前擁有19個自由貿易區，外資公司約645家。另外，土耳其自由貿易區管理局（2010）統計顯示，目前區內以貿易公司居多。台灣貿易商應掌握此機會，利用土耳其的歐盟關稅優勢，佈局歐盟其他國家。然而，土耳其的鼓勵投資獎勵辦法中，並無針對吸引外資的特別待遇，僅有與土耳其當地企業相同的國民待遇，包含免除進口關稅與雜捐、投資抵減、免除加值營業稅、免除特定稅捐與規費等。因此，貿易商在計畫各類優惠條件之餘，應注意其他關稅與費用問題。

❷ **鼓勵外資進駐**：土耳其為縮小開發區差距，對於低度開發區與中小企業的獎勵豐富，包含能源獎勵、公司所得稅減免與土地分派等。世界銀行（2011）表示，在OECD成員國開設一間企業平均13天，但在土耳其六天即可設立，並且實施「外資參股無限制」的優惠政策吸引外資。另據鼓勵外資優惠政策，提供對中小企業的優惠政策還包含免徵關稅與基金稅。據產業優先發展計畫，提供產業出口製造商享有進口原料和機械設備關稅優惠，因此，土耳其吸引外資相關政策，為台灣貿易商不容忽視之重要政策訊息。

2. 土耳其貿易風險

　　土耳其爲橫跨歐、亞兩洲的國家，自2008年起蔓延的主權債務危機，亦波及至土耳其，加上2011年4月科法斯（Coface）公布世界貿易風險地圖顯示，土耳其的風險問題被列在亞洲地區的12個國家之中，顯示出土耳其的風險值得關注。以下分析土耳其的貿易風險：

❶ 【經濟風險】總體經濟欠佳：土耳其工業發展程度較慢，台商進行貿易時，找到技術層次相符的夥伴較不易，須自備技術、資金與行銷策略。加上總體經濟欠佳，土耳其財政部長 Mehmet Simsek （2011）表示：「經常帳赤字居高不下，土耳其容易受到外部衝擊影響，經濟處於不平衡的狀態，導致2012年可能出現經濟放緩的現象。」而在土耳其經濟減緩的情況下，勢必會影響貿易活動。

❷ 【政策風險】海關流程問題：中國大陸南通市的國際貿易促進委員會（2010）曾經對於與土耳其貿易發出橘色的預警，提出出口至土耳其的產品滯留與海關查扣問題，點出各國貿易商赴土耳其貿易時須特別注意海關流程。

❸ 【政治風險】政治風氣腐敗：世界銀行（WB）（2011）表示，土耳其在經濟合作暨發展組織（OECO）國家內，是政府領導型的國家，政府控制力量較強，2011年5月15日，土耳其民眾抗議政府，因過度監控網站而關閉土耳其5,600多家網站，顯示出土耳其政府處理公務較缺乏彈性。另外，土耳其政治局勢問題持續引發關注，2011年6月爆發敘利亞政府軍隊對激進分子展開追緝，許多難民逃亡至土耳其，促使土耳其總理埃爾多安呼籲敘利亞「遏制暴力」，並期望結束混亂。

　　歐美經濟危機震撼全球，新興市場在世界逐漸嶄露頭角，第一金投顧公司（2011）表示：「土耳其將成爲新興歐洲區域佈局的新亮點。」富蘭克林坦伯頓新興市場研究總裁Mark Mobius（2011）表示：「土耳其位處歐亞交會處，已逐漸發展成熱門投資國，各企業紛紛進入以分享龐大與成長的消費市場。」因此，貿易商應審慎評估、排除風險，把握此新興商機。

■ 成長新興九國【五】：巴西貿易環境評析

　　2011年出刊第304期《遠見雜誌》以〈勇闖巴西〉爲封面主題，道出巴西驚人的經濟發展潛力。而巴西亦爲拉丁美洲最大的經濟體系，巴西財政部長Guido Mantega（2011）表示：「以購買力來計算，巴西已經超越英國與法國成爲全球第七大經濟體。」另外，據香港貿易發展局（2011）發布（《*Brazil: A Latin American Star Player*》）報告指出：「由於巴西擁有多元且大規模的工業，伴隨著消費需求上漲，當地的電子產品需求增加，是值得探索的市場，經濟持續蓬勃發展的巴西，前景相當樂觀。」顯示巴西市場，對於擁有1.95億龐大人口的巴西，貿易商可依循此商機探索巴西市場。然而，巴西亦存在許多風險，貿易商赴巴西時，仍會碰到語言障礙、行政效率、貿易保護等問題。因此，針對巴西的貿易政策與貿易風險分述如下：

1. 巴西貿易政策

　　巴西爲世界第五大國，未來2014年將舉辦世足賽，並成爲2016年奧運的主辦地，成長的動力令人驚豔，各國際企業紛紛直搗巴西奪商機，茲將巴西的貿易政策整理分述如下：

❶ **積極改革產業**：巴西爲了改善經濟體質，持續開放政策，以利外資投資。巴西政府積極成立組裝工業，台灣產品可搭上此機會，將電阻、電容器、半導體等零組件出口至巴西。而瑪瑙斯市更以免稅吸引企業，並設置瑪瑙斯自由貿易區，以吸引進入亞馬遜森林區域。巴西外貿委員會爲巴西對外貿易的最高機構，部門架構完善，目的在於協助外資赴巴西貿易管理的相關規定。其中，應注意的是進口外匯兌換須經過進口商與巴西中央銀行授權商業銀行所簽署的「外匯買賣合約」，另外進口商購買遠期外匯時需在六個月內進行。而巴西沒有一套綜合的貿易法規，投資相關的法律主要依歸於憲法，而巴西政府等外貿部門皆使用「巴西外貿網」（SISCOMEX），對進口業務、審批進口許可到關稅繳納進行一體化管理，而巴西外貿網亦直接與進口商、報關行、運輸倉儲商等連結，大幅提升貿易便捷度。

❷ **推動貿易服務**：由於巴西逐漸成爲世界貿易商關注的焦點，有鑑於外資的

湧進，巴西積極設立服務窗口，以利外資擁有完善的服務。前聖保羅州發展處處長Luciano S.T. de Almeida於2009年即看到此一趨勢，政府推動聖保羅促進投資與競爭公司（Investe Sao Paulo），目的為協助企業挑選巴西適合投資的地方，不必赴巴西拓銷時東奔西跑，便利解決外商的貿易問題，並會輔導所需的各項執照與徵選勞動人力。另外，里約州發展局局長Conceicao Ribeiro（2011）表示：「聖保羅和里約非常歡迎各種產業赴當地投資，特別是能源、醫療或科技製造業的台商。」

2. 巴西貿易風險

巴西為台灣在中南美洲最大的貿易夥伴，由於台灣與巴西距離遠，資訊取得不易，加上拉丁美洲的文化與語言特別，與歐美和其他亞洲地區不同，其法律與政治和台灣皆有差距，另外巴西持續實施許多貿易保護政策，因此台灣貿易商赴巴西開疆闢土時，須密切注意各種可能帶來的貿易風險：

❶ 【社會風險】語言文化問題：由於巴西為葡萄牙語系國家，因此貿易商從事貿易活動時，須確定對象精通英語，或自備翻譯人才。另外由於文化差異，巴西廠商多避免於周五與周末安排商務活動，加上巴西治安問題，貿易商更應避免夜間外出。僑務委員胡雲光（2011）接受《遠見雜誌》訪問時表示：「如果沒有治安問題，這裡簡直是天堂。」而香港貿易發展局經濟學者陳永健（2011）表示：「前往巴西時應留意巴西的經商環境，要先克服的就是消費者的喜好、語言障礙及貿易法規。」

❷ 【政策風險】行政效率緩慢：巴西法規複雜多變，法律多如牛毛，因此連帶影響行政效率。根據世界銀行（WB）（2011）發布《經商環境報告2011》指出：「在巴西要成立新企業，需要花120天的時間，在評鑑中的183個國家，排名128名，屬於落後位置。」顯示出赴巴西貿易時，所須花費的時間成本較高。另外世界經濟論壇（WEF）（2011）發布《全球競爭力報告2011》顯示巴西的「法規與行政效率」的排名項目上，更是敬陪末座，因此赴巴西貿易時，應該要注意相關的問題，以避免增加貿易成本與風險。

❸ 【企業風險】貿易保護政策：2011年8月2日，巴西總統Dilma Vana Rousseff表示：「為增加巴西企業的創新，提高其競爭力，將計畫系列

性的優惠政策，鼓勵企業創新，另爲了保護巴西國內的企業，限制巴西的進出口。」世界銀行（WB）（2011）所發布的《經商環境報告2011》（*Doing business 2011*）中巴西的賦稅項目競爭力在評鑑的183個國家中排名152名，因此赴巴西貿易經商時，更須注意相關稅率與貿易優惠問題。

巴西相對其他新興國家而言，產業鏈相對獨立且完整。但由於台灣與巴西地理位置相隔較遠，且貿易保護政策較嚴謹，增加了貿易的困難度，排除風險需要花費更多心思。因此，貿易商可透過台灣與巴西所舉辦的貿易博覽會，以及巴西設立的服務窗口，透過媒介接觸巴西的買家，以拓展廣闊的巴西市場。

■ 成長新興九國【六】：俄羅斯貿易環境評析

2011年俄羅斯宏觀經濟分析及短期預測中心於《俄羅斯經濟長期趨勢》報告中預測：「2012年俄羅斯將趕上韓國、西班牙以及以色列的經濟發展水平。」另一方面世界銀行（WB）於2011年所公布《俄羅斯經濟概況》報告中指出：「俄羅斯經濟增長是符合窮人利益的經濟增長。」由此可知，俄羅斯人民實際收入增長速度，遠超過俄羅斯經濟成長速度。透過政府提供許多的優惠與補貼，俄羅斯人民能實際享受經濟增長之成果，也促使俄羅斯人民的消費力快速增加，有助於俄羅斯擴大內需市場，對貿易商來說商機無限。然而，俄羅斯也深受全球金融風暴的衝擊，爲保護國家利益，不斷提高貿易壁壘，並限制原物料出口，不僅如此，俄羅斯過度保護國有企業，都將導致國際企業的發展受限，也將成爲俄羅斯未來經濟發展的絆腳石。

1. 俄羅斯貿易政策

俄羅斯自1992年起施行自由化貿易政策，經濟制度由中央專制轉型爲市場經濟體系，此轉變不僅帶領俄羅斯走向國際貿易，也使得俄羅斯的經濟迅速增長，如今俄羅斯已成爲全球重要的新興市場之一。茲將俄羅斯相關貿易政策整理分述如下：

❶ **政府積極開發高科技產業**：西伯利亞的發展水平，直接影響俄羅斯興盛的速度；而影響西伯利亞開發速度的關鍵是高科技與國際企業合作的密切度，因此，俄羅斯總理普京積極提升俄國高科技產業，並鼓勵自主創新研

發；此外，俄國企圖藉由與國際企業合作，大力拉動基礎工業的轉型升級，貿易商應掌握此機會，進入俄羅斯搶占先行商機。

❷ **俄羅斯正式加入東亞高峰會**：2010年7月俄羅斯與美國正式加入東亞高峰會（EAS），而隨著俄羅斯逐漸在亞太地區扮演重要角色，各國紛紛與俄羅斯建立雙邊合作關係，其中包含印尼、越南、泰國、馬來西亞以及緬甸等國；換句話說，台灣可透過印尼、越南等國，輾轉進入俄羅斯市場，並保有良好的合作關係。

❸ **即將加入世界貿易組織**：根據世界貿易組織（WTO）2011年12月16日通過《關於俄羅斯加入世界貿易組織的決定》，而隨著俄羅斯入會將有助於外資進入其市場投資，此外，也會吸引大量外資挹注，貿易商也可藉由俄羅斯開放商品出口與勞務進口之際，充分利用此項契機，進入俄羅斯市場大放異彩。

2. 俄羅斯貿易風險

俄羅斯政權進入新的執政期，對於俄羅斯未來的經濟發展存在很大的變數；此外，俄羅斯銀行體系尚未完善的情況下，也大幅提高企業融資難度；另一方面，俄羅斯在經營、貿易的法律制訂不完全，也為外資增添許多的貿易風險，茲將俄羅斯的風險分為三點論述如下：

❶ **【政治風險】官僚體系嚴重**：由於俄羅斯政治體系進入全新的階段，經濟政策存在許多不確定因子，在「國有化」與「去國有化」的較勁中，使得國際企業的經營活動呈現許多變數；另一方面，俄羅斯總理普京（2012）承認：「俄羅斯社會腐敗現象普遍，投資環境無法讓人滿意，成本支出的多寡，取決於政府官員對你的態度。」為此，普京將施行一連串的「反腐敗」政策以改善現況。

❷ **【金融風險】融資難度升高**：俄羅斯的銀行體系較不完善，貨幣兌換管道不暢通、換匯成本較高以及與各國銀行的合作機制少，皆增加國際企業於俄羅斯投資經營的困難度；而受到2008年全球金融危機之影響，使得俄羅斯銀行面臨前所未有的危機，在不良貸款比例持續升高下，企業獲得融資的難度提高，融資成本快速飆升，將對企業造成很大的阻礙。

❸ 【信用風險】信用評等低：受到全球金融風暴的影響，俄羅斯的信用評級降低，根據科法斯（Coface）2011年俄羅斯國家風險大會上表示：「俄羅斯的信用評級調升至金融危機前的評級，但由於俄羅斯商務環境的缺陷，使其恢復速度受阻，而目前俄羅斯的信用評級仍低於其他金磚四國。」俄羅斯商務環境問題，包含公司資訊缺乏透明度、借貸法律執行力薄弱等，這也使得俄羅斯經濟相對於其他金磚四國來說，復原的速度較為緩慢，有幸俄羅斯政府積極監管企業，使其經營環境逐漸完善與成熟。

根據俄羅斯總理普京（2011）表示：「按照俄羅斯生產總值計算，未來俄羅斯將成為全球五大經濟體之一。」因此，俄羅斯政府積極提高經濟與投資品質，並降低能源與原物料出口的依賴度，全面支持企業的生產與發展，打擊俄羅斯的官僚陋習，加速提升俄羅斯社會的中產階級，促進市場消費力，為俄羅斯未來的發展奠定基礎，使俄羅斯經濟迅速增長，成為全球具有影響力的大國之一。

■ 成長新興九國【七】：墨西哥貿易環境評析

根據匯豐銀行2012年預測表示：「墨西哥將於2050年成為全球第八大經濟體。」另據世界銀行（WB）2011年發布「2010世界發展指標」，墨西哥為全球第13大經濟體，顯示墨西哥經濟發展潛力早已在世界嶄露頭角，墨西哥礦產與石油資源豐富，其白銀產量居世界之首，並以加工出口製造、紡織業、汽車組裝及零配件為主要經濟產業支柱，且同時與200多個國家與地區有貿易往來，顯示墨西哥活躍於國際間之貿易，茲將墨西哥相關貿易政策與經貿風險論述如下：

1. 墨西哥政策

墨西哥自20世紀80年代即採開放貿易政策，墨西哥為拉美第一大貿易國，並與多國簽有相關貿易條約，顯示墨西哥擁有一定的貿易優勢，茲將墨西哥相關貿易政策整理分述如下：

❶ **鼓勵外資進駐**：墨西哥長期實施經濟開放政策，並提供獎勵措施吸引外資，使墨西哥成為拉美吸引最多外資之國家，截至2011年10月，墨西哥已與44個國家簽署貿易條約與協議，使墨西哥成為企業前進歐美最佳跳板。而吸引外資之獎勵措施包括零組件、機械設備及原料進口免關稅，但自

2001年起，從非北美自由貿易區國家進口之機械設備，不列入享有關稅優惠，另據產業優先發展計畫，提供產業出口製造商進口享有原料和機械設備關稅優惠，因此，墨西哥吸引外資相關政策為台灣貿易商不容忽視之重要政策訊息。

❷ 推廣加工貿易：墨西哥政府重視對外加工裝配，積極興辦加工貿易特區以促進出口，墨西哥政府提出對外加工裝配企業可享有進口原料、零件、機械、設備免稅進口，且企業利用當地低工資進行加工裝配生產，其產品全部出口可享免徵出口關稅。另國外企業可同墨西哥企業獨資、合資成立對外加工裝配企業，外資企業可不受限制長期租用土地、工廠設施與雇用外國管理者。

2. 墨西哥貿易風險

墨西哥財政部（2011）表示：「墨西哥未受全球經濟衰退影響」，雖墨西哥經濟成長受肯定，但國際環境仍存在諸多不穩定因子，貿易環境仍存在著變數，茲將墨西哥現有貿易風險整理分述如下：

❶ 【自然環境風險】水危機拉警報：據墨西哥《改革報》於2011年5月22日報導指出：「自1950年到2010年的60年間，墨西哥每人年平均可支配水量急速減少， 從1.8萬立方米下滑至4,422立方米，預計墨西哥將於2030年突破國際公認的1,000立方米缺水警戒線。」隨著墨西哥城市人口迅速膨脹及工農業生產迅速發展，導致墨西哥全國用水需求呈逐年上升之勢，但卻又因水資源分布不均、不當開發使用與氣候異常導致水資源短缺，墨西哥半乾旱或乾旱地區約占國土面積的三分之二，墨西哥全國工農業活動與將近77%的人口集中分布在31%淡水資源地區，由此可見墨西哥已拉響全國性水危機警報，然而水源短缺勢必影響墨西哥各項經貿發展。

❷ 【社會風險】治安堪憂：墨西哥前總統Ernesto Zedillo（2011）表示：「墨西哥治安嚴重惡化，對墨西哥之投資、經濟活動與國家整體發展造成衝擊。」另據墨西哥中央銀行（2011）表示：「自2011年以來，認為治安為經濟成長主要障礙比重已由14%上升自23%，墨西哥的公共安全問題，已成為墨西哥經濟成長最大障礙。」墨西哥販毒暴力與高失業率都是造成治安問題的主因，據墨西哥《金融家報》（2011）指出：「受到經濟放緩的

影響，2011年8月，墨西哥失業率達到5.79％，失業人口為286.5萬人，創19個月以來之新高。」顯示墨西哥存在嚴重的社會問題，諸如高失業率、販毒暴力與治安問題，為赴墨西哥的貿易商不容小覷的社會問題。

❸ 【政治風險】政治風氣腐敗：墨西哥韋拉克魯斯州副檢察長Reynaldo Escobar（2011）表示：「該州115名市政當局前官員涉嫌在2004年到2008年間貪汙腐敗，被檢方提出起訴，其貪汙及挪用總金額達6,700萬比索，而115名被指控雇員中，有33名曾擔任過市長。」另據英國《每日電訊報》（2011）指出：「墨西哥加大對警察的反腐力度，解雇3,200名涉嫌犯罪和腐敗的警察，約占墨西哥全部警力的十分之一，另外有一千多名警員即將下崗。」顯示墨西哥政府官員與警員貪汙腐敗情況嚴重，貪汙腐敗現象背後即為高社會成本，國民經濟成為首當其衝的犧牲對象，因此貿易商欲前往墨西哥從事貿易，勢必不得忽視墨西哥貪汙腐敗的問題。

歐美經濟危機震撼全球經貿，而墨西哥出口長期依賴美國市場，其經貿發展勢必受波及，墨西哥銀行理事會（2011）指出：「儘管墨西哥經濟成長有減緩的趨勢，但墨西哥經貿發展前景依舊樂觀。」墨西哥資源豐富、勞動人口眾多且具有一定程度經貿發展基礎，並擁有與多國簽有貿易協議之優勢，顯示墨西哥經貿競爭力道不容小覷。

■ 成長新興九國【八】：南非貿易環境評析

南非擁有全世界77％的鉻礦資源、堅實的工業基礎與國際化經濟體制，並以礦業、製造業和農業為南非經濟三大支柱，南非不僅為非洲大陸之貿易大國，更為非洲經濟最發達的國家。世界銀行（WB）首席經濟學家林毅夫（2011）表示：「南非相當具有經濟發展潛能，在未來幾年將與金磚四國等重要新興經濟體並駕齊驅。」另據國際貨幣基金（IMF）（2011）表示：「南非將在世界經濟發展中扮演舉足輕重的角色，成為重要的新興市場經濟體，並成為新興經濟體的中堅力量。」顯示南非經濟已逐漸在世界經貿舞台嶄露頭角，其日後經貿表現更是眾所關注的焦點之一。相對的，南非之經貿相關政策與風險，亦是眾貿易商所關注之議題，茲將南非相關貿易政策與經貿風險論述如下：

1. 南非貿易政策

　　南非爲非洲經濟最發達國家，對外貿易於南非經濟占有十分重要的地位，南非過去採進口替代措施爲主，進而轉向出口並進，另南非名列金磚五國之一，顯見其貿易發展前景可期：

❶ **推廣新能源發展**：南非政府極力發展新能源政策，以引領南非未來國家電力發展之佈局，據南非國家能源管理委員會（NERSA）（2011）公布表示：「南非新能源相關進料關稅將削減42%。」而新能源相關進料採購，包含陸上風電、生物質能、太陽能光熱、太陽能光伏及小型水電等，同時鼓勵更多私營企業投入可再生能源研發。而台灣發展新能源有成，如風電與太陽能等，是故台灣貿易商應藉由自身研發製造優勢，掌握此商機。

❷ **推動小型企業發展**：南非以原材料出口爲大宗，而高附加價值成品出口比重相對較低，南非政府爲彌補此缺憾，提供多項優惠政策協助小型企業快速發展，並成立「南非小企業發展局」提供技術與資金支持外貿型小企業，南非財政部部長Pravin Gordhan（2011）表示：「小型企業崛起將成爲南非經濟快速成長主要動能，政府將提供多項優惠政策協助小型企業發展。」是故以中小型企業爲主的台灣貿易商，前往南非投資發展勢必能得到相關優惠與政策輔助。

❸ **刺激經濟復甦成長**：南非財政部長Pravin Gordhan（2011）表示：「南非將推動一項32億美元刺激經濟方案。」在未來6年內將協助企業成長、加快創造就業機會及擴大南非工業發展速度，在協助企業更具競爭力、加快出口的同時，亦可排除任何妨礙南非經濟復甦之不利因素，保護南非免於受全球經貿危機動盪影響，前往南非成立企業之貿易商受惠於此項方案，有助提升企業競爭力。

2. 南非貿易風險

　　金磚五國當中，以南非經濟成長率爲最低，但國際貨幣基金（IMF）（2011）預測：「南非在內需與出口帶動下，經濟成長率將大幅躍升，甚至超越新興市場的成長水準。」顯示南非未來經濟成長力道驚人，將成爲貿易投資聖地，然而仍有可能的貿易風險要注意：

❶ 【自然環境風險】電力能源短缺：南非約95％電力來自於火力發電，但依據《哥本哈根協議》，南非須在2020年前削減34％的二氧化碳排放量，等同於要求南非降低對火力發電的依賴；若南非選擇新能源，由於新能源發展緩慢且開發費用高昂，無法立即滿足南非經濟發展所需之電力。據南非國家電力公司（ESKOM）（2011）表示：「礙於電力基礎設施不足，將削減礦業部門用電量10％，且南非於2011年至2012年，均將面臨電力供應吃緊的狀態。」另就南非全國能源管理委員會（NERSA）（2010）表示：「2010年4月1日起的未來三年內，南非電價將分別上漲24.8％、25.8％、25.9％。」顯示南非面臨電力供應短缺及電價高漲的局面，在南非的製造商勢必首當其衝，因此貿易商欲前往南非從事相關製造或貿易，南非電力問題是不容忽視的風險。

❷ 【金融風險】負面評級展望：大公國際資信評估有限公司（Dagong Global Credit Rating Co.,Ltd）於2011年8月29日宣布：「維持南非的本、外幣國家信用級別為A，而評級展望則由穩定調整為負面。」由於南非受歐美國家經濟疲軟之影響，導致南非經濟恢復緩慢，又南非政府赤字壓縮進程受制約，且證券組合投資流入增加，都將造成南非壓力上升。

❸ 【金融風險】通貨膨脹趨高：南非受糧食與石油、電力價格持續攀升的影響，使通貨膨脹情形加劇，據南非統計局（Stats SA）於2011年10月20日公布數據顯示：「2011年9月南非之通貨膨脹率為5.7％，較8月5.3％明顯大幅提升，亦高於經濟學家預期的5.6％，並為2010年3月份以來之最高點。」可明顯觀察出南非通膨有不斷升高的趨勢，而根據南非儲備銀行設定南非2011年3％至6％之指數範圍，顯然南非通貨膨脹率已逼近南非儲備銀行設定的警戒線，另南非聯合銀行（ABSA）（2011）表示：「南非通貨膨脹水準將在2011年底達到5.7％，並在2012年繼續上升至6.1％。」在南非通貨膨脹不見減緩的情況下，勢必會影響南非之經濟活動。

南非財務長Pravin Gordhan（2011）指出：「南非經濟受歐洲債務危機波及而成長減緩，南非2011經濟成長率將從3.4％調降至3.1％，但內需需求將推動南非快速成長。」又南非政府亦積極推動政策刺激經貿發展，且基礎設施良好、資源豐富，顯示南非經貿復甦成長之路前景光明。

■ 成長新興九國【九】：越南貿易環境評析

　　自2006年起，越南的表現開始引起國際機構的注意，國際貨幣基金（IMF）首席經濟學家Raghuram Rajan（2006）將越南喻爲另一個崛起的中國大陸；此外，匯豐銀行（HSBC）（2006）發布《越南研究報告》表示：「越南在經濟改革開放後，無論就業市場、資本市場以及生產力上都擁有高速的成長，因此，將越南喻爲亞洲崛起的『新老虎』。」時至今日，越南已成爲不容小覷之新興國家，根據世界銀行（WB）《2011經商報告》顯示：「越南經商容易度排名全球78名，不僅較2010年進步十名，也小勝中國大陸。」另一方面，英國《經濟學人》（EIU）2011年指出：「越南在消費、投資與出口三大領域的迅速發展下，預估越南2011年至2015年的GDP成長率平均達7.2％。」然而國際貨幣基金（IMF）（2011）亦嚴重警告，越南正面臨全亞洲共同的威脅，急遽升高的通膨危機，若政府施行貨幣寬鬆政策，將摧毀越南五年來的經濟穩定。以下針對越南的貿易政策優惠與風險加以論述：

1. 越南貿易政策

　　越南自1986年開始施行改革開放政策，大力推行工業化、現代化之經營環境，2001年確立走向社會主義的市場經濟體制，以國有經濟的主導地位，建立市場經濟配套管理機制，促使越南的經濟保持快速的增長，而台灣早已進入越南佈局，隨著台越關係愈來愈緊密，貿易商應隨時注意越南經貿政策，茲將越南相關貿易政策整理分述如下：

❶ **減少外資複雜的申請制度**：越南政府宣布於2011年開始施行新經濟政策，此政策包含企業自行印製發票、汽車進口稅收削減1％至3％、允許外國分行使用越南盾籌措資本等，而新經濟改革將減少外資企業的營運成本；然而，越南政府也將提高最低工資、徵收環境稅等，因此，在越南發展之貿易商應多注意，並隨時維持最高警覺。

❷ **中越兩國經貿關係緊密**：中越兩國自古便維持良好的貿易關係，中國大陸不僅是越南最重要的市場，也是最緊密的合作夥伴，而隨著台灣簽訂ECFA後，兩岸經貿關係向前跨進一大步，台灣可利用中越兩國經貿關係緊密以及兩岸經貿關係的改善，來免除被邊緣化之危機，並可透過越南設

廠，銷售中國大陸之模式，迅速展開亞洲地區佈局，強化競爭力。

❸ **優先支持越南工業發展**：根據越南工業發展部門（2011）表示，越南政府將優先給予製造、電子信息、汽車製造與裝配、服飾和高科技產業政策優惠，包含土地使用和成本、勞資的召募以及學術技術研發基金等；另一方面，越南鼓吹各國企業進入越南，協助其工業發展，並建立許多工業園區，提供完善的設廠環境，貿易商應充分把握此優惠政策，在越南市場開枝散葉。

2. 越南貿易風險

越南的投資經營所遇之風險，其實早可看出端倪，根據國際透明組織（TI）發布的《2011年貪汙印象指數》排名，越南排名112名，顯示越南的貪汙嚴重；另一方面，國際機構紛紛指出越南擁有嚴重的通膨危機；此外，國際信評機構穆迪（Moody's）副總裁於（2011）表示：「2012年越南的銀行體系前景仍為負評，是因為越南長期缺乏有關國家真實經濟與政府政策之細節與方向，使機構難以評估銀行的弱點以及未來的挑戰程度。」茲將風險分為三點論述如下：

❶ **【政治風險】投資申請錯綜複雜**：儘管越南政府訂定一系列鼓勵措施，但對投資註冊形式依舊嚴格、耗時，例如，手續申請繁瑣、文件審批時間冗長等等，另一方面，越南政府貪汙問題嚴重，不僅缺乏行政效率，也無法明確落實國家政策；有幸越南政府發現此問題之嚴重，為重拾外資信心，努力改革貪汙問題，提升行政效率，使越南未來的投資環境值得期待。

❷ **【金融風險】通膨危機急遽升高**：此外，根據越南共產黨委員（2011）表示：「越南通膨不僅位居亞洲第一，更為全球第二。」在越南通膨持續高漲情況下，股市及貨幣不斷下跌，國際信評機構對越南投資層級也持續下調。另一方面，通膨造成越南消費能力減少、財政與貿易赤字嚴重，使得大量資金流出，而台灣為越南主要投資國家，應防範於未然。

❸ **【信用風險】信用評等持續降低**：越南由國有銀行占主導地位，因此在政治與非經濟的操作下，大量貸款給國有企業，而這些貸款多數成為呆帳，在此循環下，越南信用評等逐漸降低，此外，越南政府於「後金融危機」時期，不斷擴大國有企業的投資，造成資源的浪費與虧損，不僅無法有效提高經濟成長，也促成通膨的壓力；因此，資本的調整與銀行體系的重

組，成為越南政府的重要課題。

「後金融危機」時期的越南，正處於兵荒馬亂之際，國際外資大舉進軍越南市場，以合資、低價收購與合併的方式，吸收擁有良好體系、通路，以及深耕當地之企業；儘管越南的經濟情勢遭遇到很多的困境，但是越南政府積極改革、加速產業轉型升級，以強化國家競爭力，若持續的施行經濟政策，提升越南生產力、改善經營環境，相信整體的環境，將會有所改善，而越南依舊會是亞洲「新老虎」。

第 19 章

2012 IEAT台灣貿易業跨界整合新思維

在時代巨輪帶動全球經貿環境迅速變遷之際，為順應快速變遷環境，台灣企業持續改變營運模式、提升創新與研發能力、培養高知識人才等，並孕育出具有「台灣特色」的人文與生活形態，透過整合既有的高科技產業實力，發展企業品牌，促使台灣產業及貿易發展能開枝散葉。未來亞洲經濟體的重要性愈來愈高，台灣應趁勢追擊，善用自身的核心優勢，結合新世代的管理模式，為台灣黃金十年創造新的經濟奇蹟。

■ 台灣貿易業跨界整合三模式

隨著全球貿易市場競爭日益加劇，產業間相互滲透、融合，廠商間不再只是競爭關係，應往競合關係發展，而探討近代主要創新的營運模式分為三種：**(1)營運整合**：企業應隨時改變與創新，以確保企業本身競爭力，並透過營運整合模式，強化企業的核心競爭力；**(2)價值鏈延伸**：屬於一種企業資源，可展現產業群聚的規模效應，提高資源配置效率；**(3)跨界行銷**：品牌代表一個企業之形象，可結合互補性品牌，使企業整體形象加分，產生更具張力的品牌聯想，在此三種模式的帶領下，將有助於台灣開拓全球貿易新市場，茲分述如下：

模式一：營運整合

在日新月異的國際局勢變化下，全球企業的市場競爭激烈，為提升自我價值與競爭力，在國際舞台一展鴻圖，企業紛紛調整組織結構以增加營運的彈性與一致性，以支援組織系統的不足、順應環境的變遷；另一方面，企業為快速提升獲利能力，營運整合是其中的重要關鍵，無論內外部與上下游供應商的整合，都有

助於降低企業營運作業成本，加快對環境的反應速度，而營運整合模式主要分為三種，分別為資源整合、文化整合以及品牌整合，茲分述如下：

❶ **資源整合**：資源整合是透過系統化的方式，優化資源配置來強化企業營運能力，針對企業內部而言，是將相關但卻分離的部門，進行協調與重置；而針對企業外部，則是將合作夥伴整合為一個大系統，提高顧客之服務水平，並間接獲得1＋1＞2的綜效，例如：中國大陸東莞為Nokia在亞洲區的重要生產基地，為了提升競爭力，Nokia致力於改善物流與供應鏈的管理，建立高效能的物流系統，整合不同的資源，使Nokia快速進入亞洲市場。

❷ **文化整合**：一個成熟的企業應有完善的組織結構與深厚的組織文化，因此，「企業文化整合」顯得特別重要，須將不同文化觀有效的整頓，並結合成一個有機體，來強化企業的凝聚力。而企業文化整合的過程緩慢和持久，甚至不利於企業的發展，須完善的規畫才能進行整合。如海爾集團善於施行文化整合策略，其購併青島紅星電氣公司，透過引進海爾的管理模式、文化與核心價值觀注入青島紅星電氣，使其完全融入與接受海爾文化，不僅提升青鳥紅星員工士氣，也為海爾集團添加具優勢之生力軍。

❸ **品牌整合**：「品牌整合」的產生在這紛亂的市場環境中是必然的結果，透過建立企業的「代表品牌」，將有效維護品牌家族與其他品牌的關係；而成功的品牌整合能快速的提升品牌知名度及美譽度，擴大市占率，提高顧客忠誠度，是取得競爭優勢的有利手段；如明基並非代工走向品牌的第一家廠商，也不是手機品牌整合第一人，但卻在多次的前車之鑑引領下，透過品牌整合方式，朝國際品牌大廠的目標邁進。

模式二：價值鏈延伸

策略大師Michael Porter（1985）出版《競爭優勢》（*Competitive Advantage*）一書提及：「企業都處於產業鏈的某一環節，因此企業若要維持競爭優勢，達到永續經營，不僅取決於內部的價值鏈，還要依賴外部價值鏈系統。」換言之，隨著全球經濟的發展，產業鏈逐漸拉長，企業透過產業鏈的延伸，獲得較高的資源配置，使企業一舉獲得成本、競爭優勢等。茲將同系列延伸、同產業延伸以及跨產業延伸，三種價值鏈延伸模式論述如下：

❶ **同系列延伸**：企業將相同的產品群不斷延伸，不僅可使產品線規模擴大，也可以涵蓋更多的消費市場，擴增產品的定位範圍，使企業規模持續擴大；例如：世界知名體育用品企業愛迪達（Adidas），其產品從足球、籃球到網球、田徑、棒球至乒乓球等皆有涉獵，不斷地在運動商品功能上突破，也享受品牌成長所帶來的商譽與利益。

❷ **同產業延伸**：企業在相同產業中持續的延伸，擴大企業經營的範圍與規模，優化企業價值鏈，高效能的配置資源，也可避免受到產業單一性所帶來的風險；如同美國迪士尼（Disney），從卡通影視娛樂到媒體網路，再轉至互動媒體，不僅走出屬於迪士尼本身的競爭優勢，也形成企業完整的產業鏈，在強大的產品延伸模式下，迪士尼已成為全球最具夢幻與吸引力的兒童王國。

❸ **跨產業延伸**：當企業資源已經呈現多元化連結，甚至超越產業本身，則可在更廣泛的產業中尋求額外的契機與商機，此不僅可打開營運者的視野，也可為企業帶來新的動力。跨產業延伸需要循序漸進展開，並緊緊圍繞核心產品，例如：南方報業集團以多元化產業的發展模式，自媒體產業到物流管理，再到房地產企業等，透過「控之有序、分之有度」的集團化管理方式，使其呈現豐富的品牌結構，並且多次獲得中國大陸最具價值品牌的企業。

模式三：跨界行銷

處在複雜多變的世界中，各產業已難以明確劃分屬性，而現今出現一個新的經營模式，稱為「跨界」；「跨界」不僅代表一種新穎的生活態度，也是結合不相干的元素，相互融會貫通。另外一方面，跨界所衍生出的「跨界行銷」，既可塑造品牌間的關聯性與互補性，也可發揮「協同效應」，賦予品牌不同的詮釋，使品牌聯想更具張力，藉此吸引更多樣化的消費者，為企業在新世代的環境中，創造共贏的奇蹟，茲將三種跨界行銷模式論述如下：

❶ **多元跨界行銷**：在不同的產業，根據相同的目標，實現優勢互補，以創造具競爭優勢的行銷手法。如不同的企業共同開發產品、聯合促銷、協同通路與產品延伸等。早在1999年，德國運動品牌PUMA便提出「跨界合作」的新概念，與德國高級服飾品牌Jil Sander推出休閒鞋；此外，精品跑車

Lamborghini也與Nokia合作推出限量版手機，促使彼此的目標族群結合，來爭取更廣大的市場利益，建造企業品牌新聯想，吸引更多的目光。

❷ **垂直跨界行銷**：製造商與零售商結合，共同進入市場、建立通路、服務相同的消費族群，並依據製造商與零售商彼此的經營優勢，來承擔市場不同的角色風險；另一方面，企業合作的基礎，須建立相同目標、策略與核心價值等，才能透過策略聯盟的行銷方式，來達成彼此間的默契、實踐利益共享原則，如同中國大陸家具業所組成的「冠軍聯盟」，由中國大陸首屈一指的家具企業所組成，透過建立「冠軍聯盟」品牌，聯合推出優惠活動與進行環保公益活動等，吸引消費者的目光，爲中國大陸家具市場注入新的商業契機。

❸ **交叉跨界行銷**：透過企業、合作廠商、消費者三位一體的連動式關係，尋求彼此間的價值與利益，即稱爲「交叉跨界行銷」。而在交叉跨界行銷中，消費者擔任主要角色，廠商與企業則爲規則訂定者，但行銷過程中，三位皆爲獲利者。可口可樂（Coca-Cola）公司即爲交叉跨界行銷之專家，在2011年5月19日，可口可樂與女神卡卡（Lady GaGa）聯手推動整合行銷企劃，透過尋寶遊戲的活動，不僅強化與忠實顧客之關係，也將觸角延伸至女神卡卡的粉絲，對可口可樂的銷售量有增無減；由此可知，可口可樂不斷推陳出新的行銷方式，也是可口可樂維持百年不墜的關鍵因素。

■ 台灣貿易業跨界整合四趨勢

隨著全球主要產業不斷的更替，營運模式不斷地汰舊換新，台灣貿易界應順應世界的變化，才可在迅速變遷之時代中洞燭先機，創造屬於台灣的黃金十年新商機，是故將台灣貿易跨界整合與台灣主要趨勢產業做結合，因而產生四大趨勢，分述如下：

趨勢一：雲端運算改變貿易商業模式

世界正陷入一場雲端風暴內，這將是改變全球電子資訊的重要革命。2011年《經濟學人》也以〈雲中的紛爭〉（Clash of the clouds）一文，來形容雲端運算將燃起微軟、Google以及Apple，科技產業三大巨頭的激烈戰爭。探究雲端科技的

起源，來自亞馬遜（Amazon）應用於網路購物平台而衍生的新概念，而雲端技術早已存在我們生活中，雲端的意義不在於技術，而是商業模式的改變，透過整合電子商務的方式，未來只需一個連接雲端的設備，即可獲得所需的資源，如智慧型手機、平板電腦能促使消費者快速享受大量的網路購物、資訊、音樂等服務；此外，企業也可透過雲端服務，使用較低的價格購買電子商務所需的儲存、計算等資源容量，以創造雙贏局面。

Google執行長Eric Schmidt（2009）指出：「雲端運算所引發的潮流，將比個人電腦過去的影響力還要龐大。」而Google自創立以來，致力提供多樣化的網路服務，從G-mail、搜尋、廣告到應用程式，藉由雲端技術提供免費的營運模式，服務全球網路使用者，而「雲端」策略的奏效，讓Google使用者於五年內，暴增25倍，達3.15億人；此外，根據Google亞太政策通訊經理Taj Meadows（2011）表示：「亞洲地區網路使用者與使用量正快速飆升，因此選定香港、台灣、新加坡設立三大IDC中心，做為深耕亞洲市場之重要里程碑。」此舉也將吸引台灣企業形成產業群聚效應；因此，台灣企業應快速掌握此波商機，透過產業跨界整合的方式，搭上新世代科技的貿易列車。

趨勢二：電子商務去中間化更換價值鏈

鴻海董事長郭台銘（2009）指出：「如果企業本身是一隻老虎，加上網路這雙翅膀，有如猛虎添翼般，將有助於企業展翅高飛。」而根據中國大陸電子商務協會網路行銷主任單仁稱（2011）表示：「傳統企業紛紛進入網路行銷世界，將缺乏基礎根基的電子商務網站擠出市場，而B2C的倒閉風潮將越來越猛烈。」此外，全球人力資源、土地成本不斷地上漲，為了壓低成本，企業紛紛透過網路行銷平台「去中間化」，直接面對終端市場，以獲取理想的收益成績。此也使得傳統企業、營運商、銀行以及電子商務企業紛紛加入戰局，而全球的電子商務產業鏈也將趨於成熟，應用領域愈來愈廣泛，覆蓋從購物到個人消費領域，未來也將有更多的應用被挖掘出來。

中國大陸商務部副部長鍾山（2011）表示：「隨著電子資訊技術和經濟全球化的深度發展，電子商務在國際貿易中的地位日益重要，也成為國際企業發展國際貿易的重要通路與平台。」換言之，電子商務為企業進入國際市場開闢了廣闊的天地。而企業透過兩種電子商務的途徑進入國際貿易，一為專門的電子商務平

台展開交易，如美商網、中國電子商務網等；二為企業自行建立電子商務網，如博客來等，第二種方法難度較大，但利潤較為顯著。而企業應有策略的進入電子商務平台，通常發展電子商務的企業較偏向有信譽的大型企業，因雄厚的實力與規劃，才能將營運銷售方式擴至網路通路，如美國通用、福特及克萊斯勒合作的網路平台；另外，企業可利用新興的電子商務平台展開貿易，像是中國大陸阿里巴巴所提供的全方位電子商務平台。電子商務的蓬勃發展，將有助於出口企業踏上一條外貿創新之路。

趨勢三：觀乎文化創意以化成天下

《易經》曰：「觀乎天文，以察乎時變；觀乎人文，以化成天下。」此也成為「文化」一詞的典故來源，隨著全球傳播媒體的高速發展與高消費社會的來臨，文化創意已成為人類經濟生活的一部分，而文化創意根本觀念是衍生於「跨界」的概念，將不同產業、領域進行重組與合作；此外，文化創意也有助於第二產業的升級，並打破二、三級產業之界線，推動文化與經濟的整合發展。西方國家自1970年至1980年即藉由文化創意產業，提升國家產業結構，也將其做為國家經濟的支柱產業，全面扶持國家經濟成長率。因此，現代休閒娛樂、體感活動、觀光旅遊以及養生之道的興起，促使產品不斷地創新改變，推動文化市場的新繁榮奇景，各國也紛紛鼓勵產品創新與傳統文化的結合，皆希冀透過軟實力來重振國家經濟，提升國家競爭力，此也印證「觀乎人文，以化成天下」之道理。

根據聯合國貿易發展會議2008年所發布《創意經濟報告》指出：「創意產業有助於區域經濟與在地化產業的發展。」現今全球創意經濟興盛，文化創業產業不容置疑是成長快速、利潤強大的新興產業，也是未來最具優勢之潛力股。因此，國家、城市以及企業皆透過行銷策略重素文化創意新風貌，如台灣電影《海角七號》、《痞子英雄》等，皆透過城市的特色風貌結合影視產業，最終對城市的行銷與觀光帶來莫大助益。此外，誠品書店也定時舉辦文學、戲劇、美術及舞蹈等藝文活動，逐漸成為台北重要的文化地標與觀光景點；另一方面，四川天府新區也將成都專屬的文化與產業特色融合至工業園區，強烈凸顯區域與產業的特色，促使天府園區的經商與投資環境更具生命力。有鑑於此，文化創意產業不僅有助於區域發展，更能大幅提升知名度，應多利用跨界整合新模式，提升產業的附加價值，成為產業持續發展的新契機。

趨勢四：製造業走入平價時尚年代

「全球三大平價時尚，造就三個首富」，根據美國《富比士》雜誌「全球百萬富豪排行」，西班牙首富即是ZARA的創辦人Amancio Ortega Gaona；2011年瑞典首富為H&M董事長Stefan Kamprad；日本2009年與2010年首富都是UNIQLO董事長柳井正，此皆指向一個事實，平價時尚服務，是門具潛力的好生意。探究平價時尚新思想擴張的主要原因，是歐洲、北美、日本到新興市場，皆串起一股M型消費之趨勢，現今的中產階級消費既要平價又要奢華，而新時代的平價時尚品牌正好滿足全球中產階級之需求；另外，受到全球經濟不景氣影響，也使得歐美、日本品牌往亞洲新興市場拓點，藉由新崛起的消費力來補足歐美市場的不景氣；而為了滿足全球平價時尚的消費趨勢，企業紛紛整合品牌、跨界行銷以及科學化管理等方式，來強化產品的吸引力、取得市場潮流的變動資訊，此也帶領製造業走向另一個璀璨的發展契機。

精品與平價永遠處在平行線的兩端，而H&M改變了世人的觀念，2004年H&M與Channel首席設計師Karl Lagerfeld跨界合作，推出「Karl Lagerfeld for H&M」的限量時裝，隨即搶購一空，接著又陸續與名設計師合作，如川久保玲、Jimmy Choo等，此也讓人了解到，平價時尚的關鍵在於時尚。就台灣企業而言，統一企業確實做到平價時尚的標準，透過消費集點與時尚明星代言的方式，吸引大量消費者的目光，儘管活動不斷地更換汰替，仍舊獲得消費者的支持與喜愛；而日本大創（DAISO）39元來台設點，也深受消費者的青睞，因價格實在、產品多樣化、品質優良等特性，促使其進入台灣市場，立即獲得廣大的迴響；換言之，平價時尚當道，全球企業皆應與時俱進，將產品結合新消費型形態，才能在全球市場中獲得廣大的迴響。

第 20 章

2012 IEAT 台灣新興貿易標竿企業分享

全球經濟好不容易走出2008年金融海嘯的陰霾，但短短3年後的2011年，歐債、美債以及阿拉伯世界政局不穩定，又讓世界快速蒙上一層灰。在環境存在著許多不確定的因素下，許多新貿易發展形態如雨後春筍般出現，希冀能重返經濟榮景。

2011年6月，《國際商報》報導指出：「在後金融危機時代，『服務貿易』之發展，將是推動全球經濟增長的重要動力。」《大馬財金》於2011年指出，全球環境正風雨飄搖，促使國際貿易將轉向「區域貿易」之趨勢更加顯著。經濟部國貿局長卓士昭（2011）表示：「全球暖化凸顯綠色成長之重要性。」2010年世界貿易組織（WTO）公布《2010年世界貿易報告》更是聚焦「資源貿易」。除此之外，匯豐集團於2011年發表研究報告顯示，一條連接亞洲、中東、非洲及拉丁美洲等新興經濟體的新絲路，已逐漸形成，是由新興國家擔任主角的「南南貿易」路線。本章將針對台灣貿易業於「服務貿易」、「區域貿易」、「綠色貿易」、「資源貿易」以及「南南貿易」等貿易新趨勢的發展經驗進行分析，以做為業者立足於新貿易形態拓展之參考。

■ 貿易新趨勢一：服務貿易

台灣經濟仰賴出口，過往較偏重製造業，以發展實質商品貿易為主，但目前全球經濟趨勢已轉向以服務業為主體，服務貿易為主的無形商品貿易正是時機。經濟部長施顏祥（2012）表示：「推動服務貿易是非常重要的工作，經濟部將成立服務輸出推動專案辦公室，以『整案輸出』之方式協助台灣服務業往海外發

展」。服務貿易之內容、種類與範疇也不斷擴增。因此,過去傳統仰賴商品出口的經濟模式,現在已來到必須轉型至提升服務出口貿易的策略轉折點。茲介紹致力於服務貿易之企業個案—「浩漢設計」及「曜越科技」,分析其發展服務貿易的策略、經營績效及未來展望。

● 【服務貿易】個案❶:浩漢設計(NOVA Design)

華人圈最大的設計公司「浩漢產品設計」,1988年成立在台北汐止工業區的一間小工作室。浩漢設計公司始終堅持著「設計創造價值」的經營理念,從設計開發起家,且大量引進義大利和日本模型製作技術,奠定日後浩漢的核心能力—「設計開發」,其設計的產品更是包羅萬象,從機車、汽車、筆電、手機,甚至包含2010年台北花博會的機器人。浩漢在台灣闖出知名度後,也跨出國際運籌的腳步,遍布美洲(矽谷)、歐洲(義大利)、亞洲(台北、上海、廈門、越南)等地,並建置7個設計研發中心,除了將經營版圖和服務對象,從台灣延伸到各國際市場,亦透過通訊科技讓不同文化背景的設計者激盪出不同的文化思考。此外,浩漢產品設計亦從早期產品設計跨足到設計公司的經營者,是設計經營成功的典範,在台灣眾多設計公司中難能可貴。

1. 轉型動機

管理大師Peter Drucker(2003)曾說:「為了存活與成功,每個組織都得蛻變為變革之媒介,而管理變革最有效之方法,即為主動創造變革。」因此,浩漢設計總經理陳文龍主動提出轉型,其轉型動機如下:

❶ 動機一【經濟環境改變】:1980年初期,台灣整體經濟環境開始蓬勃發展,且工業現代化的進程,市場正處於由累積堅強製造實力的OEM代工時期,轉向添加創意與設計的ODM階段,且因台灣設計市場的需求擴張,而開始有些產品在台灣設計。

❷ 動機二【設計生產切割】:當時還在三陽工業研發任職設計課長的浩漢設計創辦人陳文龍,一直認為「創意設計」的工作,應該與生產事業體制切割,才能夠發揮真正的創意精神。因而提出「設計部門獨立」計畫,並獲得慶豐集團董事長黃世惠的重視,而付諸實現,轉投資創立浩漢產品設計

公司。

2. 拓銷成功因素

累積20多年的經驗，浩漢產品設計公司從C化技術（電腦輔助設計化）、E化共享到K化知識平台，成功的將創意設計，發展爲一門好生意，茲就浩漢產品設計三大拓銷成功因素分述如下：

❶ 成功因素一【團隊智慧薈萃打集體戰】：浩漢設計相信「環境已經改變了，過往的大師時代已經逝去了。」浩漢設計不標榜個人英雄主義，亦無意塑造設計大師，重視的是團隊能力的激發和智慧的薈萃。因此，浩漢提供的服務是團體戰，從設計、模型製造到產品生產，各個流程上都有專業人員負責。走進浩漢的創意發想室，一張黑色的辦公椅，其雛形設計由台灣出發，市場研究在中國大陸進行，材料智慧則由越南的團隊貢獻，義大利團隊更是在弧度比例上做出嚴格的把關，最後打樣則是經由上海的開模工廠完成。浩漢團隊穿越文化與領域的界限，服務範圍必須愈來愈多，愈來愈深入，只爲了能早一步替客戶開發具未來性的產品，這也是浩漢之所以受到客戶青睞的原因。

❷ 成功因素二【全球籌謀展開國際佈局】：1999年到2001年，隨著台灣產業外移，並就近利用當地設計資源，台灣本土設計公司頓時失去許多業務，也使得浩漢設計面臨國際化難題。2000年起，浩漢設計致力國際化佈局，將設計觸角延伸到全世界，跨越亞、歐、美三大洲，逐步建立完整設計研發中心，除爲拓展業務、服務顧客外，亦滿足當地市場需求。目前浩漢全球分工模式是由台灣總部扮演協調管理及資源運籌的中樞角色；而位在中國大陸據點則聚焦於服務中國大陸廠商，開發國內及國際市場的商品，同時也替國際廠商提供整合性的設計開發及生產資源整合的服務。

❸ 成功因素三【知識管理創關鍵里程碑】：台灣經濟部技術處爲協助知識型研發服務業的發展，推出「研發服務產業推動計畫」，浩漢即是第一宗審查通過案例的「設計服務業知識管理應用平台研發計畫」。浩漢能夠在極短時程中，服務全球客戶「從概念到上架」的需求，整合歐洲設計概念、台灣3D模型和快速原型試製，再轉移到中國大陸開模生產，將「變形蟲設計組織」的彈性、靈活及速度發揮的淋漓盡致，這是因爲浩漢建造了內部

設計專業之知識庫管理系統。知識管理系統亦使浩漢能充分發揮知識分享及加值與整合創新的功能，且能貫穿設計流程上所有的價值鏈活動，奠定浩漢在國際市場開疆闢土的過程中，能夠游刃有餘處理種種挑戰的實力。

3. 服務貿易績效

國立政治大學創新與創造力研究中心主任溫肇東（2011）表示：「浩漢掌握了歷史機緣，見證設計業成長，與客戶和市場一起茁壯。」浩漢著眼於服務貿易成為馳名台灣與國際的設計典範，茲就浩漢服務貿易績效分述如下：

❶ **績效一【設計之巔】**：若說功能和品質是產品的身軀，那設計就是賦予產品的靈魂。浩漢始終堅持著「設計創造價值」的經營理念，經過20多年的深耕，至今已成長為全球華人圈中規模最大的設計公司，觀諸浩漢的成功，除了創意與美感交織的主旋律外，亦不能忽略了其鐵的紀律，更是將浩漢推向設計之巔的推手。

❷ **績效二【獲獎無數】**：在全球創意無國界的狀況下，浩漢從2006年開始參加國際設計競賽，獲得無數國際獎項的殊榮，其中，包括設計競賽最高榮耀的德國iF Golden、red dot best of the best、 EID Golden Awards以及美國IDEA，浩漢全球六大據點分進合擊，屢屢獲得國際的優勝以及肯定，在國際舞台上秀出最佳身段，為台灣設計品牌在國際上添增榮耀，亦為台灣爭光。

4. 未來發展策略

浩漢從台北汐止的小工作室開始，到今日國際舞台的成就，未來不再以獨善其身之設計公司自居，而是希冀從產出設計到設計創造價值。茲就浩漢未來發展策略分述如下：

❶ **策略一【持續設計熱情】**：浩漢的願景是「把對設計的熱情與建立具競爭力設計系統的Know-How，轉化成客戶的策略資產。」以不斷創新的設計競爭力為起點，演繹出設計的下一波新方法、新模式以及新舞台，挑戰不可能的結果。且與顧客建立策略夥伴關係，將產品創新及流程創新轉化為顧客創造價值、實現夢想。

❷ 策略二【朝向文創發展】：2011年3月，總統馬英九先生訪視浩漢設計時，浩漢設計創辦人陳文龍（2011）指出：「浩漢在全球設有6個據點及230名員工，爲華人地區規模最大的獨立工業設計顧問公司，未來更將朝向文化創意產業發展。」展望未來，浩漢設計不僅證明台灣設計公司擁有可發展自有品牌的能力，更說明打破規則且勇於爭取舞台的新世代，搞設計的能力令人眼睛爲之一亮。

圖20-1 浩漢設計拓展「服務貿易」動機與模式

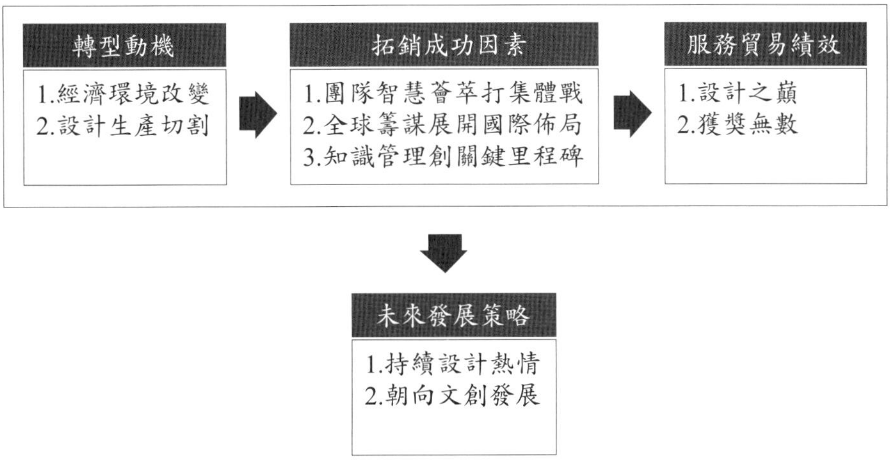

轉型動機	拓銷成功因素	服務貿易績效
1.經濟環境改變 2.設計生產切割	1.團隊智慧薈萃打集體戰 2.全球籌謀展開國際佈局 3.知識管理創關鍵里程碑	1.設計之巓 2.獲獎無數

未來發展策略
1.持續設計熱情 2.朝向文創發展

⊃【服務貿易】個案❷：曜越科技（Thermaltake）

曜越科技創立於1999年，擁有四大品牌Thermaltake、Tt eSPORTS、LUXA2及曜越太陽神職業電競隊。起初，藉著個人PC產業蓬勃發展，消費者多半追求硬體的高規格效能，曜越靠著CPU散熱器單一產品逐漸壯大事業版圖。源自於對DIY組裝電腦的熱愛，曜越擁有優質的技術團隊及專業消費者的產品見證，並且將「致力於創造完美的使用者經驗」做爲使命，每一項產品的創新都是爲了滿足消費者的需求，如今產業模式轉變，軟硬體的角色互換，將由數位產業帶動硬體產品的相關發展。因此，曜越選擇跨入軟體服務業，並將目標放在電玩競技、電腦周邊、生活時尙、數位娛樂等跨領域市場。董事長林培熙曾表示：「以億變應萬

變，讓企業文化變革，讓心態永不僵化！」永不停歇創造完美符合使用者經驗的產品，拿下「德國2010 iF」及「2010德國紅點red dot產品設計大獎」等，將曜越品牌創新精神表露無疑的呈現在消費者的心中。此外，曜越並致力投入電競文化的全球發展，實際贊助中國大陸第一豪門戰隊「TyLoo天祿電子競技俱樂部」。另一方面，2011年10月31日在上海成立曜越電競館，結合中國大陸網咖業者東方數娛，首創中國大陸24小時營業的電競周邊產品通路，爲深耕中國大陸電子競技產業，展現出曜越科技對電競文化的熱情與承諾，且持續發揚曜越科技的電競精神和永續發展的理念。

1. 轉型動機

面對到變化快速的環境，企業更應該視變革爲組織進步的機會，掌握機會帶領組織提前行動，搶占先機。曜越科技轉型動機如下：

❶ **動機一【生活品質的提升】**：隨著時代的演進，消費者使用習慣的改變，開始重視個人生活品質的提升，曜越注意到此商機，相信顧客未來會追求更傾向精神層面的生活享受，注重於高品質的生活而非只是物質的享受。於是新的企業哲理誕生，爲了享受娛樂、電競、科技以及生活而生。曜越營運模式以娛樂爲主，相信可以帶給人們心情愉悅且能戰勝生活上的沮喪與壓力。

❷ **動機二【遊戲式工作管理】**：近年來，曜越科技更致力投入電競文化的發揚與交流，也相當鼓勵同仁藉由接觸電子競技遊戲，親身去體會遊戲式工作和管理團隊的整合力，透過此舉掌握市場的變動與趨勢，加上本身在研發產品的創新能耐以及因應時代潮流創造的時尚品牌，結合三大優勢且彼此間不會相互矛盾，可能還會產生交替帶領的作用。加上放眼世界、佈局全球的視野，開創了電競文化與周邊產品的新商機，幫助企業成爲新一代的文化品牌。

2. 拓銷成功因素

正因拓銷全球的原因，產品生命週期愈趨短暫，曜越科技創新的速度配合產品風格隨時緊扣著時尚生活，鎖定電腦精品消費者做爲其目標，加上積極投入電子競技產業的全球推廣，結合自有三大品牌與電競職業隊讓企業本身持續保持在

領先的優勢。茲就曜越科技設計三大拓銷成功因素分述如下：

❶ 成功因素一【產品創新專業設計】：代工起家的曜越科技，擁有豐富的電腦零組件知識，因為洞悉未來將以創新為新商機，體悟製造代工是無法達成差異化表現，在長年經營終端消費者零售市場的過程中，曜越發現產品除了符合消費者需求外，重要的是「創新」進而引起消費者的共鳴。1999年開始以自有品牌Thermaltake出發，為了落實「創意來自於人性」，曜越貼近消費者並觀察其行為與需求，開始設計出除了外形突出且品質優於他人的產品，因為創新的設計與獨特的風格，曜越的創新產品快速風行於金字塔頂端的族群中，成為消費者心中DIY電腦的領導首選品牌。

❷ 成功因素二【體驗時尚品味生活】：在市場商品、服務同質化的競爭下，消費者能選擇品牌與樣式相對多元化。因此，如何在有限的消費市場裡，具備差異化、獨特化的商品才是未來的消費趨勢。伴隨著Apple產品在全球風行，相關周邊產品的需求理所當然孕育而生，曜越在2009年創造了時尚品牌LUXA2，看上現代人對產品需求不只侷限在產品優異的功能性，更注重設計概念與質感的外觀。其設計理念強調簡約、奢華、獨特風格，加上精湛的工藝技術與優雅美學設計，必將在個人化時代成為話題焦點，為了證明讓客戶能夠享受與眾不同的感受，滿足時尚、品味的個人需求，脫穎而出。

❸ 成功因素三【塑造電玩競技文化】：2008年金融海嘯發生後，電腦DIY市場光景不再，消費者不像從前動手組裝個人電腦，加上宅經濟快速興起，皆轉向將時間投入虛擬的線上世界中，而深陷危機的曜越卻意外發現電玩快速成長的契機。國際知名研究機構Jon Peddie Research（2011）表示，大部分遊戲玩家需要好的硬體周邊設備玩線上遊戲，且2011年全球電玩硬體市場將有機會超過220億美元，年增率高達27％，尤其是亞洲市場的興起。2010年，曜越早嗅到此商機而創立Tt eSPORTS進攻高階遊戲周邊產業，同時成立專屬的專業電競團隊「曜越太陽神」，運用神話塑造電競選手在消費者心中的形象，促使消費者產生購買行為並進一步凝聚遊戲中社群的關注與向心力，品牌和產品認同度自然相對提高。加上積極投入和參與電競文化交流，連結國內外賽事活動，打造出世界級的電競文化氛圍。

3. 服務貿易績效

曜越科技從製造業起家，做出電腦精品市場區隔後，要把企業思維進一步拓展到服務業的範疇，開始與知名網咖業者合作打造實體店面，逐漸建立起服務業的商業模式，目前已在台灣及中國大陸各有零售據點，對電競文化的推廣有正面性的貢獻。茲就曜越科技服務貿易績效分述如下：

❶ 績效一【台灣精品代表】：曜越科技持續落實其企業使命「致力於創造完美的使用者經驗」，透過不斷開發貼近消費者需求的產品，且融合創新概念與對科技工藝的熱情，結合生活娛樂文化之應用，致力於提供給消費者最高規格的服務品質，並將這股服務精神利用貿易滲透至世界各地的據點。因此，透過服務貿易的體現，曜越科技更在2011年「第19屆台灣精品獎表揚大會」接受表彰其研發創新的精神，以及證明其產品設計成熟並以顧客及環保意識爲主要考量，這是對其執行品牌行銷的成果，表示認同與讚揚。

❷ 績效二【跨領域之品牌】：2012年2月2日，在台北國際電玩展中曜越科技董事長林培熙表示，曜越正積極從過去的DIY市場奮力搶攻電競市場商機，旗下跨領域三大品牌已佈局到位，其中的Tt eSPORTS、LUXA2皆從開發階段進步爲可獲利時期，且營收比重大幅提升，預期新品牌營收毛利率均在三成以上，在面對全球景氣渾沌不明的情況下，跨出不同領域市場寫下亮眼成績。由上述可知，曜越科技將自己打造成爲跨領域的品牌定位，藉由服務貿易，逐漸在國際上站穩腳步，開創並建立台灣品牌形象的國際知名度。

4. 未來發展策略

曜越科技三大品牌各領域佈局已逐漸確定，未來將會更積極投入在推廣全球電競文化，帶領企業賣文化而不是賣產品，對曜越科技來說，將電子競技文化融入企業核心經營，去感染每一位熱愛電競的玩家，才能創造出全球化的電競文化。茲就曜越科技未來發展策略分述如下：

❶ 策略一【多品牌文化經營策略】：曜越未來將朝多品牌文化之經營策略，期望能將製造品牌的經營提升到服務業的推廣，甚至藉由販賣產品或服務

延伸到文化層面的境界。不僅是針對電競周邊，更要帶動整個電競文化，佈局全球服務拓展，企圖將曜越科技推向一家享受娛樂、電競、科技、生活的世界文化品牌。

❷ 策略二【電競文化延伸至全球】：亞洲地區電子競技風氣持續攀升的情況下，曜越投入在電競文化的心血也日漸增加，看上中國大陸電子競技已進入新興爆炸期，電玩人口不斷快速增長，刺激當地的網咖業者紛紛將電腦升級滿足顧客需求，此外消費者自身添購電競所需的電腦周邊硬體商品，將有希望成為最高的消費項目。曜越亦配合自身專屬的電競職業團隊，以及選手偶像式的搭配行銷手法，可望帶給曜越可觀的成長，將電競文化深植全世界。

圖20-2　曜越科技拓展「服務貿易」動機與模式

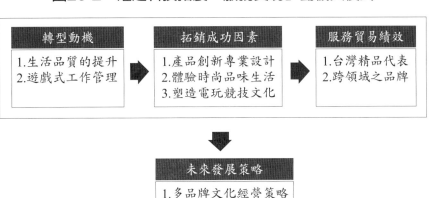

■ 貿易新趨勢二：區域貿易

《30雜誌》（2011）文章指出：「企業發展全球性的佈局優於單一市場佈局。」一語點出全球性的區域佈局，儼然成為企業成長的必經過程。企業由「單一市場」貿易轉向「區域貿易」，來抓緊區域貿易隨之而來的商機。企業可擴大區域間的貿易，促使各國積極實施區域經濟之結盟，以提升雙方或多方的貿易力度。以下茲介紹兩個企業個案「大聯大」與「華碩」，分析其發展區域貿易的拓

銷模式，以及所帶來的未來發展方向與商機。

⊃【區域貿易】個案❶：大聯大（WPG Holdings）

大聯大投資控股股份有限公司（WPG Holdings）於2005年11月創立，成立至2012年已經成為亞洲第一大通路品牌，大聯大串聯了許多亞洲區域的半導體產業龍頭品牌，如詮鼎集團、友尚集團、世平集團、品佳集團等。另外大聯大更為亞洲區市場占有率最高的半導體零件通路商，透過區域貿易的佈局優勢，逐漸在世界各地擴展企業版圖，使企業更加的茁壯發展，將營運種子持續埋在台灣、中國大陸、美洲、南亞地區各地，創下2010年度營業額近81.7億美金的佳績。另外，大聯大透過滿足客戶需求創造與提供完整解決方案兩大遠景，持續獲得《天下雜誌》、《商業周刊》評選為「IC通路產業No.1」，在通路產業上表現亮眼奪目。

1. 轉型動機

半導體通路競爭激烈，大聯大透過海外市場發展，尋找更大發展可能空間，為拓展通路佈點，大聯大突破單一市場，朝向區域市場佈局，茲將大聯大轉型動機分述如下：

❶ **動機一【開拓廣泛海外市場】**：礙於台灣半導體通路商競爭家數眾多，又服務據點密集，發展空間相對受限，是故大聯大佈局發展並不侷限於單一市場，致力往海外區域佈局。另半導體零組件及消費性產品種類眾多，須藉由擴大市場達規模經濟以降低成本，是故在開發新市場的同時，更獲得多元客群與締造規模效益。

❷ **動機二【發展全球及國際化】**：大聯大致力於亞太半導體零組件市場之整體佈局，立志在亞太市場奠定大聯大半導體通路規模與市場基礎，以作為發展全球與國際化、世界半導體通路商龍頭目標之跳板，又亞洲新興市場的興起，內需規模與產業群聚趨勢，更是大聯大邁向世界之頂的大好發展利基。

2. 拓銷成功因素

大聯大為亞洲半導體通路之龍頭，2011年半導體市場景氣一路下修，而大聯大卻在半導體市場逆勢中，交出一張亮眼成績單，顯示大聯大經營有成、拓銷成

功，茲將大聯大拓銷成功因素分述如下：

❶ **成功因素一【購併擴大規模】**：大聯大實行有別於股權交換的傳統購併方式，採取控股模式購併，不僅可維持公司的獨立性，更可將競爭產品線、現有通路與顧客納入控股集團內，形成競爭又合作的電子業新趨勢。大聯大自2005年創立後，陸續購併了凱悌、詮鼎科技、友尚等企業，藉由不斷注入新血，採取控股購併，在同中求異、異中求同之思維中，更能發揮出綜效，為大聯大控股集團運作成功因素之一。

❷ **成功因素二【區隔深耕市場】**：大聯大代理之經銷品牌逾百項，從基礎至核心元件一應俱全，在提供客戶多元需求及便利的同時，更強化對市場區隔並深耕，大聯大將服務之顧客區隔為中資、台商、外商、港商、美商、日商、韓商及印商客戶，在供應商與客戶間扮演著經營之橋樑，藉由專精區隔化之專業服務，提供多項系統整合解決方案，以提供滿足顧客差異化服務之終極價值，為大聯大成功因素之一。

❸ **成功因素三【前後端展效益】**：大聯大以「前端分治，後端整合」精神，深入集團運作理念。以「前端分治」維持子集團間之各自彈性，並各自獨立營運，透過「後端整合」之集團綜效，提供子集團行銷、財務、後勤與運籌支援平台，共享後端集團資訊、管理know-how制度，大幅降低營業費用，並提升獲利實質價值，其「前端分治，後端整合」精神效益皆反映在大聯大營收獲利及股東權益上的亮麗成績單。

3. 區域貿易績效

大聯大積極將通路佈局至各區域板塊，以利區域貿易的推進，將重點放在亞太地區與中國大陸，其代理產品線約280條，服務網遍布亞洲43個據點，茲針對大聯大的獲獎紀錄與通路佈局績效分別論述如下：

❶ **績效一【獲獎紀錄表現亮麗】**：大聯大集團藉由不斷的併購、整合，推出許多專業的半導體零組件，使其在亞太地區嶄露光芒，這些優勢亦在世界各地受到肯定，當世界在下修半導體產業的前景時，大聯大卻表現亮眼，大聯大集團董事長黃偉祥在接受《Smart智富》（2011）專訪時表示：「2011年第三季營收會比上一季成長8％至12％。」另外，獲獎方面，大

聯大旗下各集團的表現亮眼，其中2011年5月世平集團，透過Vishay頒布，獲得「Award to WPI for Vishay Asia Distibutor for the highest revenue growth in 2010」，2011年6月，大聯大集團更被《國際電子商情》評選爲2011讀者最滿意的海外授權分銷商，紛紛驗證大聯大在半導體產業市場上的龍頭地位。

❷ 績效二【服務通路佈局全球】：大聯大爲亞太地區第一大通路商，憑藉著併購通路的策略，透過區域整合，維持各個整合企業的公司獨立性，大聯大將感測元件（CIS）、美光（Micron）、動態隨機存取記憶體（DRAM）等各領域的零件類，平均分布在全球各廠商，其佈局分布於台灣、中國大陸、新加坡、馬來西亞、泰國、菲律賓、印度等地，主要爲發展亞太地區版圖，致力於亞太半導體零組件市場的佈局，以奪下亞太第一的稱號。

4. 未來發展策略

大聯大致力於亞太地區半導體產業，過去以台商客戶爲主，由於中國大陸方面營收占大聯大集團的80%，因此大聯大集團深耕中國大陸市場，以更加穩固亞太地區龍頭地位，並將事業版圖拓展至全球。茲將大聯大兩大策略分述如下：

❶ 策略一【專精亞太市場整體佈局】：大聯大集團在亞太地區具有領先地位，在全球半導體產業排名第三大，因此，大聯大集團除了緊握亞太地區的整體佈局外，未來更以大中華爲基礎，朝向全球化發展。大聯大董事長黃偉祥（2011）表示：「將通路打通了以後，發展國際化的機會增加，目前競爭對手Avent、Arrow，雖然其營業額是大聯大集團的一倍，但是仍然希望在2016年能迎頭趕上。」顯示出大聯大集團期望傲視全球的決心。

❷ 策略二【強化中國大陸陸資客戶】：大聯大集團過去皆以服務台商顧客爲主，透過ECFA的簽署、區域貿易的優勢條件下，大聯大集團更致力於中國大陸的發展，並將觸角伸入二線城市，未來會更著墨於陸資客戶的經銷，把企業焦點從大型企業轉向中小型公司。至2008年以來，大聯大在中國大陸十大通路商的獲利比重名列前茅，因此，大聯大期望透過強化中國大陸的貿易佈局，將全年EPS達到4.11元，以謀未來三年維持領先同業的水準。

圖20-3 大聯大拓展「區域貿易」動機與模式

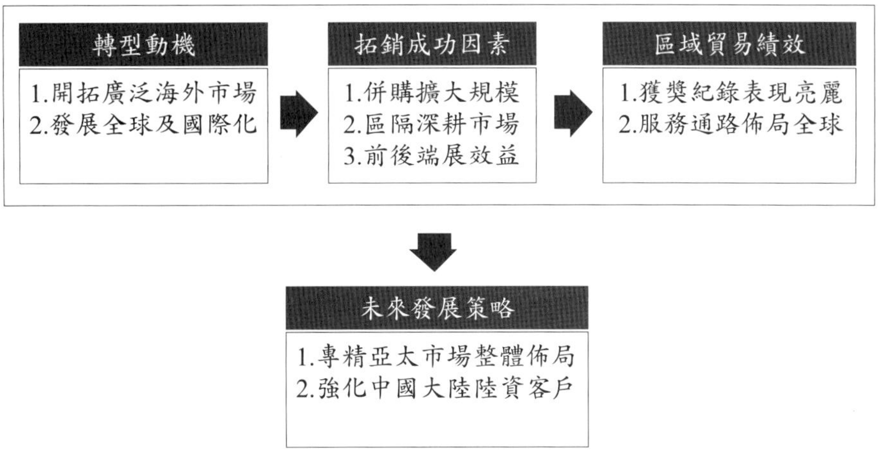

轉型動機	拓銷成功因素	區域貿易績效
1.開拓廣泛海外市場 2.發展全球及國際化	1.併購擴大規模 2.區隔深耕市場 3.前後端展效益	1.獲獎紀錄表現亮麗 2.服務通路佈局全球

未來發展策略
1.專精亞太市場整體佈局 2.強化中國大陸陸資客戶

⊃【區域貿易】個案❷：華碩（ASUS）

　　華碩電腦創立於1990年，創辦人童子賢、徐世昌、現任董事長施崇棠等人經過20年的努力，成為台灣最年輕之500強企業之一，並有全球最大的主機板製造商封號。華碩營運模式係將品牌與代工兩者切割，提升企業競爭力。另外，華碩的主機板、筆記型電腦、顯示卡產品在國際市場上也是異軍突起，占有一席之地。而華碩為擴張視野，將觸角延伸到歐盟、亞太等地區，隨時掌握區域貿易市場的契機。

1. 轉型動機

茲將華碩三大區域貿易佈局動機分述如下：

❶ **動機一【轉移區域市場】**：華碩積極將投資觸角延伸到國際市場，透過單一貿易市場轉移至區域市場投資方式，來擴大區域版圖。例如華碩為因應歐盟擴編，早在2001年就於捷克設立組裝廠，就近供應市場及歐洲大客戶需求，為華碩佈局歐盟市場開拓預做準備。

❷ **動機二【享低關稅優惠】**：華碩藉由1994年加拿大、美國、墨西哥三國簽署北美自由貿易協定（NAFTA）的契機，前往墨西哥設廠投資，以擁有低

關稅優勢將產品銷往到美國與加拿大等地區，掀開華碩在區域貿易佈局的新頁，並壯大在國際市場的定位。

2. 拓展成功因素

經過20多年的累積經驗，華碩積極擴展版圖成為全球的大型企業，而華碩持續將版圖擴展至北美自由貿易區、亞太地區、歐盟與中國大陸等四地，茲就華碩三大拓銷成功因素分述如下：

❶ 成功因素一【佈局多國市場】：歐盟WTO代表團官員John Clarke（2010）表示：「金融危機會衝擊到出口導向的國家，尤其是單一出口導向的國家最為嚴重。」華碩為避免陷入單一貿易市場困境，積極在北美自由貿易區、亞太地區、歐盟與中國大陸等四地，超過26個國家進行佈局，建立各區域的配銷模式，希冀藉由通路優勢，將華碩的新產品推向國際舞台。

❷ 成功因素二【掌握各地商機】：華碩董事長施崇棠（2011）表示，由於中國大陸西部擁有「天時、地利、人和」等關鍵因素，將前往中國大陸西部地區開發，加上中國大陸西部地區的重慶市亦擁有貿稅優惠政策。另一方面，中國大陸南方絲路崛起的趨勢，引起各國共鳴，使華碩（2011）開始擬定區域設廠的策略，以利在新貿易版圖取得利基市場。

❸ 成功因素三【跟緊國家趨勢】：在渾沌不明的時代下，擁有前瞻視野和雄心壯志是開創新局的關鍵。華碩在兩岸簽署經濟合作架構協議（ECFA）之前就已經佈局重慶，並在2011年4月12日與重慶政府簽訂投資協議，希冀透過當地資源優勢，能在一年產量達到3,000萬台筆記型電腦的目標。

3. 區域貿易績效

華碩積極與多國企業合作，再加上將生產地轉移到低關稅、具有成長潛力的國家，造就其營業績效，茲分述如下：

❶ 績效一【輝煌得獎次數】：華碩為全球最大的主機板製造商，藉由內部研發團隊不斷創新、技術突破，推出許多革命性產品，如智慧節能晶片（EPU）、Drive Xpert備份專家等產品。在獲獎事蹟上，華碩更得到全球專業媒體與各種評鑑機構3,398個獎項肯定，並獲得德國iF設計金獎，為50

年來第一個獲金獎的台灣品牌，其獲獎次數傲視群倫。

❷ **績效二【璀璨營業表現】**：由於華碩積極拓展全球貿易版圖，至2012年2月截止，營收達275.98億元，年增94.03％，累積2012年1至2月營收已達494.17億元。且根據華碩（2011）表示，儘管2011年筆記型電腦市場瞬息萬變，但2011年筆記型電腦出貨約1,470萬台左右，在主機板部分，2011年出貨也約2,350左右，與2010年相比皆有成長。

4. 未來發展策略

華碩經過持續不斷的努力，希冀未來能在產品、成本、創新、技術以及全球行銷五大面向都有所突破，以下茲將針對其兩大策略分述如下：

❶ **策略一【搶攻市占】**：華碩為避免市占下滑，佈局模式已從開發國家逐漸轉移到亞洲新興國家。根據華碩財務長張偉明指出：「未來巴西跟印度是華碩的重要佈局區，而東南亞的印尼、新加坡、泰國則是穩定成長。」華碩（2011）還將第二營運總部設置於中國大陸重慶地區，希望更貼近市場需求，進而提升產品市占率。此外，華碩也透過北美自由貿易協定（NAFTA）佈局墨西哥，享有北美區域內商品免關稅之利益，近年來更積極將貿易版圖拓產到亞太地區、歐盟等，以期提升全球市占率。

❷ **策略二【提升銷量】**：華碩的發展策略與未來願景的目標，除了在提高消費市場與商用市場的電腦市占率外，還要搶進電腦銷售量的全球前三名，因此希望結合通路網絡與產品研發，將華碩品牌推廣至全球市場，且透過區域貿易的佈局概念，謀略全球電腦領土。

圖20-4 華碩拓展「區域貿易」動機與模式

■ 貿易新趨勢三：綠色貿易

英國天體物理學家霍金（Stephen Hawking）（2010）警告：「全球人口成長迅速，加上地球資源有限，全人類的生存條件受到嚴重的威脅。」另一方面，根據Peter Senge 2010年出版的《必要的革命》（*The Necessary Revolution*）一書中提及：「地球村中只有一艘船，若船有破洞，所有人會一同下沉，因此，我們必須尊重與關切生靈萬物，才能保護全人類的安全與福祉。」在這波綠色環保浪潮下，全球各國紛紛興起綠色革命，一同扛起保護地球的使命。簡言之，現今企業正處於急須修護的地球上，以下將介紹盡心於綠色貿易之企業個案—「台達電」、「歐萊德」，分析其發展綠色貿易的策略、績效、未來綠色方向與商機。

⊃【綠色貿易】個案❶：台達電子（Delta）

台達電創立於1971年，在經過40年誠善的經營下，台達電成為世界電源管理和散熱管理解決方案的領導廠商。電子業是創造台灣經濟奇蹟的火車頭，卻對環境造成負擔，但台達電是少數能在追求獲利及造福社會中，找到平衡的台灣企業，並以環保為公司的核心競爭力之一，從產品、環境、建築物都力求符合國際標準，且致力開發對人類生活有貢獻的產品和解決方案。台達電除積極於環保節

能措施外，亦主動投入節能事業，堪稱是台灣綠色環保企業標竿。而董事長鄭崇華被稱為「綠色資本主義」的傳教士，也是環保模範生。此外，台達電已在多年前實施綠色製程、資源回收再利用、廢棄物管理等計畫，在2008年更贏得CNBC《歐洲商業雜誌》（*CNBC European Business magazine*）評選為「全球百大低碳企業」，亦在2011年連續兩年入選「中國大陸綠色公司」百強。

1. 轉型動機

綠色環保浪潮席捲全球，但是在狂潮來襲之前，台達電早已悄悄轉型經營綠色產品計畫。探究台達電貿易轉型動機分為三大點，分述如下：

❶ 動機一【落實經營使命】：台達電以「環保、節能、愛地球」為經營使命，而經營使命不只是呼口號而已，真正落實是不容易的過程，所以台達電積極投入綠色產品貿易領域，並在辦公大樓四周立起經營使命標語，隨時提醒員工別忘記台達電子存在的目的，便是為地球盡一份心力。

❷ 動機二【降低環境危害】：台達電有鑑於全球原物料短缺及能源危機等現象不斷攀升，更確定致力於實踐環境保護的承諾，並且落實環保如綠色無鉛製程、廢棄物管理計畫等行為，使用綠色製程減少環境的危害，開發出綠能產品、減少能源的消耗、延伸替代能源的概念、興建綠色建築並大力推廣。

❸ 動機三【維持永續經營】：台達電投入環保節能事業，密切注意國際協商相關綠色政策進度，同時關注廠區在地政府能源、碳稅、碳排放額度等相關法規的發展趨向，以能提早因應整體綠色貿易趨勢，符合綠色政策，並充分展現綠色標竿企業，維持台達電永續經營的目標。

2.拓銷成功因素

台達電洞悉綠色環保趨勢，轉變貿易形式領先同業，恰巧與綠色革命潮一拍即合，開創潮流中的綠色商機，將綠色概念落實於企業本身，其成功因素如下：

❶ 成功因素一【開發綠能產品】：洞悉未來將以綠色為新商機的台達電，了解影響環境衝擊之一的是產品在生命週期中所帶來的電力耗費及溫室氣體的排放。有鑑於此，台達電在核心技術「高效率電源」下，延伸開發出許多新興產品，如節能LED照明系統、電子紙、太陽能發電系統與可再生能

源等相關產品，更於2010年估算出若採用台達電產品，整體節能減排效果每年可減少高達5％的原始耗電量及溫室氣體排放量；專案執行過程藉由碳足跡或日後水足跡，加上生態化的設計，再結合生命週期評估軟體的資料庫評估環境衝擊，積極搶占綠色商機，從理念落實到企業經營。

❷ 成功因素二【符合綠色政策】：台達電密切注意國際綠色政策進度，同時關注廠區在地政府能源、碳稅、碳排放額度等相關法規的發展動向，以提早因應整體綠色貿易趨勢。另更參照ISO 50001等管理標準，以推動廠區能源管理，實施節能措施並善加利用再生能源，藉以降低溫室氣體排放量，以先掌握2012年碳權貿易趨勢優勢，充分展現台達電成為綠色標竿企業的決心。

❸ 成功因素三【施行綠色製程】：台達電首開風氣之先，自研發、產品設計、資訊系統、工廠運作導入等方面均具體落實環保概念，而台達電生產的資訊設備，皆具備省電效果。另一方面，廠辦也在設備汰舊換新時，採購節能、高效率的設備產品。值得注意的是，台達電認知到環保無毒零件為未來趨勢，不計成本針對每種零件改以無毒材料生產。從材料投入至產品產出整體過程，皆以綠色環保為出發點，既符合國際綠色規範，亦藉此開創商機。

3. 綠色貿易績效

被譽為「環保教父」的台達電子董事長鄭崇華（2008）常強調：「企業有義務為下一代的子孫留一個乾淨的地球」；因此，台達電子在施行綠色資源政策時盡心盡力，成為台灣企業爭先仿效之對象，茲將台達電子綠色績效分述如下：

❶ 績效一【成為企業典範】：清大校長陳力俊（2011）表示：「鄭崇華深耕於『環境保護』、推廣『節能教育』兩大事業領域不遺餘力。」而在台達電長期關心地球環境，積極投入綠色製程、資源回收、廢棄物管理等計畫上，促使台達電成為台灣第一座綠色廠辦，不僅如此，台達電更是台灣第一座拿到黃金級標章的綠色廠辦；由此可知，台達電子對於環境保護與節能受到尊崇，使其成為其他企業仿效學習之對象。

❷ 績效二【獲利速度驚人】：台達電子被封為「綠色標竿企業」不是沒有原因的，2005年至2008年，台達電子的營收複合成長率高達20％，而2009年

後受到金融海嘯餘震之影響,成長速度為12%,儘管如此,台達電子仍擁有高度的成長率,這也使得高盛集團、摩根士丹利、瑞士信貸等外資,紛紛推薦台達電子是適合長期投資的標的企業。

❸ **績效三【獲獎經驗無數】**:台達電子對於綠色環境之保護更是相當注重,在致力追求永續經營與發展情況下,也使台達電子獲得多項肯定,例如:2005年至2011年獲《遠見雜誌》的企業社會責任獎項、2007年至2010年獲《天下雜誌》企業公民獎;換言之,台達電子對地球環境保護的努力,已深得人心。

4. 未來發展策略

探究台達電未來綠色發展策略,將分為三大點,分別是打造成為綠色企業、成為綠色產業佼佼者,以及塑造企業綠色標竿,茲針對台達電未來發展策略分述如下:

❶ **策略一【打造成為綠色企業】**:台達電為順應世代潮流,將自我打造成為實質的綠色企業,從綠能產品的開發,到符合全球綠色規範,台達電皆徹底的施行改造計畫,並將綠色理念滲透至全球營業據點,期望藉由綠色環保概念貫徹企業文化,成為名符其實之綠色企業。

❷ **策略二【成為綠色產業佼佼者】**:根據中國大陸綠色公司排名(2011)顯示:「台達電積極開發環保節能方案、實現綠色經營理念,使其連續兩年進入百強。」而上榜的企業皆為實現綠色企業之佼佼者;由此可知,台達電藉由以身作則的方式來推廣綠色概念,也使其成為亞洲地區綠色企業的佼佼者。

❸ **策略三【塑造企業綠色標竿】**:台達電屢次在綠色產品與建築上一展長才,並多次榮獲綠色大獎,如美國綠建築協會LEEE最高白金標章;此外,台達電也榮膺經濟部國際貿易局主辦的「2011台灣國際20大品牌」;換言之,台達電透過綠色理念,逐漸發展成為綠色企業模範標竿,並引領台灣貿易商跟進,一同搶占國際綠色市場。

圖20-5　台達電拓展「綠色貿易」動機與模式

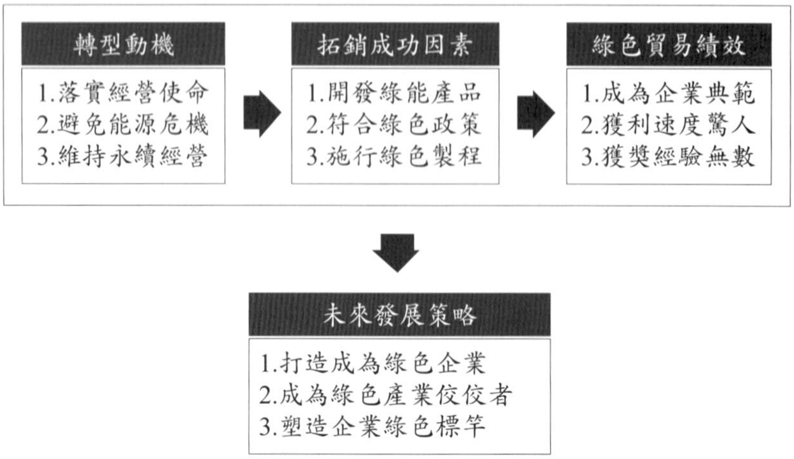

轉型動機	拓銷成功因素	綠色貿易績效
1.落實經營使命 2.避免能源危機 3.維持永續經營	1.開發綠能產品 2.符合綠色政策 3.施行綠色製程	1.成為企業典範 2.獲利速度驚人 3.獲獎經驗無數

未來發展策略
1.打造成為綠色企業 2.成為綠色產業佼佼者 3.塑造企業綠色標竿

⊃【綠色貿易】個案❷：歐萊德（O'right）

　　歐萊德品牌創立於2002年，從一間品牌代理進口商開始起步，自2006年開始成立營運總部，並且成為台灣中小企業中，唯一獲得碳足跡標籤之企業，其主要生產之綠色產品，包含專業美髮用品、香水以及身體保養品等。根據歐萊德董事長葛望平（2010）表示：「中國大陸的經營優勢為降低成本，台灣的經營優勢則為創造價值，而歐萊德就是要創造台灣價值。」而歐萊德秉持「自然、純淨、環保」企業理念，從原物料選擇、產品製造至綠色行銷皆圍繞「節能減碳」，不僅如此，歐萊德更於2011年打造全台第一座綠色GPM廠房，從建築、電力到流程皆緊扣著「綠能」的生產概念。歐萊德創業至今，已獲獎無數，2011年更代表台灣中小企業出席美國APEC會議，成為台灣綠能企業的驕傲。

1. 轉型動機

　　歐萊德為了貫徹綠色精神，將環境、品牌及創造價值做為重要考量，並從供應鏈開始把產品做「綠」，從歐萊德創立以來，便專注於自行研發製造，並以MIT為傲，特將歐萊德製造綠色產品之動機分述如下：

　　❶ **動機一【創造綠色社會價值觀】**：歐萊德將綠色精神導入供應鏈中，在創

造出綠色產品外，也在包裝上面利用可回收的塑膠瓶、及環保材質的空氣袋裝箱，秉持著「你環保、我優惠」的信念，以本身文化價值觀影響並鼓勵供應商與客戶加入行列，一起身體力行，拒絕使用有害環境的材質與原料，並肩攜手合作為環境盡一份心力，創造綠色價值。

❷ **動機二【建立綠色MIT品牌】**：歐萊德這個百分之百MIT自創品牌，已將產品帶到世界各地參展，以尋求多元化商業機會，如替國際大客戶OBM的機會，而董事長葛望平認為將綠色概念導入供應鏈創造出綠色創新產品，有別於國際品牌只有部分環保內容，藉以打造綠色MIT產品品牌特色，透過專屬的品牌特色，使歐萊德成為全球知名的綠色企業。

❸ **動機三【避免環境汙染】**：歐萊德在「綠色製程」的過程中，為減少大量廢棄物的產生，以大豆環保油墨印刷，其不含重金屬、無汙染，而且使用再生紙、減少樹木的砍伐以及維持資源永續使用與生態平衡；在包裝材料上，均以可回收再利用的塑膠瓶裝填產品、環保材質包裝，估計能減少50％能源、60％空氣汙染、20％水汙染與90％廢棄物，落實綠色精神。

2. 拓銷成功因素：

台灣精品協會理事長王文璨（2010）表示：「觀看歐萊德董事長葛望平推行綠色企業，所建立的綠色革命情感，並凝聚綠色向心力與創造工作氛圍，是歐萊德成功的關鍵因素。」而歐萊德成功地將品牌文化注入產品、製程以及行銷中，使其深獲肯定，以下針對歐萊德三大拓銷成功因素進行論述：

❶ **成功因素一【生產綠色商品】**：地球在面臨人類經濟與生產的破壞下，激起新世代的消費者更嚮往自然純淨的生活，而歐萊德以身作則，從使用有機認證原料、環保的運送紙箱、Barcode的機制以及天然的產品等，皆注入品牌精神－「綠」，透過一系列的綠色產品，帶領消費者進入綠色世界，切身感受天然的純淨，一同建造永續的生存環境。

❷ **成功因素二【採用綠能製程】**：歐萊德始終相信「改變大環境從小事做起」，是故歐萊德主張以生產製程開始做起，透過建造符合生態、節能、健康的綠建築概念，使用風力、太陽能發電生產製造，開創綠色的工作環境，此外，更說服供應商施行綠色生產，一同加入「綠色環保」的行列，

而「綠」也成為歐萊德異軍突起的關鍵成功因素。

❸ 成功因素三【推廣綠色行銷】：摒除傳統經營模式與行銷手法，歐萊德先針對綠色概念進行策略分析，透過逆向的慣性思考，思考「What can I do」，接著才去設計、進行通路、銷售點的佈局等，希冀藉此使綠色消費觀深入消費者的心中；而歐萊德積極參與綠色推廣活動，如2009年贊助法國導演盧貝松（Luc Besson）的《搶救地球》以及2011年與台灣連鎖髮廊一同舉辦「關燈60減碳愛台灣」活動，皆獲得熱烈的回應，也為歐萊德建立響亮的名聲；由此可知，在激烈競爭的市場中，只要願意跨出一步，成功的路途就在不遠處。

3. 綠色貿易績效

歐萊德以「自然、純淨、環保」為企業理念，真正的實踐節能減碳，使用天然有機認證的原料；儘管歐萊德創業期間較短暫，而如今已獲得各界的肯定，茲分述其經營績效如下：

❶ 績效一【成為企業典範】：歐萊德董事長葛望平從產品由內到外貫徹「綠」精神，採用可分解的PLA塑料，且在每個瓶子的底部鑲上一顆種子，如瓶子遭丟棄，瓶子分解之後，將不會造成環境汙染，更會因種子與土壤接觸而發芽綠化環境，所以歐萊德藉此申請專利，與其他產品有所差異區別，拉開與競爭者的距離。

❷ 績效二【獲利速度驚人】：歐萊德在貫徹綠色精神之際，更要把關每個生產的製造過程，如計算碳足跡，這可以說是一項大工程，但歐萊德打造了第一座綠色GMP廠房，成為國內第一家獲得環保署頒發「碳足跡」認證的中小企業，而在短短五年內，2011年營收高達1.4億台幣，顯示歐萊德獲利良多。

❸ 績效三【獲得多數獎項】：歐萊德2009年獲得經濟部商業司頒發「第二屆服務業優良品牌」；並且在製造過程中及能源消耗上，均有效減少一半以上的資源消耗及汙染，如50%能源、90%減廢等。此外，歐萊德於2011年榮獲台灣中小企業「企業社會責任獎」（CRS），此也奠定歐萊德對台灣綠色貢獻之肯定。

4. 未來發展策略：

自2008年起，歐萊德成立國際貿易部，成功拓展歐洲市場；2011年歐萊德與中國大陸阿里巴巴合作，走進中國大陸市場，也成為歐萊德開創商機的關鍵時刻，茲將針對歐萊德未來發展策略分述如下：

❶ 策略一【領導中小企業實踐綠能】：身為台灣中小企業綠能領導製造廠商，歐萊德期望透過自身的影響力，帶領台灣中小企業一同往綠色企業邁進；此外希冀憑藉歐萊德的成功，引發台灣的創業精神，並藉由綠色活動的廣大迴響，引起國際企業、買家的的共鳴，攜手共創「低碳經濟」，擴大綠色消費市場。

❷ 策略二【擴展綠色產品進軍全球】：在台灣站穩腳步後，歐萊德開始積極跨足海外市場，首站便往歐洲市場進攻，因歐洲地區擁有較廣泛與完善的綠色概念，另外，歐美市場的美髮市場較為成熟；然而，歐洲國際品牌盤據，歐萊德的發展將受限；因此，歐萊德也將中國大陸內需市場，做為重要的考量，透過出奇制勝的策略，才能快速站上國際舞台，開拓綠色康莊大道。

圖20-6 歐萊德拓展「綠色貿易」動機與模式

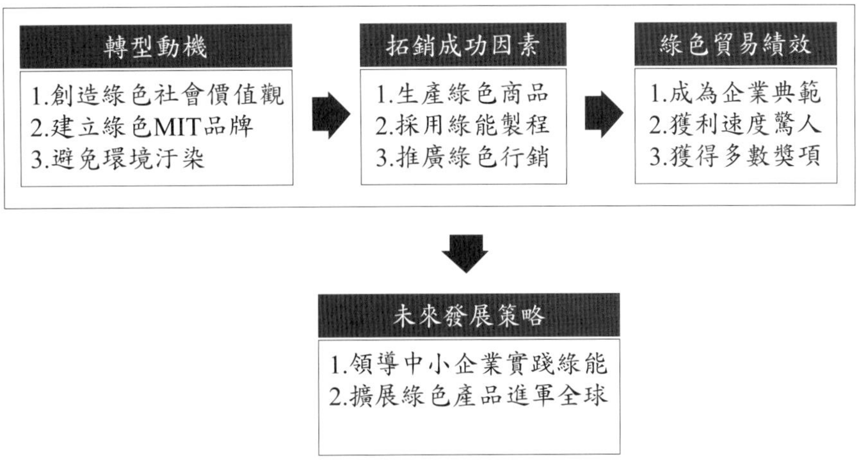

轉型動機	拓銷成功因素	綠色貿易績效
1.創造綠色社會價值觀 2.建立綠色MIT品牌 3.避免環境汙染	1.生產綠色商品 2.採用綠能製程 3.推廣綠色行銷	1.成為企業典範 2.獲利速度驚人 3.獲得多數獎項

未來發展策略
1.領導中小企業實踐綠能 2.擴展綠色產品進軍全球

■ 貿易新趨勢四：資源貿易

世界自然基金會（WWF）於2010年10月13日表示：「全球碳污染與過度使用地球天然資源，已成為嚴重的問題，依照目前全球人口成長、資源消耗速度與氣候變遷程度，預計到2030年，恐需要第2個地球的能量，以滿足人類二氧化碳排放與自然資源消耗的需求。」在資源有限但需求無窮擴大的情況下，新替代資源開發已成為全球勢必積極發展的趨勢，以下茲將說明「資源貿易」個案之「東元電機」與「永豐餘」，分析其發展動機、拓銷模式及未來發展展望。

⊃【資源貿易】個案❶：東元電機（TECO）

東元電機於1956年創立，以重電產品之馬達生產起家，為國內首家依國際規格製造電動機的企業，在東元50餘年的耕耘下，從初期馬達生產，截至2011年已橫跨重電、家電、通訊、資訊、電子、基礎工程建設、關鍵零組件、餐飲及金融投資等多角化發展領域。自1972年在新加坡設立東元第一家海外分公司以來，事業版圖更是已橫跨全球五大洲，達30餘國，合作的夥伴包括美國奇異、日本安川、美國西屋、瑞典易利信、日本三菱、美國柯達伊仕曼及德國G&D等公司，東元已由傳統的重電及家電產業，逐步邁向全球化的高科技企業。而研發創新一直為東元成長的重要原動力，為使東元全球研發佈局趨於完備，匯集來自台灣、美國、日本、中國大陸及歐洲等之研發實力與市場經驗。而東元近年更積極投入替代能源相關發展，不僅努力鞏固既有發展領域，更積極投入全球資源貿易趨勢，以搶奪資源先機，開創未來。

1. 轉型動機

東元電機以馬達等重電產品起家，而其成長方向朝向多元發展，並積極投入資源貿易相關投資佈局，開創新發展未來，茲將東元電機佈局相關資源貿易之動機分析如下：

❶ 動機一【取得關鍵原料】：東元意識未來馬達將出現新革命，以具有節省能源特性的永磁馬達為主流，並以稀土為主要關鍵原料，對於稀土需求將日益擴大，又因全球95％稀土供應集中來自中國大陸，其稀土價值更是突顯，而稀土主要來源國之中國大陸實施對稀土出口限制，因而前瞻性佈局

中國大陸稀土資源。

❷ **動機二【搶攻能源商機】**：有鑑於石油等不可再生資源逐漸耗盡，其石油、天然氣等價格不斷攀升，高度威脅全球經濟與人民生活，因此開發替代能源勢必成為全球未來的趨勢，又東元為配合政府政策及考量替代能源之趨勢，並看重台灣風力發電產業潛力及太陽能逆變器，藉由發展可再生能源以替代不可再生能源，不僅符合國際開發能源貿易趨勢，更搶攻市場先機。

2. 拓銷成功因素

東元電機多元發展並注重能源貿易領域，並以多元方式佈局能源產業，茲將東元電機佈局相關資源貿易之拓銷成功因素分析如下：

❶ **成功因素一【投資稀土資源】**：東元董事長劉兆凱（2010）表示：「中國大陸江西贛州稀土礦藏富有，全球約7成磁礦集中於此。」因中國大陸限制外資投資相關礦業，東元藉由與中國大陸在地廠商進行合資成立新公司以取得稀土資源穩定供應，並於2010年斥資1,350萬人民幣，與中國大陸江西力德風電合資成立「力德東元公司」，力德風電提供稀土資源給力德東元，乃至東元電機運用，而東元則提供風電技術以換取稀土資源優勢，東元藉由稀土資源生產相關產品與開發相關商機。

❷ **成功因素二【開發風電能源】**：東元美國分公司之東元西屋馬達（TWMC）積極進行風能開發，並於2007年獲得風電技術重大突破後，即進入風電發電產業發展，且風電發展佈局廣泛，共有四個風電生產基地，分別位於台灣中壢、美國德州、江蘇無錫與福建漳州，最大年產可達500支風力發電機，另受中國大陸「十二五」規畫之能源發展政策推動影響，積極進軍中國大陸風電市場，並以中國大陸為未來風電主要市場。東元電機藉由風電機組貿易，提供透過機組設備以取得風力資源，進而運用風能轉換成電能，獲取龐大商機。

❸ **成功因素三【發展太陽能源】**：不同於眾家企業紛紛投入太陽能模組發展，東元電機於2011年投入太陽能逆變器開發，而所謂太陽能逆變器即是將太陽能模組蒐集太陽能進而將輸出的直流電變成交流電，再與電廠聯網，同時兼具保護及監控系統的功能。只要發電即用的到逆變器，因此應

用廣泛，市場極具潛力，東元將於2011年完成太陽能逆變器開發，並預計2012年外銷國外市場，準備搶攻具有申請太陽能發電系統補助之海外市場，並以具較大需求量的歐美國家為主。

3. 資源貿易績效

東元電機近年多元投資發展能源相關產業，且佈局資源貿易有成，茲將東元電機佈局相關資源貿易之績效分析如下：

❶ 績效一【股價翻揚】：東元是唯一與中國大陸稀土礦業者合資的台灣企業，受益稀土貿易議題趨勢上漲，不僅擺脫原經營困境，東元股價更是強勢翻揚。東元電機股價在2009年5月至2010年6月呈現在12到14區間動盪，而後因投資稀土議題與風電能源發展優異，於2012年3月3日股價達21.95元，創10年以來之新高點。

❷ 績效二【營收成長顯著】：東元轉往新能源發展，其發展成果直接反映在東元營收上，其中又以開發風能電源表現最亮眼，東元董事長劉兆凱（2011）表示：「東元搶搭風能商機，風力發電機未來每年將會有150至200支穩定訂單，預估每年可以創造新台幣百億元以上營收，東元風電營收可超越東元家電，成為重電之後，東元第二大營收來源。」

4. 未來發展策略

東元電機自創立以來，一路秉持改革創新之優良傳統，顯示追求新發展為東元之重要使命，茲將東元電機未來發展相關策略分析如下：

❶ 策略一【深耕能源產業】：東元電機放眼未來，積極致力於環保、節能及高效能產品開發，更順應全球減碳與能源風潮，致力擴張風電、車電等再生能源事業版圖，搶攻能源與節能新事業商機，並向新興市場拓展佈局。

❷ 策略二【追求多元發展】：「改革創造新局、創新迎向未來」為東元電機創立以來恆久不變的企業精神，積極在事業體及轉投資事業不斷開發新的領域。另「多元化經營、多角化的投資」為東元整體發展規畫理念，藉由互相支援，以利建立完整之集團版圖，並積極朝新能源集團轉型，著重往節能減碳及再生能源兩大領域拓展更多新產品。

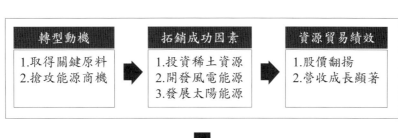

圖20-7　東元電機拓展「資源貿易」動機與模式

⊃【資源貿易】個案❷：永豐餘（YFY）

　　永豐餘造紙股份有限公司成立於1950年，為台灣民營造紙業先驅，且產品穩居國內造紙業的領導地位。永豐餘核心事業主要分為紙與紙板、工業用紙、消費品事業三大類別，且各類別皆有脫穎而出的表現。此外，永豐餘在台灣總共有十個廠，而國外方面，中國大陸已有12座紙器廠、1座工紙廠及2座家紙廠，以及越南合資三座紙器廠。產品除了供應國內需求外，並積極拓展國外市場，佈局深入東南亞、東北亞、中東與中南美等地區。基於國際掀起碳權交易風潮，而台灣尚未實施碳權交易的同時，永豐餘看好未來碳權交易商機，搶先佈局。永豐餘於2008年參與經濟部能源局所舉辦的「節約能源服務團」計畫，並設立節能服務團，宣誓在三年內降低1.92萬公噸二氧化碳排放量為目標，將獲取的碳排放量轉為碳權，一步一步將未來進行碳權交易的效益極大化。

1. 轉型動機

　　所謂「碳權」為企業具有可排放碳權利的配額，若某企業碳排放量超過配額，得向未用完碳排放量配額的企業購買碳權額度。因而對於重汙染工業，碳權成為一種資源，而永豐餘瞄準碳權交易背後商機，茲將永豐餘佈局碳權交易的動機分析如下：

❶ 動機一【看好碳權效益】：依照聯合國《京都議定書》規範，森林可被當做碳權交易的商品，因森林會吸附二氧化碳，而企業若藉由樹林進行二氧化碳減量，每公噸二氧化碳則可協助企業減少新台幣1,820元的稅金。而《京都議定書》於2012年生效，因此碳權已成為有價值的實質商品，對於擁有造林的造紙業而言，碳權交易具有龐大商機。

❷ 動機二【提升企業形象】：造紙業為台灣碳排放量位居前五大產業之一，而永豐餘為了獲取碳權則必須要有具體方法或是研發機器設備，使得製程所產生的二氧化碳排放量降低，在減碳的過程中，建立永豐餘節能減碳的環保企業形象，而永豐餘又能將降低的碳排放量轉為碳權而獲取利益，對永豐餘而言具有雙邊利益。

2. 拓銷成功因素

在永豐餘積極發展汽電共生裝置及國內外造林，來降低二氧化碳排放量，將獲取的碳權資源極大化，以下茲將永豐餘拓銷碳交易之成功因素分析：

❶ 成功因素一【興建汽電共生廠】：為了獲取更多碳權額度來交易，永豐餘興建汽電共生設備，成為永豐餘取得碳權的利器。以永豐餘台東紙廠汽電共生設備而言，其設備每年可減少超過40.7萬噸的二氧化碳排放量，而永豐餘目前已有四座汽電共生廠，分別在苗栗新屋、台東與中國大陸揚州，以及在2010年剛裝備汽電共生裝置的久堂廠。此外，更藉由回收廢輪胎、木材及泥土等廢棄物，替代煤炭做為汽電共生的燃料，以永豐餘新屋廠汽電共生系統而言，每年二氧化碳排放量約減少40.7萬噸。透過雙管齊下，永豐餘在未來碳權交易上勢必創造龐大的利潤。

❷ 成功因素二【運用植林減碳】：造林除了提供木材本身價值，亦具有減碳功能，隱含碳權商機，因此永豐餘藉由積極造林來達到減碳以獲取碳權交易。永豐餘在台灣擁有造林面積1,318公頃，且2008年4月16日在中國大陸與華紙合資鼎豐紙業公司共同植林。永豐餘與華紙在中國大陸所合資的廣東鼎豐紙業公司，植林面積高達約3萬公頃，預估一年可吸收58萬噸二氧化碳。加上中國大陸北京於2009年11月正式成立的中國大陸林權產業交易所，對在中國大陸擁有林地之華紙及永豐餘碳權商機更加明確。

3. 資源貿易績效

環保署（2011）表示，「台灣與英國彼此同意在國際間進行碳交易平台，成為台灣碳交易與國際接軌重要的第一步。」面對政府正積極建構碳交易平台，對於發展碳權資源的永豐餘所產生的績效分析如下：

❶ **績效一【碳權交易效益】**：在兩岸擁有3萬多公頃林地（中國大陸3萬公頃加上台灣1,318公頃）的永豐餘造紙公司（2008）表示，「全球吹起碳權交易風潮，再加上木材加工市場價值看漲，估計公司在中國大陸以及台灣所擁有的森林價值達30億元以上，其具有高達24.4億元的碳權價值。」上述可知，永豐餘在內部與外部積極佈局以落實減碳計畫，以擴大未來碳權交易的效益。

❷ **績效二【企業形象提升】**：永豐餘不僅視節能減碳為市場新契機，亦視為企業社會責任，致力於造林減碳，使永豐餘獲綠巨人之美譽，另永豐餘更為台灣首家公布碳權價值的上市櫃公司，顯示永豐餘造林搶攻碳商機的成效已備受肯定，更被視為標竿企業，同時大幅提升其社會形象。

4. 未來發展策略

永豐餘積極進行技術及策略資源整合，同時運用旗下五大事業群：紙業、金融、科技、生技、公益，提升拓展契機並確保全球市場的競爭優勢。在永豐餘未來發展部分，提出了下列的策略：

❶ **策略一【取得碳認證】**：永豐餘內部積極朝通過「國際自願性減碳」（VCS）認證努力，成立專責部門規畫，並透過長期投資節能減碳及造林植樹計畫，以朝獲得國際碳權交易權的目標邁進，期許未來進軍歐美碳權市場。

❷ **策略二【研發爭碳權】**：生技製程研發是永豐餘在紙業勝出的優勢，亦代表對地球環境維護的承諾信念，永豐餘成功研發出利用農業秸稈纖維植物取代廢紙原料的技術，並於揚州設立生物製漿廠，此發明除了降低原料成本、善用天然資源且更具碳權效益。

圖20-8　永豐餘拓展「資源貿易」動機與模式

■ 貿易新趨勢五：南南貿易

全世界貿易重心向南移動，貿易量日增的南方絲路串起新興市場的內需，龐大且強勁的投資商機前景可期，2011年4月1日經濟合作暨發展組織（OECD）發展中心主任Mario Pezzini提到，目前開發中國家的合作額有50%和南南貿易有關，占全球貿易值37%，近年南南貿易蓬勃發展，因此，貿易商若能掌握此趨勢，轉往南南絲路經貿合作，將降低與全球經濟變動，特別是歐元區、美國及日本等重要國家貿易所帶來的不確定性，以下茲介紹南南貿易發展的相關企業個案「農友種苗」與「奇力速工業」，分析其轉型動機、拓銷模式、經營績效，以及其所帶來的未來發展方向與商機。

⊃【南南貿易】個案❶：農友種苗（KNOWNYOU SEED）

農友種苗股份有限公司成立於1968年，總公司設立於高雄苓雅區，其創業宗旨為創造園藝新品種、種苗新技術的研發、生產優良種苗及開發種苗的資材，為台灣此產業最大、最具權威性的專業種苗育種公司，銷售版圖遍及全球30多個國家，分別為東南亞各國，如新加坡、印度、泰國、越南、緬甸及中國大陸等地設立分公司，進行內外銷、農業資材貿易、種子與種苗的改良等相關業務。而農友種苗在全球種苗市占率高達70%，這種領導者的優勢，是長期投入技術培育研發

所累積出來的競爭優勢。

1. 轉型動機

農友種苗佈局東南亞各地設立據點，主因為台灣耕地面積縮減、產業結構之轉換、及台灣工資的上升使企業成本提高，加上美消亞長，新興國家前景可期，洞燭先機的農友種苗看準南南貿易新趨勢，積極佈局東南亞地區。茲將農友種苗之轉型動機分述如下：

❶ 動機一【國內產業結構轉換】：台灣一級產業漸漸被二、三級產業代替，行政院農業委員會農糧署發布的《2010年農業統計年報》指出，台灣自2001年至2010年的農業耕地總面積，由84.9萬公頃縮減成81.3萬公頃，耕地縮減、產業結構轉變，使台灣農業無不紛紛向外發展。而東南亞的土壤肥沃，適合農業的生產，其中，越南之農業人口占總人口77％，農業更占越南國內生產毛額的20％，欲前往東南亞國家設立據點的農友種苗，看中以農立國的越南前往佈局。

❷ 動機二【國內勞工薪資上漲】：根據2010年經濟部投資業務處發布的《越南投資環境簡介》指出，越南擁有8,602萬人口，為東南亞僅次於印尼之第二大國，每年投入勞動市場者達100萬人，豐沛的勞動力及每月新台幣1,787元的低廉工資，低於勞委會（2011）法定台灣最低工資每月新台幣18,780元，每小時 103 元，農友種苗因此更積極前往東南亞拓點，以因應台灣逐漸攀升的工資率。

2. 拓銷成功因素

自西元1968年成立以來，花卉為農友種苗主力產品之一，農友種苗不僅看準越南重視培育蘭花，也搭上南南絲路之熱潮，使農友種苗年銷售量高達十億元，成為家喻戶曉之成功企業的農友種苗，茲將農友種苗之拓銷成功因素分述如下：

❶ 成功因素一【看準越南重視農業】：低產值、高價值的蘭花是國際最重要的花卉主力產業，蘭花雖只占台灣花卉種植面積的4％，其創造的產值卻高達23％，根據工商部資訊中心資料表示，熱愛花卉的越南，其農業科研單位十分重視蘭花之培育工作，長期研發蘭花培植，擷取水稻提早開花的功能性基因，移轉至蘭花內，並結合水稻與蘭花的生物研究，使蘭花產能

在有限的時間內達到最大值，農友種苗著眼於此，前往越南發展育苗，技術根留台灣。

❷ **成功因素二【南南絲路天時地利】**：農友種苗佈局策略首站據點在新加坡，而後新興市場新勢力崛起，農友種苗移轉至東南亞地區，擴大佈局至印度、越南、菲律賓東南亞各地。由於東協國家之一的越南與中國大陸及東南亞國家簽訂自由貿易協定，根據2011年10月18日經濟部國際貿易局資料顯示，越南為降低進出口貨品關稅，已與日本、智利、東協自由貿易區（AFTA）等新興國家為主簽署協定，搭上南南絲路列車，加強其經貿合作，便為農友種苗成功因素之一。

❸ **成功因素三【緊抓東南亞資源】**：由於台灣國土狹小，內需市場亦不大，蘭花主要是依賴外銷，不僅銷至美國、日本等已開發國家，在新興國家的出口數量也穩定增加，根據行政院農委會統計顯示，台灣外銷至新興國家之蝴蝶蘭盆花產量在2011年占有7％的比重，與2010年的4.8％相較有明顯的成長，東南亞土壤肥沃，南南絲路的崛起，更使開拓東南亞的農友種苗在品質及成本有利的情況下往國際發展。

3. 南南貿易的績效

「佈局東南亞，技術根留台灣」的農友種苗，因具有前瞻的眼光、快速佈局的動作，迅速成為台灣第一、東南亞最大的種苗公司，茲將農友種苗之績效分述如下：

❶ **績效一【佈局新興躍上國際舞台】**：由於貿易商至東南亞投資的成功經驗，農友種苗也隨貿易商的腳步，到各地設立據點，如越南、印度、菲律賓等國家，使農友種苗在全球市占率高達七成，顯示其站穩市場龍頭的地位，而種苗的多樣性、栽培技術以及品質高穩定性的競爭優勢，在國際市場上占有一席之地，在此領域成為新的台灣之光。

❷ **績效二【穩坐東南亞種子市占率】**：由於緬甸自然條件優越、60％以上的農業人口，再加上政府相當重視農業，農友種苗亦前往緬甸投資農業開發，利用基因標的篩選平台加速選種的過程，加快種苗培育的速度，防治蔬果抗病的難題，從多樣化的種原庫中尋找有潛力的基因，以因應未來開發基因改造作物的功能性基因，農友種苗在緬甸之蔬菜瓜果種苗的市占率

高達90%。

4. 未來發展策略

希冀更上一層樓的農友種苗鎖定高消費族群及學術研討合作，結合南南絲路，並計畫與歐洲生技公司簽約合作，藉由對方的優勢，在植物栽種時加速篩選品種的腳步，鞏固自身競爭優勢，達到永續發展之經營，茲將農友種苗之未來發展策略分述如下：

❶ 策略一【鎖定新興國家外銷】：面對各地區人力成本的劇增、國外生產基地管理的複雜及其他外在的威脅，農友種苗在未來會朝向量少價高的經營模式，鎖定新興國家。根據行政院農委會（2011）統計顯示台灣外銷至新興國家之蘭花產量占有7%的比重，利用南南絲路之勢，降低貿易關稅壁壘，鎖定消費族群，建立蔬果品牌化。

❷ 策略二【借南方絲路之東風】：財團法人台灣蘭花產銷發展協會秘書長曾俊弼在2011年6月表示：「台灣蘭花若想要永續經營，政府的財務資源以及金融資源的系統協助，更應積極投入。」有鑑於此，農友種苗與國內各大學及政府合作，在國際上與歐洲、中國大陸簽訂合作協議，加上台灣與東南亞有地緣關係且語言文化相近，更可藉由南南絲路使農友種苗將各方資源結合，達到雙贏之效。

圖20-9　農友種苗公司拓展「南南貿易」之動機與模式

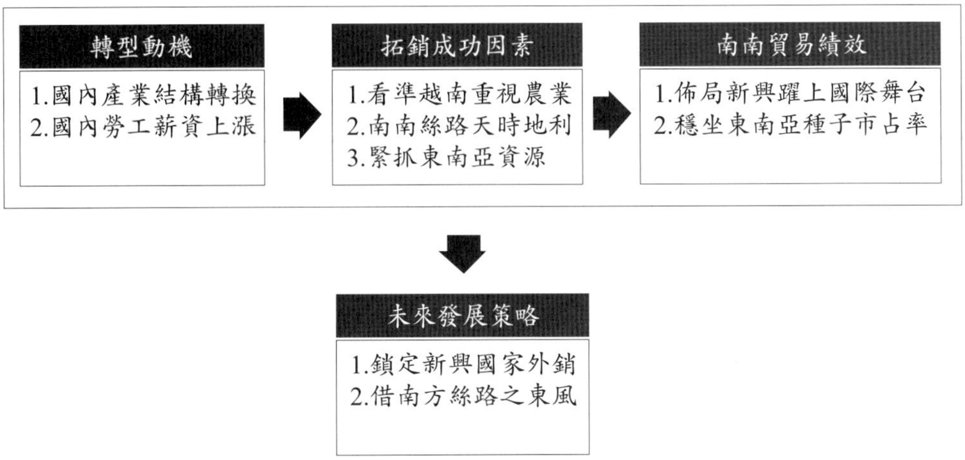

轉型動機	拓銷成功因素	南南貿易績效
1.國內產業結構轉換 2.國內勞工薪資上漲	1.看準越南重視農業 2.南南絲路天時地利 3.緊抓東南亞資源	1.佈局新興躍上國際舞台 2.穩坐東南亞種子市占率

未來發展策略
1.鎖定新興國家外銷 2.借南方絲路之東風

⊃【南南貿易】個案❷：奇力速工業公司（KILEWS）

奇力速工業股份有限公司成立於1983年，由董事長王德帆一手草創，主要生產全自動有刷、無刷及大扭力電動螺絲起子等手工具產品，為台灣第一家成功開發出直插式電動起子的本土廠商，技術領先市場，品質媲美歐美等先進國家廠商。1988年奇力速工業公司開始緊鑼密鼓拓展市場，初期以亞洲為主要拓展市場，並於1993年起成功打入國際知名工具大廠市場。奇力速工業公司除憑藉其優良品質揚名於國際外，尚以其完備的售後服務常駐客戶心中，至2011年止，奇力速工業公司的維修據點遍布日本、新加坡、德國及義大利等亞歐發達國家，同時亦已於印度、越南及泰國等南南新興市場中建立售後服務網絡。

1. 轉型動機

中國大陸地區工資不斷上漲，部分產業帶動整體產業鏈一同轉移至勞動力相對低廉的新興國家，加上2008年的金融海嘯及歐債風暴，嚴重影響歐洲經濟發展，進而影響奇力速工業公司的產品銷售，此兩大原因促使奇力速工業公司更加堅定的邁向市場龐大的南方絲路發展，除既有市場之外，新興市場也將成為奇力速工業公司未來的銷售重心，茲將奇力速工業公司之轉型動機分述如下：

❶ 動機一【客戶產業移轉】：奇力速工業公司副總經理王德源先生於2010年接受外貿協會的訪問中表示：「隨著奇力速工業公司客戶族群之一的電子設備代工廠商紛紛轉向新興南方絲路國家，奇力速工業公司亦積極開拓印尼、印度與埃及市場。」奇力速工業公司於新拓展市場中，除仍繼續服務舊有客戶，亦同時開發當地市場之潛在客戶，以擴展奇力速工業公司之市占率。

❷ 動機二【金融危機驅動】：天津市奇力速工業公司總經理孫悅先生於2009年10月表示：「金融危機對奇力速的影響很大，歐洲區的銷售額下降了80％，為此，奇力速不僅增加了中國大陸內需市場銷售的比例，同時也將開發新的國外市場。」隨著歐洲市場的不振，奇力速轉而開發南非、埃及等南方絲路國家，並藉此轉移歐洲市場衰退所帶來的傷害。

2. 拓銷成功因素

素有「手工具王國」之稱的台灣，發展手工具產業已有30年歷史，奇力速帶著高品質的手工具，看好新興市場熱潮，積極拓展新興國家。佈局成果優異的奇力速工業公司，成為產量名列世界第一的全球知名品牌，茲將奇力速工業公司之拓銷成功因素分述如下：

❶ 成功因素一【掌握南方絲路資訊】：受惠於建築業與汽車業快速發展，手工具產業需求快速攀升，經濟部技術處2011年8月指出，2010年台灣手工具產業出口值為539.6億元，台灣手工具產業出口至中南美國家，出口值為25.52億元，規模不大卻深具開發潛力。奇力速工業公司著眼於此，自2010年起積極參與埃及、南非、墨西哥等世界手工具及貿易展覽會，並且與駐外代表密切聯繫，以獲取新興國家貿易的第一手資訊。

❷ 成功因素二【獲取品質檢驗認證】：奇力速工業公司的產品早於1998年即陸續通過「ISO9000、9002」及美國「UL認證」、英國「ITS CE認證」、中國「CQC的3C電動工具強制認證」等多項認證，使奇力速於南方絲路新興國家的推廣能更加順利。

❸ 成功因素三【完備售後服務體系】：「品質第一，服務至上」為奇力速工業公司的精神，故完備的售後服務網亦為該公司拓展新興市場的一大利器，其優秀的維修網絡，不僅自公司至代理商都已建立一套成熟的售後服務體系，同時亦有專業的維修工程師，提供顧客最高品質的維修服務。至2011年止，奇力速不僅於新加坡、德國、義大利設立服務據點，更於1998年起，陸續將服務據點擴大至新興國家，如印度、越南、泰國等，不論何時何地，奇力速的售後服務始終將跟著產品的推展而開拓。

3. 南南貿易績效

茲將奇力速工業公司之績效分述如下：

❶ 績效一【新興市場市占第一】：奇力速工業公司雖然不刻意經營低價產品策略，但憑藉操作方便、品質高與服務優等特點，使該公司的產品深受新興市場喜愛，奇力速是在東南亞、印度以及中國大陸等市場中市占率最高的電動螺絲起子生產製造商。

❷ 績效二【拓銷展覽產品轟動】：奇力速工業公司積極參與新興市場各展覽會，憑藉其優良的品質，產品廣受新興市場顧客喜愛，副總經理王德源先生於2010年接受外貿協會的訪問中表示：「奇力速工業公司於2010年參加埃及手工具展時，產品兩日內迅速被訂購一空。」顯見其產品於新興市場中之接受度及競爭力。

4. 未來發展策略

「不斷超越、永做世界第一」為奇力速的目標，因此唯有不斷提升技術、持續推廣品牌，才能配合新興市場產業需求，達成永續發展目的，茲將奇力速工業公司的未來發展策略分述如下：

❶ 策略一【品牌持續發展】：面對南南絲路這個新崛起的市場，唯有不間斷地發展自身品牌，並且搶先其他競爭對手將品牌打入新市場，才可以在瞬息萬變的新興市場中，占有先進者優勢。

❷ 策略二【技術不斷向上】：新興市場的家電及汽車產業市場規模及發展潛力大，奇力速工業公司如能發展此層級產品並爭取其裝配廠商訂單，將可擴大公司的事業版圖，是故，王董事長希望奇力速能自適合電子裝配業使用的電動起子、自動送螺絲機及電焊台等工具，往家電業、汽車裝配業等高扭力工具產品發展。

圖20-10 奇力速工業公司拓展「南南貿易」動機與模式

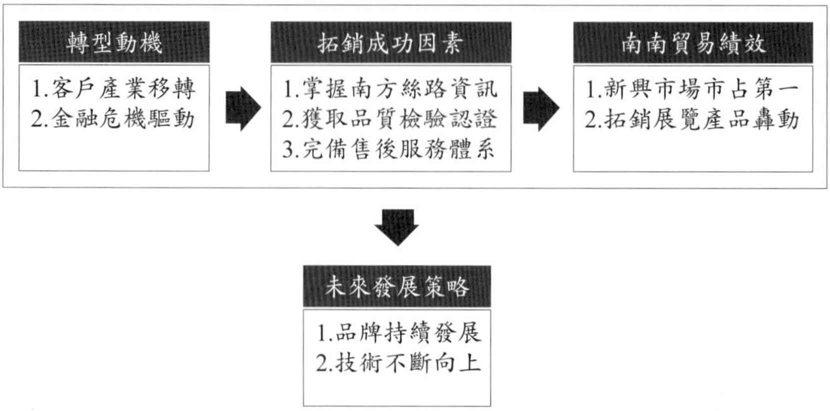

轉型動機	拓銷成功因素	南南貿易績效
1.客戶產業移轉 2.金融危機驅動	1.掌握南方絲路資訊 2.獲取品質檢驗認證 3.完備售後服務體系	1.新興市場市占第一 2.拓銷展覽產品轟動

未來發展策略
1.品牌持續發展 2.技術不斷向上

第 **5** 篇

貿易發展新跨界

2012 IEAT 報告結論與建言

Opportunities
in the Next Golden Decade

第21章

2012 IEAT調查報告結論彙總

2012《IEAT調查報告》賡續2011《IEAT調查報告》以「國家競爭力」、「貿易自由度」、「貿易便捷度」、「貿易難易度」、「貿易風險度」的「一力四度」核心的評估模式,針對14個「重要市場」及32個「新興市場」等46個貿易地區進行結構式問卷調查,有關2012《IEAT調查報告》主要研究結論分述如下:

■ 結論一:「樣本基本特性」分析

2012《IEAT調查報告》針對台灣貿易商進行結構式問卷調查,並經由雙30（註:(1)在同一個貿易地區回收數必須達到30份以上;(2)在台北市進出口商業同業公會21個行業小組所屬產業別中,每一產業別的回卷數必須達到30份以上）的條件下,最終列入評估的貿易地區計有46個,相較於2011年新增四個,而總計有效回卷數為2,116份,較2011年減少110份。

有關2,116份有效回卷數的貿易商基本經營特性,包括:(1)主要進出口貿易地區;(2)國際市場主要競爭對手;(3)最具發展潛力貿易地區;(4)取得市場優勢的關鍵能力;(5)貿易經營主要困擾問題;(6)貿易拓展需政府協助需求;(7)全球經貿衝擊事件對台灣貿易業者影響,其中,「最具發展潛力貿易地區」與「全球經貿衝擊事件對台灣貿易業者影響」為2012《IEAT調查報告》新增項目,茲將上述這七項樣本基本特性排行前十名彙整如下表。

表21-1 2012 IEAT調查「樣本基本特性」重點剖析

排名	❶ 主要進出口貿易地區	❷ 國際市場主要競爭對手	❸ 最具發展潛力貿易地區	❹ 取得市場優勢關鍵能力	❺ 貿易經營主要困擾問題	❻ 貿易拓展需政府協助需求	❼ 全球經貿衝擊事件對台灣貿易業者影響
1	中國大陸	中國大陸	中國大陸	顧客維繫力強	匯率波動頻繁	提供市場資訊	歐洲債務危機引發全球金融恐慌
2	美國	香港	印尼	價格具競爭力	同業競爭加劇	鼓勵異業聯盟	全球經濟二次探底陰影與衝擊
3	日本	韓國	巴西	品質競爭力	缺乏貿易專才	整合同業平台	美國兩房危機引發全球金融風暴
4	香港	日本	印度	售後服務優	知識產權保護	整合聯盟夥伴	全球主要貨幣兌美元續升值趨勢
5	馬來西亞	美國	土耳其	貿易產品力優	客戶付款能力	國外貿易商情	金融風暴後各國採取貿易保護
6	新加坡	越南	南非	企業信用良好	國際環保規範	提供會展資訊	各國救市造成貨幣寬鬆通貨膨脹
7	韓國	馬來西亞	越南	公司財務穩健	全球削價競爭	取得資金融通	台灣塑化劑事件及衝擊
8	泰國	新加坡	俄羅斯	供應鏈管理強	貿易資訊取得	專業能力培訓	標準普爾降美國債評級
9	澳洲	澳洲	卡達	物流配送優	原物料價格漲	提升商務能力	近十年來日本經濟持續低迷
10	越南	印尼	美國	掌握市場資訊	資金融通困難	改善貿易法令	日本宮城縣大地震及福島事件

資料來源：本研究整理

■ 結論二：「評價最佳前十個貿易地區」分析

表21-2為2012《IEAT調查報告》將一力四度及綜合貿易競爭力評價最佳前十個貿易地區彙整。由下表歸納顯示，新加坡、加拿大、澳洲、香港、英國這五個貿易地區，在一力四度評估構面及綜合貿易競爭力等六項排名上，均位居評價最佳前十之列，與2011《IEAT調查報告》相同，這些國家皆屬於「重要市場」的貿易地區，此外，美國、德國除在「貿易自由度」未列前十，其餘五項排名皆位列前十。而台灣除在「國家競爭力」未列前十，其餘五項排名皆位列前十。然而，若就新興市場在一力四度評估構面及綜合貿易競爭力之評價，則有：(1)「貿易自由度」排名中，位於中東地區的阿聯大公國、卡達，分別位列第七名、第九名，以及馬來西亞位列第十名；(2)「貿易便捷度」排名中，阿聯大公國位列第六名；(3)「貿易難易度」排名中，則有排名第七名的沙烏地阿拉伯與第十名的阿曼；(4)「貿易風險度」中，則無新興市場位列前十。

表21-2　2012 IEAT調查「評價最佳前十個貿易地區」排名

排名	❶ 國家競爭力	❷ 貿易自由度	❸ 貿易便捷度	❹ 貿易難易度	❺ 貿易風險度	綜合貿易競爭力
1	美　　國	新 加 坡	新 加 坡	新 加 坡	加 拿 大	新 加 坡
2	加 拿 大	加 拿 大	香　　港	加 拿 大	新 加 坡	加 拿 大
3	新 加 坡	澳　　洲	加 拿 大	澳　　洲	澳　　洲	澳　　洲
4	澳　　洲	法　　國	英　　國	美　　國	香　　港	香　　港
5	德　　國	香　　港	澳　　洲	英　　國	英　　國	英　　國
6	英　　國	英　　國	阿聯大公國	香　　港	台　　灣	美　　國
7	日　　本	阿聯大公國	美　　國	沙烏地阿拉伯	美　　國	德　　國
8	荷　　蘭	台　　灣	台　　灣	德　　國	德　　國	台　　灣
9	香　　港	卡　　達	德　　國	台　　灣	紐 西 蘭	法　　國
10	法　　國	馬來西亞	日　　本	阿　　曼	日　　本	日　　本

資料來源：本研究整理

■ 結論三：「評價倒數前十名貿易地區」分析

2012《IEAT調查報告》亦針對名列一力四度及綜合貿易競爭力評價倒數前十個貿易地區，彙整如下表所示。與2009-2011《IEAT調查報告》報告相比，名列

評價倒數前十名的貿易地區，依舊以東南亞、南美洲、非洲等新興市場居多，其中，柬埔寨、孟加拉、阿根廷、伊朗、巴基斯坦均列入一力四度及綜合貿易競爭力六項排名的評價倒數前十名貿易地區。而埃及與菲律賓在「貿易風險度」未列評價倒數十名，其他五項排名皆位列評價倒數前十；巴林在「國家競爭力」未列評價倒數十名，其他五項排名皆位列評價倒數前十，值得注意的是，貿易風險度評價倒數前十名首次出現西班牙、義大利等重要市場。

表21-3 2012 IEAT調查「評價倒數前十個貿易地區」排名

排名	❶ 國家競爭力	❷ 貿易自由度	❸ 貿易便捷度	❹ 貿易難易度	❺ 貿易風險度	綜合貿易競爭力
1	安哥拉	巴基斯坦	伊 朗	巴基斯坦	伊 朗	伊 朗
2	柬埔寨	伊 朗	孟加拉	巴 林	巴基斯坦	巴基斯坦
3	奈及利亞	埃 及	埃 及	伊 朗	巴 林	孟加拉
4	巴基斯坦	菲律賓	巴 林	孟加拉	柬埔寨	柬埔寨
5	孟加拉	巴 林	巴基斯坦	阿根廷	泰 國	埃 及
6	伊 朗	孟加拉	菲律賓	科威特	阿根廷	巴 林
7	菲律賓	阿根廷	阿根廷	埃 及	孟加拉	菲律賓
8	埃 及	泰 國	柬埔寨	柬埔寨	科威特	阿根廷
9	阿根廷	柬埔寨	奈及利亞	義大利	西班牙	奈及利亞
10	約 旦	智 利	匈牙利	菲律賓	義大利	科威特

資料來源：本研究整理

■ 結論四：「重要暨新興市場Top10」分析

2012《IEAT調查報告》除根據一力四度及綜合貿易競爭力，進行評價最佳前十個、評價倒數前十個貿易地區排名外，亦針對：(1)重要市場；(2)新興市場；(3)經濟組織等三項進行綜合貿易競爭力評價最佳前十名排名，如表21-4所示。就「重要市場」而言，新加坡、加拿大、澳洲、香港、英國為名列前五名的貿易地區；而「新興市場」排名前五名的貿易地區分別為阿聯大公國、沙烏地阿拉伯、南非、卡達、以色列，仍以中東地區居多，而台灣在重要市場排名第八位，較2011年上升一名，大幅領先競爭對手韓國與中國大陸；然就「經濟組織」而言，與2011《IEAT調查報告》相同，依舊是以亞洲四小龍（T4）、七大工業國（G7）及2010年台灣十大貿易夥伴（Top10）三個經濟區塊名列前三名。

表21-4　2012 IEAT「重要暨新興市場Top10」排名

排名	❶ 重要市場	❷ 新興市場	❸ 經濟組織
1	新 加 坡	阿聯大公國	亞洲四小龍（T4）
2	加 拿 大	沙烏地阿拉伯	七大工業國（G7）
3	澳 洲	南 非	十大貿易夥伴（Top10）
4	香 港	卡 達	新興四力（CITI）
5	英 國	以 色 列	新七大經濟體（NG7）
6	美 國	阿 曼	新金磚六國（BRIICS）
7	德 國	馬 來 西 亞	新興經濟體11國（E11）
8	台 灣	約 旦	東協十國（ASEAN）
9	法 國	土 耳 其	飛鷹國家（EAGLES）
10	日 本	中 國 大 陸	重點拓銷市場（Focus11）

資料來源：本研究整理

■ 結論五：「五大洲綜合貿易競爭力排名」分析

2012《IEAT調查報告》一力四度評估模式亦針對五大洲進行排名，如表21-5所示，大洋洲地區在四度構面評估與綜合貿易競爭力等五項排名均排名第一，而非洲地區在四度構面評估與綜合貿易競爭力等五項排名皆敬陪末座。若就五大洲的綜合貿易競爭力排行，依序為：(1)大洋洲地區；(2)美洲地區；(3)歐洲地區；(4)亞洲地區；(5)非洲地區。

表21-5　2012 IEAT調查「五大洲綜合貿易競爭力」排名

排名	❶貿易自由度	❷貿易便捷度	❸貿易難易度	❹貿易風險度	綜合貿易競爭力
1	大洋洲	大洋洲	大洋洲	大洋洲	大洋洲
2	美 洲	歐 洲	美 洲	美 洲	美 洲
3	歐 洲	亞 洲	歐 洲	歐 洲	歐 洲
4	亞 洲	美 洲	亞 洲	亞 洲	亞 洲
5	非 洲	非 洲	非 洲	非 洲	非 洲

資料來源：本研究整理

■ 結論六：「綜合貿易競爭力推薦等級」分析

2012《IEAT調查報告》經「一力四度」模式構面評分及權重加權計算，最終得到「綜合貿易競爭力」評估指標，再經由百分位法轉換爲推薦等級，如表21-6顯示，列入「極力推薦」的貿易地區有13個，占28.26％，與2011《IEAT調查報告》同爲13個，其中，紐西蘭取代卡達成爲新進之貿易地區；「值得推薦」貿易地區爲25個，占54.35％，較2011《IEAT調查報告》多三個貿易地區；「勉予推薦」貿易地區計六個，占13.04％，較2011《IEAT調查報告》的四個貿易地區多，其中，菲律賓、柬埔寨、孟加拉從2011年的「暫不推薦」等級上升至2012年的「勉予推薦」等級，而「暫不推薦」的貿易地區則有二個，分別爲巴基斯坦與伊朗，占4.35％，較2011《IEAT調查報告》少了二個貿易地區。

值得注意的是，「極力推薦」的13個貿易地區中，有11個屬於「重要市場」的經濟體，分別爲新加坡、加拿大、澳洲、香港、英國、美國、德國、台灣、法國、日本及紐西蘭，其中，紐西蘭爲今年首次列入評比之貿易地區，就拿下第12名，表現不俗。而二個屬於「新興市場」的貿易地區，分別爲中東地區的阿聯大公國與沙烏地阿拉伯。

表21-6　2012 IEAT調查報告「綜合貿易競爭力推薦等級」

推薦等級	總數	貿易地區
❶ 極力推薦	13	新加坡、加拿大、澳洲、香港、英國、美國、德國、台灣、法國、日本、阿聯大公國、紐西蘭、沙烏地阿拉伯
❷ 值得推薦	25	荷蘭、南非、卡達、以色列、阿曼、馬來西亞、約旦、土耳其、中國大陸、韓國、巴西、墨西哥、西班牙、俄羅斯、印尼、印度、義大利、波蘭、智利、越南、匈牙利、泰國、安哥拉、科威特、奈及利亞
❸ 勉予推薦	6	阿根廷、菲律賓、巴林、埃及、柬埔寨、孟加拉
❹ 暫不推薦	2	巴基斯坦、伊朗

資料來源：本研究整理

■ 結論七：「貿易依賴度」與「綜合貿易競爭力」分析

2012《IEAT調查報告》爲了解「綜合貿易競爭力」與「貿易依賴度」之間關係，分別依：(1)45個貿易地區（不含台灣）；(2)十個經濟組織別，描繪出貿易依

賴度與綜合貿易競爭力矩陣圖，四個象限的劃分標準，乃是依上述兩個構面的平均值為依據，例如：由圖21-1所示的【A】區為第一象限，列入該象限則屬貿易依賴度高且綜合貿易競爭力高的貿易地區；【B】區為第二象限，則屬於貿易依賴度低而綜合貿易競爭力高的貿易地區；【C】區為第三象限，則為貿易依賴度低且綜合貿易競爭力低的貿易地區；【D】區為第四象限，該區之貿易依賴度高而綜合貿易競爭力低。

　　圖21-1顯示，2011年台灣對這45個貿易地區之貿易依賴度平均值為2.09％，較2010年的2.27％低，而45個貿易地區的綜合貿易競爭力，平均值為74.404分，較2010年的74.390分高。列入【A】區有八個貿易地區，分別為新加坡、澳洲、香港、美國、德國、日本、沙烏地阿拉伯、馬來西亞，這些貿易地區與台灣經貿活動頻繁，而且具較高的綜合貿易競爭力，台灣仍應繼續維持與該貿易地區之經貿交流活動，以求穩定成長；【B】區有11個貿易地區，分別是加拿大、英國、法國、紐西蘭、阿聯大公國、南非、荷蘭、以色列、卡達、阿曼、約旦，這些貿易地區雖具較高綜合貿易競爭力，但與台灣貿易依賴度較【A】區低，是台灣可加以思索拓銷的貿易地區，例如中東地區的阿聯大公國、卡達、阿曼或是近年來快速成長南非等新興市場；【C】區計有24個貿易地區；【D】區則有2個，分別為中國大陸及韓國。

　　圖21-2為2012《IEAT 調查報告》從經濟組織角度剖析貿易依賴度與綜合貿易競爭力之矩陣圖，2011年台灣對這20個經濟組織的貿易依賴度平均值為27.20％，而綜合貿易競爭力平均值則為73.78分。列入【A】區有三個，即七大工業國（G7）、2010年台灣主要貿易夥伴（Top10）以及新七大經濟體（NG7）；【B】區則有亞洲四小龍（T4）與新興四力（CITI）；【C】區則有新興三地（MTV）、金磚四國（BRICs）、ABC集團、東協十國（ASEAN）、靈貓六國（CIVETS）、展望五國（VISTA）與新鑽11國（N11）等七個經濟組織，而台灣重點拓銷市場（Focus11）、金賺14國（RDEs）、中印印韓四國（KIIC）、新興經濟體11國（E11）、新金磚六國（BRIICS）、成長市場八國（Growth8）、飛鷹國家（EAGLES）、新興市場七國（E7）則屬於【D】區。

圖21-1 2012 IEAT 45個貿易地區「貿易依賴度」與「綜合貿易競爭力」矩陣圖

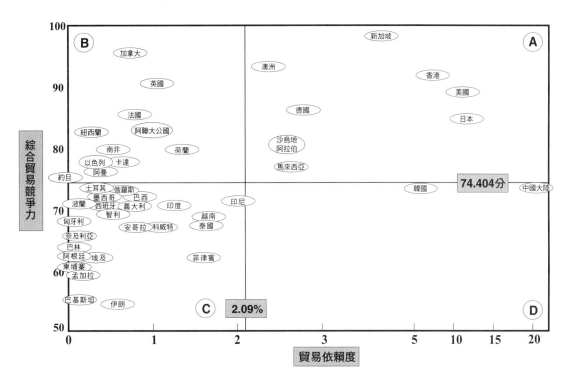

貿易地區	綜合貿易競爭力	貿易依賴度	貿易地區	綜合貿易競爭力	貿易依賴度	貿易地區	綜合貿易競爭力	貿易依賴度
新 加 坡	97.843	4.21	以 色 列	77.421	0.23	智 利	70.372	0.44
加 拿 大	95.471	0.78	阿 曼	76.902	0.24	越 南	69.944	1.84
澳 洲	92.033	2.47	馬 來 西 亞	76.276	2.63	匈 牙 利	68.786	0.09
香 港	91.151	7.08	約 旦	74.721	0.05	泰 國	68.396	1.79
英 國	90.094	1.11	土 耳 其	73.367	0.31	安 哥 拉	67.941	0.96
美 國	87.489	10.53	中 國 大 陸	72.838	21.63	科 威 特	67.292	1.33
德 國	85.603	2.76	韓 國	72.636	5.13	奈 及 利 亞	66.940	0.22
法 國	84.384	0.76	巴 西	72.363	0.91	阿 根 廷	64.270	0.10
日 本	84.076	11.94	墨 西 哥	72.194	0.37	菲 律 賓	63.935	1.59
阿聯大公國	83.109	0.99	西 班 牙	71.131	0.33	巴 林	63.416	0.09
紐 西 蘭	81.183	0.20	俄 羅 斯	71.121	0.66	埃 及	62.520	0.19
沙烏地阿拉伯	80.458	2.64	印 尼	71.054	2.08	柬 埔 寨	60.761	0.11
荷 蘭	79.863	1.27	印 度	70.951	1.28	孟 加 拉	60.406	0.19
南 非	78.345	0.48	義 大 利	70.828	0.81	巴 基 斯 坦	55.794	0.15
卡 達	77.964	0.65	波 蘭	70.690	0.16	伊 朗	53.844	0.58

圖21-2　2012 IEAT經濟體「貿易依賴度」與「綜合貿易競爭力」矩陣圖

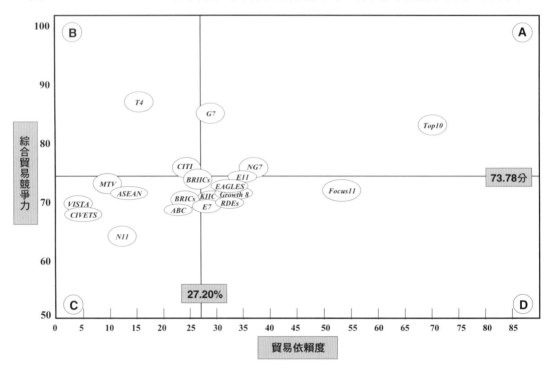

	經濟組織	綜合貿易競爭力	貿易依賴度		經濟組織	綜合貿易競爭力	貿易依賴度
1	亞洲四小龍T4	86.699	16.42%	11	成長市場八國Growth8	72.065	32.37%
2	七大工業國G7	85.421	28.69%	12	新興市場七國E7	71.984	27.24%
3	十大貿易夥伴Top10	84.040	71.02%	13	中印印韓四國KIIC	71.869	30.12%
4	新興四力CITI	75.002	24.99%	14	金磚四國BRICs	71.818	24.48%
5	新七大經濟體NG7	74.001	37.46%	15	展望五國VISTA	71.396	4.81%
6	新金磚六國BRIICS	72.779	27.04%	16	新興三地MTV	71.186	9.10%
7	新興經濟體11國E11	72.691	35.59%	17	靈貓六國CIVETS	71.046	4.90%
8	東協十國ASEAN	72.601	14.25%	18	金賺14國RDEs	70.371	32.64%
9	飛鷹國家EAGLES	72.421	32.56%	19	ABC集團ABC	70.158	24.39%
10	重點拓銷市場Focus11	72.381	53.21%	20	新鑽11國N11	65.694	12.65%

註：靈貓六國因哥倫比亞未列入2012《IEAT調查報告》，因此以其他五國計算之。

2012 IEAT調查報告趨勢發現

　　有關2012年《IEAT調查報告》針對2009年至2012年四年度之「四度構面」變遷及「綜合貿易競爭力」變遷兩大部分提出九大趨勢，茲分述如下：

■「四度構面」變遷趨勢分析

　　2009-2012《IEAT調查報告》針對「貿易自由度」、「貿易便捷度」、「貿易難易度」、「貿易風險度」之四度構面評價進行分析，除針對該年度整體貿易地區進行分析外，亦特別針對台灣進行分析，分別如表22-1、表22-2所示。

趨勢一：四度構面連續兩年均呈下降趨勢

　　由表22-1可以發現，2010《IEAT調查報告》較2009《IEAT調查報告》在四度構面均呈上升趨勢，而2011《IEAT調查報告》與2012《IEAT調查報告》均呈現全面下降趨勢。整體而言，2011與2012《IEAT調查報告》雖然四度構面下降幅度不大，但仍表示全球貿易環境較前一年惡化，而貿易風險則逐漸上升。探究主要原因在於，2010年出現全球經濟二次衰退的隱憂，各國為防患未然，加上歐美經濟復甦不如預期，使得貿易保護主義再度興起；而2011年歐債危機越演越烈，國際信評機構諸如惠譽，標準普爾紛紛調降義大利、西班牙信用評級。此外，根據科法斯（Coface）「2011年全球貿易風險論壇」指出：「中東地區的政治動盪與新興國家的經濟過熱將使全球貿易風險上升。」2011年伴隨著歐債危機爆發、美債危機問題、新興市場經濟過熱、中東地區政治動盪等困局，使得全球貿易環境評價下降。

表22-1　2009-2012 IEAT調查「四度構面」評價變化分析

評估構面	2012		2011		2010		2009
1-1數量限制	3.108		3.092		3.243		2.994
1-2價格限制	3.047		3.016		3.150		2.843
1-3法規限制	3.042		3.059		3.170		2.961
1-4政府限制	3.009		3.028		3.159		2.921
❶ 貿易自由度	3.043	⬇	3.049	⬇	3.181	⬆	2.930
2-1市場便捷	3.176		3.189		3.283		3.050
2-2邊境便捷	3.146		3.172		3.250		3.071
2-3基建便捷	3.076		3.117		3.163		2.990
2-4流程便捷	3.190		3.206		3.286		3.092
❷ 貿易便捷度	3.147	⬇	3.171	⬇	3.245	⬆	3.051
3-1許可成本	3.066		3.073		3.126		3.003
3-2資訊成本	2.935		2.944		3.065		2.811
3-3投資成本	2.961		2.986		3.122		2.876
3-4經商成本	2.974		3.026		3.148		2.881
❸ 貿易難易度	2.977	⬇	3.007	⬇	3.115	⬆	2.893
4-1政治風險	3.040		3.099		3.119		2.998
4-2經濟風險	2.973		2.965		3.070		2.852
4-3政策風險	3.025		3.013		3.128		2.835
4-4支付風險	2.951		2.957		3.026		2.883
❹ 貿易風險度	3.006	⬇	3.008	⬇	3.106	⬆	2.892

趨勢二：2012台灣貿易環境優化但貿易風險漸增

　　台灣自2011年調查始列入評比，從2011-2012《IEAT調查報告》在四度構面評價變化可發現，台灣「貿易自由度」評價由2011年的3.295分上升到2012年的3.349分；「貿易便捷度」評價從3.396分上升到3.481分；「貿易難易度」則是從3.252分小幅下降至3.196分，至於「貿易風險度」則是從3.529分小幅下降至3.491分。其中，可發現屬於「貿易環境」的「貿易自由度」與「貿易便捷度」兩項構面呈現上升趨勢，但屬於「貿易風險」的「貿易難易度」與「貿易風險度」兩項構面評價，則呈現小幅下滑。從貿易環境部分分析，2010年兩岸簽署ECFA後，

表22-2　2011-2012 IEAT調查台灣「四度構面」評價變化分析

評估構面	2012		2011		兩年變化	
	評價	排名	評價	排名	評價	排名
1-1數量限制	3.480	8	3.378	11	↑	↑
1-2價格限制	3.376	10	3.269	15	↑	↑
1-3法規限制	3.344	9	3.306	9	↑	—
1-4政府限制	3.271	7	3.259	9	↑	↑
❶ 貿易自由度	**3.349**	**8**	**3.295**	**11**	↑	↑
2-1市場便捷	3.507	9	3.428	12	↑	↑
2-2邊境便捷	3.459	10	3.406	13	↑	↑
2-3基建便捷	3.393	10	3.281	15	↑	↑
2-4流程便捷	3.531	9	3.435	12	↑	↑
❷ 貿易便捷度	**3.481**	**8**	**3.396**	**12**	↑	↑
3-1許可成本	3.202	14	3.207	14	⇓	—
3-2資訊成本	3.199	10	3.246	8	⇓	⇓
3-3投資成本	3.213	7	3.282	10	⇓	↑
3-4經商成本	3.169	11	3.237	12	⇓	↑
❸ 貿易難易度	**3.196**	**9**	**3.252**	**10**	⇓	↑
4-1政治風險	3.527	5	3.596	9	⇓	↑
4-2經濟風險	3.425	6	3.479	8	⇓	↑
4-3政策風險	3.555	6	3.530	7	↑	↑
4-4支付風險	3.410	2	3.452	5	⇓	↑
❹ 貿易風險度	**3.491**	**6**	**3.529**	**8**	⇓	↑
綜合貿易競爭力	85.166	A08	83.181	A09	↑	↑

開啓台灣與其他貿易夥伴進行經濟協議的機會，不僅與新加坡研商洽簽經濟合作協議，亦與日本簽訂投資協議，到目前與紐西蘭進行經濟合作協議（Economic Cooperation Agreement；ECA）的可行性研究，顯示台灣對外經貿關係邁入嶄新階段，如同總統馬英九先生（2011）所言：「ECFA讓台灣走向世界，讓世界走進台灣。」隨著台灣經貿自由化蓬勃發展，台灣在全球經濟上的角色已獲得重新定義。根據美國傳統基金會及華爾街日報（2012）發布「2012經濟自由度指數」排名，台灣從2011年的25名大幅提升至2012年的18名，其中以政府支出（八名）、

商業自由（19名）與貿易自由度（43名）等細項排名較前，主要乃是ECFA有助於台灣經濟發展，減少兩岸貿易障礙。此外，根據瑞士洛桑管理學院（IMD）（2011）發布《2011年世界競爭力年報》指出，台灣在受評的59個國家排名第六位，其中，「國際貿易」細項指標歷年都在十名之外，2011年大幅進步至第五位，顯示台灣貿易環境極具競爭力。

　　而就貿易風險部分分析，2011年受歐債危機、美債危機之衝擊，全球信用危機持續惡化，全球經濟二次衰退的聲浪四起，加上中美貿易摩擦日漸升溫，在牽一髮動全身的全球經貿環境中，使台灣在「貿易難易度」與「貿易風險度」評價微幅下降。若就台灣「貿易難易度」而言，以「投資成本」及「經商成本」構面下滑幅度較大，其中又以「企業取得關鍵性資源」及「召募貿易專業人才難易」排名位居最後兩名，根據台北美國商會（2011）發布《2011台灣白皮書》指出：「台灣市場規模相對較小、且資源較少，加上『台灣特有』的法規要求，無形增加跨國企業營運成本。」此外，世界銀行（2011）發布《2012經商環境報告》，台灣在183個經濟體中位列第25名，時任經建會主委劉憶如即表示：「台灣貿易發展障礙在於土地與人才，如何思考留住人才是目前最迫切的問題。」另根據1111人力銀行（2011）調查指出：「台灣38.31%受訪者擁有海外工作經驗，其中以傳產、科技、貿易業人才流失最多。」均顯示關鍵性資源與人才流失情況為台灣貿易成長的重大阻力。再就台灣「貿易風險度」而言，以「政治風險」構面下降幅度最大（-0.069分），其中以「行政機關行政效率」排名最低，根據博鰲亞洲論壇研究院（2011）公布《亞洲經濟體競爭力》報告指出：「台灣在35個亞洲經濟體中雖位居第二名，但在商業行政效率細項排名第七。」顯示台灣行政效率仍有待進一步改善。而科法斯（2011）亦指出：「台灣貿易風險雖名列A1最高級，但外貿過於集中中國大陸和美國仍是潛在風險。」加上2011年10月11日，美國通過《2011年貨幣匯率監督改革法案》，促使中美貿易摩擦逐漸升溫，使夾在產業鏈中間的台灣貿易商受到波及，無形增加貿易風險。

■「綜合貿易競爭力」變遷趨勢分析

2008年全球金融風暴發軔之際，《IEAT調查報告》也承擔歷史之責任，為台灣貿易商尋求更廣闊的貿易佈局市場，針對重要及新興市場貿易環境與風險進行系統性的評估，至2012年共進行四年的調查，綜合2009-2012年四年來《IEAT調查報告》最終之「綜合貿易競爭力」評估指標，針對列入調查貿易地區的排名消長如表22-3所示。

表22-3　2009-2012 IEAT調查「綜合貿易競爭力」評價變化分析

2012排名	貿易地區	2012 綜合貿易競爭力	2012 推薦等級	2011 綜合貿易競爭力	2011 推薦等級	2010 綜合貿易競爭力	2010 推薦等級	2009 綜合貿易競爭力	2009 推薦等級	四年趨勢變化
1	新 加 坡	97.843	A01	98.098	A01	98.480	A01	97.301	A02	⬆
2	加 拿 大	95.471	A02	92.364	A03	89.945	A05	89.180	A03	
3	澳 洲	92.033	A03	90.841	A04	86.528	A07	85.018	A06	
4	香 港	91.151	A04	96.287	A02	95.300	A02	98.122	A01	⬇
5	英 國	90.094	A05	89.994	A05	91.012	A03	85.915	A05	
6	美 國	87.489	A06	88.573	A06	90.184	A04	87.889	A04	⬇
7	德 國	85.603	A07	85.185	A08	84.251	A09	81.643	A08	
8	台 灣	85.166	A08	83.181	A09	-	-	-	-	
9	法 國	84.384	A09	81.917	A10	83.668	A10	78.325	B01	⬆
10	日 本	84.076	A10	87.844	A07	87.069	A06	83.959	A07	
11	阿聯大公國	83.109	A11	80.802	A11	75.820	B03	71.728	B04	⬆
12	紐 西 蘭	81.183	A12	-	-	-	-	-	-	
13	沙烏地阿拉伯	80.458	A13	80.038	A13	73.756	B09	68.591	B11	⬆
14	荷 蘭	79.863	B01	76.302	B05	84.603	A08	74.317	B02	
15	南 非	78.345	B02	74.088	B07	74.909	B06	69.545	B09	
16	卡 達	77.964	B03	80.608	A12	80.046	A13	-	-	
17	以 色 列	77.421	B04	77.827	B02	80.984	A12	-	-	
18	阿 曼	76.902	B05	78.731	B01	79.530	B01	-	-	
19	馬 來 西 亞	76.276	B06	74.754	B06	76.188	B02	69.404	B10	
20	約 旦	74.721	B07	-	-	-	-	-	-	
21	土 耳 其	73.367	B08	71.547	B12	71.893	B11	69.965	B07	
22	中 國 大 陸	72.838	B09	76.407	B04	75.434	B04	69.690	B08	
23	韓 國	72.636	B10	72.958	B09	75.105	B05	71.659	B05	⬇
24	巴 西	72.363	B11	67.070	B20	68.455	B16	68.409	B12	

表22-4　2009-2012 IEAT調查「綜合貿易競爭力」評價變化分析（續）

2012 排名	貿易地區	2012 綜合貿易競爭力	2012 推薦等級	2011 綜合貿易競爭力	2011 推薦等級	2010 綜合貿易競爭力	2010 推薦等級	2009 綜合貿易競爭力	2009 推薦等級	四年趨勢變化
25	墨　西　哥	72.194	B12	66.940	B21	69.139	B14	65.930	B16	
26	西　班　牙	71.131	B13	76.660	B03	81.175	A11	72.414	B03	
27	俄　羅　斯	71.121	B14	72.601	B10	74.119	B07	71.578	B06	⬇
28	印　　　尼	71.054	B15	67.584	B17	62.548	C03	62.001	C05	⬆
29	印　　　度	70.951	B16	69.492	B16	66.692	B19	63.483	C04	⬆
30	義　大　利	70.828	B17	72.985	B08	73.984	B08	66.439	B14	
31	波　　　蘭	70.690	B18	72.318	B11	72.418	B10	66.924	B13	
32	智　　　利	70.372	B19	71.351	B13	70.312	B13	64.936	C01	
33	越　　　南	69.944	B20	67.398	B18	63.604	C01	61.322	C06	
34	匈　牙　利	68.786	B21	69.581	B15	70.603	B12	65.618	B17	
35	泰　　　國	68.396	B22	69.746	B14	68.320	B17	64.449	C02	
36	安　哥　拉	67.941	B23	-	-	-	-	-	-	
37	科　威　特	67.292	B24	67.219	B19	68.900	B15	66.303	B15	⬇
38	奈及利亞	66.940	B25	66.239	B22	66.899	B18	-	-	
39	阿　根　廷	64.270	C01	63.788	C03	61.836	C04	60.992	C07	⬆
40	菲　律　賓	63.935	C02	55.230	D03	55.476	D01	53.138	D02	
41	巴　　　林	63.416	C03	64.601	C01	-	-	-	-	
42	埃　　　及	62.520	C04	64.120	C02	63.398	C02	63.576	C03	
43	柬　埔　寨	60.761	C05	52.358	D04	51.690	D02	56.095	D01	
44	孟　加　拉	60.406	C06	59.060	D01	-	-	-	-	
45	巴基斯坦	55.794	D01	-	-	-	-	-	-	
46	伊　　　朗	53.844	D02	58.523	D02	-	-	-	-	

註：【1】卡達、以色列、阿曼、奈及利亞2010年始列入評比；台灣、巴林、孟加拉、伊朗2011年始列
　　　入評比；紐西蘭、約旦、安哥拉、巴基斯坦2012年始列入評比。
　　【2】列入評估之貿易地區數：2009年34個；2010年38個；2011年42個；2012年46個。

趨勢三：紐西蘭首次列入評比即進入「極力推薦」等級

　　2012《IEAT調查報告》46個貿易地區中，紐西蘭、約旦、安哥拉、巴基斯坦
為今年度首次列入評估的四個貿易地區，而紐西蘭首次評比即列入「極力推薦」
等級，獲得81.183之評價，在綜合貿易競爭力位居第12名。根據世界銀行（WB）
（2011）發布《2012經商環境報告》顯示：「在全球經商環境排名中，紐西蘭位
居第三，緊隨新加坡和香港之後。」然而，2011年9月，惠譽和標準普爾雖不約而

同將紐西蘭主權評級從AA+調降至AA，但穩定的展望前景依舊使紐西蘭在商業經營環境方面保持領先。此外，2011年10月25日，根據經濟部表示：「台灣與紐西蘭將就洽簽經濟合作協議（ECA）共同展開可行性研究，象徵台紐經貿關係步入嶄新局面」，而外交部長楊進添（2011）亦指出：「位於南半球的紐西蘭經貿體系完整，在區域、服務業和產品等方面，和台灣均有很高的互補性，而紐西蘭也是泛太平洋經濟戰略夥伴關係協定（TPP）的創始會員國之一，未來有助於台灣參與更多區域性的經貿組織。」故洽簽經濟合作協議，不僅能夠帶動雙方貿易成長，更能達成雙贏之局面。

趨勢四：新加坡連續三年列入「極力推薦」等級之首

從2009-2012《IEAT調查報告》綜合貿易競爭力可發現，新加坡除在2009年位居「極力推薦」等級第一位，2010-2012年均列入「極力推薦」等級之第一位。2011年9月7日，世界經濟論壇（WEF）公布《2011-2012年全球競爭力報告》指出：「新加坡在全球最具競爭力經濟體的排名超越瑞典位居第二，僅次於瑞士」，若由細項指標可發現，新加坡在政府效能、貨品市場效率及勞動力市場效率均居榜首，至於金融市場成熟度排名第二，而基礎設施亦屬於世界級，全球排名第三。此外，世界銀行（WB）亦於2011年10月20日共同發布《2012經商環境報告》，該報告指出：「新加坡在『跨境貿易』、『企業破產』、『保護投資者』等方面表現出色，使得新加坡被評選為全球最佳經商地，這也是新加坡連續第六年榮膺此一稱號。」新加坡外交部長尚穆根（2011）表示：「做為一個沒有天然資源的小國，新加坡積極參與國際組織，確保有機會參與制定全球貿易的遊戲規則，以拓展新加坡的經濟發展空間」，可見新加坡的經商環境雖居全球前茅，但仍不斷追求自我超越，進一步強化貿易環境。

趨勢五：列入極力推薦等級貿易地區依舊以重要市場居多

從2009《IEAT調查報告》列入「極力推薦」等級的八個貿易地區可發現均屬於重要市場；2010年列入「極力推薦」等級的13個貿易地區中，則首次出現以色列、卡達兩個新興市場，其他11個貿易地區仍為重要市場；而2011年列入「極力推薦」等級的13個貿易地區，除阿聯大公國、卡達、沙烏地阿拉伯為新興市場，其他十個均為重要市場，然2012年列入「極力推薦」的13個貿易地區則有阿聯大

公國、沙烏地阿拉伯爲新興市場，其餘11個均爲重要市場。綜觀2009-2012《IEAT 調查報告》列入「極力推薦」等級的貿易地區，主要仍是以重要市場居多，其中，新加坡、加拿大、澳洲、香港、英國、美國、德國、日本八個貿易地區，更是四年皆列於「極力推薦」等級，雖然經歷金融海嘯衝擊，但相較新興市場而言，重要市場的貿易法規完善、市場環境成熟、貿易資訊透明、基礎建設完備，使得台灣貿易業者對重要市場給予較高的評價。

趨勢六：2009-2012計有七個貿易地區綜合貿易競爭力排名逐年上升

根據2009-2012《IEAT調查報告》綜合貿易競爭力排名而言，有七個貿易地區呈現逐年上升之趨勢，在「極力推薦」等級中有新加坡、法國、阿聯大公國、沙烏地阿拉伯四個貿易地區；在「值得推薦」等級中，則有印度、印尼兩個貿易地區，而在「勉予推薦」等級僅有阿根廷。在全球經貿發展詭譎之際，上述七個貿易地區依然能維持平穩發展，實屬不易。此外，從七個貿易地區可發現，阿聯大公國、沙烏地阿拉伯、印度、印尼、阿根廷皆屬於新興市場，可見台灣貿易業者逐漸將拓展眼光從重要市場轉移到新興市場，所謂：「重要市場保平安、新興市場添福壽。」在一波波金融環境變局中，台灣貿易業者除穩固重要市場投資外，亦紛紛佈局極具發展潛力的新興市場，掌握市場商機，採取先占卡位之佈局策略，以取得首動利益優勢。

趨勢七：2009-2012計有五個貿易地區綜合貿易競爭力排名逐年下降

就2009-2012《IEAT調查報告》綜合貿易競爭力排名可發現，五個貿易地區綜合貿易競爭力逐年下滑，分別爲「極力推薦」等級的香港、美國、「值得推薦」等級的韓國、俄羅斯、科威特。值得注意的是，香港從2009-2012年的推薦等級變化爲A01→A02→A02→A04，隨著兩岸簽署「兩岸經濟合作架構協議」（ECFA）後，雙邊可直接貿易，使得香港在兩岸貿易中轉地位優勢逐漸消失。此外，香港近年來融資能力明顯下降，使其國際化色彩減弱，加之新加坡、上海國際金融業蓬勃發展所帶來的衝擊，使其在綜合貿易競爭力排名下滑。就美國而言，2009-2012年的推薦等級變化爲A04→A04→A06→A06，主因乃是由於金融風暴衝擊，美國大力干預經濟，使其貿易自由度降低，且受美債危機影響，企業紛紛延遲付款，大幅提升貿易風險。而韓國在2009-2012年推薦等級變化爲B05→B05→B09→B10，微幅下滑原因仍是關稅過高、檢驗與檢疫問題未獲改

善，而俄羅斯2009-2012年推薦等級變化為B06→B07→B10→B14，俄羅斯雖為金磚四國之一，但其經濟發展仍存在著過分管制、不夠透明化的問題，且官僚作風盛行使行政效能不彰，而邊境管理與基礎建設都亟需改進，上述問題皆使貿易商經營成本上升，進而降低佈局意願。

趨勢八：發生茉莉花革命的貿易地區綜合貿易競爭力排名均下滑

2010年12月18日突尼西亞爆發茉莉花革命，一連串的反政府浪潮如同「滾雪球效應」，隨後在埃及、利比亞、葉門、巴林、約旦、阿曼、伊朗等周邊地區形成燎原之火，發生大規模示威及革命，而卡達及奈及利亞亦開始有民眾組織小規模示威遊行，使得北非地區及中東地區政治動盪不安，進而迫使全球油價攀升，大幅提升企業營運風險。根據2011-2012《IEAT調查報告》綜合貿易競爭力而言，發生茉莉花革命的貿易地區排名多呈現下降趨勢，例如：卡達推薦等級從A12到B03，綜合貿易競爭力則排名下降四個名次；阿曼從B01→B05排名則下降四個名次；奈及利亞從B22→B25下降三個名次；埃及從C02→C04下降五個名次；巴林則從C01→C03下降五個名次；至於伊朗則下滑六個名次，仍位列暫不推薦等級。

趨勢九：發生歐債危機的貿易地區綜合貿易競爭力排名均下降

2008年全球遭受金融海嘯衝擊，一連串的危機不斷引爆，從次貸危機、經濟危機、信用危機、就業危機，最終導致社會危機，此一全球「蝴蝶效應」衝擊層面之廣，使世界經貿版圖重新推移。2009年諸多研究機構紛紛指出新興市場，將扮演後金融風暴時期全球經濟成長主要動力，全球經濟復甦漸露曙光。然不到三年，由希臘債務引發的歐債危機，使全球金融市場再度面臨嚴峻的威脅，根據《經濟學人》（*The Economist*）（2011）指出：「該害怕的時刻來了，全球經濟正走入危險區」；而2011年11月4日公布的G20會議公報草案亦指出：「全球經濟復甦之路已經放緩，歐元區債務危機是主要影響原因，且歐債危機已開始蔓延到歐洲以外地區，負面影響在新興市場亦有顯現。」根據2011-2012《IEAT調查報告》綜合貿易競爭力而言，位於歐債危機重災區的西班牙從B03→B13，大幅下滑十個名次，而義大利則從B08→B17，下跌九個名次，2011年10月7日，信評機構惠譽（Fitch）同時調降西班牙及義大利的主權債信評等，各降二級及一級，且展望維持負面，可見歐債危機對其影響甚鉅。

第 23 章

2012 IEAT調查報告
對台灣貿易業者建議

　　2012《IEAT調查報告》針對列入調查評估的46個貿易地區，經由「國家競爭力」、「貿易自由度」、「貿易便捷度」、「貿易難易度」與「貿易風險度」之「一力四度」構面進行貿易環境與風險評估，希冀本研究能透過將貿易業者問卷反饋的資訊，以系統性的統計分析方法忠實反映各國的經貿環境評估結果，最終依據問卷分析結果，為台灣貿易業者提供制訂佈局策略與建議之參酌。茲將對貿易業者之六大建議分述如下：

■ 建議一：預應中美貿易戰加劇，即早進行佈局轉型策略

　　美國國會參議院2011年10月11日通過《2011年貨幣匯率監督改革法案》，該法案係針對中國大陸操控人民幣匯率之懲罰措施，引發各界關注中美兩國關係後續發展，唯恐中國大陸做出報復性反應，引發中美貿易大戰。然而，2011年10月供應蘋果（Apple）金屬機殼的可成蘇州廠，無預警宣布因環保問題被中國大陸當地政府限令停工整改，引爆「毒蘋果」風暴，隨後包含富士康在內的27家蘋果供應鏈廠商，亦遭中國大陸環保團體點名為「毒蘋果」，不禁令人聯想到中美貿易大戰引爆之徵兆，顯然「毒蘋果」風暴正在中美貿易大戰與社會環保議題下加速擴散。由於美國與中國大陸為全球前兩大經濟體，在經貿全球化、全球專業分工的經貿環境下，兩大經濟體經貿前景更是牽絆著全球經貿發展未來，一旦中美貿易大戰全面爆發，衝擊將擴散至全球貿易業者。另據2012《IEAT調查報告》顯示，「全球經濟二次探底陰影與衝擊」與「全球主要貨幣兌美元持續升值趨勢」兩項，分別名列企業認為全球經貿衝擊事件，對台灣貿易業者影響程度第二名與第四名，然而《2011年貨幣匯率監督改革法案》簽署，恐將加劇「全球經濟二次

探底陰影與衝擊」與「全球主要貨幣兌美元持續升值趨勢」對全球貿易衝擊的程度。有鑑於此，貿易業者應警惕「毒蘋果」事件，預應中美貿易戰加劇之可能，及早進行佈局轉型策略，以降低中美貿易戰所造成之衝擊度。

■ 建議二：預應中國大陸服務貿易十二五規畫新商機

根據2012《IEAT調查報告》「國家競爭力」顯示，中國大陸服務貿易進出口位居第四名，僅次於美國、德國、英國，顯示服務貿易亦為中國大陸的發展重點。據世界貿易組織（2011）公布《國際貿易統計年鑑2011》顯示，中國大陸2010年服務貿易占外貿總額比重僅有10.9％，離國際平均水平19％仍有差距，且逆差219.3億美元，但服務貿易之發展趨勢仍不可小覷。2011年11月10日《經濟日報》以〈十二五新戰略，強打服務貿易〉為題指出，中國大陸商務部、中宣部、發改委等34個部門，聯合發布《服務貿易發展『十二五』規畫綱要》，將要積極發展服務貿易，以實現從貿易大國跨越為貿易強國，且力求2015年中國大陸服務進出口總額可高達6,000億美元。這意味著「中國大陸服務」在未來將與「中國大陸製造」並駕齊驅，成為推進中國大陸經濟轉型之引擎。此外，《中國大陸證券報》在2011年亦報導指出：「《服務貿易發展『十二五』規畫綱要》將著重於金融、物流、教育、醫療及體育五個領域之新型服務出口。」綜上所述，台灣貿易業者可挾著有共通語言、相同習性、共同文化，加上中國大陸逐步開放的服務貿易領域，緊抓住此新商機，積極佈局中國大陸。

■ 建議三：預應南方絲路崛起之新興市場貿易商機

2011年3月25日經濟合作暨發展組織（OECD）指出，相較已開發經濟體身陷經濟衰退危機中，新興經濟體卻保持二位數成長，顯示「南南貿易」在高貿易障礙下仍然蓬勃發展，各國有必要改變其貿易政策思維與態度。「南南絲路」上有經濟大國的中國大陸、龐大內需及人口紅利的印度、豐富天然資源的東南亞及強勁生產力與消費力的拉丁美洲，根據2012年《IEAT調查報告》46個調查樣本基本特性重點剖析中，「最具發展潛力貿易地區」之排名，前十名就包括了七個位於「南南絲路」上的國家，因此，轉往南南貿易是以出口貿易為主的台灣必須跟進的，建議欲前往南南絲路之貿易業者強化與新興市場之交流，並積極參與聯合國

發展計畫署（United Nations Development Programme；UNDP）自2008年每年舉行一次的南南發展博覽會，提供欲前往南南絲路之貿易業者經驗分享的場域，針對面臨的問題進行意見交流及解決方案，以降低不必要且龐大的失誤成本。

■ 建議四：預應價值鏈整合新趨勢，積極推動跨界行銷

在2012《IEAT調查報告》「政府推動貿易發展趨勢認同度」分析中，政府對於「服務貿易的重視」、「優質平價拓銷方案」、「服務貿易之發展潛力」以及「企業自由品牌」上給予極大的鼓勵，而服務貿易的興起，來自於工業市場的轉型變化，透過產品與服務的整合連結，有助於增加產品的消費潛力。此外，21世紀興起的「跨界行銷」，也成爲服務貿易最常採用的行銷策略；根據奇摩董事長陳建銘（2011）表示：「現今的消費者傾向多元化的服務，也促使許多產業的廣告跨入新的領域，因此在『跨形式』與『跨平台』的兩大廣告趨勢下，相信很多廣告業主都樂於擁抱跨界行銷的機會。」而在產業、科技、產品的營運新趨勢下，企業紛紛推動價值鏈的延伸、營運管理的整合以及跨界的產品推廣模式，透過此營運策略的奏效，企業不僅可擴大產品之定位、增加更多的消費需求，也可擴展企業的產品形象等；而企業跨界整合策略早已風靡全球，例如：蘋果電腦公司將平板電腦、智慧型手機結合電子商務，並透過雲端技術製造虛擬平台，成爲21世紀最新穎的科技發明。換言之，全球貿易商應不落人後的施行跨界整合新策略，並抓緊契機點進入多元領域的發展空間，找尋第二條成長曲線。

■ 建議五：預應雲端時代來臨，積極導入貿易E化

貿易商應因應趨勢，積極導入貿易E化。回顧過去，貿易過程繁瑣且皆由紙本做各項紀錄，而引發許多資訊不易存取、資訊外流等問題，隨著雲端時代的來臨，各類雲端通關貿易崛起，國際貿易由過去的紙本作業邁向資訊化應用，關貿網路總經理連鯤菁（2010）表示：「隨著資訊化潮流，企業因雲端技術結合國際貿易的應用普及，可改善繁雜手續的紙本，更可因通關自動化，在這瞬息萬變的環境中提升企業的競爭力。」因此，顯示出透過導入貿易E化過程，利用自動系統與雲端計算，可直接有效率的管理企業間的營運，配合與各國貿易商之間的動

態活動，以利提升整體企業供應鏈的效率。有鑑於此，建議貿易商能預應雲端時代的來臨，積極將雲端計算與電子商務導入貿易活動中，以提升企業更強而有力的競爭力。

■ 建議六：預應綠色貿易趨勢，積極申請綠色認證

根據2012《IEAT調查報告》「政府推動貿易發展認同度」分析發現，「政府積極鼓勵低碳產業與低碳貿易」認同度排名第六，與「節能、減排、降耗產品」認同度排名第八，而2012《IEAT調查報告》提出的綠色貿易三大趨勢，將其分為綠色貿易壁壘、綠色行銷、綠色產品創新；此外，世界各國為保護國內的生態環境，紛紛施行綠色政策、推廣綠色生活以及研發綠色技術，如德國的綠色標誌「藍天使計劃」、歐盟的「歐盟之花」、北歐的「白天鵝計劃」等，中國大陸也將綠色發展列為「十二五」規畫之重要發展項目。綜上可知，全球紛紛響應綠色革命，因此貿易商在全球佈局時，從企業文化、生產流程、產品製造、配送以及行銷上，應力求合乎「綠色規範」，取得「綠色標準認證」，才能使企業快速融入當地市場。

第 **24** 章

2012 IEAT調查報告
對政府貿易政策建言

　　2012《IEAT調查報告》對46個貿易地區所進行之貿易環境與風險評估結果，並透過對2,116份問卷的剖析，除希冀為貿易商提供貿易新趨勢及新興市場相關資訊，亦希望政府能夠察納雅言、諮諏善道，並研擬有利台灣貿易業者全球佈局之政策。因此，2012《IEAT調查報告》對政府貿易政策提出下列七端建言。

■ 建言一：建請政府積極鬆綁法令，以營造洽簽FTA之有利環境

　　2010年6月29日，兩岸簽署ECFA，不僅使兩岸發展更趨緊密，亦打開國際經貿合作的大門。2010年8月，台灣宣布與新加坡進行洽簽經濟合作協議研商，2011年9月與日本簽訂《投資保障協議》，到10月25日，經濟部長施顏祥亦宣布與紐西蘭展開經濟合作協議（ECA）可行性研究，顯示台灣的國際經貿空間隨之擴大。根據總統馬英九先生（2011）在「黃金十年，國家願景」規畫中指出：「希望未來十年內能加入跨太平洋夥伴關係經濟協議（TPP）。」然而，隨著台灣主要貿易競爭對手韓國相繼簽訂韓美、韓歐盟FTA，台灣面對全新經貿挑戰，另亦根據2012《IEAT調查報告》內容顯示，「貿易地區課徵關稅的滿意度」雖較2011《IEAT調查報告》名次上升，但仍有改善空間。由此可見，台灣與世界各國簽訂FTA的重要性與急迫性。

　　2011年11月1日，經濟部長施顏祥即表示：「為保持台灣在全球經貿競爭力，加入跨太平洋夥伴協議（TPP）不能等十年，必須在五、六年內達成。」但由於跨太平洋夥伴協議是一個高標準與高開放的協議，雖可讓台灣獲得更大商機，但也使台灣將面臨市場開放等挑戰，對較弱勢產業或農業部門更是一個難題。根據

世界銀行（2011）公布《2012年經商環境報告》顯示，台灣排名第25位，與南韓的第八名有所差距，對此前經建會主委劉憶如（2011）指出：「南韓招商策略及法規鬆綁快，具跨境優勢，相較台灣招商投資及法規變革速度緩慢。」面對全球經貿自由化發展，台灣未來若要加入跨太平洋夥伴關係經濟協議，應該更積極改善法令障礙與鬆綁政策，創造融入區域經濟與簽署經貿協議更有利的環境。

■ 建言二：建請政府成立策略小組關注全球新興市場「內需成長動力」

國際貨幣基金（IMF）前主席Michel Camdessus（2011）表示：「至2050年，全球經濟成長中，80％貢獻來自新興國家市場，新興國家已逐步追上與已開發國家間的差距。」道出新興國家市場崛起之驚人潛力可期，並將成為世界經濟成長之主要動力。金融海嘯過後，在歐美等經濟強國復甦力道疲乏的同時，全球經濟正以新興亞洲與拉美等新興國家市場呈現兩速復甦，顯示全球經濟勢力正逐步轉移至新興市場態勢鮮明，同時全球消費主力亦由西向東移，雖新興國家出口遭受歐美國家經濟疲弱之影響，但在新興市場基礎建設、投資與消費商機的多重激勵下，內需正啟動新興市場成長。據國際貨幣基金（IMF）預估（2011）指出：「2012年，新興國家經濟成長率將達6.1％，成熟國家經濟成長率僅為1.9％。」以中國大陸與印度為首之新興亞洲國家市場內需消費已顯見復甦，拉丁美洲新興國家民間消費力道與整體就業市場相對穩定，俄羅斯原油藏量豐富、景氣回升帶動商品價格走揚，表示新興國家具有高成長內需的投資優勢。據2012《IEAT調查報告》顯示，「貿易資訊取得」在企業經營遇到困難問題排名由2011年之第13名上升至2012年第8名，代表貿易業者在貿易相關資訊取得不易，另有鑑於台灣內需市場小，並以出口為經濟成長棟樑，因而為避免貿易商遭受歐美等重要市場經濟疲軟衝擊，建請政府成立策略小組，關注全球新興市場「內需成長動力」，以協助貿易商積極轉往新興市場開拓商機前景，搶攻國際新興內需市場，再創經濟高峰。

■ 建言三：建請政府成立「南方絲路平台」提供商機訊息搶占先機

2011年7月亞洲開發銀行（ADB）指出，「南南貿易」占世界貿易比率逐年

升高,自2004年的12.8%攀升至2030年的26.5%,全球經貿目標瞄準「新興經濟體」,各國加強投資力道搶奪先機,此外,2011年9月25日經建會亦指出,中國大陸已成東南亞及中東地區的投資大國,南韓亦提高對新興市場的出口比率,僅僅十年就擴增自50%提升至75%,台灣應加緊腳步。政府雖已陸續推動「新鄭和計畫」、「優質平價新興市場推動方案」等方案,外貿協會全球資訊網亦陸續推出相關之專題,但仍稍嫌不夠完善,建請政府設立「南方絲路平台」,並增派駐外人員蒐集資訊,以供台灣貿易業者快速取得南南貿易最新情報,縮短資料蒐集所耗費的時間。根據2011年8月《遠見雜誌》內文表示,航空、汽車、奢侈精品及符合當地文化偏好之相關產品,未來將成為南方絲路之最大贏家,並建請政府應安排多場經驗交流分享座談會,以利有意前往南南貿易的業者資訊交流,了解全球經濟新形貌,替台灣未來經濟勾勒出嶄新的一頁。

■ 建言四:建請政府加強兩岸「檢驗檢疫互信」加快產品通關速度

　　據2012《IEAT調查報告》的「貿易便捷度」顯示,中國大陸從2011年排名第18名下降14個名次至2012年第32名,可見中國大陸在貿易便捷度仍有大幅改善空間。兩岸簽署ECFA在2011年起生效,雖然施行時間不長,但政策效應釋放出的能量之大令人欣喜。根據農委會在2012年2月公布資料顯示:「2011年台灣農產品外銷至中國大陸金額較2010年同期增長25%達6.65億美元,而列入ECFA早收清單的18個稅項農產品外銷中國大陸金額較2010年成長1.27倍達到1.26億美元。」然而,兩岸在農業貿易之制度仍存缺陷,使得ECFA無法完全發揮其效用,部分台灣農民亦無法切身感覺到ECFA帶來的幫助。東莞市台商協會前任會長葉春榮(2011)表示:「兩岸檢驗檢疫制度互不認可,將影響農產品品項,尤其是台灣水果外銷中國大陸。」雖然2009年12月第四次江陳會有簽署《海峽兩岸農產品檢驗檢疫合作協議》,但目前兩岸在檢驗檢疫制度合作上進展仍緩慢,因而造成台灣農產品抵陸後,須等待漫長檢疫通關時間。因此,兩岸政府應加強互信且協商完善合作細節,亦可考慮「一證兩用」之方式,即中國大陸或台灣在外銷檢疫後,頒予產品相關證書,執證者進入對岸時減免相應之檢疫程序,以加速產品通關效率。

■ 建言五：建請政府加速與中國大陸建立「兩岸貨幣清算」機制

　　據2012《IEAT調查報告》顯示，「匯率波動頻繁」在企業經營遇到困難問題排名由2011年之第三名躍升至2012年第一名，代表匯率波動頻繁在全球經貿前景不明的背景下，更加劇貿易業者的擔憂。兩岸關係自2008年馬政府上台後逐步冰釋，而兩岸更在2010年6月29日於重慶簽訂ECFA後，寫下兩岸經貿上的歷史新頁，隨著兩岸政治局勢的和緩，伴隨而來的便是趨於頻繁的經貿往來與文化交流，又台灣黃金十年與中國大陸「十二五」規畫對接，將更促進兩岸經貿的往來發展。中國大陸為台灣首要出口國，據商務部統計（2012）顯示：「2011年，兩岸貿易額達1,600.3億美元，較2010年同期成長10.1％。」顯示兩岸經貿頻繁，成長前景可期。然而，綜觀兩岸經貿往來進出口報價仍多以美金計價，不能以新台幣或人民幣進行清算，使往返兩岸之台商，徒增匯兌交易成本，中國大陸發改委對外經濟研究所所長張燕生（2011）指出：「隨著兩岸貿易規模增大，若繼續透過美元結算只會增加廠商的匯兌成本，而建立兩岸貨幣清算機制可節省匯兌手續費，且避免大規模買賣影響匯率的波動，為兩岸經貿合作帶來新契機。」道出應盡快積極建立兩岸貨幣清算機制，以利兩岸經貿發展前景，國台辦發言人范麗青（2012）表示：「兩岸貨幣管理機構工作層級已經初步的接觸，期許兩岸雙方在各自研究工作完成後進一步協調溝通，盡快獲得成果。」因而建請政府應加速推動建立兩岸貨幣清算機制，促使兩岸的貨幣供需與匯兌運作機制能夠更加便捷。

■ 建言六：建請政府推動台灣成為「華文電子商務」營運中心

　　華文平台、去中間商化時代來臨，實體書店逐漸被網路書店取代，騰訊董事長馬化騰（2011）表示：「電子商務到2015年的成長規模仍不算大，未來市場規模更會翻兩倍或高達三、四倍。」顯示電子商務未來幾年的前景無限，根據2012《IEAT調查報告》「政府推動貿易發展趨勢認同度」中，「貿易E化」為六大構面之一，顯示出貿易業未來應往安全且穩健的電子商務貿易平台發展。電子商務具有低成本、快速交易、並配合網路等優點，有利降低台灣商品與服務的成本、透過網路無國界的特性，開創更多有利可圖的商機。2011年11月出刊的239期《兩岸經貿月刊》指出，目前全球華人約有14億，市場廣大，由於電子商務的趨勢日趨成熟，但使用華文電子商務的發展較為趨緩。因此，發展華文電子商務可做為

發展電子商務目標的新藍海，台灣可透過多元與國際接軌，並具有簽署ECFA後的利多機會，加上台灣具備普及的網路運用與硬體應用優勢，配合誠信的台灣品牌名聲，對於推廣華文電子商務營運中心相對有利。有鑑於此，建請政府積極推動台灣成為華文電子商務的營運中心，以因應未來更多國際化的需求，深化擴散全球電子商務市場。

■ 建言七：建請政府推動「育才留才計畫」培育國際經貿專才

根據2012《IEAT調查報告》調查針對受訪企業對企業市場優勢關鍵能力分析，「具專業人才」項目位居落後，2010年與2011年分別為15項指標的第13位，而2012年則落至14名，顯示出此困擾逐年上升，諸多企業面臨人才不足的困擾。而企業經營碰到困擾問題部分，「缺乏人才」較2011《IEAT調查報告》更前進一名成為第三名，且占全部調查對象的46.12％，紛紛顯示出人才缺乏對企業而言的困擾程度高。然而，除了「兩岸經貿商務人才認證檢定」等考試，加上外貿協會從1987年9月起開班國際企業人才培訓班，提供許多經貿人才的培訓機會，但其搶手程度依然呈現過熱狀態，顯示市場對於貿易專業人才的需求。因此，建議政府擴大對國際貿易企業的人才培訓計畫，配合大專院校加強開設經貿人才培訓課程，擴大人才培育中心規模，加強貿易專業與外語能力訓練，培育更多經貿專才，將台灣產業的實力與競爭力推廣至世界各地。

第 **6** 篇

貿易資訊新眼界

2012 IEAT 46個貿易地區
資訊揭露

Opportunities
in the Next Golden Decade

第 25 章

2012 IEAT調查報告
綜合貿易競爭力彙總表

■綜合貿易競爭力計算說明

綜合貿易競爭力＝【國家競爭力×20％】＋【四度貿易實力×80％】

四度貿易實力＝【貿易自由度×30％】＋【貿易便捷度×20％】＋

【貿易難易度×15％】＋【貿易風險度×35％】

【1】 新加坡、 【2】 加拿大	貿易地區		1 新　加　坡			綜合貿易競爭力		97.843
	國家競爭力	項目	基本條件	機構評比	加權平均	綜合排名		A01/46
		分數	68.614	99.000	83.807			極力推薦
	貿易自由度	項目	❶數量限制	❷價格限制	❸法規限制	❹政府限制		加權平均
		分數	4.051	3.985	3.808	3.667		3.837
		排名	1	1	1	1		1
	貿易便捷度	項目	❶市場便捷	❷邊境便捷	❸基建便捷	❹流程便捷		加權平均
		分數	4.111	4.049	3.733	4.239		4.055
		排名	1	1	2	1		1
	貿易難易度	項目	❶許可成本	❷資訊成本	❸投資成本	❹經商成本		加權平均
		分數	3.977	4.053	3.924	3.897		3.943
		排名	1	1	1	1		1
	貿易風險度	項目	❶政治風險	❷經濟風險	❸政策風險	❹支付風險		加權平均
		分數	3.726	3.545	3.757	3.288		3.623
		排名	2	4	2	6		2

貿易地區		2 加　拿　大			綜合貿易競爭力		95.471
國家競爭力	項目	基本條件	機構評比	加權平均	綜合排名		A02/46
	分數	71.526	96.561	84.043			極力推薦
貿易自由度	項目	❶數量限制	❷價格限制	❸法規限制	❹政府限制		加權平均
	分數	3.828	3.788	3.750	3.506		3.696
	排名	2	2	2	2		2
貿易便捷度	項目	❶市場便捷	❷邊境便捷	❸基建便捷	❹流程便捷		加權平均
	分數	3.885	3.745	3.638	3.792		3.784
	排名	3	3	3	4		3
貿易難易度	項目	❶許可成本	❷資訊成本	❸投資成本	❹經商成本		加權平均
	分數	3.631	3.813	3.694	3.484		3.639
	排名	2	2	2	2		2
貿易風險度	項目	❶政治風險	❷經濟風險	❸政策風險	❹支付風險		加權平均
	分數	3.760	3.650	3.885	3.536		3.730
	排名	1	1	1	1		1

貿易地區		③ 澳　　洲		綜合貿易競爭力		92.033
國家競爭力	項目	基本條件	機構評比	加權平均	綜合排名	A03/46
	分數	71.409	94.895	83.152		極力推薦
貿易自由度	項目	❶數量限制	❷價格限制	❸法規限制	❹政府限制	加權平均
	分數	3.771	3.709	3.514	3.491	3.585
	排名	4	4	4	4	3
貿易便捷度	項目	❶市場便捷	❷邊境便捷	❸基建便捷	❹流程便捷	加權平均
	分數	3.600	3.505	3.566	3.648	3.586
	排名	5	6	5	5	5
貿易難易度	項目	❶許可成本	❷資訊成本	❸投資成本	❹經商成本	加權平均
	分數	3.574	3.729	3.550	3.438	3.547
	排名	3	3	3	3	3
貿易風險度	項目	❶政治風險	❷經濟風險	❸政策風險	❹支付風險	加權平均
	分數	3.700	3.591	3.676	3.338	3.613
	排名	3	2	3	4	3

【③澳洲、④香港、⑤英國】

貿易地區		④ 香　　港		綜合貿易競爭力		91.151
國家競爭力	項目	基本條件	機構評比	加權平均	綜合排名	A04/46
	分數	65.235	94.598	79.916		極力推薦
貿易自由度	項目	❶數量限制	❷價格限制	❸法規限制	❹政府限制	加權平均
	分數	3.794	3.598	3.345	3.314	3.454
	排名	3	5	8	6	5
貿易便捷度	項目	❶市場便捷	❷邊境便捷	❸基建便捷	❹流程便捷	加權平均
	分數	4.043	3.881	3.636	4.021	3.924
	排名	2	2	4	2	2
貿易難易度	項目	❶許可成本	❷資訊成本	❸投資成本	❹經商成本	加權平均
	分數	3.324	3.492	3.302	3.323	3.340
	排名	8	4	6	5	6
貿易風險度	項目	❶政治風險	❷經濟風險	❸政策風險	❹支付風險	加權平均
	分數	3.651	3.575	3.661	3.392	3.596
	排名	4	3	4	3	4

貿易地區		⑤ 英　　國		綜合貿易競爭力		90.094
國家競爭力	項目	基本條件	機構評比	加權平均	綜合排名	A05/46
	分數	70.926	93.646	82.286		極力推薦
貿易自由度	項目	❶數量限制	❷價格限制	❸法規限制	❹政府限制	加權平均
	分數	3.769	3.518	3.453	3.236	3.448
	排名	5	6	5	10	6
貿易便捷度	項目	❶市場便捷	❷邊境便捷	❸基建便捷	❹流程便捷	加權平均
	分數	3.761	3.701	3.738	3.853	3.767
	排名	4	4	1	3	4
貿易難易度	項目	❶許可成本	❷資訊成本	❸投資成本	❹經商成本	加權平均
	分數	3.410	3.211	3.419	3.286	3.347
	排名	4	9	6	6	5
貿易風險度	項目	❶政治風險	❷經濟風險	❸政策風險	❹支付風險	加權平均
	分數	3.521	3.538	3.615	3.333	3.521
	排名	6	5	5	5	5

〔6 美 國 、 7 德 國 、 8 台 灣〕

貿易地區		⑥ 美　國		綜合貿易競爭力		87.489
國家競爭力	項目	基本條件	機構評比	加權平均	綜合排名	A06/46
	分數	74.320	94.598	84.459		極力推薦
貿易自由度	項目	❶數量限制	❷價格限制	❸法規限制	❹政府限制	加權平均
	分數	3.391	3.330	3.278	3.240	3.294
	排名	12	15	12	9	12
貿易便捷度	項目	❶市場便捷	❷邊境便捷	❸基建便捷	❹流程便捷	加權平均
	分數	3.540	3.504	3.588	3.613	3.561
	排名	7	7	5	7	7
貿易難易度	項目	❶許可成本	❷資訊成本	❸投資成本	❹經商成本	加權平均
	分數	3.396	3.409	3.447	3.365	3.409
	排名	5	5	4	4	4
貿易風險度	項目	❶政治風險	❷經濟風險	❸政策風險	❹支付風險	加權平均
	分數	3.467	3.380	3.517	3.187	3.416
	排名	8	7	7	9	7

貿易地區		⑦ 德　國		綜合貿易競爭力		85.603
國家競爭力	項目	基本條件	機構評比	加權平均	綜合排名	A07/46
	分數	72.989	92.337	82.663		極力推薦
貿易自由度	項目	❶數量限制	❷價格限制	❸法規限制	❹政府限制	加權平均
	分數	3.355	3.374	3.261	3.153	3.265
	排名	14	11	13	14	13
貿易便捷度	項目	❶市場便捷	❷邊境便捷	❸基建便捷	❹流程便捷	加權平均
	分數	3.465	3.469	3.516	3.482	3.480
	排名	11	9	8	10	9
貿易難易度	項目	❶許可成本	❷資訊成本	❸投資成本	❹經商成本	加權平均
	分數	3.211	3.303	3.195	3.171	3.206
	排名	13	6	9	10	8
貿易風險度	項目	❶政治風險	❷經濟風險	❸政策風險	❹支付風險	加權平均
	分數	3.500	3.326	3.404	3.215	3.390
	排名	7	9	9	8	8

貿易地區		⑧ 台　灣		綜合貿易競爭力		85.166
國家競爭力	項目	基本條件	機構評比	加權平均	綜合排名	A08/46
	分數	55.331	87.400	71.365		極力推薦
貿易自由度	項目	❶數量限制	❷價格限制	❸法規限制	❹政府限制	加權平均
	分數	3.480	3.376	3.344	3.271	3.349
	排名	8	10	9	7	8
貿易便捷度	項目	❶市場便捷	❷邊境便捷	❸基建便捷	❹流程便捷	加權平均
	分數	3.507	3.459	3.393	3.531	3.481
	排名	9	10	10	9	8
貿易難易度	項目	❶許可成本	❷資訊成本	❸投資成本	❹經商成本	加權平均
	分數	3.202	3.199	3.213	3.169	3.196
	排名	14	10	7	11	9
貿易風險度	項目	❶政治風險	❷經濟風險	❸政策風險	❹支付風險	加權平均
	分數	3.527	3.425	3.555	3.410	3.491
	排名	5	6	6	2	6

貿易地區		⑨ 法 國		綜合貿易競爭力		84.384
國家競爭力	項目	基本條件	機構評比	加權平均	綜合排名	A09/46
	分數	73.588	83.414	78.501		極力推薦
貿易自由度	項目	❶數量限制	❷價格限制	❸法規限制	❹政府限制	加權平均
	分數	3.645	3.710	3.522	3.503	3.572
	排名	6	3	3	3	4
貿易便捷度	項目	❶市場便捷	❷邊境便捷	❸基建便捷	❹流程便捷	加權平均
	分數	3.280	3.347	3.348	3.387	3.334
	排名	17	14	13	12	14
貿易難易度	項目	❶許可成本	❷資訊成本	❸投資成本	❹經商成本	加權平均
	分數	3.086	3.017	2.979	2.989	3.004
	排名	23	15	19	21	20
貿易風險度	項目	❶政治風險	❷經濟風險	❸政策風險	❹支付風險	加權平均
	分數	3.213	3.222	3.379	3.087	3.238
	排名	15	11	10	15	13

貿易地區		⑩ 日 本		綜合貿易競爭力		84.076
國家競爭力	項目	基本條件	機構評比	加權平均	綜合排名	A10/46
	分數	74.773	89.779	82.276		極力推薦
貿易自由度	項目	❶數量限制	❷價格限制	❸法規限制	❹政府限制	加權平均
	分數	3.386	3.240	3.184	3.170	3.221
	排名	13	17	16	12	15
貿易便捷度	項目	❶市場便捷	❷邊境便捷	❸基建便捷	❹流程便捷	加權平均
	分數	3.482	3.478	3.370	3.535	3.472
	排名	10	8	12	8	10
貿易難易度	項目	❶許可成本	❷資訊成本	❸投資成本	❹經商成本	加權平均
	分數	3.172	3.104	3.103	3.083	3.107
	排名	16	12	14	14	14
貿易風險度	項目	❶政治風險	❷經濟風險	❸政策風險	❹支付風險	加權平均
	分數	3.365	3.259	3.429	3.096	3.314
	排名	10	10	8	14	10

貿易地區		⑪ 阿聯大公國		綜合貿易競爭力		83.109
國家競爭力	項目	基本條件	機構評比	加權平均	綜合排名	A11/46
	分數	61.212	83.295	72.253		極力推薦
貿易自由度	項目	❶數量限制	❷價格限制	❸法規限制	❹政府限制	加權平均
	分數	3.468	3.361	3.349	3.335	3.365
	排名	9	13	7	5	7
貿易便捷度	項目	❶市場便捷	❷邊境便捷	❸基建便捷	❹流程便捷	加權平均
	分數	3.570	3.543	3.548	3.634	3.576
	排名	6	5	7	6	6
貿易難易度	項目	❶許可成本	❷資訊成本	❸投資成本	❹經商成本	加權平均
	分數	3.258	3.016	3.194	3.237	3.190
	排名	10	16	10	8	11
貿易風險度	項目	❶政治風險	❷經濟風險	❸政策風險	❹支付風險	加權平均
	分數	3.253	3.206	3.194	3.100	3.203
	排名	14	12	16	13	14

【⑨法國、⑩日本、⑪阿聯大公國】

貿易地區		⑫ 紐　西　蘭		綜合貿易競爭力		81.183
國家競爭力	項目	基本條件	機構評比	加權平均	綜合排名	極力推薦
	分數	51.863	93.587	72.725		加權平均
貿易自由度	項目	❶數量限制	❷價格限制	❸法規限制	❹政府限制	加權平均
	分數	3.317	3.373	3.128	3.040	3.179
	排名	16	12	17	19	17
貿易便捷度	項目	❶市場便捷	❷邊境便捷	❸基建便捷	❹流程便捷	加權平均
	分數	3.333	3.233	3.153	3.256	3.258
	排名	15	16	17	18	17
貿易難易度	項目	❶許可成本	❷資訊成本	❸投資成本	❹經商成本	加權平均
	分數	3.120	3.233	3.147	3.022	3.118
	排名	19	8	12	18	12
貿易風險度	項目	❶政治風險	❷經濟風險	❸政策風險	❹支付風險	加權平均
	分數	3.411	3.353	3.278	3.183	3.329
	排名	9	8	12	10	9

貿易地區		⑬ 沙烏地阿拉伯		綜合貿易競爭力		80.458
國家競爭力	項目	基本條件	機構評比	加權平均	綜合排名	A13/46
	分數	60.568	75.086	67.827		極力推薦
貿易自由度	項目	❶數量限制	❷價格限制	❸法規限制	❹政府限制	加權平均
	分數	3.459	3.341	3.257	3.097	3.256
	排名	10	14	14	15	14
貿易便捷度	項目	❶市場便捷	❷邊境便捷	❸基建便捷	❹流程便捷	加權平均
	分數	3.378	3.358	3.297	3.315	3.342
	排名	13	12	14	15	13
貿易難易度	項目	❶許可成本	❷資訊成本	❸投資成本	❹經商成本	加權平均
	分數	3.341	3.270	3.205	3.261	3.252
	排名	6	7	8	7	7
貿易風險度	項目	❶政治風險	❷經濟風險	❸政策風險	❹支付風險	加權平均
	分數	3.297	3.076	3.210	3.118	3.193
	排名	13	16	14	12	15

貿易地區		⑭ 荷　蘭		綜合貿易競爭力		79.863
國家競爭力	項目	基本條件	機構評比	加權平均	綜合排名	B01/46
	分數	68.307	92.337	80.322		值得推薦
貿易自由度	項目	❶數量限制	❷價格限制	❸法規限制	❹政府限制	加權平均
	分數	3.242	3.142	3.071	2.981	3.084
	排名	19	19	22	25	19
貿易便捷度	項目	❶市場便捷	❷邊境便捷	❸基建便捷	❹流程便捷	加權平均
	分數	3.172	3.027	3.006	3.075	3.086
	排名	22	31	27	26	24
貿易難易度	項目	❶許可成本	❷資訊成本	❸投資成本	❹經商成本	加權平均
	分數	3.090	2.935	3.013	3.032	3.019
	排名	22	20	18	17	17
貿易風險度	項目	❶政治風險	❷經濟風險	❸政策風險	❹支付風險	加權平均
	分數	3.301	3.187	3.280	3.177	3.249
	排名	12	14	11	11	12

貿易地區		15 南 非		綜合貿易競爭力		78.345
國家競爭力	項目	基本條件	機構評比	加權平均	綜合排名	B02/46
	分數	58.315	68.483	63.399		值得推薦
貿易自由度	項目	❶數量限制	❷價格限制	❸法規限制	❹政府限制	加權平均
	分數	3.114	3.057	3.076	3.057	3.072
	排名	20	21	21	18	20
貿易便捷度	項目	❶市場便捷	❷邊境便捷	❸基建便捷	❹流程便捷	加權平均
	分數	3.533	3.405	3.400	3.438	3.457
	排名	8	11	9	11	11
貿易難易度	項目	❶許可成本	❷資訊成本	❸投資成本	❹經商成本	加權平均
	分數	3.229	2.757	2.891	2.995	2.953
	排名	12	30	26	20	22
貿易風險度	項目	❶政治風險	❷經濟風險	❸政策風險	❹支付風險	加權平均
	分數	3.310	3.200	3.248	3.243	3.257
	排名	11	13	13	7	11

貿易地區		16 卡 達		綜合貿易競爭力		77.964
國家競爭力	項目	基本條件	機構評比	加權平均	綜合排名	B03/46
	分數	58.374	66.520	62.447		值得推薦
貿易自由度	項目	❶數量限制	❷價格限制	❸法規限制	❹政府限制	加權平均
	分數	3.333	3.447	3.397	3.201	3.339
	排名	15	7	6	11	9
貿易便捷度	項目	❶市場便捷	❷邊境便捷	❸基建便捷	❹流程便捷	加權平均
	分數	3.422	3.356	3.373	3.378	3.388
	排名	12	13	11	14	12
貿易難易度	項目	❶許可成本	❷資訊成本	❸投資成本	❹經商成本	加權平均
	分數	3.147	2.850	3.047	2.956	3.005
	排名	18	26	16	23	18
貿易風險度	項目	❶政治風險	❷經濟風險	❸政策風險	❹支付風險	加權平均
	分數	3.106	3.047	3.000	2.911	3.035
	排名	19	17	21	25	19

貿易地區		17 以 色 列		綜合貿易競爭力		77.421
國家競爭力	項目	基本條件	機構評比	加權平均	綜合排名	B04/46
	分數	55.053	78.774	66.913		值得推薦
貿易自由度	項目	❶數量限制	❷價格限制	❸法規限制	❹政府限制	加權平均
	分數	3.283	3.240	3.188	3.093	3.184
	排名	17	16	15	16	16
貿易便捷度	項目	❶市場便捷	❷邊境便捷	❸基建便捷	❹流程便捷	加權平均
	分數	3.356	3.239	3.100	3.300	3.267
	排名	14	15	18	17	15
貿易難易度	項目	❶許可成本	❷資訊成本	❸投資成本	❹經商成本	加權平均
	分數	3.240	3.067	3.027	3.139	3.098
	排名	11	13	17	13	15
貿易風險度	項目	❶政治風險	❷經濟風險	❸政策風險	❹支付風險	加權平均
	分數	3.106	3.040	3.044	2.922	3.046
	排名	19	18	19	23	18

【15 南非、16 卡達、17 以色列】

貿易地區		18 阿　曼		綜合貿易競爭力		76.902
國家競爭力	項目	基本條件	機構評比	加權平均	綜合排名	B05/46
	分數	45.704	68.007	56.856		值得推薦
貿易自由度	項目	❶數量限制	❷價格限制	❸法規限制	❹政府限制	加權平均
	分數	3.424	3.424	3.282	3.169	3.298
	排名	11	8	11	13	11
貿易便捷度	項目	❶市場便捷	❷邊境便捷	❸基建便捷	❹流程便捷	加權平均
	分數	3.152	3.152	3.218	3.303	3.203
	排名	23	20	16	16	20
貿易難易度	項目	❶許可成本	❷資訊成本	❸投資成本	❹經商成本	加權平均
	分數	3.339	3.152	3.133	3.212	3.191
	排名	7	11	13	9	10
貿易風險度	項目	❶政治風險	❷經濟風險	❸政策風險	❹支付風險	加權平均
	分數	3.136	2.976	3.202	2.970	3.088
	排名	17	20	15	18	17

貿易地區		19 馬來西亞		綜合貿易競爭力		76.276
國家競爭力	項目	基本條件	機構評比	加權平均	綜合排名	B06/46
	分數	55.886	80.975	68.431		值得推薦
貿易自由度	項目	❶數量限制	❷價格限制	❸法規限制	❹政府限制	加權平均
	分數	3.489	3.395	3.301	3.245	3.331
	排名	7	9	10	8	10
貿易便捷度	項目	❶市場便捷	❷邊境便捷	❸基建便捷	❹流程便捷	加權平均
	分數	2.947	3.106	3.023	2.992	3.005
	排名	33	24	26	31	29
貿易難易度	項目	❶許可成本	❷資訊成本	❸投資成本	❹經商成本	加權平均
	分數	3.150	3.011	3.164	3.020	3.096
	排名	17	17	11	19	16
貿易風險度	項目	❶政治風險	❷經濟風險	❸政策風險	❹支付風險	加權平均
	分數	3.027	2.732	2.924	2.920	2.911
	排名	21	35	24	24	24

貿易地區		20 約　旦		綜合貿易競爭力		74.721
國家競爭力	項目	基本條件	機構評比	加權平均	綜合排名	B07/46
	分數	48.659	59.322	53.990		值得推薦
貿易自由度	項目	❶數量限制	❷價格限制	❸法規限制	❹政府限制	加權平均
	分數	3.274	3.187	3.108	3.039	3.128
	排名	18	18	19	20	18
貿易便捷度	項目	❶市場便捷	❷邊境便捷	❸基建便捷	❹流程便捷	加權平均
	分數	3.247	3.097	3.071	3.215	3.174
	排名	21	25	20	22	22
貿易難易度	項目	❶許可成本	❷資訊成本	❸投資成本	❹經商成本	加權平均
	分數	3.297	3.032	3.058	3.140	3.115
	排名	9	14	15	12	13
貿易風險度	項目	❶政治風險	❷經濟風險	❸政策風險	❹支付風險	加權平均
	分數	3.145	3.142	3.065	2.946	3.094
	排名	16	15	18	20	16

貿易地區		21 土 耳 其		綜合貿易競爭力		73.367
國家競爭力	項目	基本條件	機構評比	加權平均	綜合排名	B08/46
	分數	57.232	62.831	60.032		值得推薦
貿易自由度	項目	❶數量限制	❷價格限制	❸法規限制	❹政府限制	加權平均
	分數	3.000	2.950	2.928	2.989	2.961
	排名	26	25	28	24	27
貿易便捷度	項目	❶市場便捷	❷邊境便捷	❸基建便捷	❹流程便捷	加權平均
	分數	3.250	3.199	3.100	3.251	3.210
	排名	20	18	18	20	18
貿易難易度	項目	❶許可成本	❷資訊成本	❸投資成本	❹經商成本	加權平均
	分數	3.111	2.931	2.961	3.046	3.005
	排名	20	21	20	15	19
貿易風險度	項目	❶政治風險	❷經濟風險	❸政策風險	❹支付風險	加權平均
	分數	3.065	2.961	2.889	3.083	2.998
	排名	20	21	26	16	21

貿易地區		22 中國大陸		綜合貿易競爭力		72.838
國家競爭力	項目	基本條件	機構評比	加權平均	綜合排名	B09/46
	分數	76.544	62.712	69.628		值得推薦
貿易自由度	項目	❶數量限制	❷價格限制	❸法規限制	❹政府限制	加權平均
	分數	3.096	2.996	2.969	2.955	2.989
	排名	21	22	25	26	24
貿易便捷度	項目	❶市場便捷	❷邊境便捷	❸基建便捷	❹流程便捷	加權平均
	分數	3.012	2.999	2.864	2.949	2.964
	排名	30	33	31	35	32
貿易難易度	項目	❶許可成本	❷資訊成本	❸投資成本	❹經商成本	加權平均
	分數	2.925	2.823	2.875	2.880	2.876
	排名	32	27	27	29	30
貿易風險度	項目	❶政治風險	❷經濟風險	❸政策風險	❹支付風險	加權平均
	分數	2.967	2.943	2.849	2.816	2.909
	排名	24	22	28	34	25

貿易地區		23 韓 國		綜合貿易競爭力		72.636
國家競爭力	項目	基本條件	機構評比	加權平均	綜合排名	B10/46
	分數	70.794	85.437	78.115		值得推薦
貿易自由度	項目	❶數量限制	❷價格限制	❸法規限制	❹政府限制	加權平均
	分數	2.977	2.806	2.883	2.749	2.841
	排名	29	33	31	42	34
貿易便捷度	項目	❶市場便捷	❷邊境便捷	❸基建便捷	❹流程便捷	加權平均
	分數	3.101	3.035	3.033	3.093	3.072
	排名	27	30	24	25	25
貿易難易度	項目	❶許可成本	❷資訊成本	❸投資成本	❹經商成本	加權平均
	分數	3.042	2.619	2.900	2.899	2.879
	排名	24	40	25	25	29
貿易風險度	項目	❶政治風險	❷經濟風險	❸政策風險	❹支付風險	加權平均
	分數	2.878	2.742	2.742	2.776	2.795
	排名	27	34	36	38	34

【21土耳其、22中國大陸、23韓國】

貿易地區		24 巴　西		綜合貿易競爭力		72.363
國家競爭力	項目	基本條件	機構評比	加權平均	綜合排名	B11/46
	分數	67.151	54.681	60.916		值得推薦
貿易自由度	項目	❶數量限制	❷價格限制	❸法規限制	❹政府限制	加權平均
	分數	3.078	2.944	3.089	2.994	3.030
	排名	23	26	20	22	22
貿易便捷度	項目	❶市場便捷	❷邊境便捷	❸基建便捷	❹流程便捷	加權平均
	分數	2.927	3.061	3.063	3.021	3.004
	排名	34	27	22	30	30
貿易難易度	項目	❶許可成本	❷資訊成本	❸投資成本	❹經商成本	加權平均
	分數	3.106	2.672	2.844	2.969	2.895
	排名	21	36	31	22	27
貿易風險度	項目	❶政治風險	❷經濟風險	❸政策風險	❹支付風險	加權平均
	分數	2.974	2.994	2.927	2.948	2.963
	排名	23	19	23	19	22

貿易地區		25 墨　西　哥		綜合貿易競爭力		72.194
國家競爭力	項目	基本條件	機構評比	加權平均	綜合排名	B12/46
	分數	66.449	66.995	66.722		值得推薦
貿易自由度	項目	❶數量限制	❷價格限制	❸法規限制	❹政府限制	加權平均
	分數	2.935	2.961	3.113	3.084	3.047
	排名	33	23	18	17	21
貿易便捷度	項目	❶市場便捷	❷邊境便捷	❸基建便捷	❹流程便捷	加權平均
	分數	2.903	3.108	2.923	2.914	2.951
	排名	36	23	29	37	33
貿易難易度	項目	❶許可成本	❷資訊成本	❸投資成本	❹經商成本	加權平均
	分數	2.961	2.887	2.858	2.919	2.896
	排名	29	23	29	24	26
貿易風險度	項目	❶政治風險	❷經濟風險	❸政策風險	❹支付風險	加權平均
	分數	2.855	2.755	2.903	2.903	2.849
	排名	30	32	25	26	29

貿易地區		26 西　班　牙		綜合貿易競爭力		71.131
國家競爭力	項目	基本條件	機構評比	加權平均	綜合排名	B13/46
	分數	67.971	78.715	73.343		值得推薦
貿易自由度	項目	❶數量限制	❷價格限制	❸法規限制	❹政府限制	加權平均
	分數	2.939	2.867	2.813	2.794	2.837
	排名	32	30	37	40	35
貿易便捷度	項目	❶市場便捷	❷邊境便捷	❸基建便捷	❹流程便捷	加權平均
	分數	3.105	2.909	2.824	3.137	3.018
	排名	26	36	32	24	28
貿易難易度	項目	❶許可成本	❷資訊成本	❸投資成本	❹經商成本	加權平均
	分數	2.933	2.742	2.909	2.884	2.880
	排名	31	32	24	28	28
貿易風險度	項目	❶政治風險	❷經濟風險	❸政策風險	❹支付風險	加權平均
	分數	2.833	2.691	2.758	2.697	2.758
	排名	32	37	35	43	38

貿易地區		27 俄　羅　斯		綜合貿易競爭力		71.121
國家競爭力	項目	基本條件	機構評比	加權平均	綜合排名	B14/46
	分數	68.775	46.532	57.653		值得推薦
貿易自由度	項目	❶數量限制	❷價格限制	❸法規限制	❹政府限制	加權平均
	分數	2.882	2.759	2.922	2.935	2.887
	排名	35	35	30	28	31
貿易便捷度	項目	❶市場便捷	❷邊境便捷	❸基建便捷	❹流程便捷	加權平均
	分數	3.255	3.170	3.224	3.382	3.263
	排名	19	19	15	13	16
貿易難易度	項目	❶許可成本	❷資訊成本	❸投資成本	❹經商成本	加權平均
	分數	2.924	2.794	2.824	2.887	2.853
	排名	33	29	32	27	31
貿易風險度	項目	❶政治風險	❷經濟風險	❸政策風險	❹支付風險	加權平均
	分數	2.917	2.935	2.873	2.833	2.898
	排名	26	23	27	31	26

貿易地區		28 印　　尼		綜合貿易競爭力		71.054
國家競爭力	項目	基本條件	機構評比	加權平均	綜合排名	B15/46
	分數	62.748	51.945	57.346		值得推薦
貿易自由度	項目	❶數量限制	❷價格限制	❸法規限制	❹政府限制	加權平均
	分數	2.886	2.926	2.967	2.903	2.927
	排名	34	27	26	33	29
貿易便捷度	項目	❶市場便捷	❷邊境便捷	❸基建便捷	❹流程便捷	加權平均
	分數	3.257	3.205	3.063	3.229	3.201
	排名	18	17	21	21	21
貿易難易度	項目	❶許可成本	❷資訊成本	❸投資成本	❹經商成本	加權平均
	分數	2.971	2.857	2.920	2.867	2.902
	排名	27	25	23	31	25
貿易風險度	項目	❶政治風險	❷經濟風險	❸政策風險	❹支付風險	加權平均
	分數	2.862	2.880	2.838	2.976	2.878
	排名	29	25	29	17	27

貿易地區		29 印　　度		綜合貿易競爭力		70.951
國家競爭力	項目	基本條件	機構評比	加權平均	綜合排名	B16/46
	分數	65.249	49.328	57.289		值得推薦
貿易自由度	項目	❶數量限制	❷價格限制	❸法規限制	❹政府限制	加權平均
	分數	3.095	2.881	2.995	2.946	2.972
	排名	22	29	23	27	26
貿易便捷度	項目	❶市場便捷	❷邊境便捷	❸基建便捷	❹流程便捷	加權平均
	分數	3.315	3.126	3.032	3.252	3.205
	排名	16	22	25	19	19
貿易難易度	項目	❶許可成本	❷資訊成本	❸投資成本	❹經商成本	加權平均
	分數	2.919	2.878	2.773	2.874	2.841
	排名	34	24	35	30	33
貿易風險度	項目	❶政治風險	❷經濟風險	❸政策風險	❹支付風險	加權平均
	分數	2.928	2.670	2.928	2.847	2.851
	排名	25	39	22	29	28

【27 俄羅斯、28 印尼、29 印度】

〔30 義大利、31 波蘭、32 智利〕

貿易地區		30 義 大 利		綜合貿易競爭力		70.828
國家競爭力	項目	基本條件	機構評比	加權平均	綜合排名	B17/46
	分數	68.278	68.602	68.440		值得推薦
貿易自由度	項目	❶數量限制	❷價格限制	❸法規限制	❹政府限制	加權平均
	分數	2.986	2.830	2.878	2.903	2.892
	排名	27	32	32	34	30
貿易便捷度	項目	❶市場便捷	❷邊境便捷	❸基建便捷	❹流程便捷	加權平均
	分數	3.117	3.054	3.005	3.036	3.062
	排名	25	28	28	28	26
貿易難易度	項目	❶許可成本	❷資訊成本	❸投資成本	❹經商成本	加權平均
	分數	2.800	2.743	2.735	2.716	2.740
	排名	39	31	38	38	38
貿易風險度	項目	❶政治風險	❷經濟風險	❸政策風險	❹支付風險	加權平均
	分數	2.815	2.746	2.838	2.806	2.802
	排名	33	33	30	36	33

貿易地區		31 波 蘭		綜合貿易競爭力		70.690
國家競爭力	項目	基本條件	機構評比	加權平均	綜合排名	B18/46
	分數	62.294	71.100	66.697		值得推薦
貿易自由度	項目	❶數量限制	❷價格限制	❸法規限制	❹政府限制	加權平均
	分數	3.017	2.787	2.928	2.800	2.875
	排名	25	34	29	39	32
貿易便捷度	項目	❶市場便捷	❷邊境便捷	❸基建便捷	❹流程便捷	加權平均
	分數	3.044	2.972	3.053	3.033	3.029
	排名	29	34	23	29	27
貿易難易度	項目	❶許可成本	❷資訊成本	❸投資成本	❹經商成本	加權平均
	分數	2.940	2.800	2.851	2.794	2.840
	排名	30	28	30	36	34
貿易風險度	項目	❶政治風險	❷經濟風險	❸政策風險	❹支付風險	加權平均
	分數	2.850	2.800	2.778	2.822	2.815
	排名	31	28	33	33	32

貿易地區		32 智 利		綜合貿易競爭力		70.372
國家競爭力	項目	基本條件	機構評比	加權平均	綜合排名	B19/46
	分數	56.794	83.176	69.985		值得推薦
貿易自由度	項目	❶數量限制	❷價格限制	❸法規限制	❹政府限制	加權平均
	分數	2.774	2.710	2.769	2.903	2.798
	排名	37	37	38	32	37
貿易便捷度	項目	❶市場便捷	❷邊境便捷	❸基建便捷	❹流程便捷	加權平均
	分數	2.978	3.043	2.800	2.957	2.950
	排名	31	29	34	33	34
貿易難易度	項目	❶許可成本	❷資訊成本	❸投資成本	❹經商成本	加權平均
	分數	2.968	2.710	2.819	2.892	2.847
	排名	28	34	33	26	32
貿易風險度	項目	❶政治風險	❷經濟風險	❸政策風險	❹支付風險	加權平均
	分數	2.866	2.761	2.806	2.828	2.819
	排名	28	31	31	32	31

貿易地區		33 越　　南		綜合貿易競爭力		69.944
國家競爭力	項目	基本條件	機構評比	加權平均	綜合排名	B20/46
	分數	57.042	53.611	55.326		值得推薦
貿易自由度	項目	❶數量限制	❷價格限制	❸法規限制	❹政府限制	加權平均
	分數	2.971	3.063	2.967	3.000	2.997
	排名	30	20	26	21	23
貿易便捷度	項目	❶市場便捷	❷邊境便捷	❸基建便捷	❹流程便捷	加權平均
	分數	2.971	3.062	2.914	3.057	3.000
	排名	32	26	30	27	31
貿易難易度	項目	❶許可成本	❷資訊成本	❸投資成本	❹經商成本	加權平均
	分數	2.994	2.986	2.954	2.829	2.927
	排名	25	18	21	34	23
貿易風險度	項目	❶政治風險	❷經濟風險	❸政策風險	❹支付風險	加權平均
	分數	2.862	2.817	2.781	2.890	2.835
	排名	29	27	32	27	30

貿易地區		34 匈　牙　利		綜合貿易競爭力		68.786
國家競爭力	項目	基本條件	機構評比	加權平均	綜合排名	B21/46
	分數	56.062	75.145	65.604		值得推薦
貿易自由度	項目	❶數量限制	❷價格限制	❸法規限制	❹政府限制	加權平均
	分數	2.734	2.594	2.875	2.894	2.803
	排名	39	40	33	35	36
貿易便捷度	項目	❶市場便捷	❷邊境便捷	❸基建便捷	❹流程便捷	加權平均
	分數	2.927	2.890	2.725	2.938	2.882
	排名	34	39	39	36	37
貿易難易度	項目	❶許可成本	❷資訊成本	❸投資成本	❹經商成本	加權平均
	分數	2.988	2.688	2.744	2.839	2.800
	排名	26	35	36	33	36
貿易風險度	項目	❶政治風險	❷經濟風險	❸政策風險	❹支付風險	加權平均
	分數	2.833	2.755	2.708	2.839	2.783
	排名	32	32	38	30	36

貿易地區		35 泰　　國		綜合貿易競爭力		68.396
國家競爭力	項目	基本條件	機構評比	加權平均	綜合排名	B22/46
	分數	63.904	76.157	70.030		值得推薦
貿易自由度	項目	❶數量限制	❷價格限制	❸法規限制	❹政府限制	加權平均
	分數	2.681	2.722	2.875	2.805	2.794
	排名	41	36	33	38	39
貿易便捷度	項目	❶市場便捷	❷邊境便捷	❸基建便捷	❹流程便捷	加權平均
	分數	2.894	3.016	2.740	2.992	2.912
	排名	37	32	36	32	36
貿易難易度	項目	❶許可成本	❷資訊成本	❸投資成本	❹經商成本	加權平均
	分數	2.915	2.735	2.783	2.802	2.801
	排名	35	33	34	35	35
貿易風險度	項目	❶政治風險	❷經濟風險	❸政策風險	❹支付風險	加權平均
	分數	2.646	2.630	2.616	2.763	2.652
	排名	39	42	43	39	42

【33 越南、34 匈牙利、35 泰國】

【36】安哥拉、【37】科威特、【38】奈及利亞

貿易地區		36 安 哥 拉		綜合貿易競爭力		67.941
國家競爭力	項目	基本條件	機構評比	加權平均	綜合排名	B23/46
	分數	40.262	20.000	30.131		值得推薦
貿易自由度	項目	❶數量限制	❷價格限制	❸法規限制	❹政府限制	加權平均
	分數	2.983	2.953	2.978	2.993	2.978
	排名	28	24	24	23	25
貿易便捷度	項目	❶市場便捷	❷邊境便捷	❸基建便捷	❹流程便捷	加權平均
	分數	3.133	3.151	3.093	3.144	3.132
	排名	24	21	19	23	23
貿易難易度	項目	❶許可成本	❷資訊成本	❸投資成本	❹經商成本	加權平均
	分數	3.200	2.917	2.873	3.033	2.977
	排名	15	22	28	16	21
貿易風險度	項目	❶政治風險	❷經濟風險	❸政策風險	❹支付風險	加權平均
	分數	3.122	2.920	3.067	2.933	3.029
	排名	18	24	17	21	20

貿易地區		37 科 威 特		綜合貿易競爭力		67.292
國家競爭力	項目	基本條件	機構評比	加權平均	綜合排名	B24/46
	分數	46.787	69.256	58.021		值得推薦
貿易自由度	項目	❶數量限制	❷價格限制	❸法規限制	❹政府限制	加權平均
	分數	3.029	2.840	2.829	2.857	2.869
	排名	24	31	35	37	33
貿易便捷度	項目	❶市場便捷	❷邊境便捷	❸基建便捷	❹流程便捷	加權平均
	分數	3.048	2.914	2.697	2.952	2.927
	排名	28	35	40	34	35
貿易難易度	項目	❶許可成本	❷資訊成本	❸投資成本	❹經商成本	加權平均
	分數	2.834	2.529	2.646	2.681	2.667
	排名	38	42	40	42	41
貿易風險度	項目	❶政治風險	❷經濟風險	❸政策風險	❹支付風險	加權平均
	分數	2.795	2.714	2.657	2.807	2.742
	排名	36	36	41	35	39

貿易地區		38 奈及利亞		綜合貿易競爭力		66.940
國家競爭力	項目	基本條件	機構評比	加權平均	綜合排名	B25/46
	分數	44.856	33.325	39.091		值得推薦
貿易自由度	項目	❶數量限制	❷價格限制	❸法規限制	❹政府限制	加權平均
	分數	2.952	2.910	2.946	2.925	2.933
	排名	31	28	27	29	28
貿易便捷度	項目	❶市場便捷	❷邊境便捷	❸基建便捷	❹流程便捷	加權平均
	分數	2.914	2.900	2.768	2.882	2.874
	排名	35	37	35	38	38
貿易難易度	項目	❶許可成本	❷資訊成本	❸投資成本	❹經商成本	加權平均
	分數	2.890	2.984	2.929	2.849	2.908
	排名	36	19	22	32	24
貿易風險度	項目	❶政治風險	❷經濟風險	❸政策風險	❹支付風險	加權平均
	分數	2.989	2.865	3.011	2.881	2.947
	排名	22	26	20	28	23

貿易地區		39 阿 根 廷		綜合貿易競爭力		64.270
國家競爭力	項目	基本條件	機構評比	加權平均	綜合排名	C01/46
	分數	54.599	50.458	52.528		勉予推薦
貿易自由度	項目	❶數量限制	❷價格限制	❸法規限制	❹政府限制	加權平均
	分數	2.694	2.600	2.817	2.923	2.787
	排名	40	39	36	30	40
貿易便捷度	項目	❶市場便捷	❷邊境便捷	❸基建便捷	❹流程便捷	加權平均
	分數	2.742	2.763	2.735	2.849	2.772
	排名	40	40	37	39	40
貿易難易度	項目	❶許可成本	❷資訊成本	❸投資成本	❹經商成本	加權平均
	分數	2.761	2.548	2.587	2.715	2.646
	排名	42	41	42	39	42
貿易風險度	項目	❶政治風險	❷經濟風險	❸政策風險	❹支付風險	加權平均
	分數	2.677	2.677	2.720	2.645	2.683
	排名	38	38	37	44	41

貿易地區		40 菲 律 賓		綜合貿易競爭力		63.935
國家競爭力	項目	基本條件	機構評比	加權平均	綜合排名	C02/46
	分數	47.211	50.398	48.805		勉予推薦
貿易自由度	項目	❶數量限制	❷價格限制	❸法規限制	❹政府限制	加權平均
	分數	2.591	2.600	2.742	2.703	2.679
	排名	43	39	40	43	43
貿易便捷度	項目	❶市場便捷	❷邊境便捷	❸基建便捷	❹流程便捷	加權平均
	分數	2.747	2.722	2.727	2.758	2.741
	排名	39	41	38	42	41
貿易難易度	項目	❶許可成本	❷資訊成本	❸投資成本	❹經商成本	加權平均
	分數	2.842	2.652	2.739	2.793	2.758
	排名	37	38	37	37	37
貿易風險度	項目	❶政治風險	❷經濟風險	❸政策風險	❹支付風險	加權平均
	分數	2.798	2.782	2.667	2.924	2.780
	排名	35	29	40	22	37

貿易地區		41 巴 林		綜合貿易競爭力		63.416
國家競爭力	項目	基本條件	機構評比	加權平均	綜合排名	C03/46
	分數	42.764	76.692	59.728		勉予推薦
貿易自由度	項目	❶數量限制	❷價格限制	❸法規限制	❹政府限制	加權平均
	分數	2.750	2.560	2.744	2.760	2.713
	排名	38	41	39	41	42
貿易便捷度	項目	❶市場便捷	❷邊境便捷	❸基建便捷	❹流程便捷	加權平均
	分數	2.700	2.706	2.693	2.789	2.722
	排名	41	42	41	41	43
貿易難易度	項目	❶許可成本	❷資訊成本	❸投資成本	❹經商成本	加權平均
	分數	2.553	2.333	2.527	2.511	2.497
	排名	45	43	43	45	45
貿易風險度	項目	❶政治風險	❷經濟風險	❸政策風險	❹支付風險	加權平均
	分數	2.639	2.473	2.589	2.728	2.598
	排名	40	43	44	42	44

【39 阿根廷、40 菲律賓、41 巴林】

【42 埃及、43 柬埔寨、44 孟加拉】

貿易地區		42 埃　及		綜合貿易競爭力		62.520
國家競爭力	項目	基本條件	機構評比	加權平均	綜合排名	C04/46
	分數	51.234	47.959	49.597		勉予推薦
貿易自由度	項目	❶數量限制	❷價格限制	❸法規限制	❹政府限制	加權平均
	分數	2.455	2.394	2.657	2.697	2.586
	排名	44	42	41	44	44
貿易便捷度	項目	❶市場便捷	❷邊境便捷	❸基建便捷	❹流程便捷	加權平均
	分數	2.687	2.621	2.588	2.545	2.619
	排名	42	44	43	44	44
貿易難易度	項目	❶許可成本	❷資訊成本	❸投資成本	❹經商成本	加權平均
	分數	2.794	2.667	2.630	2.692	2.679
	排名	40	37	41	41	40
貿易風險度	項目	❶政治風險	❷經濟風險	❸政策風險	❹支付風險	加權平均
	分數	2.813	2.776	2.768	2.753	2.783
	排名	34	30	34	41	35

貿易地區		43 柬　埔　寨		綜合貿易競爭力		60.761
國家競爭力	項目	基本條件	機構評比	加權平均	綜合排名	C05/46
	分數	36.853	31.362	34.108		勉予推薦
貿易自由度	項目	❶數量限制	❷價格限制	❸法規限制	❹政府限制	加權平均
	分數	2.633	2.613	2.861	2.920	2.795
	排名	42	38	34	31	38
貿易便捷度	項目	❶市場便捷	❷邊境便捷	❸基建便捷	❹流程便捷	加權平均
	分數	2.633	2.900	2.807	2.844	2.774
	排名	43	38	33	40	39
貿易難易度	項目	❶許可成本	❷資訊成本	❸投資成本	❹經商成本	加權平均
	分數	2.773	2.667	2.660	2.711	2.693
	排名	41	37	39	40	39
貿易風險度	項目	❶政治風險	❷經濟風險	❸政策風險	❹支付風險	加權平均
	分數	2.633	2.647	2.567	2.761	2.639
	排名	41	41	45	40	43

貿易地區		44 孟　加　拉		綜合貿易競爭力		60.406
國家競爭力	項目	基本條件	機構評比	加權平均	綜合排名	C06/46
	分數	49.011	36.240	42.625		勉予推薦
貿易自由度	項目	❶數量限制	❷價格限制	❸法規限制	❹政府限制	加權平均
	分數	2.800	2.613	2.633	2.860	2.722
	排名	36	38	42	36	41
貿易便捷度	項目	❶市場便捷	❷邊境便捷	❸基建便捷	❹流程便捷	加權平均
	分數	2.433	2.444	2.340	2.489	2.431
	排名	44	45	44	46	45
貿易難易度	項目	❶許可成本	❷資訊成本	❸投資成本	❹經商成本	加權平均
	分數	2.707	2.633	2.527	2.583	2.587
	排名	43	39	43	44	43
貿易風險度	項目	❶政治風險	❷經濟風險	❸政策風險	❹支付風險	加權平均
	分數	2.733	2.660	2.678	2.794	2.710
	排名	37	40	39	37	40

貿易地區		45 巴基斯坦		綜合貿易競爭力		55.794
國家競爭力	項目	基本條件	機構評比	加權平均	綜合排名	D01/46
	分數	42.515	38.798	40.657		暫不推薦
貿易自由度	項目	❶數量限制	❷價格限制	❸法規限制	❹政府限制	加權平均
	分數	2.129	2.355	2.349	2.400	2.333
	排名	46	43	44	46	46
貿易便捷度	項目	❶市場便捷	❷邊境便捷	❸基建便捷	❹流程便捷	加權平均
	分數	2.785	2.694	2.677	2.731	2.732
	排名	38	43	42	43	42
貿易難易度	項目	❶許可成本	❷資訊成本	❸投資成本	❹經商成本	加權平均
	分數	2.394	2.226	2.155	2.323	2.252
	排名	46	45	45	46	46
貿易風險度	項目	❶政治風險	❷經濟風險	❸政策風險	❹支付風險	加權平均
	分數	2.608	2.426	2.634	2.527	2.557
	排名	42	44	42	45	45

貿易地區		46 伊　朗		綜合貿易競爭力		53.844
國家競爭力	項目	基本條件	機構評比	加權平均	綜合排名	D02/46
	分數	50.971	35.348	43.159		暫不推薦
貿易自由度	項目	❶數量限制	❷價格限制	❸法規限制	❹政府限制	加權平均
	分數	2.433	2.347	2.361	2.480	2.405
	排名	45	44	43	45	45
貿易便捷度	項目	❶市場便捷	❷邊境便捷	❸基建便捷	❹流程便捷	加權平均
	分數	2.433	2.406	2.280	2.500	2.414
	排名	44	46	45	45	46
貿易難易度	項目	❶許可成本	❷資訊成本	❸投資成本	❹經商成本	加權平均
	分數	2.600	2.317	2.500	2.606	2.519
	排名	44	44	44	43	44
貿易風險度	項目	❶政治風險	❷經濟風險	❸政策風險	❹支付風險	加權平均
	分數	2.406	2.287	2.222	2.278	2.311
	排名	43	45	46	46	46

【45 巴基斯坦、46 伊朗】

第26章

2012 IEAT調查報告參考文獻

■中文研究報告

1. 中華民國全國工業總會（2010），2010年國內企業出口市場貿易障礙報告。

2. 中華民國全國工業總會（2011），2011年國內企業出口市場貿易障礙報告。

3. 台北市進出口商業同業公會（2009），2009全球重要暨新興市場貿易環境及風險調查報告：貿易領航展商機，商業周刊出版社。

4. 台北市進出口商業同業公會（2010），2010全球重要暨新興市場貿易環境及風險調查報告：全球新興市場覓商機，商業周刊出版社。

5. 台北市進出口商業同業公會（2011），2011全球重要暨新興市場貿易環境及風險調查報告：後ECFA經貿躍商機，商業周刊出版社。

6. 台北美國商會（2011），2011年台灣白皮書：把握當下，成就未來。

7. 台灣區電機電子工業同業公會（2011），2011中國大陸地區投資環境與風險調查：十二五規畫逐商機，商業周刊出版社。

8. 台灣區電機電子工業同業公會（2011），2011東南亞暨印度投資環境與風險調查：東協印度覓新機。

9. 胡潤百富（2011），中國奢華旅遊市場白皮書。

10. 經濟部投資業務處（2010），大陸地區投資環境簡介。

11. 經濟部投資業務處（2010），巴西投資環境簡介。

12. 經濟部投資業務處（2010），以色列投資環境簡介。

13. 經濟部投資業務處（2010），印尼投資環境簡介。

14. 經濟部投資業務處（2010），印度投資環境簡介。

15. 經濟部投資業務處（2010），沙烏地阿拉伯投資環境簡介。

16. 經濟部投資業務處（2010），阿聯大公國投資環境簡介。

17. 經濟部投資業務處（2010），俄羅斯投資環境簡介。

18. 經濟部投資業務處（2010），南非投資環境簡介。

19. 經濟部投資業務處（2010），**泰國投資環境簡介**。

20. 經濟部投資業務處（2010），**馬來西亞投資環境簡介**。

21. 經濟部投資業務處（2010），**越南投資環境簡介**。

22. 簡世勳（2011），**南方絲路——飛速成長的南方對南方的經貿交流**，匯豐銀行。

■中文書籍、期刊、文章

1. 《天下雜誌》（2009），**破解金磚密碼：力用巴西**，第425期，7月號。

2. 《天下雜誌》（2010），**印尼、越南：亞洲經濟新亮點**，第458期，10月號。

3. 《天下雜誌》（2011），**人民幣紅了**，第483期，10月號。

4. 《商業周刊》（2011），**全球市場怎麼了？**，第1240期，8月號。

5. 《商業周刊》（2011），**揭開全球大債真相**，第1236期，8月號。

6. 《貿易雜誌》（2010），**台商南進佈局東協**，第233期，11月號。

7. 《貿易雜誌》（2010），**伊斯蘭：新版圖·大商機**，第231期，9月號。

8. 《遠見雜誌》（2007），**全球卡達熱**，第250期，4月號。

9. 《遠見雜誌》（2009），**第五塊金磚**，第281期，11月號。

10. 《遠見雜誌》（2011），**勇闖巴西**，第304期，10月號。

11. 中華信用評等公司（2011），**台灣銀行業2011年展望：經濟安定穩住銀行績效表現，但結構化弱點仍將使獲利上檔空間受限**，2011/06/07。

12. 尹啟銘（2011），**佈局：迎接黃金年代**，天下雜誌。

13. 沈國樑（2010），**跨界戰**，機械工業出版社。

14. 陶冬（2011），**民營企業處境困難**，第754期，今周刊。

15. 彭漣漪（2011），**台灣可望與東南亞國家展開FTA對話**，第295期，2011年1月號，遠見雜誌。

16. 童振源（2011），ECFA 執行成效評估，2011/06/09。

■中譯專書、文章

1. Agtmael v. A.（2007），*The Emerging Markets Century: How a New Breed of World Class Companies is Overtaking the World*，蔣永軍譯，《世界是新的：新興市場崛起與爭鋒的世紀》，東方出版社。

2. Ben Simpfendorfer（2010），*The New Silk Road: How a Rising Arab World is Turning Away from the West and Rediscovering China*，蔡宏明譯，《新絲路：阿拉伯與中國攜手引領世界經濟》，梅林文化。

3. Brett Arends（2011），《當心走火入魔的中國大陸經濟》，2011/10/27，《華爾街日報》。

4. Dickens C.（2007），*The Tale of Two Cities*，《雙城記》，商周出版。

5. Jacques M.（2010），*When China Rules the World*，李隆生譯，《當中國統治世界》，聯經出版事業股份有限公司。

6. Kotler P.（2007），*Think ASEAN*，溫瑞芯譯，《科特勒帶你發現新亞洲：九大策略，行銷到東協》，聯經出版公司。

7. Mahbubani K.（2008），*The New Asian Hemisphere: The Irresistible Shift of Global Power to the East*，羅耀宗譯，《亞半球大國崛起：亞洲強權再起的衝擊與挑戰》，天下雜誌出版。

8. Peattie K.（1993），*Green marketing: opportunity for innovation*，梁錦琳譯，《綠色行銷：化危機為商機的經營趨勢》，台北市：牛頓出版社。

9. Senge Peter（2010），*The Necessary Revolution: How Individuals and Organizations Are Working Together to Create a Sustainable World*，齊若蘭譯，《必要的革命：個人與組織如何共創永續社會》，天下文化。

10. Thomas G.（2003），*4D Branding: Cracking the Corporate Code of the Network Economy*，陳志銘譯，《品牌密碼》，台灣培生教育出版。

11. Toffler A.（1994），*Future Shock*，蔡伸章譯，《未來的衝擊》，時報出版。

12. Vijay M.（2010），*Africa Rising: How 900 Million African Consumers Offer More Than You Think*，陳碧芬譯，非洲崛起：超乎你想像的9億人口商機，高寶出版。

■英文研究報告

1. Business Environment Risk Intelligence（2011），*Business Environment Risk Intelligence*。

2. Citi Bank（2011），*Global Economic Outlook and Strategy*。

3. Coface（2011），*The Handbook of Country Risk 2011*。

4. Economist Intelligence Unit（2011），*Global outlook*。

5. Federal Reserve System（2011），*Beige Book*。

6. Forbes（2011），*Best Countries for Business*。

7. Global Insight（2010），*World Overview*。

8. Global Insight（2011），*World Overview*。

9. International Congress and Conference Association（2011），*Association Meetings Market 2010*。

10. International Institute for Management Development（2011），*World competitiveness yearbook 2011*。

11. International Labour Organization（2011），*Global Employment Trends*。

12. International Monetary Fund（2010），*World Ecinomoc Outlook*。

13. International Monetary Fund（2011），*World Economic Outlook*。

14. Legatum Institute（2011），*The 2011 Legatum Prosperity Index*。

15. Merrill Lynch（2009），*2011 Growth Outlook First Cut*。

16. Morgan Stanley（2011），*European Interest Rate Strategist*。

17. PricewaterhouseCoopers（2010），*Paying Taxes 2011*。

18. The Fraser Institute（2011），*Economic Freedom of the World: 2011 Annual Report*。

19. The Heritage Foundation（2011），*2011 Index of Economic Freedom*。

20. The International Union for Conservation of Nature（2011），*Red List of Threatened Species*。

21. The Organization for Economic Cooperation and Development（2011），*Global Economic Outlook*。

22. The Word Bank（2010），*2010 Global Economic Prospects*。

23. The Word Bank（2011），*2011 Global Economic Prospects*。

24. The World Bank（2011），*Doing Business 2012*。

25. The Economist Intelligence Unit（2011），*Global Outlook*。

26. The United Nations Educational, Scientific and Cultural Organization（2002），*Cultural Industries and Enterprises*。

27. The United Nations（2011），*World Economic Situation and Prospects 2011*。

28. UBS（2011），*UBS Investment Research-Global Economic Comment*。

29. World Economic Forum（2009），*The Global Competitiveness Report 2009-2010*。

30. World Economic Forum（2010），*The Global Enabling Trade Report 2010*。

31. World Economic Forum（2011），*The Global Competitiveness Report 2011-2012*。

32. World Luxury Association （2011） *, World Luxury Association Global Reported Summit*。

33. World Trade Organization （2002） *, International Trade Statistic 2001*。

34. World Trade Organization （2003） *, International Trade Statistic 2002*。

35. World Trade Organization （2004） *, International Trade Statistic 2003*。

36. World Trade Organization （2005） *, International Trade Statistic 2004*。

37. World Trade Organization （2006） *, International Trade Statistic 2005*。

38. World Trade Organization （2007） *, International Trade Statistic 2006*。

39. World Trade Organization （2008） *, International Trade Statistic 2007*。

40. World Trade Organization （2009） *, International Trade Statistic 2008*。

41. World Trade Organization （2010） *, International Trade Statistic 2009*。

42. World Trade Organization （2011） *, International Trade Statistic 2010*。

43. World Trade Organization （2012） *, International Trade Statistic 2011*。

國家圖書館出版品預行編目資料

> 黃金十年經貿興商機 ／ 臺北市進出口商業同業公會
> 作. -- 初版. -- 臺北市；北市進出口公會出版：商周編
> 輯顧問發行, 民101.04
>   面； 公分. -- （IEAT Country Report系列；4）
>
>   ISBN 978-986-86640-7-4（平裝）
>
>   1. 國際經濟 2. 國際貿易 3. 國際市場
> 552.1   101006441

IEAT Country Report 系列 4

黃金十年經貿興商機
Opportunities in the Next Golden Decade

作　　者◎台北市進出口商業同業公會
出　　版◎台北市進出口商業同業公會
發 行 人◎劉國昭
總 策 劃◎黃俊國
策　　劃◎關小華
編　　輯◎許玉鳳、吳燕惠
地　　址◎104台北市松江路350號5樓
電　　話◎（02）2581-3521～7
傳　　真◎（02）2536-3328
公會網址◎http://www.ieatpe.org.tw/
公會書廊網址◎http://www.ieatpe.org.tw/bookstore
劃撥帳號◎0113726-6
戶　　名◎台北市進出口商業同業公會

發　　行◎商周編輯顧問股份有限公司
總 經 理◎王學呈
業務經理◎王順正
資深編輯◎林怡亭
地　　址◎台北市民生東路二段141號4樓
電　　話◎（02）2505-6789
傳　　真◎（02）2507-6773
網　　址◎http://bwc.businessweekly.com.tw/
劃撥帳號◎18963067
戶　　名◎商周編輯顧問股份有限公司

ISBN　978-986-86640-7-4
出版日期：101年4月初版1刷
定價：600元

版權所有，翻印必究
本書如有缺頁、破損、裝訂錯誤，請寄回台北市進出口商業同業公會更換